ライブラリ 経営学コア・テキスト＝14

コア・テキスト
経営史

粕谷　誠

新世社

編者のことば

経営学は常識の学問である。経営学はいまや現代人にとっての基本的な
リテラシーの一部である。最新ニュースのほとんどに企業や組織がからみ，
この世のほとんどすべての問題は，経営の問題として読み解くことができ
る。経営学はまさに現代社会の常識なのである。

経営学は常識の学問である。経営学は科学であり，個々の理論やモデル
が正しいかどうかはデータと事実が決める。しかもその検証作業は，一部
の研究者たちだけの占有ではない。広く一般の人々も日々の実践の中で検
証を繰り返し，その結果生き残った経営理論だけが，常識として広く世の
中に定着していく。

経営学は常識の学問である。経営学は常識にもかかわらず，学問として
の体系をもっている。そこが普通の常識とは異なる。体系的に学び，体得
することができる。実際，現代ほど学問として体系的な経営学の教科書が
渇望されている時代はない。高校生から定年退職者に至るまで，実に多く
の人から「経営学の良い教科書はどれか」と質問される。

それでは，良い教科書の条件とは何か。第一に，本当に教科書であるこ
と。予備知識のない普通の人が，順を追って読み進めば，体系的に理解可
能な本であること。第二に，学問的に確からしいことだけが書かれている
こと。もちろん学問には進歩があり，それまで正しいとされていたものが
否定されたり，新しい理論が登場したりすることはある。しかし，ただ目
新しくて流行っているというだけで根拠もなく取り上げるビジネス書とは
一線を画する。そして第三に，読者がさらに学習を進めるための「次」を
展望できること。すなわち，単体として良い本であるだけではなく，次の
一冊が体系的に紹介され，あるいは用意されていることが望ましい。

そのために，このライブラリ「経営学コア・テキスト」が企画された。
経営学の「核となる知」を正しく容易に理解できるような「良い教科書」
群を体系的に集大成する試み。そのチャレンジに，いま 21 世紀を担う新
世代の経営学者たちが集う。

高橋　伸夫

はしがき

　本書は 2006 年 3 月 17 日に始まる。その年の 4 月からイギリスに在外研究に出かけるので，研究室で荷造りをしていたところ，高橋伸夫先生が訪ねてこられた。そして新世社さんから「ライブラリ 経営学コア・テキスト」を刊行することとなったので，私に経営史を担当して欲しいと依頼を受けたのである。当時私は，のちに『ものづくり日本経営史』となる書物の執筆を大分前に引き受けていたものの，一文字も書けておらず，書物の狙いが重なるところが大きいので，以上の事情をお話しして，「申し訳ないけれど，とてもお引き受けすることはできない」とお断りした。ところがそのとき，信じられない言葉が，高橋先生の口から飛び出したのである。「粕谷さん，私は今すぐ書いてください，とお願いしているわけではないんです，このシリーズは 10 年で完結する予定なので，10 年後に 1 冊書いてください，とお願いしているんです。」言葉を失うとはこのことであろう。10 年後に絶対にできない理由を思いつける人間がいるであろうか。結局，高橋先生の依頼をお引き受けすることとなってしまった。そのときにも簡単な仕事ではないことは分かっていたつもりであったが，あとになってこれがいかに大変な仕事であるか，嫌というほど思い知らされることとなったし，多大な迷惑を高橋先生と新世社さんとくに担当者の御園生晴彦さんにかけ続けることとなった。それでもなんとなく，「十年あればなんとかなるだろう」と思っていた（ことになる）のだから，自分は脳天気な楽天家なのであろう。

　イギリスから 2007 年 3 月末に帰国して，受注在庫を 2 冊も抱えたことになったので，先に受注した前著の執筆に本格的に取りかかり，2012 年 11 月に刊行できた。それからしばらくして，そろそろ本書の執筆にかかろうかと思ったが，思いつく目次構成は前著と似たようなものであり，異なるストーリーを一朝一夕に「思いつける」ものではないことを思い知らされた。2006 年に高橋先生から「企業家」に注目して書いてはいかがですか，とのアドバイ

i

スをいただいていたので，いろいろな書籍を参照して，企業家をピックアップし，並べてみたが，どう工夫してみても「列伝」の域を出ず，体系というかメッセージがあるものにはならなかった。

　そこでまた漂流を始めたが，ある大学院の授業で，現代日本企業の「選択と集中」の話題になり，思い切った事業の売却ではなく，合弁会社の設立にとどまっていて，業績も回復しない，という話題になった。このとき「統合経営の罠」という言葉をふと思いついた。統合経営がいかに出てきて，どう変化しようとしているのか（していないのか），書いてみようという気になり，章別構成を考えていった。やれそうな，面白そうな気がしたのである。そしてすべての章別構成が固まる前に，見切り発車で2015年9月から商社について書き始めた。この段階で産業別の章別構成になることが決まったわけで，こうした構成には批判も予想できたが，「統合経営の罠」を前提とする限り，これ以外にないように思えた。

　書き進めているうちに，「統合経営」とは何だろうか，と考えるようになり，垂直統合と多角化という理論的にはかなり異なる内容をいい加減に合わせたものであると気がつき，チャンドラーの枠組みとの接点がようやく明確となった。ここですべてを産業の「列伝」として書くのではなく，垂直統合と多角化に関わる横串が必要なことに気がつき，本書の序章と第Ⅰ部のアイデアがまとまっていった。こうして長い道のりを経て，ようやく本書の構想が（いわば創発的に）できていったが，それが体系というかメッセージといったものになっているかは，読者のご判断に委ねるしかない。それでも製造業とサービス業を比較的バランス良く取り上げてあり，学部レベルの経営史で学ぶべき，基本的な事項については，きちんとふれられていると自負している。とくに歴史が現在の問題にいかに関わっているのか，それを理論的に説明するとどうなるか，という視点を本書では重視しているつもりであり，現在とそして未来に興味がある学生，理論に興味がある学生にも読める歴史になっていると信じている。

　はしがきを終えるにあたり，なによりも高橋先生と御園生さんには，ひたすらお詫びし，感謝する以外にない。10年後という約束は，14年になってしまった。ときどき御園生さんが研究室においでになり，書けない言い訳ばかり

していたが，決して怒ることなく，紳士的な態度で接してくださった。入稿してからは新世社の谷口雅彦さんも筆者を全力で支えてくださった。高橋先生は催促がましいことをおっしゃらなかったばかりか，本書の草稿をゼミで取り上げていただき，丁寧にコメントをつけてくださった。とくに理論的な問題や現代の理解が不十分であることをご指摘いただき，とても有り難かった。こうして本書の間違いが減り，品質が向上したが，なお残る誤りの責任が筆者にあることは言うまでもない。

　迷惑をかけ続けた 14 年であった。最後にもう一言，お二人にお詫びと感謝を述べさせていただき，はしがきを閉じさせていただく。

　　　2019 年 10 月 18 日

　　　　　　　　　　　　　　　　　　　　　　　　粕谷　　誠

目　次

序　章　多角化と垂直統合　　　*1*

0.1　現代企業の生成と多角化・垂直統合 ———————— *2*
0.2　多角化の進展と事業部制の普及 ———————————— *9*
0.3　選 択 と 集 中 ————————————————————————— *14*
0.4　本書のねらいと構成 ———————————————————— *15*
　　●演習問題　*16*

第Ⅰ部　企業経営を支える制度　　　*17*

第1章　企 業 統 治　　　*19*

1.1　会社制度の導入とアメリカ型会社設立 ——————— *20*
1.2　商法施行によるドイツ型会社設立と変容 ————— *24*
1.3　アメリカ型統治の復活と変容 ——————————————— *30*
1.4　アメリカ型統治への移行 ————————————————— *35*
　　●演習問題　*40*

第2章　企業会計と企業金融　　　*41*

2.1　会計制度の導入と企業金融 ————————————————— *42*
2.2　会計制度の進化と企業金融 ————————————————— *47*
2.3　戦後の会計制度変更と企業金融 ——————————— *53*
2.4　金融ビッグバン ———————————————————————— *59*
　　●演習問題　*60*

iv

第3章　企業グループ　61

3.1　財　閥　の　形　成 ———————————— 62
3.2　第一次世界大戦期の拡大と株式公開 ———————— 70
3.3　財閥解体と企業集団・企業系列 ——————————— 75
3.4　水平的企業集団と垂直的企業系列の変容 —————— 83
● 演習問題　*85*

第Ⅱ部　製　造　業　87

第4章　繊　維　89

4.1　近代的綿工業の勃興 —————————————— 90
4.2　綿紡績の発展とレーヨン工業の勃興 ———————— 94
4.3　合成繊維の登場 ———————————————— 100
4.4　成熟化と多角化 ———————————————— 104
● 演習問題　*109*

第5章　造　船　111

5.1　開港後における造船の発達 ——————————— 112
5.2　第一次世界大戦期の発展と戦間期の多角化 ————— 117
5.3　高度成長期の造船業 —————————————— 123
5.4　オイルショックと中手の躍進 —————————— 127
● 演習問題　*132*

第6章　自　動　車　133

6.1　自動車生産の開始 ——————————————— 134
6.2　戦　後　の　急　成　長 ———————————— 139
6.3　1990年代以降の再編成 ————————————— 148
● 演習問題　*155*

第7章　電気機械　　157

7.1	電気機械工業の勃興	158
7.2	真空管の登場	161
7.3	戦後の発展	165
7.4	半導体の登場	169
7.5	デジタル化の進展と衝撃	174

●演習問題　183

第8章　化　学　　185

8.1	酸・アルカリ	186
8.2	化学肥料	188
8.3	合成繊維・合成樹脂・合成染料	193
8.4	石油化学工業	198
8.5	石鹸・洗剤	204
8.6	医薬品	206
8.7	石油危機以降の変化	209

●演習問題　215

第Ⅲ部　サービス業　　217

第9章　鉄　道　　219

9.1	蒸気鉄道の導入	220
9.2	電気鉄道の導入	223
9.3	多角化	231
9.4	戦時・戦後の再編成	235
9.5	戦後の発展と多角化の動向	239
9.6	国鉄の分割民営化と民営鉄道との競争	245

●演習問題　247

第10章 商　社　249

10.1	幕末開港から第一次世界大戦までの商社 —— 250
10.2	総合商社の発達 —— 256
10.3	戦 間 期 の 商 社 —— 261
10.4	戦後の再編成と高度成長期の商社 —— 266
10.5	総合商社悲観論とそれへの対応 —— 271
	●演習問題　274

第11章 小　売　275

11.1	デパートの発展 —— 276
11.2	流通主導のチェーンストアの発展 —— 281
11.3	メーカー主導のチェーンストア —— 295
11.4	デパート・総合スーパーの苦境とEコマース —— 298
	●演習問題　301

第12章 金　融　303

12.1	近代的金融制度の導入 —— 304
12.2	戦間期の金融危機 —— 313
12.3	戦時・戦後の金融再編成 —— 317
12.4	高度経済成長と金融 —— 320
12.5	金融自由化の進展と金融再編 —— 326
	●演習問題　332

参 考 文 献 —— 333
索　　引 —— 348

序　章

多角化と垂直統合

　　現代企業の特徴の一つとして，多角化と垂直統合がおこなわれて
いることがあげられる。本書はその変遷を経営史の手法にもとづい
て明らかにしていくが，本章では現代企業と経営史学がほぼ同時に
生成してきたこと，多角化と垂直統合はなぜ起こり，企業にとって
どのような意味があるのか，そして垂直統合した企業・多角化した
企業がどのような組織形態をとるのか，といったことを明らかにし
て，最後に本書のねらいと構成を明らかにする。

○ KEY WORDS ○

事業部制組織，職能部制組織，専門経営者，

経営者企業，垂直統合，関連多角化，非関連多角化，

コングロマリット，取引コスト，選択と集中，

範囲の経済，規模の経済

0.1 現代企業の生成と多角化・垂直統合

○ 現代企業と経営史学

チャンドラーの現代企業 経営史学は比較的新しい学問で，20世紀の初頭にアメリカのハーバード大学で経営史の講座が設けられたことに始まる。初代教授となったグラース（N. S. B. Gras）は，その頃盛んであった法則史観に対して個別企業の特殊性を強調し，多彩な著者によって多くの企業の会社史が執筆され，企業の個性が明らかにされていったが，特殊性の強調は，経営史とは何なのか，という疑問を呼び起こすこととなった。

1962年，チャンドラー（A. D. Chandler, Jr.）は，『経営戦略と組織』でアメリカにおいて当時支配的な組織であった事業部制組織（製品・事業や地域別に部門を形成する）の生成過程を，化学会社のデュポン（Du Pont），自動車会社のゼネラル・モーターズ（General Motors, GM），ニュージャージー・スタンダード石油（Standard Oil（New Jersey）），小売会社のシアーズ（Sears Roebuck）という有力企業のケース分析から描き，有名な「組織は戦略に従う」という定式化をおこなった。さらに『経営者の時代』（1977年）において，企業は大規模化・複雑化とともに，単一事業単位企業・職能部制組織企業・事業部制組織という組織をとっていき，また企業経営者がオーナーである個人企業・創業者がかなりの株式を所有し経営する企業者企業・ほとんど株式を所有しない専門経営者が経営する経営者企業と発展していくという見取り図を描いた。それは職能部制組織は，購買・製造・販売・研究開発などの職能別に部門が形成されており，購買・販売を商社に頼っていた単一事業単位企業とは異なり，垂直統合した企業に適合的な組織であり，さらに企業が多角化戦略を採用すると，それに適した組織である事業部制組織が採用されていくというものである（事業部制組織も個々の事業部は職能別に部門が形成されていることが多い）。この図式は広く受け入れられ，多くの国で経営史学が発達したが，日本は最も発達した国の一つとなった（安部，2004；米川，1973）。

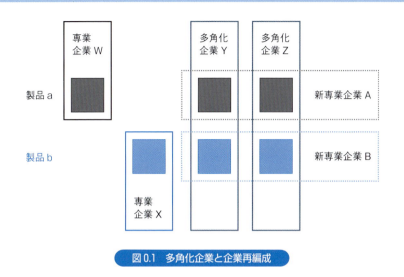

図 0.1　多角化企業と企業再編成

　垂直統合・多角化の見直し　ところがこうしてチャンドラーによって打ち立てられた経営史学は，20世紀末から大きな挑戦をうけている。第一に，垂直統合した企業の優位性が自明のものではなくなったからである。IBMの統合化していたパソコン事業がCPU（central processing unit）のインテル（Intel）とOS（operating system）のマイクロソフト（Microsoft）に他社への供給を認めたところ両社からCPUとOSの供給を受けたパソコンメーカーの発展により苦境に陥り，中国のレノボ（Lenovo）に2004年に売却されたことはそれを象徴している。

　第二は，多角化した事業のうち低収益の部門を切り離し，株主価値を最大化することが広くおこなわれるようになったからである。とくに世界的な競争の激化により各国の独占禁止法の運用が変化し，単純に国内シェアが高いだけでは合併が否定されなくなったことから，製品aを製造する企業W, Y, Z, 製品bを製造する企業X, Y, Zがあったとき（企業YとZは多角化企業，企業WとXは専業企業），YとZが合併し，両社がもっていたaとbそれぞれの部門を統合し，企業AとBという2つの新しい専業企業に分割し直したほうが，

製品 a と b での市場競争力が向上し，経営も簡素化するので，その結果，Y と
Z 株主価値の合計より A と B の株主価値の合計のほうが大きくなることが期待
されるようになった（図 0.1）。

　第三に，多角化・垂直統合により会社の大型化を図る専門経営者は，株主の
利益に沿った経営をおこなっていないとして，経営者に利益をあげるインセン
ティブ（誘因）を与えるために，株価に連動した賞与を付与する動きが盛んに
なった。

　チャンドラーが『経営戦略と組織』でケース分析の対象とした当時の優良企
業であった GM は 2009 年に，シアーズは 2018 年に連邦破産法の適用を申請し，
デュポンは 2017 年にダウ・ケミカル（Dow Chemical）と経営統合をおこなっ
たが，2019 年にはアグリカルチャーの Corteva，素材化学品の Dow，特殊化学
品の DuPont de Nemours の 3 社に分割されており，大きな変化を経験してい
るし，ニュージャージー・スタンダード石油もエクソン（Exxon）と改称した
後，1999 年にモービル（Mobil）と合併し，エクソン・モービルとなっている
が，原子力燃料など多角化事業の多くを整理している。

　このように垂直統合し，多角化された会社が専門経営者によって経営される
ようになっていく過程を明らかにすれば現代企業の歴史を明らかにしたことに
なる，という図式は当てはまらなくなったのである。

◯ 多角化と垂直統合の理由

多角化の要因　　しかし今日の大企業の多くが，程度の差はあれ垂直統合して，
多角化を遂げていることもまた事実であり（さらに賞与による報酬が大きく
なっているが，専門経営者によって経営されている），ここでは多角化・垂直
統合と専門経営者による経営について簡単に考察していくこととする。

　まず，なぜ企業が多角化するのかについてである。市場が完全であれば，多
角化と企業価値の間には関係がないので，なんらかの市場の不完全性を前提と
することになるが，多角化の要因として代表的なものとして，①範囲の経済，
②内部資本市場，③エージェンシー問題，④共同負債，⑤市場支配力などがあ
げられる（Erdorf et al., 2013；Montgomery, 1994）。

範囲の経済　①はＡとＢを一緒に生産したほうが別々に生産するよりコストが低くなるような場合で，生産のノウハウなどが共用できるのでコストが低くなるが，ノウハウなどは市場で取引できないために，それをもつ特定企業の優位性の源泉になる。生産装置の不分割性がある場合などもここに含まれるが，多くの場合は技術や市場の関連がある関連多角化となる。なお経営戦略の文脈では，範囲の経済はシナジー（synergy）とよばれることも多い（アンゾフ，1969，第5章）。ペンローズ（2010）に始まるリソース・ベース理論もこれに近いといえ，企業内に余剰資源があるときに，それを活用するために多角化による成長がおこなわれるというもので，余剰資源に可塑性がなく，市場で売却できない場合が当てはまる。

内部資本市場　②は情報を円滑に伝える制度が不十分であるなどの理由で資本市場が未発達な場合は，情報が流れやすい企業内部で資金をやり取りするほうが効率的になるというものである（内部資本市場）。社長に情報が効率的に伝わるか，そして社長が適切な判断ができるか，が外部市場より内部市場が効率的になるか否かを分けることになる。

エージェンシー問題　③は経営者が株主のためではなく，個人的な利得のために多角化をおこなうというもので，大きな会社のほうが経営者の名声が高いとか（帝国建設，empire building），多角化したほうがリスク分散によって企業が倒産しにくくなるので，経営者や従業員の失業のリスクが小さくなるといったものであり，この観点からは株主にとって多角化は好ましいものではなくなるが，労働市場が効率的ではない場合には，才能のある経営者・従業員を養成できるということもあり得る。この場合は非関連多角化もおこなわれやすくなり，その場合にはコングロマリットとよばれるようになる。

共同負債　④は金融的なもので，多角化すると倒産のリスクが減るので，資金を借りやすくなり，負債比率が上昇するので，自己資本利益率が上昇し，赤字の部門と組み合わせれば税金も節約できるというものである。

市場支配力　⑤はＡの収益をＢに注ぎ込み，Ｂの競争相手を駆逐していくケースやいろいろな産業で競争に直面する多角化企業は，それぞれの市場で共謀しやすいといったケースが当てはまるが，多角化の理由というよりは結果としてもたらされる効果の側面が強い。

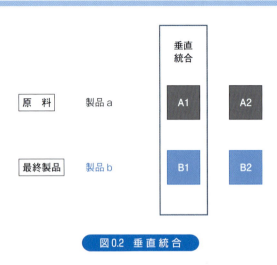

図0.2 垂直統合

垂直統合とは　ややもすると多角化と混同されがちだが，理論的には区別すべきなのが垂直統合である。製品 a を原料として製品 b が製造され，a を製造する企業として A1 と A2，b を製造する企業として B1 と B2 があるとしよう（図0.2）。市場の制度が不十分で，例えば A1 が B1 に売った a の代金がうまく回収できないというような市場における取引コストが高い状況では，A1 は B1 を合併するとか同じ集団の傘下に置いたほうが円滑に進むので，垂直統合が起きる。

　取引コストには，取引相手を見つけるための探索コスト，契約交渉にかかるコスト，契約状態を監視し履行させるコストなどが含まれるが，やがて司法制度などが整備されるとか取引先との信頼関係が形成されて，契約が遵守されるようになり，市場における取引コストが低下すれば，垂直統合が解体されていくことになる。スミス（1959, 124頁）は「分業の深さは市場の広さで決まる」と表現しているが，産業が未熟な段階は，いろいろな知識や情報が十分ではなく，市場における取引コストが高いために垂直統合される傾向にあるが，やがて産業が成熟して知識や情報が行き渡ってくると分業による利益のほうが大きくなってきて，分業化・専門化の方向に向かうと解釈できるであろう

(Stigler, 1951)。

資産特殊性　またaが特殊な製品でA1がB1に売る以外に選択肢がなく，あるいはB1はA1以外に調達先がないような場合は，資産特殊性があることになり，B1はA1に「安くしないと引き取らない」と脅しをかけたり，A1はB1に「高くしないと供給しない」と脅しをかけたりすることがありうる。このように取引コストが高い状態では生産が円滑に進まないが，A1とB1が統合するとか，同じ集団の傘下に入ればこうしたかけひきが生じないので垂直統合が起きる。あるいはaもbも産業として存在しておらず，aを市場から調達することが困難であるため，同時に立ち上げなければならないといった場合にも，aとbを統合した企業や集団が誕生することがありうる。山奥にダムを作れば安価に水力発電できるが，都市部まで送電するのにコストがかかるし，あるいは都市部の需要も大きくないときに，近くで電気を原料に肥料を製造するとペイするというケースが当てはまるが（電気は一般的な商品だが，ほかに売り先がほとんどないこの場合は，ダムと肥料工場が資産特殊性を帯びる），発電に規模の経済があまり働かず，ダムなどの投資を分割できれば，こうした問題は起きにくい。またエンジンだけ購入することが難しければ，エンジンと船体・車体の製造が垂直統合されるが，ハードディスクの購入が容易なら，パソコンメーカーはハードディスクを購入してもよい（Williamson, 1985, pp.85–162）。

　取引コストが高い状態の垂直統合には，製造工程のみならず，原料の購入・製品の販売といった流通やそれにともなう金融なども含めて考えることができる。制度が整えば垂直統合が解体することが期待されるが，製品差別化が進むと資産特殊性が高くなって取引コストが上昇し，販売やマーケティングへの垂直統合が促進されるといえる。例えば石けんは初期にはブランドなしで量り売りされていたが，石けんにブランドをつけて箱に入れて特殊な効能をうたって宣伝して製品を差別化すると，メーカーの流通への関与が強くなった。この場合のメーカーの主たる狙いは販売価格の監視にある。あるいは製品の使用方法を伝授する必要があるとか，修理する必要があるミシンなどの場合にも流通の統合が起きやすいが，これもサービスによって製品を差別化して，サービスのコストを回収しようとしていると解釈される。

○ コングロマリット・ディスカウント

　以上のとおり多角化の理由として，株主価値を向上させるものと低下させるものの双方があり，実際に多角化した場合にどちらになるのかは先験的にはわからず，実証分析をおこなう必要がある。ところが，すべての研究が一致しているわけではないが，多くの研究が多角化した企業はパフォーマンスが低下することを指摘している（Berger and Ofek, 1995；Lang and Stulz, 1994；Lins and Servaes, 1999；Wernerfelt and Montgomery, 1988）。パフォーマンスが低下する要因はさまざまであるが，投資機会が少ない産業に過剰な投資がおこなわれる場合や業績の良くない部門から良い部門へ補助がおこなわれて全体の効率が下がる場合などが指摘されている。ある産業のなかで業績の低い企業が多角化をおこなうために多角化企業の業績が悪いというよりは，パフォーマンスの低い産業の企業が多角化すると指摘されている（Lang and Stulz, 1994）。日本でも構造不況とよばれる状況に直面した企業が多角化するケースが多くみられるが，その多角化が必ず成功するわけでもないし，進出した産業で成功すると，元の事業の整理が遅れるということもみられている。

　多角化のなかでも技術・市場の関連がある関連多角化のほうが，非関連多角化より業績の悪化の程度が低いか，むしろ業績が向上すると指摘されている（ルメルト，1977；Berger and Ofek, 1995；Markides and Williamson, 1994）[1]。非関連多角化で業績の低下が顕著なので，多角化による業績の低下，とくに株価総額の低下はコングロマリット・ディスカウントとよばれている。

---

　1 Markides and Williamson（1994）は，関連多角化の定義を変えて，永続的な競争優位を得られるものに限定すると，関連多角化が業績を向上させると主張している。

0.2　多角化の進展と事業部制の普及

○　多角化の進展

多角化分析の尺度　多角化がどの程度進展したのかを計るには，客観的な尺度が必要であるが，標準産業分類を用いるのが一般的である。2013 年に改定された日本標準産業分類では，例えば輸送用機械器具製造業は中分類（2 ケタ）で 31 に分類され（ちなみに 30 は，情報通信機械器具製造業），そのなかの自動車・同附属品製造業は小分類（3 ケタ）で 311 に分類され（ちなみに 312 は鉄道車両・同部分品製造業，313 は船舶製造・修理業，舶用機関製造業），そのなかの自動車製造業（二輪自動車を含む）は細分類（4 ケタ）で 3111 に分類される（ちなみに 3112 は自動車車体・附随車製造業，3113 は自動車部分品・附属品製造業）。当然ながら 2 ケタ分類を使えば多角化企業は少なくなり，4 ケタ分類を使えば多くなる。日本では 1930 年に産業分類が作成されたが，経済統計によって分類が統一されておらず，GHQ の指導を受けて統一的な分類が作成されたのは 1949 年が最初であり，以後しばしば改訂されている[2]。

産業の特性　企業の多角化の全体像を捉えようとするときに注意する必要があるのは，そこに属する企業が多角化しやすい産業としにくい産業があるということであり，例えば伊丹・一橋 MBA 戦略ワークショップ（2002，196 頁）は，石油精製業，水産業，製糸業，セメント業，鉄鋼業に属する企業は多角化があまり進展せず，繊維，化学，機械，造船業に属する企業は多角化が進展していると指摘している。個々の産業における企業の多角化の度合いが変わらなくても，産業構成が変化すれば，企業全体の多角化度合いは上昇したり，低下したりする。

7 つの戦略の変化　ここではルメルト（1977）の方法にならって日本の鉱工業大企業 118 社の多角化戦略を分類した吉原ほか（1981）とそれを延長した上

---

2 「日本標準産業分類（昭和 24 年 10 月改定）緒言」。http://www.soumu.go.jp/main_content/000310535.pdf（2019 年 4 月 1 日閲覧）。

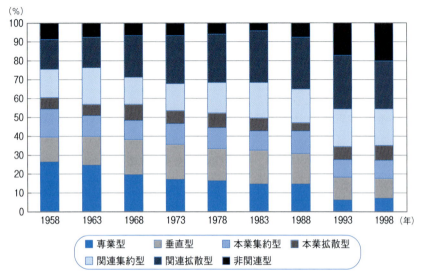

(出典) 上野 (2011, 88 頁)
(注) 吉原ほか (1981), 上野 (1991), 伊丹・一橋 MBA 戦略ワークショップ (2002) の成果は上野 (2011) にまとめられている。

図 0.3 戦略タイプの変化

野 (1991) および伊丹・一橋 MBA 戦略ワークショップ (2002) によって多角化の度合いの変化をみてみることとする (日本標準産業分類の3ケタ分類程度の製品分野が用いられている)[3]。多角化戦略は, 専業型, 垂直型, 本業集約型, 本業拡散型, 関連集約型, 関連拡散型, 非関連型の7つに分けられているが[4], これら7つの戦略の1958年から1998年にかけての40年間の比率の変化をみると, 専業型が19ポイント, 本業集約型が5ポイント, 垂直型が3ポイント減少し, 非関連型が11ポイント, 関連拡散型が10ポイント, 関連集約型が4ポイント, 本業拡散型が2ポイント増加しており, 多角化は確実に進展し, か

---

3 118 社は 1970 年度の鉱工業売上高トップ 100 社, 資本金トップ 100 社, 主要 14 業種ごとの売上高トップ 3 社のいずれかに該当する企業である。この企業が前後に延長されて分析されており, 前後には存在しない企業もあるので社数が若干異なる年がある。

つ多角化のなかでも拡散型や非関連型が増加していた（図 0.3）。

○ 事業部制の普及

多角化戦略と事業部制　　事業部制組織は，日常の経営判断を事業部に委ね，本社は事業部の業績を投下資本利益率などで判断し，企業内の資源の配分という戦略的な意思決定に専念できるので，多角化した企業の運営を効率的におこなえると考えられている。日本でも多角化戦略をとる企業が増加していたが，「組織は戦略に従う」という言葉どおり，事業部制組織をとる企業が増加したのであろうか。アメリカで 1920 年代に生み出された事業部制組織は 1950 年代後半から日本企業に採用され始めたようであり，その後増加していった（小野，1979，124–125 頁）[5]。

一部事業部制　　日本での事業部制の普及を考えるときに重要となるのが，一部事業部制である。職能部制組織をとっていた専業企業が多角化したが，旧来の事業（本業）がなお大きな比率をもっているときに，新事業が独立した事業部となり，製造や研究開発などの部門をその傘下に置くが，本業には事業部長が置かれず，旧来の職能別部門がトップに直属しているような組織形態がとられることが多く，こうした組織は一部事業部制といわれている（吉原ほか，1981，195 頁）。

　先の 118 社と 2000 年のアンケート調査に回答した上場企業 175 社を職能部

---

4 最大の売上規模をもつ単位事業の売上比率が 95% 以上の場合は専業型となる。残った企業のうち，垂直的関連のある事業単位の売上比率が 70% 以上の企業が垂直型となる。なお残った企業のうち最大の売上規模をもつ単位事業の売上比率が 70% 以上の企業が本業集約型もしくは本業拡散型となる。さらに残った企業のうち技術・市場でつながっている単位事業の売上比率が 70% 以上の企業が関連集約型もしくは関連拡散型となる。最後に残った企業が非関連型となる。さらに集約型は少数の経営資源をさまざまな分野で共通利用するような多角化のタイプで，拡散型は保有する経営資源をてこに新分野に進出し，その新分野で蓄積した経営資源を用いてさらに新しい分野に進出するような多角化のタイプであり，定性的に判断される（吉原ほか，1981，17–22 頁）。

5 日本で最初に事業部制を採用した企業は 1933 年に採用した松下電器製作所（今日のパナソニック）といわれるが（下谷，1998，56 頁），三菱合資会社も似たような組織を 1908 年に採用している。

表 0.1　組織形態の分布

	1963 年	1968 年	1973 年	2000 年
職 能 別	66	54	48	52
一部事業部制	18	24	21	43
事 業 部 制	34	40	49	80
合 計	118	118	118	175

（出典）　吉原ほか（1981, 198 頁）：上野（2001）
　（注）　2000 年は上野のアンケート調査による。東京・大阪・名古屋の 3 取
　　　　引所の上場鉱工業会社 1,331 社アンケートをおこない，176 社から
　　　　回答を得たが，1 社は純粋持株会社のため除外されている。

制組織，一部事業部制組織，事業部制組織に分類してみると，職能部制組織を
とる企業の比率が顕著に低下し，一部事業部制組織および事業部制組織をとる
企業の比率が上昇していた（表 0.1）。さらに事業部制組織をとる企業ほど多角
化が進んでいるという関係も確認されている（吉原ほか，1981, 207 頁）。日
本でも「組織は戦略に従う」という関係はみられたのである。

　職能別事業部制　　日本の事業部制の特徴として指摘されているのが，職能別
事業部制の存在である（加護野，1993）。アメリカの事業部は購買・製造・販
売・研究開発などの職能別部門をもち，独立性が高いのであるが，日本のとく
に電気機械のメーカーでは販売会社が子会社として設立され，事業部は研究開
発と製造のみにかかわる（事業部は販売会社に販売するのみで，販売会社が小
売店等に販売する）というケースが少なくなく，一部の職能しかもたないため，
事業部の独立性が低い（販売は販売会社，製造・研究開発は事業部というよう
に，あたかも職能別に事業部が組織されているという意味で職能別事業部制と
いわれる）。

　とくに家電を中心とする電気機械産業では，（あるまとまりの）製品別に事
業部がおかれる一方で，地域別に販売会社が設立され，販売会社は洗濯機・冷
蔵庫・テレビなど多くの事業部の製品を一括して販売するという形態がとられ
ることが多いが，これはあるメーカーが多様な製品を（系列の）小売店にワン

表 0.2　事業部制の構造に関する比較（1980 年）

(単位：%)

項　目	米　国	日　本
事業部制採用率	94.4	59.8
職能保有率		
生　産	96.7	85.5
販　売	94.8	91.3
マーケティング計画	89.6	82.6
人　事	84.4	35.5
会計・コントロール	82.0	40.1
財　務	38.4	12.2
基礎研究	19.1	28.5
応用開発と研究	62.1	75.6
購　買	77.3	52.4

(出典)　加護野ほか（1983，37 頁）
(注)　1980 年に 1979 年度フォーチュン鉱工業 1000 社（米国）
　　　と東証 1 部 2 部上場 1031 社（日本）に質問票を送付，
　　　米国 227 社，日本 291 社が回答。

セットで販売するためである。ある事業部は多数の販売会社と取引関係をもち，逆にある販売会社もまた多数の事業部と取引関係をもつので，多対多の関係が 1 つの会社の事業部・販売会社間に成立しており，アメリカと比較して社内での多角的調整を必要とし，競争原理が働いている[6]。

　日本の強い本社　　またアメリカでは財務・会計や人事の職能を事業部がもつことが多いが，日本ではこれらは本社がもつことが多く，本社への集権性が高くなっている（表 0.2）。人事については終身雇用といった日本の雇用関係の特殊性と関連しているものと考えられる。2000 年代初頭の日英比較においても，日本の本社には総務と人事の機能が備わっており，イギリスの本社より多くの職能が存在していることが確かめられている（上野，2011，184 頁）。

---

6 この競争により社内の情報の流通が促進されているが，調整のコストが高く，属人的におこなわれる傾向があるという。

0.3　選 択 と 集 中[7]

　1980 年代後半に日本経済はバブルといわれる好景気を経験したが，1990 年には不況に入り，1997 年以降に深刻な銀行危機を経験した。1997 年以降に盛んにいわれるようになったのが選択と集中という言葉であり，企業業績の悪化に対処するため，総花的な事業展開をやめて，得意分野に集中すべきであると主張されている。

　上場企業の事業分野数は 1991 年に急減した後漸増したが，リーマンショック後の 2010 年には急速に減少している。また多角化の程度も 1991 年に急減した後横ばいで推移しているが，やはり 2010 年に急減している。ただし製造業は 1990 年代以降多角化の程度が増加していたが，非製造業は一貫して低下しており，非製造業の専業化がより顕著であった。

　また新事業への進出と既存事業からの撤退は，1990 年，1998 年，2009 年に多く，進出と撤退が組み合わされていた。1997 年の銀行危機以降の時期には，業績の悪い企業が選択と集中をおこない，進出と撤退により事業の組み合わせを換えていたことが明らかにされている[8]。

　選択と集中は 1990 年代以降，景気の動向にも影響されつつ，進行しつつあるといえるが，子会社を含めた企業グループ総体の取り組みとしておこなわれており，また経営者が株主利益のために会社を改革し，雇用の調整をおこなうのであるから，取締役会改革・社外取締役の導入などの企業統治（コーポレート・ガバナンス）改革や会社同士の株式持合の解消や機関投資家の進出などの持株関係の変化とも密接に関連していた。

---

7 本節は特に断らない限り青木（2017）による。

8 上野（2011，第 4 章）は，上場企業よりはるかに調査対象が多い「企業活動基本調査」をもとに 1990 年以降，本業比率が上昇していることを指摘している。企業活動基本調査は，2018 年調査の場合，製造業のほか鉱業，卸売・小売業などを含み，従業者 50 人以上かつ資本金又は出資金 3,000 万円以上の会社を調査対象としている。

0.4　本書のねらいと構成

　本書は幕末の開港から今日までの日本企業がどのように発展してきたのかを，多角化と垂直統合という現代企業の特徴に焦点を当てつつ明らかにすることを目的としている。まず第Ⅰ部「企業経営を支える制度」では，企業経営および多角化と垂直統合に影響を与える企業統治，持株関係と密接にかかわる企業会計と企業金融および企業グループについて明らかにする。

　以後は多角化のあり方が産業によって影響を受けているので，産業別に分析する。第Ⅱ部「製造業」では，多角化が進んでいるとされた繊維，造船，化学のほか，機械から自動車と電気機械を取り上げて考察する。繊維と造船は構造不況といわれた不況を経験して多角化が進んでおり，また化学と電気機械は多角化が進んでいるが，自動車は専業の度合いが高くなっている。鉄鋼や石油精製なども現代企業の発展を考えるうえでは見過ごすことができないが，専業化の傾向が強いことから，ここでは考察の対象としていない。製造業では多角化のみならず，垂直統合がどの程度おこなわれているのかにも注目するが，初期には制度が不十分で垂直統合度が高かったのが，解体されていく傾向があるのかが主たる注目点である。ただし工程の統合が中心で，製品差別化にともなう購買・販売を含めた垂直統合については，限定的に考察する。自動車も専業化の傾向が強いが，サプライヤーとの系列取引が発達し，世界的にも注目されているので，考察対象として取り上げられている。

　さらに第Ⅲ部ではサービス業を取り上げる。サービス業には多様な業種が含まれるが，多角化という観点から，不動産業や流通業まで進出していることが世界的にも特異な鉄道（とくに都市近郊鉄道），世界のあらゆる地域とあらゆる商品を取り扱っていることで世界的に特異な商社（とくに総合商社），デパートからスーパーをへてコンビニエンスストアへと進化していった小売，さらに戦後直後に専門化の指導があったが今日では証券と銀行とが兼営されている金融（とくに都市銀行と証券）を考察していく。今日ではゲーム・映像さらには検索などのオンライン・サービスやSNS（social networking service）も大

きな意味をもっているが，残念ながら本書で歴史として考察することはできていない。

演 習 問 題

0.1 「鋼鉄の製造は，鉄鉱石を溶鉱炉でコークスの燃焼で溶解させて銑鉄を作る製銑工程と溶融された銑鉄に酸素を反応させて炭素を抜く製鋼工程からなる。製造された銑鉄が冷却されると鋼鉄を作るためには加熱して溶融する必要があり，熱効率が落ちるので，ある鉄鋼会社が製銑と製鋼の両工程を合わせておこなう銑鋼一貫化した製鋼法が今日では主流の製造方法となっている。」という説明について，コメントしなさい。

0.2 有価証券報告書などで会社の組織図を調べ，どのような組織といえるか分類し，それがどのように変化してきたのかを論じなさい。

第 I 部

企業経営を
支える制度

第1章　企業統治

第2章　企業会計と企業金融

第3章　企業グループ

第 1 章

企 業 統 治

　本章では日本企業の企業統治（コーポレート・ガバナンス）を歴史的に検討する。会社の出資者が自ら経営するときは，コンプライアンスに抵触せず，社会的に許容される範囲で，自らの利益を最大限にすることはほぼ自明であるが，出資者に代わり経営者が経営するとなると，出資者の利益と経営者の利益が一致するとは限らず，適切な誘導が必要で，業務の執行とその監督をどう設計するのかが重要となる。このため企業統治は法律などの制度と密接に結びついているが，日本が商法にドイツ法を導入し，のちにアメリカ法の要素を入れたため，独特の展開をすることになる。

○ *KEY WORDS* ○

有限責任，特許主義，許可主義，準則主義，
取締役，監査役，所有と支配の分離，常務会，
稟議制度，執行役員，指名委員会等設置会社，
監査等委員会設置会社，執行役

1.1 会社制度の導入とアメリカ型会社設立

株式会社制度の導入

　明治政府は欧米からの近代的な制度の移植に熱心であったが，多人数による出資で企業を形成する会社制度もその一つであった。会社にはさまざまな種類があるが，19世紀の日本では，合名会社，合資会社，株式会社の3つが中心であった。合名会社は無限責任社員のみ，合資会社は無限責任社員と有限責任社員の双方，株式会社は有限責任社員のみからなる[1]。50万円の現金と200万円の国債をもつAさんがBさんとともに会社Xを作ったとしよう。AさんとBさんは現金50万円ずつをXに出資し（資本金100万円），Xが100万円の設備を購入するとともに，Y銀行から200万円を借金して，原料を購入したが，Xの設備・原料のすべてが消滅してしまったとする。AとBの出資が無価値になったうえに，YはXへの貸金を回収できなくなった。このときYがAに200万円の返済を請求でき，Aが所有する国債を売却して（Aが負ったのではない）Xの借金を返済しなければならないのが無限責任社員であり，そのような責任がない（出資が無価値になっただけで済む）のが有限責任社員である。無限責任社員は責任が重いので，会社の経営にかかわる必要がある（なおここで「社員」とは出資者をさす用語で，会社に雇用されている従業員をさす今日の用語とは異なる）。

　株式会社の社員は株主といわれるが，これは出資が株式として証券化され，譲渡されるためであり，全員が有限責任であるとともに，株主によって会社が所有されている。株式会社に投資された資本は一体として運営され，統一的な意思決定がなされる必要があり，株主が出席する株主総会で選出された取締役が業務執行を担うのであるが，株主総会や取締役などを会社機関といい，株式会社にとって不可欠である。また株式会社は訴訟の主体となるなど法的な権利

---

[1] 合名会社と合資会社は2005年に公布された会社法で，社員全員が有限責任である合同会社とともに持分会社を構成することとなった。

能力を備えた法人格をもっている。神田（2015, 4頁）は，①出資者による所有，②法人格の具備，③出資者の有限責任，④出資者と業務執行者との分離，⑤出資持分の譲渡性を株式会社形態の特質としている[2]。

　有限責任の株式会社には，銀行にとって貸付金を回収できる可能性が減少するというデメリットがあるが，事業のリスクが高く無限責任では出資が集まらないような事業にも資金が集めやすいというメリットがある。債権者のみならず，株式を売買する投資家にも正しい判断をしてもらうために，株式会社は合名会社・合資会社よりもより高いレベルの会社情報の開示（ディスクロージャー）が求められる。

　日本への会社制度の導入　　巨大化する会社は株式会社であるので，ここでは日本における株式会社の形成について考察する。江戸時代にも三井家同族による共同出資や近江商人などによる血縁関係のない共同出資がみられたが，有限責任という概念はなかったし，幕末期に幕府が設立させた兵庫商社も組合に近いものであるといわれている。幕末から明治初期に刊行されベストセラーとなった福沢諭吉『西洋事情』（1866-70）は，西洋の事情をわかりやすく紹介しているが，そのなかには会社も含まれている（会社という用語は福沢によるといわれる）。明治初年には政府の奨励により，東京・大阪などの主要都市や横浜・神戸という開港場などに主要都市と開港場間の商品流通を担当する通商会社と通商会社への融資をおこなう為替会社が設立されたが，共同出資ではあるものの有限責任は確立しておらず，株式会社とはみなされていない。また会社設立を支援するものとして，福地源一郎による『会社弁』と渋沢栄一による『立会略則』（1871）が刊行された。前者は主として銀行について，後者は商社などの事業会社と銀行を中心としており，政府により各府県に配布され，会社設立の手引きとされた（高村, 1996, 34-38頁）。

2　田中（2016, 11-17頁）は，②から⑤のほか，⑥資本のコミットメント（出資払戻の禁止），⑦出資者の地位が細分化された割合的単位の形をとること，⑧さまざまな企業形態に対応する柔軟な制度設計（会社法により定款で株式の譲渡制限を設けることができ，すべての株式に制限がある場合は取締役会を設置しないことも可能で，株主総会の権限が強くなることなどをさす），をあげているが，株主による所有は前提としているようである。なお⑦については2005年会社法で資本金1円の株式会社が認められるようになっており，また⑧も近年とくに顕著になったものである。

ところで株式会社が有限責任をその特質の一つとするなら，責任の免除が法的に確立されない限り株式会社にはならないわけで，立法措置を必要とするのであり，その最初の立法が国立銀行条例であった。国立銀行条例は，アメリカの National Bank Act をもとに 1872 年に制定されたものであり，同条例によれば，国立銀行は民間の出資者によって設立された発券銀行であるが，条例により有限責任が認められ，出資が証券化され，株主総会や取締役が規定されており，さらに訴訟の権利も認められるなど法人格も備っており，日本最初の株式会社である。1876 年の条例改正により設立が有利となり，全国で設立され，第百五十三国立銀行で設立が打ち切られたが，短期間に日本全国に株式会社が普及したのである。このように特定の法令で株式会社の設立を認める方式を特許主義とよぶが，有限責任を与えられた会社の例としては，国立銀行のほか，日本銀行（日本銀行条例），日本郵船（日本郵船会社への命令書）などがある。

○ 国立銀行条例によるアメリカ型会社設立の進展

　企業勃興　　国立銀行条例とともに国立銀行成規が刊行されたが，これらは設立のひな型を示しており，全国で参照されたが，銀行に限らず，製造や流通にかかわる会社の設立の際のモデルとなっていった。とくに渋沢栄一を中心に大阪と東京の出資者に華族も加わって設立された大阪紡績と華族と沿線住民を中心に多数の出資者をもって設立された日本鉄道（東京と前橋・青森間）が順調に利益をあげると（日本鉄道には政府が 8%利益保証を与えたが，それ以上の利益をあげた），紡績業・鉄道業などで 1886 年以降に会社の設立ブームが発生した（企業勃興）（図 1.1）。

　アメリカ型会社制度　　アメリカの制度を参照したので，国立銀行に取締役（株主総会で株主から選挙され，取締役の互選で頭取が選出される）は規定されていたが，取締役の経営や会社の会計を監査する監査役が規定されておらず，また国立銀行成規に取締役や頭取（必要なら副頭取）とともに，支配人，勘定方，帳面方，書記など銀行に雇用される従業員が「役人」として規定されていた。これは 1864 年の National Bank Act の 8 条が，各法人が取締役を選び，取締役会が頭取（president），副頭取（vice president），出納役（cashier）その他

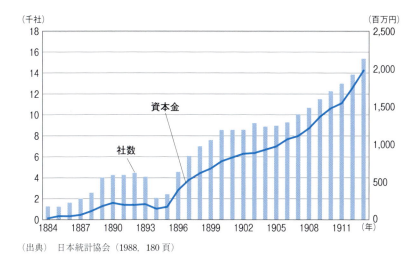

図1.1 明治期の会社

の業務執行役（officer）を定めるとしていたことに対応していると考えられる（「役人」は officer の訳であろう）[3]。筆者が収集した 1873 年から 1891 年の 39 社の定款によれば，取締役にあたる人（委員，理事など多様な名称を含む）のほかに監査役にあたる人（検査掛など多様な名称を含む）を規定していた会社は 5 社に過ぎず（このうち 2 社は 1891 年の定款なので後述する商法をみていたと判断される），19 社には監査役について規定がなく，15 社では取締役が監査することになっていた[4]。また 39 社のうち 27 社が雇用される職員を取締役らとともに規定していた。このように初期の会社は，アメリカに起源をもつ国立銀行条例の影響を強く受けていたのである。

---

[3] アメリカの多くの州では，社長（president），総務部長（secretary），財務部長（treasurer）などの業務執行役（officer）を置くことを要求していること（並木，1980，159頁）も影響しているであろう。
[4] 初期の会社の定款の分析については，チャクチェクパイヨン（1981，1982）および宮本・阿部（1995）が詳しい。さまざまな不備があったことが指摘されている。

こうして設立された会社のなかには定款で有限責任をうたうものが多数存在した。会社設立が自由であったわけではなく，府県が発起人の身元を調査し，定款変更を指示するなどして会社設立を許可していたが，有限責任は法的に確立していなかった（北浦，2014，第1章）。

1.2　商法施行によるドイツ型会社設立と変容

○　商 法 の 施 行

商取引の円滑化の必要に加えて，欧米諸国との条約改正の問題もあり，商法の制定が急がれた。ドイツ人レースラー（K. F. H. Roesler，ロエスレルともいわれる）を中心に起草された商法が1890年に公布されたが，フランス人ボアソナード（G. É. Boissonade de Fontarabie）を中心に起草されやはり1890年に公布された民法とともに，旧慣との整合性が問題となり，大きな論争となった。このため民法は施行されることなく，新しい民法が公布され，1898年に施行された。しかし商法は経済界の要求もあり，一部修正のうえ1893年に会社，手形小切手，破産の3法など一部が施行され，1898年に全面施行された後，1899年に新しい商法が公布・施行された（三枝，1992）。このため前者が旧商法，後者が新商法とよばれるが，ここでは新商法についてみていく[5]。ただし株式会社の設立について，旧商法が政府の許可を得て会社が設立される許可主義をとったのに対し，新商法は法律にのっとった手続きを完了すれば会社が設立される準則主義をとり，会社設立要件が大幅に緩和されたことは注目される。有限責任が広く認められるようになったのである[6]。

新商法では株主総会が最高の意思決定機関であり，株主総会は取締役に対し

---

[5] ただし破産法は新商法に含まれず，旧商法の破産法が1923年に破産法（1922年公布）が施行されるまで存続した。

[6] 新商法では，ドイツにならって業務を執行する無限責任社員と有限責任の株主からなる株式合資会社も規定されたが，ほとんど普及せず，1950年商法改正で廃止された。

て経営上の指揮監督をなしうることとされた。取締役は株主総会で株主から選出され，各自が会社を代表することができたが，実態としては取締役会が開かれ，また取締役の互選で社長が選出されることが多かった。会社を代表する代表取締役を選出できるようになったのは1911年の商法改正からである（この時点では必置ではない）。監査役も株主総会で株主から選出され，取締役の業務や会計を監査した（業務監査・会計監査）。

　監査役はドイツからもたらされたものであるが，ドイツでは株主総会で監査役が選挙され，法的な規定がないものの実際には監査役会が取締役を選任することが通常であった（1937年商法で監査役会による取締役の選任を明記）（岩原，2009；新山，1999)[7]。ドイツでは株主が選んだ監査役会が経営をおこなう取締役を選任し，監督するのに対し，日本ではアメリカの制度を前提に取締役が株主総会で選挙されていたためか，取締役・監査役の双方が株主により選挙され，なおかつ実際には監査役の人事も取締役によって株主総会に提案されたから，ドイツに比べて取締役の立場が強く，監査役のそれが弱かったといえる。

　なお取締役・監査役を株主から選ぶという制約がなくなったのは，1938年商法改正によってである[8]。また商法の施行により，会社の定款において雇用される従業員が規定されることはほとんどなくなった。アメリカ流の国立銀行条例からドイツ流の商法への変化は，会社にとって少なからざる影響があったといえる。

○ 株式会社の経営

　大阪紡績の例　　株式会社は鉄道業・海運業・紡績業などで多く設立された。鉄道会社の規模は大きかったが，鉄道国有によって官営鉄道となってしまった。

---

7 監査役会は，1870年商法で必要機関となり，1884年商法で監査役と取締役の兼任が禁止され，監督機関である監査役会と業務執行をになう取締役が分離された（しかし定款で定める場合などでは，監査役が業務執行を直接行うこともあった）。

8 1938年の有限会社法で，出資者の数に限りがあり，出資が証券化されないが，有限責任社員のみからなる有限会社が規定された。2005年の会社法で，株式会社と一体化され，新規設立ができなくなったが，特例として既存の有限会社は会社法で株式会社として扱われるがそれまでの有限会社の特徴を残して存続できることとされた（特例有限会社）。

その後は電力業で企業集中を伴いながら，大会社が成立する。ここでは株式会社の実際について，日本最初の近代的紡績会社である大阪紡績を事例にみてみよう（表1.1）。

　同社の創立時には商法が公布されていないので，国立銀行条例にならった経営陣の表記が考課状（営業報告書）でなされており，頭取（社長ではない）1名と取締役2名のほか（監査役はいない），相談役3名および工部支配人・商務支配人も記されている。月給は頭取30円，取締役20円に対し，2人の支配人はそれぞれ50円であった。フルタイム（常勤）の2人の支配人が日常の経営と投資の起案をおこない，パートタイム（非常勤）の頭取と取締役が監督と起案の承認をしていたのであろう。取締役と頭取は大株主から選ばれているが，商務支配人も大株主で，工部支配人の山辺丈夫も中位の株主であり，頭取・取締役と大きな利害の相違はなかったといえる。

　旧商法が施行されると，社長（頭取から変化）・取締役のほかに監査役も大株主から選出されているが，支配人は考課状に表記されなくなった。新商法が施行された1899年には大きな変化がないが，支配人であった山辺が社長となっている（1895年に取締役，1898年に社長に就任）。山辺は専門技能をもつ経営者といえるが，賞与金などによって株式を買い集めていた。

　1905年の紡績業総資産額上位10社では，上位10位までの株主から平均3.4人が取締役・監査役に就任しており，また9社で専門経営者が取締役・監査役に就任していたから（1社は2人），大株主が取締役・監査役になり，専門経営者の山辺が社長になったという大阪紡績の事例は，上位の紡績会社にほぼ共通するものであるといえる。鉄道業については，上位10位までの株主に金融機関が多いため，上位10位までの株主から取締役・監査役になっている人数が1.5人と少なくなっているが，10社すべてで専門経営者が登場し，3社で2人輩出しており，ほぼ同じ状況であった（中村，2010）。

　株主総会と株式市場の機能　　株主総会では経営者と株主が熱心に議論するケースが今日よりもはるかに多く，専門経営者が会社の長期的な成長を意図する投資プランを立てる一方で，配当率の上昇を要求する株主と対立することもあった（宮本・阿部，1995；中村，2010）。株主が短期的な利益のみを求める（あるいは短期的利益で株価が形成される）ならこうした構図が出現しやすい

表 1.1　大阪紡績の経営陣				

役　職	名　前	持株数	持株順位	備　考
第 1 回（1883 年下期）				
頭　取	藤田伝三郎	59	13	銅山業・土木請負など，30 円
取締役	松本重太郎	69	8	洋反物仲買，第百三十国立銀行頭取，20 円
取締役	熊谷辰太郎	30	30	第一国立銀行員，20 円
相談役	渋沢栄一	336	1	第一国立銀行頭取，0 円
相談役	矢島作郎	58	14	東京電灯社長，0 円
相談役	藤本文策	45	22	0 円
工部支配人	山辺丈夫	14	46	イギリスで紡績業を習得，50 円
商務支配人	蒲田清蔵	50	50	縮緬問屋番頭，50 円
総株数，株主総数		2,800	95	
第 21 回（1893 年下期）				
社　長	松本重太郎	640	3	前出
取締役	佐伯勢一郎	319	13	大阪糸綿木綿取引所理事長など
取締役	伊庭貞剛	200	19	住友本店総理事
監査役	藤本文策	80	68	
監査役	阿部市太郎	400	10	呉服卸商
監査役	宅徳平	100	49	堺酒造専務など
総株数，株主総数		24,000	504	
第 33 回（1899 年下期）				
社　長	山辺丈夫	242	18	前出
取締役	佐伯勢一郎	251	14	前出
取締役	広瀬満正	100	49	住友重役広瀬宰平の息子
監査役	阿部市太郎	400	6	前出
監査役	宅徳平	100	49	前出
監査役	秋馬新三郎	64	87	綿問屋
総株数，株主総数		24,000	581	

（出典）　大阪紡績各期考課状；東洋紡績社史編集室（1986）；宮本・阿部（1995）。
　（注）　1. 1 株額面は，第 1 期が 100 円，第 21 回と 33 回が 50 円。
　　　　2. 住友吉左衛門の持株数と順位は，第 1 回 47 株（21 位），第 21 回 574 株（5 位），第 33 回 250 株（15 位）。
　　　　3. 備考の金額は月給。

が，株主が株価成長を求める（株価が長期的な利益成長の見込みも織り込んで形成される）なら，こうした構図は出現しにくくなる。

このとき問題になるのが，経営者がもっている情報と株主がもっている情報の格差（株主は情報劣位にあり，判断が歪みがちとなる）や資本市場の効率性（株価が情報をどの程度織り込んで効率的に形成されるか）であろう。結城（2011, 2012）は，株主総会がこうした情報格差をうめる場として機能しており，成長性のある企業の投資計画は株主に承認されていた（逆に成果の期待できない投資に反対し，配当を要求）としている。中村（2010）は，地方の株主にとって，資本市場へのアクセスに制約があるため株式売却のコストが大きく，経営者への発言がおこなわれやすかったとしており，また中林（2015）は結城の結論を受け入れつつも，業績が中位の企業には資本市場が歪んでおり，株価が1年程度の株価成長にしか感応しなかった可能性を示唆している。経営者と株主および資本市場について，論争はまだ決着していないというべきであろう。

◯ 内部昇進取締役の増加と取締役の階層化

内部昇進取締役　第一次世界大戦をへて日本企業は成長し，大規模化したため，管理の組織が複雑になっていったが，それと同時に従業員が内部昇進をとげて取締役へと昇進していくケースも増加した。大学や専門学校を卒業してすぐに大企業に入り，社内で経験をつんでいくというスタイルがみられるようになったのは20世紀初頭であり，しかも一部の大企業から始まったことであり，また職員の転職も戦後と比べると頻繁であったから，ここで内部昇進といっても一貫して同じ企業にいたというわけではなく，数年の経験を経て取締役に就任というケースも多い。その意味では，大株主でかつ非常勤の取締役に対する常勤の取締役（山辺の例のように株式をかなり保有するケースもありうる）という意味合いが強いが，外部から常勤の取締役に就任したものと区別するため内部昇進といわれる。

専門経営者の進出　大企業で専門経営者がどの程度進出していたのかをみると，1905年の75社では，専門経営者ゼロが63%，1人が29%，2人以上が7%であったが（不明が1%），1913年の115社では，ゼロ42%，1人33%，2

表 1.1　大阪紡績の経営陣

役　職	名　前	持株数	持株順位	備　考
第 1 回　（1883 年下期）				
頭　取	藤田伝三郎	59	13	銅山業・土木請負など，30 円
取締役	松本重太郎	69	8	洋反物仲買，第百三十国立銀行頭取，20 円
取締役	熊谷辰太郎	30	30	第一国立銀行員，20 円
相談役	渋沢栄一	336	1	第一国立銀行頭取，0 円
相談役	矢島作郎	58	14	東京電灯社長，0 円
相談役	藤本文策	45	22	0 円
工部支配人	山辺丈夫	14	46	イギリスで紡績業を習得，50 円
商務支配人	蒲田清蔵	50	50	縮緬問屋番頭，50 円
総株数，株主総数		2,800	95	
第 21 回　（1893 年下期）				
社　長	松本重太郎	640	3	前出
取締役	佐伯勢一郎	319	13	大阪糸綿木綿取引所理事長など
取締役	伊庭貞剛	200	19	住友本店総理事
監査役	藤本文策	80	68	
監査役	阿部市太郎	400	10	呉服卸商
監査役	宅徳平	100	49	堺酒造専務など
総株数，株主総数		24,000	504	
第 33 回　（1899 年下期）				
社　長	山辺丈夫	242	18	前出
取締役	佐伯勢一郎	251	14	前出
取締役	広瀬満正	100	49	住友重役広瀬宰平の息子
監査役	阿部市太郎	400	6	前出
監査役	宅徳平	100	49	前出
監査役	秋馬新三郎	64	87	綿問屋
総株数，株主総数		24,000	581	

（出典）　大阪紡績各期考課状；東洋紡績社史編集室（1986）；宮本・阿部（1995）。
　（注）　1. 1 株額面は，第 1 期が 100 円，第 21 回と 33 回が 50 円。
　　　　　2. 住友吉左衛門の持株数と順位は，第 1 回 47 株（21 位），第 21 回 574 株（5 位），第 33 回 250 株（15 位）。
　　　　　3. 備考の金額は月給。

が，株主が株価成長を求める（株価が長期的な利益成長の見込みも織り込んで形成される）なら，こうした構図は出現しにくくなる。

　このとき問題になるのが，経営者がもっている情報と株主がもっている情報の格差（株主は情報劣位にあり，判断が歪みがちとなる）や資本市場の効率性（株価が情報をどの程度織り込んで効率的に形成されるか）であろう。結城（2011，2012）は，株主総会がこうした情報格差をうめる場として機能しており，成長性のある企業の投資計画は株主に承認されていた（逆に成果の期待できない投資に反対し，配当を要求）としている。中村（2010）は，地方の株主にとって，資本市場へのアクセスに制約があるため株式売却のコストが大きく，経営者への発言がおこなわれやすかったとしており，また中林（2015）は結城の結論を受け入れつつも，業績が中位の企業には資本市場が歪んでおり，株価が1年程度の株価成長にしか感応しなかった可能性を示唆している。経営者と株主および資本市場について，論争はまだ決着していないというべきであろう。

○ 内部昇進取締役の増加と取締役の階層化

　内部昇進取締役　　第一次世界大戦をへて日本企業は成長し，大規模化したため，管理の組織が複雑になっていったが，それと同時に従業員が内部昇進をとげて取締役へと昇進していくケースも増加した。大学や専門学校を卒業してすぐに大企業に入り，社内で経験をつんでいくというスタイルがみられるようになったのは20世紀初頭であり，しかも一部の大企業から始まったことであり，また職員の転職も戦後と比べると頻繁であったから，ここで内部昇進といっても一貫して同じ企業にいたというわけではなく，数年の経験を経て取締役に就任というケースも多い。その意味では，大株主でかつ非常勤の取締役に対する常勤の取締役（山辺の例のように株式をかなり保有するケースもありうる）という意味合いが強いが，外部から常勤の取締役に就任したものと区別するため内部昇進といわれる。

　専門経営者の進出　　大企業で専門経営者がどの程度進出していたのかをみると，1905年の75社では，専門経営者ゼロが63％，1人が29％，2人以上が7％であったが（不明が1％），1913年の115社では，ゼロ42％，1人33％，2

表 1.2　取締役の階層数

	1903 年	1920 年	1929 年	1937 年
5　階　層	0	0	1	11
4　階　層	0	12	23	24
3　階　層	64	42	39	49
2　階　層	245	20	15	6
1　階　層	79	0	1	0
社 数 合 計	388	74	79	90
階層数平均	2.0	2.9	3.1	3.4

（出典）　由井（1979）；武田（1995）
（注）　1. 社長・常務取締役・取締役なら 3 階層をもつ会社と数える。1 階層は取締役のみ。
　　　2. 1903 年は株式会社のみを集計。またその他が 44 社あるが，ここでは考慮していない。

人以上 25％となり，1930 年の 158 社では，ゼロ 9％，1 人 17％，2 人以上 72％と（大企業には合名会社・合資会社も含む），着実な専門経営者の進出がみられた。では社長はどうだったかというと，1930 年の主要業種最大企業 43 社の調査によれば，内部昇進の専門経営者 3，外部から招聘の専門経営者 4，創業者・家族 16，大株主 12，その他 8 であり，専門経営者が社長になるのはまだ少なかったといえる（森川，1996，75，118 頁）。1937 年の鉱工業 100 社のトップ 105 人の調査では，内部昇進の専門経営者 39 人，外部招聘の専門経営者 22 人，所有型経営者 44 人となっており，1930 年代に専門経営者しかも内部昇進の専門経営者がトップになることが増えていた（宮島，1995，102 頁）。

　取締役の階層化　　ところで商法では取締役が各自会社を代表できるから，社長を決めなくてもよいのであるが，国立銀行条例の影響か，大阪紡績のように初期から社長を決める例が多く，取締役が社長・取締役の 2 階層で構成されるケースが多かった（表1.2）。しかしなかには，専務取締役（専務）あるいは常務取締役（常務）といった中間層を設ける会社もあり（常務，専務，社長などを役付取締役とよぶ），この場合は 3 階層となる[9]。2 つの世界大戦の間の時期

である戦間期になると副社長も含めて階層数が着実に増加し，従業員が課長・部長から役付取締役ではない平取締役，さらに役付取締役へと昇進していくケースが増えていった。その一方で非常勤の取締役が常務や専務になるのはよりまれであったから，取締役の階層化は内部昇進取締役の増加を反映していた。こうした内部昇進取締役の増加と取締役の階層化は 20 世紀後半の日本の大企業の特徴となっていく。

　代表的企業の 1921 年から 1936 年における取締役・監査役の役員賞与は，当期利益の 3.9％に及んでおり，1961 年から 1970 年における 0.8％よりもはるかに高く，また賞与金額の利益金額に対する感応度もはるかに高かった（岡崎，1993，106 頁）。戦間期の取締役は，内部昇進の取締役が増えたとはいえ，戦後の時代よりも会社利益を上げる強いインセンティブが与えられていたのである。

1.3　アメリカ型統治の復活と変容

◯ 1950 年商法改正による取締役会の強化

アメリカ型統治の特徴　　第二次世界大戦の敗戦により日本は事実上アメリカに占領され，アメリカ式の改革がおこなわれた。1950 年の商法改正もその一つであったが，その前にアメリカのコーポレート・ガバナンスについて一瞥しておこう[10]。アメリカでも 19 世紀の前半には会社の業務が株主総会によって経営されていたが，後半には取締役会によって経営されるようになった（株主総会も取締役会の経営に干渉できない）。しかも取締役会は業務執行役

---

9 専務取締役という言葉は旧商法に現れ，業務を取り扱う取締役という意味であったから，社長に近い（旧商法に社長という言葉はない）。新商法ではこうした言葉が社長を含めて使われていない。国立銀行条例では副頭取をおけるとしていたためか，先に検討した商法施行前の 39 社の会社定款のうち 17 が副社長（副頭取など含む）をおいており，もともと 3 階層が普及していたことも影響していたかもしれない。

10 アメリカには統一的な会社法がなく，各州が定めている。

（officer）を使用して，日常業務執行の権限を与えており，また執行委員会など
の委員会に権限を委譲することもおこなわれた（並木，1980，第6章）。20世
紀初頭には巨大会社の取締役は，主に大株主，金融関係者などから構成されて
いたが，戦間期から内部昇進経営者の進出が顕著になった。しかし1970年代
から社外取締役の進出が顕著になり，内部昇進取締役の割合は急速に低下して
いく。また業務執行役も20世紀にはいると大株主が多かったものが，内部昇
進者によって占められるようになっていった（谷口，2005）。

　取締役会の権限強化　　商法改正によりこれまで多くの会社で存在していた取
締役会が新たに規定され，これまで各自で会社を代表できた取締役が取締役会
の構成員に過ぎなくなり，またこれまで任意であった代表取締役が必ず置かれ
ることになり，代表取締役のみが代表権と業務執行権をもつことになった。さ
らに株主総会はこれまで最高の意思決定機関であり，取締役に対して経営上の
指揮監督をおこなえたが，定款の変更など会社組織にかかわることや取締役の
選任など以外の経営の意思決定は取締役会に任せることとなった。取締役会が
業務の執行を決定し，代表取締役が執行をおこない，取締役会がその監督をお
こない，経営の最終責任を負うことになったのである。このように取締役会が
代表取締役の業務執行を監督するようになった結果，監査役は会計監査のみを
おこなうこととなった（会計監査役とすることが構想されたが，名前は変更さ
れなかった）。すなわち株主総会と監査役の権限が縮小し，大きな権限が取締
役会に与えられたのである（岡咲，1950；近藤，2003）。

　所有と支配の分離　　しかしこうした制度改革は問題をはらんでいた。戦間期
から内部昇進取締役が増加し，取締役が階層化していたが，戦時から戦後にか
けて内部昇進取締役がさらに増加していたからである。1940年9月に発表さ
れた「経済新体制確立要綱」原案は，戦時における生産拡大を遂行するため，
利潤追求を本質とする資本の支配から企業を離脱させることを強調し，商法を
改正して，所有と経営を分離し，経営者に公共的性格を与え，経営者が株主に
制約されずに増産できるようにすることを目指していた。所有と支配の分離は，
バーリ（A. A. Berle, Jr.）とミーンズ（G. C. Means）が提唱した概念（Berle
and Means，1932）として有名で，会社が巨大化して支配的株主がいなくなり，
専門経営者が経営をおこなう現象をさすが，ここでは大株主を経営陣から排除

するという平時の資本主義国家では起こりえない政策として提起されたのである。当然ながら資本家からの反対が強く，この商法改正は実現しなかったが，企業を資本・経営・労務の有機的一体とする考え方が要綱に盛り込まれ，やがて大株主が大企業の取締役から退き，内部昇進者が就任していった（岡崎，1993）。

　　内部昇進取締役の一般化　　戦後になると財閥解体，インフレ，財産税により資産家が没落し，戦前来の大株主が消滅した。その結果 1947 年の鉱工業 100社のトップ 133 人の調査では，内部昇進の専門経営者 106 人，外部招聘の専門経営者 11 人，所有型経営者 16 人となっており，トップの 8 割が内部昇進の専門経営者によってしめられることになった（宮島，1995，102 頁）。社長以外の取締役も内部昇進がほとんどとなり，例えば 1958 年の経済同友会による大企業 235 社アンケート調査によれば，取締役の 1 社あたり平均が 11.7 人に対して，非常勤ないし社外取締役の平均は 1.4 人に過ぎず，11.8％にとどまった（なお同じ調査で取締役の階層数の回答がある 210 社について，階層数の平均を出すと 3.8 となっており，階層数がやや増加していた）（経済同友会，1958，6，13 頁）。この社外取締役には，銀行から派遣者や親会社・子会社の役員も含まれるから，従来の意味の大株主代表の比率はさらに低い。この傾向はその後も続き，1977 年の非金融 100 社調査によれば，取締役・監査役のうち内部昇進が 78.3％，外部から移籍が 13.3％，別の組織に所属する社外が8.4％となっている（奥村，1979，124 頁）。この結果，社長などの代表取締役の業務執行を監督することが期待された取締役が，社長によって選ばれて取締役になり，さらに昇進していくことを期待している人たちによって占められることになり，社長の行動を牽制することが困難となった[11]。しかもすでに述べたとおり，経営者の賞与の利益に対する比率が低下し，利益に対する感応度も戦間期に比べて低かったから，経営者の利益に対する誘因も低下したといえる。

　　こうした状況に対し企業に規律を与えたのは，同業企業との激しい競争を別にすれば，高度成長期の大企業の主たる資金源泉が銀行借入であったことから，

---

[11] もちろん反社長派の取締役が多数派となり，社長解任を決議することは可能で，そうした事例もあるが，まれなことである。会社業績が悪化すると責任を取って社長が辞任するというのが通常の形態であり，（株式）市場からの監視は機能している。

融資額1位の銀行であるメインバンクによる監視であったとする考え方も有力である（青木・パトリック，1996）。

○ 常務会の普及

常務会の設置　改正商法が施行され，取締役会が法的な基礎をもつようになった1951年頃から，常務会が大企業に急速に普及していった。常務以上の取締役で常務会を組織し，事実上の意思決定をおこない，法的に取締役会でおこなわねばならない意思決定は取締役会が追認するという意思決定が一般的となっていった（常務会が社長の諮問機関として位置付けられることも多い）。1958年の経済同友会の調査によれば，235社中172社（74%）で常務会が設置されており，1961年の経済同友会の調査によれば，84.5%の企業で常務会が組織されており，その比率は資本金が大きいほど高くなっていた。これは規模が大きくなると取締役の数が大きくなり，迅速な意思決定がしにくくなるためであろう[12]。また1958年の調査で，常務会の規定がいつ制定されたかについての回答では，不明を除けばほとんどが1950年代に制定されており，常務会は短期間に普及していた（経済同友会，1958，20頁，1961，20頁）[13]。

　1958年の調査では取締役数平均が11.7人であったが，企業規模の増大とともに取締役数は増加し，1986年の日経225株価指数銘柄に含まれる金融・電気・ガス以外の177社調査では，取締役人数の平均が24.2人にまで拡大している。またこのうち社外出身取締役（内部昇進ではない取締役であり，外部から移籍した取締役と社外取締役の合計）は3.0人であり，内部昇進取締役が中心であるという傾向も変わらなかった。取締役の増加に伴い常務以上の数も増加し，常務会構成員数の平均は12.1人となっている（久保，2010，209頁）。このように常務会が肥大化すると，常務会でも迅速な意思決定がのぞめなくな

---

[12] ただし経済的要因だけでこうした急速な普及が突然始まったと考えることは現実的ではないだろう。1950年に改正された商法により，取締役会制度が導入され，議事録の作成が義務づけられ，株主・債権者に取締役会議事録の閲覧・謄写請求が認められるようになったことにより（池島，2012，25頁），会社が取締役会議事録の記載を簡素化するため，実質的議論を商法に規定のない常務会でおこなうようになったという事情もあったものと推察される。

[13] 1960年代の取締役会・常務会については，山田（1968）が整理している。

表1.3　意思決定の影響力

A1：意思決定の影響力が経営上層部に著しく集中している

資本投資，部課長の任命，新製品の生産，組織変更

A2：経営者が最も大きな影響力を持っているが，中間管理者の影響力もかなり大きく，両者にあまり差がない

年次予算，販売計画，新技術の開発，要員計画

A3：経営者の影響力が最も強いが，他の構成員の影響力も強く，あまり差がない

福利厚生計画，始業終業時間

B1：中間管理者が最も影響力があり，ついで経営者に影響力がある

現場監督者の選定，配置転換，解雇，人事考課

B2：中間管理者が最も影響力があり，経営者の影響力よりかなり大きい

仕事の割当て，IE技法の導入，教育訓練への出席，教育訓練内容

C：職場自律的，現場中心的

日程計画，作業手順書，労働時間の延長，作業環境の改善，日常備品の配置，休暇の取り方

（出典）　石川・犬塚（1985, 24–32頁）

り，専務以上あるいは副社長以上からなる経営会議（名称は専務会などまちまちである）が設けられることも増えていった（辻村，1987）。常務が部門担当であることが多いため，部門利害をこえた全社的レベルの議論をするために設けられたとされることもあるが，1958年の調査でも，非常勤ないし社外取締役を除く平取締役1,178名のうち部所長兼任のものが1,002名（85.1％），専務・常務838名のうち担当職能をもつものが609名（72.7％），副社長100名のうち担当職能をもつものが28名（28.0％）であり（経済同友会，1958，8頁），発足時の常務会も担当部門代表会議の性格が強かったのであり，また1980年代の専務でも事業分担をもつものは多かったから，部門代表会議の性格を払拭するためというよりは，常務会人数の増加が新たな経営会議が設けられた基本的理由であろう。

　意思決定の構造　　ところで日本企業では稟議制度が取られ，課長などから稟

議が起案され，上位や関連部署の承認を得て，最終的に社長など決裁権者の決済を経て，プランが実行されることが多い（企業研究会，1956）。稟議制度は意思決定に時間がかかり，ライン組織とスタッフ組織の区別や責任の所在が曖昧になりやすいという欠点がある一方で，情報が共有され，決定された後の実行が早いという利点もある。稟議制度は決裁権者を誰にするかで分権化が可能であり，また下から稟議が上がるのでボトム・アップと解されることもあるが，下から上がる起案を上位者がただ承認するだけでは下層に実質的な権限があるといえるし，上位者と相談しながらあるいは上位者の指示を受けて起案すると実質的に上位者に権限があるといえ，あるいは頻繁に差し戻しがあるのはその中間ともいえ，決裁権限だけでは判断が難しい。1978 年の意思決定の影響力に関する調査によれば，意思決定の種類により，経営者層（取締役以上），中間管理職（部課長），現場監督者（係長以下）に意思決定への影響力が分かれており，資本投資や組織変更などは経営者層が強い影響力をもっていた（表1.3）。

1.4　アメリカ型統治への移行

○ 監査役の強化

　1965 年に経営破綻した山陽特殊製鋼（同社は後に経営再建に成功）が粉飾決算をおこなっていたなど企業スキャンダルが発生し，企業統治が再検討された。戦後にアメリカ流の統治が目指されていたが，取締役会の牽制力が十分でないという問題に対し，ドイツに起源をもつ監査役を強化することで対処することになった。まず 1974 年の商法改正および商法特例法の制定で，大会社などの監査役は，会計監査に加えて，業務の適法性を監査することとなった（戦前期は適法性のほか妥当性も監査していた）。さらに 1981 年の商法改正で，大会社には 2 人以上の監査役を置くことが義務付けられ（実際には多くの会社に複数の監査役がいたが），監査役が常勤監査役を互選しなければならないとさ

れた[14]。この改正では，取締役会による代表取締役の監督も強化されている。

　日米構造協議（1989–90）などでは，日本の会社が株主の利益を尊重せずに系列取引をおこなっているなどの批判があり，コーポレート・ガバナンスの強化が図られることになった。しかし取締役会の改革には経済界の反対が強かったため，監査役のさらなる強化がおこなわれることとなった。1993年商法改正では，大会社は3人以上監査役を置かねばならず，そのうち1人以上は社外監査役でなければならず，監査役は監査役会を構成することとなった。

　同時にこの改正では，取締役が善良な管理者としての注意義務や忠実義務に違反して会社に損害を与えた場合に，株主が取締役に会社への損害賠償を請求できる株主代表訴訟制度の要件も緩和された。

　さらに2001年商法改正で，大会社は社外監査役を半数以上としなければならなくなった。3人以上の監査役で半数以上であるから，最低2人の社外監査役を置かねばならなくなったのである。同時に監査役の取締役会への出席義務が定められ，意見陳述権が認められ，さらに監査役選任の場合の監査役会の同意権が認められ，人事の上からも監査役の独立性が強化された。このように取締役会に独立した外部の監視が入りやすくなったが，当然ながら監査役には取締役会での議決権がなく，限界があった（岩原，2009；近藤，2003）。

◯ 執行役員制度の普及

　執行役員制度の特徴　　1997年6月にソニーが執行役員制度を導入すると，多くの会社に急速に普及し（表1.4），2006年には日経225銘柄に含まれる金融・電気・ガスを除く企業の89％に採用されるまでになっている（久保，2010，204頁）。執行役員とは商法上の制度ではなく，代表取締役のおこなう業務執行を取締役から切り離し，執行役員におこなわせるものである[15]。平取締役にあたる執行役員と常務取締役にあたる常務執行役員などの役付執行役員が設けられ，専務以上が取締役にとどまるケースが多かったから（田中，

---

14 ここでいう大会社とは商法特例法の定めるもので，資本金によって分類されたが，のちに分類の基準が変更されている。なお同法の規定は2005年に公布された会社法に実質的に取り込まれ，会社法施行により商法特例法は廃止となった。

表1.4 執行役員制度の普及と取締役会

年	対象企業数	執行役員採用企業数	取締役会平均人数	社外取締役平均比率（%）
1993	667		22.00	9.04
1994	677		21.77	8.45
1995	690		21.59	8.11
1996	702		21.47	7.82
1997	695	1	21.41	7.70
1998	688	16	20.46	7.96
1999	683	89	18.01	8.32
2000	671	158	16.69	8.97
2001	661	215	15.61	9.21
2002	640	262	14.44	9.61
2003	622	311	13.23	10.85
2004	613	346	12.67	11.44

（出典）　新田（2008, 23頁）
（注）　対象は東京証券取引所第1・2部上場企業で，1996年に取締役の人数が
15人以上であり，銀行や支配会社以外の社外取締役が30％未満だった
企業。

2001)，執行役員制度導入の結果，取締役の人数は減少した。

　取締役の執行役員兼任　　社外取締役に代表される業務執行をおこなわない取締役が多数いるのであれば，意思決定および監督と業務執行の分離といえるが，取締役が執行役員を兼任するケースが多く，2002年度末の執行役員制度採用企業568社における取締役の執行役員兼任比率は82％であり（宮島・新田，2007，47頁），分離が十分におこなわれていたとはいえない。法的基礎のなかった経営会議が法的基礎をもつ取締役会になったのに近いといえ，経営会議

---

15 執行役員には，会社と雇用契約を結び，会社と支配従属関係にあり，雇用主の指示に従い，「賃金」を受け取るタイプと会社と委任契約を結び，いつでも解約できる半面，受任者（執行役員）の独立性が高く，裁量が広く，会社と支配従属関係になく，「報酬」を受け取るタイプがある。

のほかに取締役会を開かなくて済む，という意味では意思決定と執行がスピード・アップしたといえる。それと同時に執行役員は法的な機関ではないので，平取締役などが実態としては大きな権限がないのに，株主代表訴訟の対象となり，巨額の賠償責任を負うことを避けることができるという効果もあった。

○ 新しい統治形態の法制化

社外取締役の重視　資本効率性や成長性の低い企業ほど執行役員制度を採用したとする研究があり，また取締役の人数が多く，企業の部門が多いなど複雑な企業ほど執行役員制度などの採用が多いという研究もある。また業績が良くない企業が取締役人数の縮小に取り組んでおり，人数が縮小すると業績が向上するが，社外取締役にはそうした関係が認められないという（青木，2002；宮島・新田，2007）。それはともかく，会社に外部からの監視をいれるとすれば，社外取締役が直截であるといえ，徐々に導入が進んだが，執行役員に比較してそのスピードがはるかに遅かった。アメリカでも20世紀後半に企業スキャンダルなどを契機に社外取締役の導入が進んだが，株式取引所のルールがそれを強制してきており，今日では株式を公開している会社は，過半数の独立取締役をもたなければならないとされている（ピント＝ブランソン，2010，148頁）。

委員会設置会社の導入　2002年商法特例法改正で大会社に委員会等設置会社を選択することが認められた（2005年会社法で委員会設置会社と改称）。委員会設置会社は，監督と業務執行を分離するため，取締役のほかに執行役を置くこととし，さらに取締役等の選任などを決定する指名委員会，取締役および執行役の業務執行を適法性に加えて妥当性まで監査する監査委員会，取締役・執行役等の報酬を決定する報酬委員会の3つをもち，各委員会は3人以上の取締役で構成され，かつ過半数が社外取締役でなければならない。また監査委員会があるので，監査役を置くことができない。

　ここで執行役は，法的基礎をもつ存在で，取締役会から委任された業務の執行の決定をおこなうが，法的基礎をもたない執行役員とは異なり（取締役との兼任は可能），また取締役会は会社を代表する代表執行役も選任する必要がある。3人以上の委員会で過半数が社外取締役（法的定義が明確化された）であ

表 1.5　東京証券取引所一部上場企業の会社形態

（単位：%）

年	監査役会設置会社	監査等委員会設置会社	指名委員会等設置会社
2004	97.0		3.0
2006	97.0		3.0
2008	97.3		2.7
2010	97.4		2.6
2012	97.5		2.5
2014	97.5		2.5
2016	79.2	17.7	3.1

（出典）　『東京証券取引所コーポレート・ガバナンス白書』各年版など
（注）　1.　2004 年は回答なし 25 社を除いて算出。
　　　　2.　指名委員会等設置会社は委員会等設置会社，委員会設置会社を含む。

るとすると 2 人の社外取締役が必要で，3 つの委員会をすべて同じ社外取締役が兼任するとしても 2 人の社外取締役が必要ということになる。取締役会全体に対する社外取締役の比率は規定されていないが，監査役がなく，監督と執行が分離されているアメリカ型の企業統治が目指されている。

　委員会設置会社はドラスティックな改革であり，また強制ではなく選択を可能とするものであったから，ほとんど採用されず，また時間がたっても採用が増加しなかった（表 1.5）。ところが 2014 年会社法改正により，大会社については，社外取締役を選任しない場合，株主総会で社外取締役を置くことが相当ではない理由を説明する義務が課され，「社外取締役がいなくても不都合はない」や「適任者が見つからない」といった消極的な理由は，置くことが相当ではない理由に該当しないため，社外取締役の選任が実質的に義務付けられたといえる。しかも 2015 年 6 月の東京証券取引所の『コーポレートガバナンス・コード』はその原則 4–18 で，独立社外取締役を少なくとも 2 名以上選任すべきであるとするに至り，東証上場企業は 2 名の選任をしない場合は説明が必要

となった。

監査等委員会設置会社の普及　一方，2014 年会社法改正では，大会社には 3 人以上で過半数が社外取締役の監査等委員会をもつ監査等委員会設置会社（監査役を置くことはできない）の選択が可能となった（従来の委員会設置会社は指名委員会等設置会社と改称）。従来の監査役会設置会社では，社外監査役が取締役会に出席し，発言することはできたが，議決に加わることができないのに対し，監査等委員会設置会社では，監査等委員の社外取締役が議決に加わることが可能で，外部からの監視が強化されている（監査等委員の取締役は，それ以外の取締役の選任などについて，株主総会で監査等委員会の意見を述べられる）（田中，2017）。しかも監査役会設置会社では従来の 2 名以上の社外監査役に加えて 2 名以上の社外取締役を置くことになるが，監査等委員会設置会社では監査役がいないので，2 名の社外取締役でいいことになる。

　こうした事情もあって監査等委員会設置会社は急速に普及し，2016 年には指名委員会等設置会社とあわせて東京証券取引所 1 部上場企業の 2 割以上が監査役をもたないアメリカ型の株式会社となった。同年には第 2 部などほかの市場も含めた東京証券取引所の全上場企業で，社外取締役がいない会社は 4.2% に過ぎず，69.4% の会社に 2 名以上の社外取締役がいる（『東京証券取引所コーポレート・ガバナンス白書』2017 年版による）。しかも高度成長の終焉以降，企業の自己資本比率は確実に上昇し，社債発行が増えて，銀行借入への依存度が低下する状況のなかで，メインバンクの企業への影響力も低下している（蟻川ほか，2017）。日本の大会社は，まだ距離があるとはいえアメリカ型の企業統治に近づきつつあるといえるだろう。

演 習 問 題

　1.1　戦前期の営業報告書，有価証券報告書，各社のホームページなどから会社の重役を取り出し，どのような肩書きがついているのかを調べ，法的な根拠に基づくものと社内の規定に基づくものに分けて，その変遷を明らかにしなさい。

　1.2　有価証券報告書で重役がどのようなキャリアを経ているかを調べ，内部昇進の人がどの程度の割合を占めているか，明らかにしなさい。また『会社職員録』などからどのような人材が幹部となり，重役となっているのかも調べなさい。

第 2 章

企業会計と企業金融

　会社が存続するには利益を上げることが必要であるが，それには利益を算出するルールと会社の決算がルールどおりにおこなわれているかをチェックする仕組みが必要である。こうした仕組みが整えられていれば，会社は株式・社債を発行し，また銀行から借入をおこなうことが容易になり，投資も促進される。本章ではこうした会計の仕組みがいかに整えられ，企業の資金調達がどのようにおこなわれていたのかを考察するが，企業統治に続きここでもアメリカから導入された制度とドイツから導入された制度の交替が問題となる。

○ *KEY WORDS* ○
分割払込，割当増資，公募増資，
担保付社債信託，株式担保金融，計理士，
税理士，公認会計士，企業会計原則，
証券取引法，金融商品取引法，授権資本制度，
原価企画，連結財務諸表

2.1 会計制度の導入と企業金融

◯ 会計制度の導入

　江戸時代においても三井家・鴻池家などの大商家において複式決算がおこなわれ，経営管理に役立てられていたが，その技法は各商家の秘密とされていて，簿記法としてまとめ上げられることはなく，出版されることもなかった。その結果，明治維新後に複式簿記法が海外から導入された[1]。日本で最初の簿記書は福沢諭吉がブライアント（H. B. Bryant）とストラットン（H. D. Stratton）の *Common School Book-keeping*（1871）の前半の単式簿記の部分を訳した『帳合之法』初編 2 冊（慶應義塾出版局，1873）であり，後半の複式簿記の部分は翌年に二編 2 冊として刊行されている。このあと多くの簿記書が翻訳され，実務や学校教育で用いられている（岡下，1994）。

　実務への影響がより大きかったのは，国立銀行への会計制度の導入である。お雇い外国人のシャンド（A. A. Shand）は大蔵省で銀行簿記について講義をおこない，その講義録の翻訳が『銀行簿記精法』として出版された（1873 年）。銀行条例の改正後には日本全国に多くの国立銀行が設立され，統一的な財務諸表が採用されたので，簿記とともに貸借対照表と損益計算書を中心とする営業報告の仕組みが普及していった。ここでは帳簿から貸借対照表を作成し（誘導法），損益計算書を作成する（損益法）英米系の方法が採用され，財産目録は作成されなかった[2]。江戸時代においては共同出資の企業がほとんどなく，ましてや有限責任の会社はなかったから，企業外部に財務状況を報告することはなく，あくまで店主が自らの営業状況を知る必要から，自らもしくは従業員が

---

1 なお幕末・明治初期に横須賀製鉄所と造幣寮で洋式簿記が導入されているが，他所へはほとんど影響を与えなかった。

2 誘導法に対し，資産負債の実地調査から貸借対照表を作成する方法を財産目録法ないし棚卸法といい，損益法に対し，期首期末の資本比較計算から損益計算書を作成する方法を財産法という。棚卸法・財産法は，ドイツの体系であり，財産目録から出発する点で，英米の体系の誘導法・損益法と異なる。

帳簿や財務に関する諸表を作成していたのであるが，有限責任の発券銀行である国立銀行は，株主や政府に営業状況を報告し，貸借対照表等を新聞で公告しなければならなかった。このほか国立銀行は政府による銀行検査も受けているが，帳簿・会計・監査の仕組みとして，江戸時代とは面目を一新しているといえる。また国立銀行の会計の仕組みは，他産業の企業にも大きな影響を与えていた（片野，1968；万代，1994）。

○ 商法の会計規定と減価償却

　財産目録の重視　　1890年の旧商法，1899年の新商法には株式会社の会計に関する規定も盛り込まれ，財産目録（旧商法では動産と不動産の総目録）・貸借対照表・損益計算書（旧商法では明確ではなかった）を作成することが義務付けられ，貸借対照表は財産目録から作成され，さらに財産の評価価格を時価とすることとされた（1911年の商法改正で，時価以下とされた）。財産目録が必須とされたのはドイツ商法の影響であるが，貸借対照表は，これまでの誘導法と異なり，ドイツ系の棚卸法により財産目録から作成されるものとなり，資産価格は時価（もしくは時価以下）で評価されることとなった。これまでの英米系の会計慣行の大きな変更が要請されることとなったのであるが，実際には多くの会社で，財産目録は貸借対照表と同時に作成され，貸借対照表の資産と財産目録の資産が一致しており，会計慣行が大きな変容を迫られることはなかった（安藤，2011；片野，1968，145頁；万代，1994）[3]。

　減価償却の取り扱い　　この財産目録重視の規定は，減価償却についても大きな影響を与える。減価償却が必要なことはシャンドによって紹介されており，1875年には第一国立銀行などが家屋等の償却をおこなっているし，政府の補助金を受けていた海運会社は，船舶の維持のために1870年代から減価償却を義務付けられていた。しかしそうした外部の強制力のない企業の減価償却の取り扱いはまちまちであった。1899年に所得税法が改正され，法人に第一種所得税（今日の法人税に相当）が賦課されるようになると，減価償却費の損金算

3　1920年頃からドイツ系の簿記会計が紹介されるようになり，財産目録の位置づけが明確となっていった（安藤，2011，18頁）。

入が認められれば，利益金額が減少し，納税額が減少することになるから，株式会社にとって減価償却をおこなう誘因が生じた。しかし取得価格を基準におこなう減価償却は，時価評価を原則とする商法の規定と十分に整合的ではなく（時価以下となり緩和された），解釈をめぐり税務当局と企業が衝突した。減価償却費の損金算入は徐々に認められていったが，1918年に固定資産の耐久年数が法定されたことでようやく決着した（北浦，2014；高寺，1974）。

未整備だった監査制度　商法によって監査役が法定され，業務監査に加えて会計監査をおこなうこととなったが，会社が従うべき会計規則が商法の概括的な規定以外に存在せず，また会計に関する資格も法定されていなかったので，会社に会計の指針を与えたり，監査を実施したりする専門家も存在しなかった。例えば減価償却についても，減価償却をおこなえば税金が節約できるメリットがあったが，実施しないことを違法とする規定は存在しなかった。また戦時期にいたるまでは第一種所得税率がそれほど高くはなかったため，税金節約のメリットも大きいものではなく，（とくに業績不振のときに）減価償却を実施しない企業も少なくなかったが，これは配当を求める株主の要求が強かったためである（北浦，2014，115頁）。このように会計の取り扱いは恣意に流れがちで，会計スキャンダルが多発することとなった。

○ 株式分割払込と社債

株式分割払込と増資　日本鉄道会社など初期の会社によくみられたのが，株式分割払込の制度であった。この制度は当時の多くの西洋諸国で採用されていたが，例えば額面50円の株式を100株発行する会社について（資本金5,000円），当初10円のみの払い込みで会社が成立し（払込資本金500円），設備の建設に応じてさらに払込の徴収がおこなわれていく（追加払込），というもので，額面の一部分しか払い込まれていない部分払込株式も売買することが可能であった。これに対してさらに50株を追加発行する場合は（新株発行，それまで発行されていた株式を旧株という），資本金の増加（増資）となり，この場合の新資本金は7,500円となる。1899年商法により会社の設立時にすべての株式の所有者が決まり，額面の最低4分の1が払い込まれていることが必要と

され，旧株が全額払込にならない限り，増資ができないこととされた。ある会社の旧株と新株の双方が株式取引所に上場されることも珍しくなく，新株が全額払込済みとなれば，旧株に併合された。さらに増資は株主総会の決議が必要であったが，追加払込の徴収は取締役の過半数の決議でおこなうことができ，また配当は払込額に応じて支払われたが，議決権は旧株も新株も同一であった[4]。

割当増資と公募増資　　株価が額面を上回っている場合，額面以上の価格による増資も可能であったが（額面を下回る価格での発行は禁止），既存の株主に額面で株式を割り当てることが多く（割当増資），この場合例えば，旧株 1 株に対し，新株 1 株を割り当てる倍額増資で，第 1 回で 4 分の 1 の払い込みを徴収する場合，50 円額面株式の時価が 100 円であっても 12.5 円が徴収されるのであり，新株の時価と額面の差額は会社ではなく株主の所得となった。ただし株価が高騰した場合などは，増資新株（の一部）が額面より高い価格で公募されることもあり（公募増資），50 円額面の株式を 80 円で公募増資する場合は，当初払い込まれる例えば額面の 4 分の 1（12 円 50 銭）と額面超過金額（プレミアム）30 円の合計 42 円 50 銭が最初に払い込まれ，前者は資本金に，後者は会社の収益に組み込まれた[5]。このほか財閥などの大株主が保有株式を額面価格以上で売り出して，キャピタルゲインを取得することもおこなわれたが（公開売出），この場合は会社の財務状況に変化がなく，株主が変動するのみである。

社債の発行　　社債は 1899 年商法で明確に規定され，株主総会の決議で発行できることとなったが，社債権者を保護するため，発行金額が払込株式金額もしくは会社の純財産額の少ないほうの金額までと制限された。さらに 1905 年には担保付社債の発行を円滑にするために担保付社債信託法が制定された。発行企業が社債の信用力を向上するために工場などを担保に入れて発行しても，社債の購入者（社債権者）が多数いる場合は，担保物件の管理を誰が，どうするのかが大問題となる。そこで信託会社が発行会社より担保物件を取得して担

---

4 会社が破綻し，債務が支払えなくなった場合でも，部分払込株式の追加払込の義務は存在したが，実際に払い込みを徴収することは困難であった。

5 1899 年の商法により，額面超過金額は，法定準備金が資本金の 4 分の 1 に達するまでは，法定準備金に繰り入れられることとされた。

保の受託会社となり，社債権者のために担保物件を保存し，担保権を実行する義務を負うという制度が定められた。

　ただしこの法律は主として海外で社債を発行するために制定され，国内では1930年代初頭まで無担保社債が中心であった。また社債発行が成功するのかリスクがあるため，金融機関が手数料を取って，あらかじめ社債全額を買い取ったのちに売り出すか，社債に売れ残りがあった場合に引き取るという契約を社債発行企業と結ぶことも多い（引受）。1911年商法改正により社債引受などの規定が整備され，金融機関による社債引受が広くみられるようになったが，社債が資金調達に大きな意味をもつようになるのは戦間期のことである（公社債引受協会，1980，20頁）。

○ 企業金融の展開

　財務的な職務　　1890年以前の39社の会社定款には，雇用されている職員の係分けに関する記述を含むものが20社ある。このうち17社が「簿記」「会計」「勘定」「出納」の係分けを1つ以上もっており，初期から経理が主要な職能であったことが確かめられる。このほか書記をもつもの13社，倉庫4社，庶務3社，工務2社，文書1社などであり，総務の比率が低いが，これは支配人が担っていたためかもしれない。17社のうち会計のみが8社，簿記と勘定が3社，簿記と出納が3社，その他の組み合わせが3社であり，当時は会計が広い概念をさし，簿記が文字どおりのbookkeepingであり，財務的な職務が勘定や出納で表されていたと考えられる。

　株式担保金融　　第一次世界大戦前の大企業は，株式で資金を調達し，設備を購入するほか，流動資産の保有にもあてるのが一般的で，支払手形や銀行借入などへの依存度は低く，自己資本比率が高かった（図2.1）。株主は部分払込株式を銀行等に担保に入れて資金を調達し，追加払込に応じることが可能であったため，株式担保金融が資本市場と金融市場を結びつけていた。銀行は企業に直接資金を供給するより，株主への株式担保金融を中心に資金を供給していたと考えられ，これは株主の信用と担保となっている会社の信用の双方を頼りとすることができ，企業に直接資金を供給するより安全度が高かった一方，

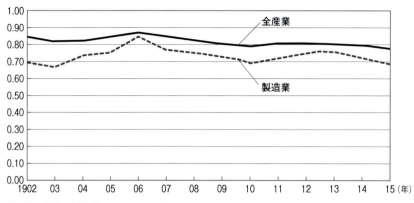

(出典) 藤野・寺西 (2000, 408–409 頁)
(注) 非金融の大企業 (32 社から 52 社) が対象。ここでの自己資本比率とは，払込資本金と積立金の合計額の払込資本金・積立金・社債・借入金・支払手形の合計額に対する比率であり，厳密なものではない。

図 2.1 第一次世界大戦前における大企業の自己資本比率

銀行貸出に金利の制限が課されてリスクの高い貸出先から高金利を徴収することに制限があったためと考えられている（重複金融仲介）（寺西，1982，203 頁）。初期の大会社の株主は大都市の商人が中心であったが，20 世紀に入ると地主の株式投資も増加していった。

2.2 会計制度の進化と企業金融

○ 商業簿記から工業簿記そして原価計算へ

会計技法の進展 商業簿記は商品を仕入れて，販売することを記録するもので，商品の売買や債権債務の発生など交換取引を記録することに主眼があるが，

製造業は材料を仕入れ，労賃を支払い，製品に加工して販売するので，製品売上とともに材料・仕掛品・製品の在庫がある。期末に棚卸をおこない，仕掛品や製品在庫を収益と認識し，同時に資産に計上し，翌期に仕掛品を取り崩し，すでに収益と認識してある製品在庫の売上をその期の売上から控除すれば，商業簿記でも利益は認識できるが，製造の進行を会計帳簿と整合的に認識できるほうが望ましい（例えば，原料が盗まれていても把握できない）。そこで伝票等で工場内部での人と物の動きを細かく捕捉し，仕掛品勘定で材料・労賃など直接製品に用いられた経費を認識し，製造間接費勘定で，工場建物や機械の減価償却費や工場の燃料費など直接製品に投じられたわけではない間接費を認識することで，内部取引を記帳して明らかにする過渡的な工業簿記が導入されていく。さらに製造間接費をなんらかの基準（直接労務費など）で各製品に配賦していくと個々の製品の製造原価が算出できるようになる（原価計算）[6]。実際の製造原価が把握できるようになれば，さらにあらかじめ設定した標準原価と実際原価との差異の原因を明らかにして，原価管理をおこなうことも可能になり，利益管理や意思決定に利用されるようになっていく（リトルトン，1952，第21，22章；豊島，2006，第1章）。

日本への工業簿記の導入　　明治初期に日本に導入されたのは，商業簿記もしくは銀行簿記が中心であった。しかし製造業の発展にともない工業の必要に簿記が対応することが求められるようになり，1890年頃から外国文献を参考に工業簿記の出版が増加していくが，これらは過渡的な工業簿記論であった。本格的な工業簿記論や原価計算論が刊行されるようになるのは1910年頃からであるが，当然ながらイギリスやアメリカの原価計算論から大きな影響を受けており，1930年頃にほぼ導入が終了したとされている（建部，2003）。1920年代には紡績，鋳物，電機など個別産業での原価計算に関する書籍も刊行されており，実務的にも原価計算が普及していったことがうかがえる。

　企業で実際にどのような工業簿記がおこなわれていたのかは，三菱長崎造船所の事例が有名である。三菱長崎造船所では外国人が英語で帳簿を付けていたが，当初は商業簿記の手法によるものであった。ところが1900年からルイス

---

[6] このほか販売にかかわる人件費・物件費などの販売費や本社の人件費・物件費などの一般管理費がある。

(J. S. Lewis) の *The Commercial Organization of Factories*（1896）にもとづいて過渡的な工業簿記の手法を採用し，直接製造費を把握するにいたった。同所が間接費の配賦を全面的におこない，本格的な原価計算をおこなうようになるのは 1918 年以降である。造船業は受注産業であるため，船舶価格の見積もりを正確におこなう必要があり，国際競争も厳しいため早期の原価計算の導入が必要とされたという（豊島，2006；山下，1995）。

○ 会計規則制定の試み

会計規則の整備　このように簿記の仕組みは整っていったが，そのよるべき規則は存在していなかった。産業合理化政策の一環として，1930 年に商工省に臨時産業合理局が設置され，その常設委員会として，生産管理委員会などと並んで財務管理委員会が設置された。原価計算の推進が産業合理化には不可欠であり，それには会計規則が整備されている必要があったからである。さまざまな原案が公表された後，財務諸表準則（1934 年），財産評価準則（1936 年），製造原価計算準則（1937 年）が確定稿として公表されたが，これらは法的強制力をもつものではなかった。

　1937 年に日中戦争がはじまると軍需品の調達が増加し，さまざまな統制法規が発令されていった。軍需品には市場があるわけではないので，軍がその価格を決定する必要があるが，それには原価を知る必要があった。陸海軍は 1939 年から 1940 年にかけてそれぞれ独自の原価計算規則を制定し，納入企業にその履行を求めていった。多くの企業が規則にもとづいて原価を計算する機会となったが，別々の規則があることが企業の負担になったため，1942 年に企画院が原価計算規則を制定し，統一するに至った。また経済統制の一環として，資金，給与，利益も統制の対象となり，その前提として企画院は財務諸表に関する規則の法制化も目指したが，実現しなかった（久保田，2008）。

計理士・税理士　会社利益を統制するには，会社利益を算出する規則が存在するのと同時に，会社経理が規則どおりにおこなわれているかをチェックする監査の仕組みも不可欠となる。1927 年に計理士法が制定され，計理士という資格が生まれたが，計理士でなければ会社の財務諸表を監査できないといった

計理士の独占業務が認められなかった一方で，大学や高等商業学校で会計学を学べば計理士となる資格が与えられたため，計理士の数は増加した。財務諸表準則では計理士が監査した財務諸表はその旨を明記することとされたが，計理士による監査が強制されたわけではなく，1940年の会社経理統制令にもとづく会社経理状況報告書の監査を計理士が担当するものとされたわけでもなかった。ところが戦時期に増税がおこなわれ，税務に関する業務が増加すると，1942年に税務代理士法が制定され，計理士は税務代理士となる資格を得ることになった（1951年に税理士法が制定され，税理士の資格が新設される）（原，1989，第4，6章）[7]。結局，戦前期には強制力のある会計規則と会計専門家による監査は実現しなかったのである。

◯ 企業金融の進展

社債発行の増加　第一次世界大戦とその直後は経済が活況を迎え，株価が高騰したため株式発行が増加し，プレミアム付の公募増資も多かった。しかし1920年恐慌を境に日本経済は長い不況を経験することになったが，そのなかで電化が進展したため，電力，電気鉄道，電線製造など電力関連産業が成長するとともに，都市化が進展し，ビル建設や郊外開発が進んだ。不況のため株価が低迷するとともに資金需要が低迷し，株式発行も停滞したが，その一方で社債の発行が増加し，資金調達に占める比重も上昇した。社債発行の中心となったのは，電力業と電気鉄道業（当時は電力供給業を併営することも多かった）であり，とくに前者であったが，大電力会社はアメリカやイギリスで外国債を発行した[8]。

担保付社債の普及　1920年代まで社債の多くが無担保社債であったが，昭和恐慌（世界大恐慌）に際して少なからぬ社債がデフォルト（償還不能）となり，

---

[7] 税務代理士の許可を受けていたものは，税法に関する講習を受ければ，税理士の登録を受けることができた。

[8] 商法の規定により払込資本金もしくは純資産金額までしか社債を発行できなかったが，電力会社は1927年の電気事業法改正によりその2倍まで発行することが許された。ただしその発行額押上げ効果はそれほど大きくなかったという（北浦，2014，142頁）。

社債権者の保護が課題となった。1933年に担保付社債信託法が改正され，一定の財産に抵当権を設定し，これを担保として発行できる社債の限度額を設定し，その範囲内で社債を分割発行し，それらの社債の担保順位を同じとするオープン・エンド・モーゲージ制が導入されて，担保付社債の発行が容易になったことから（それまでは1,000万円の価値のある工場を担保に300万円の社債を発行し，次に200万円の社債を発行すると，二番目に発行する社債の担保順位が二番目になり，より不利な条件でしか発行できなかった），銀行・信託会社・保険会社・証券会社は担保付社債を優先することとした（北浦，2014，201頁）。アメリカでは社債格付機関が償還可能性を見積もり，社債を格付けすることで社債購入者を保護したのとは異なるアプローチであった（低い格付の社債の発行金利は高くなる）。

株式発行の状況　不況期には一般的に株式発行が減少するが，分割払込制度の下では，追加払込は取締役の過半数の決議でおこなうことができ，払込に強制力があった（払込ができない株主は株式を競売される）。昭和恐慌期という金融がタイトで金融機関からの借入が困難なときに，払込の徴収によって設備投資がおこなわれるという効果があったことが実証されている。一般に自己資本比率が下がると企業の倒産確率が上昇するから，金融機関が融資する際に，払込の徴収を求めた例も多いようである（南條・粕谷，2009）。なお1899年商法で，会社はすべての株式が全額払込にならない限り増資できないと規定されていたが，未払込株式が残っていても，第二会社を別途設立し，直後にそれと合併することで，増資とほぼ同じ効果をうることができ，当時これは変態増資とよばれた。このように規制に有効性がないため，1938年の商法改正で増資に関するこの規定は削除された（齊藤，2016）。

以上のような状況のなか，大企業の自己資本比率は1920年代に低下し，昭和恐慌からの回復過程で株式ブームとなり上昇したが，戦時経済体制になり統制が進むと低下していった（図2.2）。

戦間期の財務的職務　最後に戦間期の大企業において，会計や財務を担当するセクションがどの程度普及していたのかを簡単にみておく。当時の企業の組織図や規定を集めた調査や書籍は存在しないが，浅野（1934）は，取締役とならんで，上級職員の役職と名前が判明する。どのような基準で企業が選ばれ，

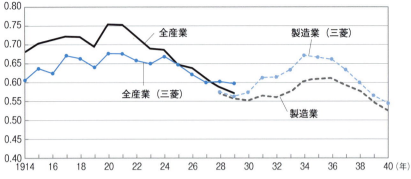

(出典) 藤野・寺西（2000, 408, 426, 452, 455頁）
(注) 藤野・寺西の数値は、1914年から1929年は57社から80社のデータにより、1928年から1940年は三菱経済研究所『本邦事業成績分析』のデータから作成されている。

図 2.2　戦間期における大企業の自己資本比率

表 2.1　戦間期の大企業の部門

	非金融 356 社中	製造 132 社中
庶　務	260	99
会　計	248	91
営　業	207	93
中核事業・工務	204	76
人　事	35	17
購　買	30	20

(出典)　浅野（1934）
(注)　庶務の260とは、庶務系の名前のセクションをもつ企業が260社あるという意味で、庶務系の名前とは、庶務（199社）、総務（81社）、文書（22社）などである。以下、会計は、会計（137社）、経理（118社）、計算（22社）、出納（11社）など、営業は、営業（154社）、販売（60社）、商務（16社）などである。中核業務とは製造業の場合、織物なら織布など、造船なら船体など、建設業なら建設・土木など、鉄道業なら運輸など、電力業なら送電など、それぞれ業務にとって中心となると判断される特有の名称を個別に判断しているが、商業・小売は購買か販売が中核業務となるため、中核業務をカウントしていない。

さらに職員が選ばれたのかが明らかではないが，ここではどのような名前のセクションをもつ企業が存在するかを集計した（表2.1）。同じ名前でも異なる機能を果たし，異なる名前でも同じ機能を果たすセクションは存在するので，あくまで概括的なものであるが，戦間期の大企業では，庶務，会計，営業に加えて，その企業の中核的な業務に関するセクションをもつことが多い半面，人事に関するセクションが少なかったことがわかる。これは庶務セクションが人事を取り扱っていたためであると推察される。

2.3 戦後の会計制度変更と企業金融

○ 証券取引法と企業会計原則

証券取引法 敗戦によりアメリカの制度が導入されたが，証券に関する制度もその例外ではなかった。1947年に証券取引法が成立し，翌年に改正されたが，有価証券の募集・売出を証券取引委員会（1952年に廃止，大蔵省が継承）に届け出て，発行内容を開示し，有価証券報告書を提出し，投資家の閲覧に供するとされた。

新たな会計制度 また1948年に公認会計士法が成立し，1950年の証券取引法改正で上場会社に公認会計士による監査が義務付けられた（当初は部分的に実施され，1957年から完全実施）。財務諸表を作成する基準としては，1949年に企業会計原則および財務諸表準則が，1950年に財務諸表等規則が制定され，監査の基準として1950年に監査基準および監査実施準則が制定されている。なお原価計算基準の策定はやや遅れ，1962年に公表された（遠藤ほか，2015，56–118頁）。

公認会計士による会計監査は証券取引法にもとづいて上場企業などについて実施されるが，同法はアメリカの有価証券法（Securities Act of 1933）と有価証券取引所法（Securities Exchange Act of 1934）から影響を受けている。これに対してドイツでは1937年株式法（商法）で株式会社などについて監査役に

加えて専門家である決算検査役（Abschlussprüfer）の監査が義務付けられ，イギリスでは1948年会社法で会計士のみが監査役となれるように規定されており（イギリスは1900年に株式会社に監査役監査が義務付けられていた），商法によって株式会社一般に専門家による会計監査が規定されている点が異なっている（大矢知，1971；平田，1969）。

諸規定の調整　企業会計原則は証券取引法による監査の基礎となるもので，期間損益計算を重視し，貸借対照表への資産計上も取得原価による計上を原則とし（有形固定資産は取得原価から減価償却累計額を控除，棚卸資産や有価証券は取得原価で，著しく下落して回復の見込みがない場合は時価など），財産目録を規定していないなど，当時のアメリカの影響を強く受けたものであった。これは既存の商法や税法（とくに所得税法）と齟齬するところも多く，その後企業会計原則，商法，税法が改正されて，調整されていった。例えば商法は，財産法から損益法へと改められ，取得原価が原則となり，商法上の計算書類から財産目録が削除されており，差異は残るものの1980年代初頭には企業会計原則との調整が終了した[9]。

1974年の商法改正により，商法特例法の大会社は会計監査人（公認会計士などが就任）による商法にもとづく会計の監査も受けることになった（安藤，2011）。税法については，額面以上の発行価格によって生じるプレミアムが資本であるとして課税されなくなり，損益方式にもとづく所得計算が採用されるようになっている（末永，2011）。

☐ 銀行借入中心の企業金融

授権資本制度　戦前期の特徴であった株式の分割払込制度は，1948年商法改正で廃止されたが，このままだと株式の発行ごとに株主総会の決議が必要となり，機動的な資金調達がおこなえなくなるため，1950年商法改正で授権資本制度が採用された。株式会社の定款には会社が発行しうる株式数の限度が記載され，その限度以内なら取締役会の決議で株式を発行できるというものである

9　なお1938年の商法改正により，固定資産の評価が時価以下の原則の例外として，原価から減価償却した価格によることが許容されるようになっていた（安藤，2011，21頁）。

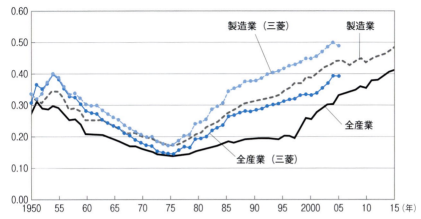

(出典) 三菱経済研究所『本邦事業成績分析』および『企業経営の分析』各年；統計局日本の長期統計（http://www.stat.go.jp/data/chouki/06.html）および財務総合政策研究所『財政金融統計月報』（https://www.mof.go.jp/pri/publication/zaikin_geppo/hyou07.htm）
(注) 三菱経済研究所は非金融の大企業を選択して集計。財務省は営利法人を無作為抽出。

図 2.3 戦後期の自己資本比率

（同時に額面金額の記載のない無額面株式の発行も可能となった）。会社の定款に資本金額が示されなくなったわけで，大きな変化といえるが，増資の中心は戦前来の株主への額面割当増資であり，時価発行増資が主流となるのは 1970 年代以降である（水越，1983）。

社債発行の規制　1950 年商法改正で，社債発行も取締役会の決議で発行できるようになったが，戦後は低金利政策が取られ，社債金利も低利に規制されたため一般投資家による保有は少なく，銀行の消化が中心で，証券取引法により銀行の社債引受が禁止され，証券会社が引き受けるようになったものの，銀行の発言力が強く，このため独立した日本の格付機関が高度成長期には存在しなかった。

銀行借入の増加　増資は額面割当中心で資本コストが高く，社債の発行が規制されていたため，企業の資金調達の中心は銀行借入であり（金融債を発行し

て資金を調達して貸出をおこなう長期信用銀行からの借入も含む），1970年代半ばまで企業の自己資本比率は低下していった。高度成長が終焉し，資金需要の伸びが小さくなると自己資本比率は上昇していった（図2.3）。

○ 企業の財務管理

　トレジャラーとコントローラー　　企業の財務管理については，1950年代初頭にコントローラー（controller）の制度が，産業合理化審議会の1951年の答申「企業における内部統制の大綱」で紹介され，有名となった。アメリカ各州の会社法では，社長（president）のほか総務部長（secretary）や財務部長（treasurer, トレジャラー）などの業務執行役の任命を要求することが多く，19世紀前半から多くの会社にトレジャラーが存在しており，資金調達・運用や出納を担当していたが，1870年代からコントローラーが出現し始め，内部統制，営業報告，税務，内部監査などを担当したが，アメリカでもトレジャラーほど普及してはいなかった一方で，大会社では両者を監督する財務担当副社長が置かれることも多かった（ジャックソン，1952）。

　経理部・財務部　　ところが日本では経理部が財務と会計の双方を担当し，社長直属の社長室・企画部・管理部などが設立されると経営計画のほか予算や原価を担当することが多く，コントローラーはアメリカ直輸入の形では定着しなかった（表2.2）。1970年代以降，金融が自由化して資金調達の手段が多様化するとともに，自己資本比率の上昇に見られるように企業の手元流動性が上昇すると，資金運用も多様化したので，経理部から財務部が独立し，両部門を担当する役員が多くみられるようになっていった。

　予算統制と原価企画　　予算統制はいつごろ一般的になったのであろうか。日本学術振興会による1971年の成長企業136社アンケート調査によれば，当該項目に回答のあった132社中予算統制制度を実施している企業が126社に及び，ほとんどの企業が予算統制を実施していたが，予算統制に関する最初の規定ができたのは，昭和戦前期4社，1946年から1955年31社，1956年から1965年47社，1966年から1971年11社（残りは無回答）であり，敗戦から20年程度の間に予算統制が進んだことがわかる（古川，1973，182頁）。

表2.2　職能担当部門

	財　務	給与計算	内部監査	原価計算	予　算	一般会計
経理部	69	10	20	49	52	88
総務部	12	42	5	6	7	4
管理部		1	6	6	8	3
人事労務部		24				
財務部	10	1		1	1	1
監査部			14			
社長室			6	1	3	
企画部			2	2	2	
その他	5	4	9	9	4	2
合　計	96	82	62	74	77	98

（出典）　長谷川（1960）
（注）　原資料は 1958 年 9 月発行の企業経営協会の「百人統計」である。社長室などの
管理部門が存在すると，予算，原価，監査，統計調査などを担当するが，資金，経理，
税務などはほとんど担当しないことも報告されている。

予算統制は標準原価による予算管理が中心となるが，1960 年頃から一部の企業で原価企画がはじまり，徐々に広まっていった。販売予測から販売予定価格と販売予定数量がでてくるが，ここから目標利益を差し引けば，許容原価がでてくる。一方で実現可能原価を積み上げ式で算出し，両者を調整して目標原価が設定される。これを前提に設計をおこなうが，目標原価を達成するために，要求される機能をいかに低価格で実現するかを模索する VE（Value Engineering）を実行していく。目標は高過ぎても低過ぎてもいけないので，これをいかに設定するかがカギとなる。原価企画という用語はトヨタ自動車工業で 1964 年から使用されるようになったが，原価引き下げは製品の計画（開発・設計）段階でおこなうと効果が大きく，製品の生産段階に入ってからではその効果が小さいことが知られるようになり，普及していった。しかし装置産業では装置が導入されるとほぼコストが決まってしまうので，組立産業を中心に原価企画がおこなわれている（表2.3）（小林，1995；田中，1995，第 1 章）。

表2.3　原価企画の実施状況（1991年）

	組織的・全社的に実施	組織的に実施している事業所あり	プロジェクト方式で臨時に実施	実施せず	合　計
食　品	0	1	1	5	7
繊　維	0	3	1	2	6
紙・パルプ	0	0	0	5	5
化学・製薬・石油・ゴム	2	4	4	22	32
ガラス・窯業	3	1	0	7	11
鉄　鋼	2	1	0	10	13
非鉄金属製品	2	4	2	7	15
機　械	16	7	1	5	29
電　機	16	3	4	3	26
輸送用機械	17	5	4	0	26
精密機械	1	2	0	1	4
その他製造	0	2	0	4	6
合　計	59	33	17	71	180

（出典）　谷（1994，157頁）

　　監査役の状況　　最後に1960年代半ばの監査役について，上場会社361社のアンケート結果にもとづいて簡単に考察する（浦野，1967）。監査役は当該会社の平取締役もしくは従業員から就任することが多く，常務から就任するものが次いでいた。当時の監査役の任務は会計監査であったが，取締役会に常に出席するものが46％，ときどき出席するものが31％と取締役会に出席するのが普通であり，経営への発言権が（少なくとも形式的には）あった。経理事務の経験が11年以上のものが35％おり，経理の能力を評価されて就任していたと推察されるが，同時に全くないものが28％おり，経理に明るいことだけが選任基準ではなかったようである。しかも補助者が全くいない監査役が75％で，監査費用が全くないものと出張旅費が出るものをあわせると86％に達しており，また公認会計士など外部の専門家を利用しないものが75％と，どこまで実効的な監査がおこなえるのか疑問になる数値もでているが，監査役以外の内

部監査を実施しないものが46％であり，取締役による実施が13％，従業員による実施が32％であった。

2.4 金融ビッグバン

連結財務諸表制度　ほとんどの大企業は子会社をもっていたが，決算はあくまで大企業単体でおこなわれていた。しかし会社の経営状態が悪くなったときに，子会社との取引を利用して，それを隠すこともあり，問題となったため，1977年度から連結財務諸表制度が導入された。当初は連結財務諸表が有価証券報告書等の添付書類という扱いであったが，1991年度から本体に組み入れられ，さらに1998年度から連結財務諸表中心の開示へと転換した。

半期・四半期報告書　また戦前以来多くの企業が事業年度を半年とし，年2回の決算をおこなっていたが，1974年の商法改正で，中間配当の制度が導入され，年1回決算でも定款に定めがあれば，取締役会の決議で剰余金の配当をおこなうことができるようになったため，多くの企業が年1回決算に移行した（1971年証券取引法改正により年1回決算会社につき半期報告書の制度が導入されていた）。2005年の会社法ではそれまで1回に制限されていた中間配当の回数についての制限を撤廃したため，今日では四半期配当をおこなう企業もある。なお2006年の金融商品取引法により，上場会社等には2008年度から四半期報告書の提出が義務付けられているが，同時に経営者が財務報告に関する内部統制の有効性を評価した内部統制報告書を作成し，公認会計士などによる監査証明を受けて提出するように義務付けられている。

時価評価の浸透　さらに有価証券については原価で評価されていたが，バブル崩壊とともに問題視されるようになり，2000年より売買目的の有価証券が，2002年より持合株式が時価評価されることとなった。また土地などの固定資産も原価で評価し，機械などは減価償却をおこなうことになっていたが，やはりバブルの崩壊で土地価格の低下が著しくなり，問題となった。そこで2005年度より，価格が低下したと認識された固定資産については回収可能額まで減

損をおこなう減損会計が導入された（遠藤ほか，2015）。

会計基準の国際化　このような規制強化は，度重なる会計不正に対応したものであるとともに，国際的な会計ルール統一の流れに沿ったものであり，2008年に日本の会計基準は IFRS（国際会計基準，International Financial Reporting Standards）と同等であると決定された。そして企業の国際的活動をさらに促進し，海外企業との業績の比較可能性を高めるため，上場企業が一定の条件を満たせば，2010 年 3 月期から IFRS に準拠して作成された連結財務諸表を金融商品取引法による連結財務諸表として提出することができるようになった（IFRSの任意適用）。任意適用は急速に普及し，2018 年 6 月期には今後の変更予定も含め導入企業が 204 となり，上場企業時価総額のほぼ 3 分の 1 を占めるようになった（田原，2016）[10]。

金融自由化と資金調達の変化　1980 年代の金融自由化により企業金融も大きく変化した。1994 年に金利の自由化が完了したが，このほか社債についても担保付社債が発行されていたのが，1980 年代には無担保社債が発行されるようになり，発行条件も発行会社と引受会社の交渉で決まるようになり，1990年代には自己資本による社債発行限度額や財務制限条項なども撤廃されるなど，社債発行が自由化された。これらの自由化をさらに加速したのが，1996 年から構想され，1998 年の金融システム改革法に結実した金融ビッグバンであり，会計制度の変更も同時におこなわれている。

演 習 問 題

2.1　戦前期から戦後にかけて存続している有力企業（東洋紡，王子製紙，日本石油など）の貸借対照表から自己資本比率を計算し，その変化を跡付け，資金の主たる調達手段がどのように変化したのか考察しなさい。

2.2　計理士，公認会計士，税理士について，どのように資格が与えられるか，人数がどのくらいいるか（いたか），どのような職務を行っているか，について調べなさい。そして戦前と戦後の会計スキャンダルを取り上げ，その防止方法がどのように議論されていたか調べなさい。

10　「国際会計基準 200 社超え」『日本経済新聞』2018 年 7 月 16 日。

第 3 章

企業グループ

　企業は独立して存在するばかりではなく，株式所有や役員派遣を通じて結びつきグループを形成することがあり，日本でも古くから企業グループがみられた。戦前期の財閥は有名であるが，戦後改革のなかで財閥解体がおこなわれた。しかしその後，企業集団および企業系列というグループが形成され，注目を浴びた。ところが今世紀に入る頃から，両者ともに大きな変容をとげている。グループ内企業が多様な産業にわたり，また原材料の納入関係にあることもあるので，多角化・垂直統合とグループ形成という観点から企業グループを歴史的に考察する。

○ *KEY WORDS* ○

財閥，企業集団，企業系列，

財閥解体，新興コンツェルン，持株会社，

系列融資，相互持合

3.1 財 閥 の 形 成

◯ ピラミッド型企業グループ

ピラミッド型企業グループとは　企業グループは複数の企業からなるグループであるが，同じ産業に属する企業が結びつく場合と異なる産業に属する企業が結びつく場合がある。前者は市場支配（とそれによる製品価格の引き上げ）を目的とするもので，一般にカルテルとよばれ，株式保有などの関係がないことも多いが，本章では考察の対象としない。後者の企業グループには，1つの企業（もしくは個人）が支配力をもつもの（ピラミッド型）とそうした中心をもたずに相互に結びつくものがある。企業の結びつきを取引関係で判定することもあるが，株式保有関係（さらには役員派遣）で判定することが多く，ここでも株式保有によって結びついている企業グループを中心に考察する。

ピラミッド型グループのマイナス面　ピラミッド型企業グループについて考えるが，簡単化のため資金はすべて株式で調達することとする（図3.1）。事例1ではAの資産は1,000万円であるが，株式の半分（厳密には半数プラス1株だが単純化のため半数とする）を所有して会社を支配できることを利用して，2段階の企業グループを使えば，資本金合計4,000万円の企業を支配できる。配当請求権（キャッシュ・フロー）は1,000万円分しか支配しないが，企業支配権は4,000万円分あることになり，不均衡が発生している。また事例2ではY2が株式を公開していないので，Aは3,000万円の資本しか支配していないが，Y1が無価値なものを100万円でY2から購入すると，Y1は100万円の損失が発生し，一般株主とXが50万円ずつ損失を被る。ところがY2は100万円の利得が発生し，Xが100万円の利得を受けるので，Xは差引50万円の利得を得る。この利得はAと一般株主が25万円ずつ取得するので，最終的にAが25万円の利得，一般株主が25万円の損失を得ることになるが，一般の少数株主を犠牲にして，Aが利得を受ける（トンネリング）[1]。Aにとっては私的利益を得ることができるということからもピラミッド型グループを支配する誘因があ

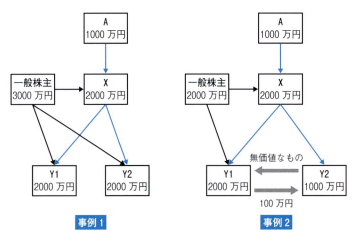

(注) 黒い矢印は1000万円の出資を意味する。

図3.1 ピラミッド型企業グループ

ることになる。しかもY1の経営者は，Y1の一般の株主に信任されていなくてもAに信任されていればその職に留まり得るので，一般株主を犠牲にしてAの意向に沿った経営をするようになりやすい（エントレンチメント）。株式を公開し，一般の少数株主がいるピラミッド型企業グループにはこのようなマイナス面がありうるのであり（Morck et al., 2005）[2]，少数株主を保護する制度がどれほどあるかが，ピラミッド型企業グループの形成と普及に大きな影響がある。

英米以外でよくみられる理由 多角化ないし垂直統合の企業グループは，なん

---

[1] トンネリングとは，ピラミッドのなかのある会社から別の会社へ価値を移転する行為を指す。もちろんこの例のような露骨な操作は，一般的には背任となり，Y1の経営者は逮捕されることになると期待されるが，そうした法の執行がどれほど厳格に行われるのかが，制度の成熟ということになり，企業グループの形成に影響を与える。

[2] すべての集団企業が100%所有されているのならば，こうした売買操作は利益の付け替えにすぎない。ただし連結納税制度が導入されず，法人税がある環境では，Y1で利益が上がり，Y2で損失であったとすると，利益をY1からY2に付け替えれば，法人税を軽減することができ，Aにとって利益のある操作となる。

らかの市場の不完全性による高い取引コストを前提としているので，途上国で
より多く見られ，政府の産業化政策の担い手として資金供給を受けたり，危機
に陥った際の救済などの保護政策を受けてさらに発達が加速されることが多く，
韓国のサムスン・ヒュンダイなどのチェボルは日本でも有名である。この現象
は，政府高官とのコネによって保護を引き出せるのであるから，そのコネは貴
重な財であるが，他者に販売できるものではなく，市場取引になじまないので
（市場の不完全性が存在），多角化した集団となっていると解釈できる。

しかしピラミッド型企業グループは，一般に制度が不完全とされる途上国ばか
りか先進国でも珍しいものではなく，それらがみられないのは，アメリカと
イギリスに限られている。アメリカではピラミッド型企業グループを消滅させ
るために，世界大恐慌以降，Y1からXへの配当とXからAへの配当がそれぞ
れ課税されるなどの措置が取られたため，またイギリスでは1968年にロンド
ン株式取引所がTOB（take-over bid，株式公開買付）で30%以上の株式を取得
する場合は，100%所有にすることを義務付けるルールを実施したために，多
数の株主によって保有される株式公開会社が一般的となったのである（傘下に
会社を保有する場合も100%もしくはそれに近い比率をもつことが多く，事業
部に近い存在となっているし，高い割合をもつ場合は共同企業かTOBまでの
一時的所有であることが多い）[3]。イギリスとアメリカは，支配的株主がいない
独立した大企業（しばしば多数の部門をもつ）が支配的な存在となっているむ
しろ例外的な国である（Morck, 2005）。

○ 政府の産業奨励政策と企業家

明治維新後，政府は産業奨励を実施したが，官業を自ら経営するものと民業
に保護を与えるものがあり，このなかから企業グループを形成する企業家が輩
出していった。

官業払下げ　官業の多くは赤字であり，軍工廠・鉄道・電信などを除いて民

---

3 本章での株式公開会社とは株式が不特定多数の株主に所有されている会社という意味で，英
語のpublic company（private companyの対語）に当たるものであり，2005年会社法が規定する
株式に譲渡制限がかけられていない公開会社とは異なる。

表3.1　官業払下げ

官営事業	払下年	払受人	備　考	財閥経営
尾去沢銅山	1872	岡田平蔵	1887 三菱へ	＊＊
堺紡績所	1873	肥後孫左衛門	1881 川崎正蔵へ，1889 泉州紡績に売却	
高島炭鉱	1874	後藤象二郎	1881 三菱へ	＊＊
広島紡績所	1882	広島綿糸紡績	完成前県へ移管	
油戸炭鉱	1884	白勢成煕	1896 三菱へ	＊＊
中小坂鉄山	1884	坂本弥八	経営者が交替し，1908 操業休止	
セメント製造所	1884	浅野総一郎		＊
小坂銀山	1884	久原庄三郎		＊
深川白煉瓦	1884	稲葉来蔵	1884 西村勝三，1887 品川白煉瓦製造所	
院内銀山	1884	古河市兵衛		＊
阿仁銅山	1885	古河市兵衛		＊
品川硝子製造所	1885	西村勝三ほか	1892 廃止	
大葛鉱山	1885	阿部潜	1887 三菱	＊＊
愛知紡績所	1886	篠田直方	1896 焼失	
札幌麦酒醸造所	1886	大倉喜八郎	1887 札幌麦酒会社，1906 大日本麦酒	
新町紡績所	1887	三井	1902 絹糸紡績，1911 鐘淵紡績	＊
長崎造船所	1887	三菱		＊
兵庫造船所	1887	川崎正蔵		＊
釜石鉄山	1887	田中長兵衛		
三田農具製作所	1888	子安峻ほか	1888 東京機械製造，1911 東京機械製作所	
三池炭鉱	1888	佐々木八郎	1888 三井組に委任	＊
幌内炭鉱・鉄道	1889	北海道炭礦鉄道		
紋別製糖所	1890	伊達邦成	1895 札幌製糖，1896 解散	
富岡製糸所	1893	三井	1902 原富太郎へ譲渡	＊
佐渡金山	1896	三菱		＊
生野銀山	1896	三菱		＊

（出典）　小林（1977）など
（注）　財閥経営のうち，＊は財閥が払い下げを受けたもの，＊＊は払い下げ後に財閥が買収したもの。

間に払い下げられたが，1888年の三池炭礦の払い下げ以前は，入札方式が取られておらず，随意契約で払い下げられたことに加えて，官業のいくつかがのちに成功して企業グループを形成する企業家の経営に移ったことから，有利な条件で政府にコネのある企業家に払い下げられたとの批判を受けることとなった（表3.1）。赤字であった官業の払い下げ価格が政府の投資額を下回るのは不思議ではないし，払い下げ後の企業家による合理化努力が収益性を向上させたことは間違いないところであるが，価格が「適正」であったと立証することはできず，公正な入札以外に批判を回避する方法はない。のちに企業グループに成長したものとして，金属鉱山の古河，炭礦の三井，造船の三菱，川崎，セメントの浅野などが有名であるが，古河の最大の収益基盤であった足尾銅山が含まれていないこと，および三菱の金属鉱山と炭礦は払い下げ後に買収したものであることは，逆に政府の払下げ条件の有利さだけでは企業家の成功を説明できないことを示しているといえる（表3.2）。

民業の保護　民業の保護としては，三菱の創業者である岩崎弥太郎の営む海運事業への保護や三井銀行・安田銀行などへの政府預金などがあげられる。岩崎は上海航路への補助金や政府所有船舶の贈与など手厚い保護を受け，巨額の利益をあげるとともに，その利益によって金属鉱山・炭礦を買収していった。しかし明治14年の政変で大隈重信が政府を去ると反三菱のキャンペーンがおこなわれ，政府は郵便汽船三菱会社の競合会社である共同運輸を設立した。1885年には両社が合併して日本郵船が成立したが，これによって海運業は岩崎の直営を離れたため，弥太郎の死後に三菱の経営を担った岩崎弥之助は，日本郵船株式を売却して，金属鉱山・炭礦・長崎造船所・丸の内（のち三菱地所の主要な所有地となる）・第百十九国立銀行（のち三菱銀行となる）を買収するなど，多角化を推し進めていった。反三菱キャンペーンの事例は，政治的影響力が大きくなり過ぎると政府から疎まれるリスクがあるという政府との距離の難しさを示す事例といえる（Khanna and Yafeh, 2007, p.359）。

　明治初期には民間預金の習慣はそれほど広まっていなかった上に，担保なしに政府預金を預かってそれを運用することが可能であったから，政府預金を受け入れることは有利なビジネスであったが，1874年以降，担保が要求されるなど規制が強化され，1882年以降は日本銀行の代理店として取り扱うことと

表 3.2 戦前の主な企業グループと多角化

1908年以前の主たる事業基盤	グループ名	鉱業		製造業									流通業		金融業		
		石炭	金属	繊維	製紙	窯業	化学	製鉄	非鉄	造船	電機	その他機械	商社	海運	銀行	保険	証券
総合	三　井	0	0	0	0	0	1	1		1	0		0	0	0	1	
	三　菱	0	0		0	0	1	1		0	1	1	0	0	0	0	
	住　友	0	0			1	1	0	0			1			0		
鉱業	古　河	0	0				1		0		1		1		1		
	久　原		0					1	1	1	1		1	1		1	
製造業	浅　野	0	1			0		1		1	1	1	1	0	1		
	川崎・松方							1		0		0		1	0	1	
流通業	大　倉	1	1					1					0				
	鈴　木	1					1			1		1	0		1		
	岩　井			0			1	1					0				
金融業	安　田	−1		0	1										0	0	
	野　村												1		1		0

（出典）　橘川（1996, 46頁）
　（注）　1. 1909–1923年の状況を示している。0は1908年以前に存在し，当該期間に継続，1は当該期間に新規進出，−1は1908年以前に存在し，当該期間に撤退。
　　　　　2. 直系会社・傍系会社の子会社の動向も含む。
　　　　　3. 各業界における影響力が極めて小さい事業は表示されていない。

なっていったので，それほど有利なものとはいえなくなっていった。それでも初期には，三井銀行・安田銀行などが第一国立銀行と並んで政府預金を受け入れて銀行の基礎を築き上げていった。三井は三井銀行のほか，貿易業である三井物産を営み，さらに三池炭礦の払下げを受けるなど多角化を進めていったが，安田は銀行のほか，保険，鉱山などに進出したものの大きなビジネスに成長したのは，銀行・保険という金融事業に限られた。三井も官業払下げで入手した繊維関係の工場（表3.1），さらには江戸時代からの祖業の呉服販売業を手放しているから（呉服販売はのちにデパートの三越となる），多角化事業もトライアル・アンド・エラーで，成功したものが残ったと解釈すべきであろう。

政府の保護グループ化　このように政府からの保護は企業グループとして成長していく重要な要素であった。しかし別子銅山を稼行し，商品担保貸付である両替業から銀行業に進出し，さらに伸銅業・製鋼業などへと多角化・垂直統合を推し進めていった住友は，政府保護の要素が相対的に少ないなど，政府の保護が企業グループになるための必要条件であったわけではなく[4]，逆に政府の保護を受けながら企業グループに成長していけなかった五代友厚などの例もあることから，十分条件であったわけでもない。

◯ 家業意識と財閥

財閥　江戸時代においては同族の共同事業はかなり見られたが，それ以外の共同事業はなかったわけではないが一般的なものではなく，明治期には企業家の事業は家業として営まれるのが一般的であった。そのため企業家が多角化を進めていっても外部の資本を導入することはそれほど一般的ではなく，鉄道業や紡績業が当初から株式会社形態を利用して多数の出資者を募ったのとは対照的であった。家族が支配的な出資者となり，多角化した企業グループは財閥とよばれるようになった。三菱財閥の事例では，家業で営んでいた海運業が共同運輸と合併して自らが専一的に支配できる家業ではなくなると，日本郵船株式に政府の配当保証がおこなわれたにもかかわらず，日本郵船株式を売却して自らの家業として営める事業を買収していった。

鉱業と銀行業　財閥のなかには鉱業と銀行業を営む者が多く，三井・三菱・住友の三大財閥はこの2つを含んでいる。鉱業は有力な鉱脈・炭層に当たった場合，鉱区の取得によって他社の参入が抑止されているので，その利益を独占することができる上に，採掘が進むにつれて設備を増設していけばいいので，機械化が進んでいなかった初期には，鉄道のように初期投資が膨大になるということもないので，家業として営みやすかったといえよう[5]。また成功した事業家の営む銀行という名声は預金獲得に役に立ったし，銀行も支店の設置にか

---

[4] 海外の事例でも，政府の保護を受けなくても企業グループが形成されるが，その場合は買収など急激な拡大より，事業を最初から始める場合が多いと指摘されている（Schneider, 2010, p.664）。

かる費用が大きいわけではないから，拡大に資金制約が働きにくいうえに，自らの事業に外部資金を導入する役割を果しえたが，あまりに自己の事業に資金を投入してしまうと銀行経営のリスクが上昇するので，そのリスクを顕在化させなかった銀行が生き残ったといえる。

外部資本の導入　家族による排他的出資を維持できず，早い時期から外部資本を導入した例として，浅野と川崎があげられる。浅野総一郎は石炭商であったが，深川のセメント製造所の払下げを受けて事業を始める際には，渋沢栄一の親族の大川平三郎と匿名組合を組織し[6]，1898 年に合資会社を組織した際には，大川のほか渋沢栄一や安田善次郎などの出資を受け，1885 年に磐城炭礦社を組織した際にも渋沢らの出資を受けている。このように浅野の事業は渋沢・安田との関係が当初から深かったが，のちには安田銀行との関係がより親密になっていった（斎藤，1998）。川崎正蔵は兵庫の造船所の払い下げを受けたが，1896 年にそれを株式会社川崎造船所に改組した際に外部の資本を導入し，経営者として松方正義の三男の松方幸次郎を迎え入れた。また 1905 年に一族で合資会社神戸川崎銀行を設立し，1916 年に株式会社に改組したが，1920 年には松方正義の長男の経営する十五銀行に合併された。1921 年には川崎から松方への株式譲渡により川崎造船所の支配的株主が松方となったので，表 3.2 では川崎・松方と表記されている（三島，1984，第 3 部）。

さまざまな企業グループ　このほか表 3.2 の集団について，簡単に触れておく。久原は，表 3.1 の庄三郎の息子久原房之助が起こした集団である。庄三郎は兄の藤田伝三郎らと藤田組を組織し，小坂鉱山などを経営していたが，1905 年に房之助は藤田組を退社し，その資金で日立鉱山を稼行する久原鉱業や日立製作所などを経営した。大倉喜八郎は明治初期に貿易業をはじめ，のちに土木事業や鉱山・製鉄などに多角化した。鈴木商店は砂糖商であったが，番頭の金子直吉が貿易業を拡大するとともに明治期に神戸製鋼所の経営を開始した。岩井勝次郎は貿易業から第一次世界大戦期に日本曹達工業（のち徳山曹達，現在ト

---

5 もちろん有力な鉱脈・炭層に当たらなければ事業として成立しないので，ハイリスク・ハイリターンであったといえる。

6 匿名組合は，匿名組合員（大川）が営業者（浅野）に出資し，利益があれば配当を受けるが，外部には営業者のみが権利・義務の主体として現れる。

クヤマ）をおこすなど多角化した。野村徳七は株式取扱店から銀行業・公社債取扱業（のちに野村証券となる）などへ進出した。

3.2　第一次世界大戦期の拡大と株式公開

◯ 第一次世界大戦期の拡大・多角化とその後の不況

第一次世界大戦期の拡大　第一次世界大戦が勃発してしばらくすると日本経済は未曽有のブームとなり，とくに主戦場となった欧州からの輸入が減少したため，それまで弱かった重化学工業が発達し，既存企業が拡大するとともに新規参入が活発化した。明治期に発達していた企業グループもその例外ではなく，積極的に多角化をおこなった（表3.2）。最も参入が活発であった産業は製鉄・化学で，明治期にはあまり参入が見られなかったものであり，それに次いだのが，造船・商社・保険であった。一方，三井・三菱・住友はすでに明治期に幅広い産業に多角化していたが，第一次世界大戦期に最も多角化に積極的であったのは，久原・浅野・鈴木であり，これに対して安田・野村・岩井は多角化に消極的であった。久原，鈴木，川崎・松方などは，この時期に企業グループとして十分な産業の広がりをもつようになったので，大正財閥とよばれることがある（下谷，2008，61頁）。

　企業グループの再編　しかし1920年恐慌によるブームの終焉とその後の長く続く不況により，高価格の継続を見込んだ先物取引の失敗や手持ち商品の価格下落などによって破綻する企業が少なくなかった。いくつかの企業グループもその例外ではなく，久原商事・古河商事・鈴木商店などの商社が破綻した。久原房之助は集団の経営を義兄の鮎川義介に委ね，鮎川は親族による支援を得て債務整理をおこない，久原鉱業を持株会社の日本産業とし，傘下に鉱業の日本鉱業，電機の日立製作所などをもつ日本産業コンツェルンに編成替えしていった（宇田川，1984，第1章）[7]。古河は古河商事を整理し，古河銀行を第一銀行に譲渡するなど多角化部門を整理し，産銅と精錬およびその加工の事業に

集中していった。また鈴木商店の破綻は 1927 年の金融恐慌を巻き起こし，傘下企業の多くが買収されていった。また金融恐慌により十五銀行も支払停止となり，これによって川崎造船所も債務支払不能の状態となり，松方一族が辞職し，グループは解体した（十五銀行と川崎造船所は独立企業となる）。

○ 持株会社の形成と株式公開

持株会社の設立　　1909 年と 1911 年の改組によって三井は，三井同族 11 名が出資する三井合名会社が株式会社三井銀行，三井物産株式会社，三井鉱山株式会社の実質的にすべての株式を保有するコンツェルン体制を整えた。このときには外部の株主は存在しておらず，資金調達の必要が改組の主たる理由であったわけではなく，株式会社により有限責任となることや利益が大きい株式会社の税率が合名会社・合資会社より低いことによる節税効果が主たる理由であった。持株会社が合名会社であったのは，持分譲渡に他の社員の承認が必要なので，同族以外に持分が流出する恐れが小さかったためである。

　持株会社の設立は，安田で 1912 年，浅野で 1914 年，岩井で 1916 年，三菱と古河で 1917 年，大倉で 1918 年，川崎・松方と久原で 1920 年，住友で 1921 年，野村で 1922 年，鈴木で 1923 年と他のグループでも実施されていった（橘川，1996，42 頁)[8]。

傘下株式会社の株式公開　　ところが持株会社体制がとられると，1910 年代の末には三井・三菱・住友の三大財閥でも傘下株式会社の一般への株式公開がおこなわれるようになった。まずは「公共性」が高いと考えられた銀行の株式公開がおこなわれ，住友銀行で 1917 年，三井銀行で 1919 年，三菱銀行で 1929 年に実施され，さらに 1920 年代に設立された三井信託・三菱信託・住友信託でも設立当初から外部資本が導入されている[9]。また非金融の会社では，三菱

---

7 コンツェルンとは持株会社のもとで異なる産業に属する企業が形成する企業グループである。

8 持株会社が合資会社のところもあるが，有限責任社員であっても持分譲渡には無限責任社員の承認が必要であった。また浅野のように持株会社が株式会社である場合もあった。なお株式会社への低い税率は 1920 年に廃止された。

9 住友銀行は持株会社の設立に先立ち 1912 年に株式会社となっており，住友家当主がほとんどの株式を所有していた。

鉱業で1920年に株式が公開されているが，景気が回復し，資金需要が回復した1930年代には，非金融の株式会社でも株式公開が盛んにおこなわれるようになった。

　理論的にはグループに外部資本が導入されると少数株主は，トンネリングの恐れに直面することになり，額面価格以上でおこなわれる株式公開価格が低下する恐れがある。財閥は外部から取締役・監査役を迎え入れ，経営の監視に当たらせることで，こうした外部株主の懸念を回避しようとしたと考えられ，公開とほぼ同時に住友銀行で外部取締役（1名），三井銀行で外部取締役（2名）・監査役（1名），三菱銀行と三菱鉱業で外部監査役（それぞれ2名）が選任されている。さらに財閥は外部株主の損失の可能性を緩和しようとしており，住友家当主は住友銀行の株式公開時に，3年間にわたる8%配当を個人保証したし（住友銀行行史編纂委員会，1979，195-197頁），三菱鉱業は公開時に明示的な約束をしていないが，利益が低下した1921年から1926年までの9半期にわたって本社である三菱合資会社が配当の受け取りを辞退し，一般株主への配当をその分だけ増加して8%の配当を維持している。この措置は公開時に発行された新株の1923年と1924年の追加払込に好影響を与えたと考えられる。さらに三菱鉱業の製品販売はすべて三菱商事に委託されていたが，手数料が支払われるため，鉱業の一般株主を犠牲にして，商事のほとんどの株式を保有する三菱合資に所得の移転がおこなわれるという疑念を払拭することができない。そこで1924年に三菱商事が保有する三菱鉱業製品のための設備や人員を三菱鉱業に移転し（営業譲受の対価を鉱業が支払い），鉱業が自社製品の販売を自営することとなった（海外販売は商事に委託）（三島，1981，277頁）。

　ところが昭和恐慌に際会すると三菱鉱業の利益は再び低下し，1930年から1932年の間は配当率が8%を下回ったが，三菱合資の配当受取辞退はおこなわれなかった。この理由は定かではないが，三菱銀行などでも外部株主が存在しており，鉱業だけの問題ではなくなったこと，1929年に傘下諸会社に対する本社の予算決算・資金調達などの規制が撤廃され，人事や規則面でも大幅に自由化がおこなわれ，傘下企業が独立の判断ができる余地が増加していたことが理由として考えられる（三島，1981，95頁）。

○ 新興コンツェルンの成長と解体

新興コンツェルン　1930年代には新興コンツェルンとよばれる企業グループが成長した。一般に新興コンツェルンとは，日本産業（日産）コンツェルン，野口遵が経営する日本窒素肥料がレーヨン製造の旭ベンベルグ絹糸や朝鮮での水力発電の長津江水電や朝鮮窒素肥料を傘下にもつ日本窒素肥料（日窒）コンツェルン，中野友礼が経営する日本曹達が傘下に日曹人絹パルプなどをもつ日本曹達（日曹）コンツェルン，森矗昶が味の素の鈴木家などとともに昭和肥料とアルミなどを製造する日本電気工業などを支配する森コンツェルン[10]，および理化学研究所が発明の工業化を目的に，理化学興業のもとに理研ピストンリングなどの会社を傘下に置く理研コンツェルンの5つであるが，ここではやや規模の小さい理研を除いた4つについて考察する（表3.3）。

　三井・三菱・住友の三大財閥の財閥本社が非公開であったのに対し，新興コンツェルンの持株会社は（森コンツェルンは森と鈴木家などが共同で支配する集団なので，中核となる持株会社が存在しない），いずれも株式を公開している点が最も大きな違いであり，持株会社に対する経営者の持株比率が最も高い日窒コンツェルンでも2割を下回っていた（森コンツェルンの中核企業の昭和肥料と日本電気工業でも経営者持株比率がそれぞれ2割を下回っていた）。

　日産コンツェルンは，1930年代半ばの株価上昇を利用して，日本産業の株式と傘下会社の株式の双方を公開して資金を調達し，新規会社を設立したり，既存企業を買収したりして企業グループを拡張したが，鉱業・電機・水産・化学・自動車にまたがる非関連多角化のグループであった。これに対し，日窒・日曹・森は，電源を開発して低廉な電気を得て，電力を多く消費する窒素肥料（原料の水素を水の電気分解で製造）・アルミ・冶金・ソーダ（食塩水の電気分解で製造，さらにソーダを消費するパルプも）を製造するというもので，大口の電源開発にみられる電力の供給者と需要者の利害対立を垂直統合のグループ化によって乗り越えようとするものであると解釈できる。このように本社が公開されているという点では共通しているが，その形成のメカニズムは，日産と

---

10 ただし昭和肥料と東信電気の最大株主は実質的に東京電燈であった。

表 3.3　新興コンツェルンの規模と持株率（1937 年）

（単位：千円，％）

会社名	払込資本金	持株会社	経営者	同系企業
日産コンツェルン	566,470			
日本産業	198,375	—	0.5	non
日本鉱業	138,750	58.3	non	non
日立製作所	73,688	34.7	non	non
日本水産	55,500	45.6	non	non
日本油脂	18,500	57.5	NA	NA
日産化学工業	62,000	100.0	NA	NA
日産自動車	10,000	48.7	0.0	43.5
日本産業護謨	9,657	45.4	non	non
日窒コンツェルン	247,950			
日本窒素肥料	90,000	—	17.8	2.3
朝鮮窒素肥料	62,500	100.0	non	non
長津江水電	45,000	100.0	non	non
旭ベンベルグ絹糸	37,000	75.0	3.2	non
朝鮮石炭鉱業	2,500	100.0	non	non
日窒証券	5,000	100.0	non	non
日窒鉱業	1,250	100.0	non	non
日本マグネシウム金属	4,200	70.0	NA	NA
日本窒素火薬	250	100.0	non	non
朝鮮窒素火薬	250	100.0	non	non
日曹コンツェルン	92,255			
日本曹達	41,630	—	3.3	12.1
日曹人絹パルプ	7,500	50.0	0.8	non
九州曹達	10,000	32.6	3.1	non
日曹製鋼	13,125	15.1	0.6	non
日曹鉱業	12,500	36.8	10.5	non
日本水素工業	7,500	32.1	0.2	50.0
森コンツェルン	160,850			
昭和肥料	22,500	—	6.7	22.3
日本電気工業	40,000	—	15.0	3.5
昭和鉱業	30,000	—	36.0	16.7
東信電気	68,350	—	3.1	non

（出典）　大塩（1977，77 頁），大阪屋商店『株式年鑑』昭和 12，13 年版，各社営業報告書
（注）　1.　ボールドは持株会社。森コンツェルンでは日本電気工業を持株会社とみなすことも可能だが，昭和肥料株式の保有が確認できなかったので，なしとした。
2.　本表は代表的会社のみを掲げた。同系持株とは本表に出ている会社が本表にでている会社の株式を保有している比率。森の経営者持株には一族保有を含む。
3.　non とは大株主名簿に登場しないという意味で，持株ゼロを意味しない。

他の3つではかなり異なっているといえる（下谷，2008）。

戦時統制の影響　しかし1937年の日中戦争の勃発後，戦時統制が進展して増資に制約がかかるとともに，電力の国家管理が進展し，肥料価格が統制され，さらに配当や法人利益への課税（額面超過金も利益として課税対象となった）が強化されると，持株会社と傘下会社の双方を公開して額面超過金額を取得するメカニズムはうまく機能しなくなっていった。その結果，日本産業は軍の勧めもあり，1937年に当時の満州国に移転して満州重工業開発となり，満州国が株式の半数を所有する特殊法人となった（南満州鉄道から昭和製鋼所などを引き継ぐ）[11]。また日本曹達は日曹人絹パルプと日本水素工業をグループから切り離し，表3.3のその他の3つの子会社を合併して，事実上独立した株式公開会社になり，さらに森コンツェルンも中核の昭和肥料と日本電気工業が合併して昭和電工となり，昭和鉱業がグループから切り離され，やはり事実上独立した株式公開会社となり，いずれも企業グループとしてはその意味を失っていった。これに対して日本窒素肥料は，課税上の問題から朝鮮窒素肥料との合併がおこなわれ，朝鮮の電気事業も朝鮮電業に集約されたが，敗戦まで集団として存続し続けた（ただし敗戦により海外にあった資産は放棄された）（宇田川，1984）。

3.3　財閥解体と企業集団・企業系列

○ 戦時期の財閥の拡大と本社統制力の喪失

1937年に住友合資会社が株式会社住友本社に，三菱合資会社が株式会社三菱社に改組されたが，三井合名会社の改組は遅れ，1940年に子会社である三

11　鮎川は満州重工業開発で十分な活動ができないと，生命保険会社が優先株式を保有し，自らが主宰する財団が議決権付株式を保有する満州投資証券を1941年に設立し，そこに旧日本産業が所有していた株式を移し，事実上，満州重工業開発から旧日本産業を分離した。敗戦時には，日本鉱業，日立製作所，日産重工業（日産自動車が改称）などの株式を保有していた。

井物産が三井合名を合併することで実現した。これらの改組は，所有者である
同族が死去して相続人が相続税を支払うときに，合名・合資会社では持分の処
分ができないため，持分を処分できるようにしておく必要があったことによる
（武田，1994)[12]。戦時経済に突入して，傘下会社の増資が相次ぎ，その資金需
要にこたえるため，三菱社は 1940 年に倍額増資したが，このとき新株を外部
に公開した（1943 年に三菱本社と改称）。三井同族は 1942 年に本社となった
三井物産の株式を売り出し，外部の資本を導入したが，1944 年には三井物産
が三井本社と改称するとともに，商事部門を三井物産として独立させ，三井本
社が純粋な財閥本社となる体制に復帰するとともに，1945 年に増資をおこな
い，財閥の拡大に備えた。住友本社は 1945 年に増資し，このとき住友銀行・
住友信託・住友生命が株主になったが，一般への株式公開は最後までおこなわ
れなかった。

　同族による本社の排他的な所有が三大財閥を特徴付けていたが，1940 年代
には外部資本の導入がおこなわれ，この時点で日産コンツェルンと大きな相違
はなくなったといえる。しかも外部資本を導入しても本社の傘下会社に対する
持株比率はかなり低下しており，また戦時統制と増税によって金融操作の余地
は極めて限られていた。さらに傘下企業に対する統制会をはじめとする国家統
制が強められていたので，財閥本社の傘下企業に対する統制力は大きく低下し
て（すなわちグループとしての意味をかなり失って）敗戦を迎えた。

◯ 財閥解体と水平的企業集団の生成

財閥解体　　連合軍は財閥解体を主要な政策の一つとした。まず三井・三菱・
住友・安田の財閥本社が自主的な解散を求められた。そして三井・岩崎・住
友・安田・中島・古河・浅野・野村・大倉・鮎川の 10 家族 56 人が財閥家族に

---

12 住友合資は増税前に解散して清算所得税を支払い，住友本社を設立した。三菱合資は旧商
法の合資会社なので株式会社に転換できた。三井合名は子会社に額面価格で吸収合併されたた
め，清算所得税を支払わずに済んだ（三井文庫，2001，3–11 頁）。清算所得税とは当時の所得
税の一種で，法人の解散や合併の際に支払うものであり，含み資産になっていたものが課税の
対象となるから，額面で所有していた株式の時価が高い場合は，清算所得税の負担が大きくな
る。

指定され，その保有証券が持株会社整理委員会に委譲されるとともに，会社等の役職を辞任した[13]。さらに三井本社や三菱本社などの財閥本社および三井鉱山や三菱重工業などの事業持株会社（事業を営むとともに他社を支配する）など 83 社が持株会社に指定され，保有株式が持株会社整理委員会に委譲された。これらに加えて三井物産と三菱商事は解散を命じられ，それぞれ 100 を超える会社に解体された。また 1947 年の公職追放と 1948 年の財閥同族支配力排除法により，財閥直系企業の取締役以上の役員や準直系企業の常務取締役以上の役員などが退職させられた。これらの措置によって株式および役員兼任による財閥支配は解体された（宮島，1992）。

事業持株会社の発達　持株会社整理委員会は，委譲された株式を従業員や工場などが存在する地域の住民などに優先して売却していくとともに，1947 年の独占禁止法により持株会社が禁止され，事業会社が株式を保有することも禁止された（金融機関は 5％までの保有が認められた）。こうして株式保有を通じた企業結合はほとんど不可能となり，グループの存在余地がなくなったのであるが，1949 年の独占禁止法改正により競争を制限しない限りで事業会社の株式保有が認められ，さらに 1953 年の改正により金融機関の持株比率の上限が 10％に引き上げられた（1977 年の改正で保険会社を除き再び 5％に引き下げられた）。事業会社による株式所有には上限比率が設定されていなかったので，株式保有と会社支配のみをおこなう純粋持株会社は禁止されたが，事業持株会社の活動は自由となった。また 1950 年の法人税法改正で[14]，法人の受け取る配当金は原則として税法上は利益金に算入しない（会計上の利益には算入される）こととなったので（春秋社編集部，1951，74 頁），二重課税の問題がなくなり，事業持株会社が発達することとなった。また占領の終了が近づくと，旧財閥傘下会社の証券保有や役員就任および三井物産・三菱商事の解体措置に関する制限が解除されていった[15]。

安定株主の増加　財閥解体により株式が従業員や地域住民を中心に売却され

---

13 中島とは，中島飛行機を経営した中島知久平の一族。中島飛行機の流れをくむ会社として自動車メーカーの富士重工業（現在，SUBARU）がある。

14 法人税は 1940 年に法人に課せられていた所得税（第一種所得税）などをもとに創設された。

15 分割された会社の合同により，三菱商事は 1954 年に，三井物産は 1959 年に成立した。

3 企業グループ

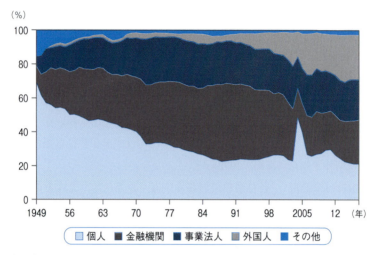

(出典) 東京証券取引所「所有者別持株比率の推移（長期データ）」
https://www.jpx.co.jp/markets/statistics-equities/examination/01.html
（閲覧2018年7月25日）。
(注) 1. 1985年度以降は，単位数ベース，2001年度から単元数ベース。
2. 2005年度調査まで調査対象となっていた（株）ライブドアが，大幅な株式分割の実施等により，2004年度調査から単元数が大幅に増加し，（株）ライブドア1社の単元数が集計対象会社全体の単元数の相当数を占めることになったことから，2004年度から2006年度までは，その影響を受け比率が大きく増減している。

図3.2 株式保有割合

たため，個人株主の比率が上昇した（図3.2）。このことは経営者からみると，株式買い占めや会社乗っ取りの危険性が上昇したことを意味し（実際に発生した），これに対抗するため経営者は，会社の業績や株価などに左右されずに長期に株式を保有する安定株主を増やすようにしていった。まずは証券会社等の名義を借りて事実上の自社株保有（商法で禁止されていた）をおこなったほか（図3.2で初期にその他が多いのは，その他に証券会社が含まれているため），独占禁止法で株式保有を認められていた金融機関に株式の保有を依頼し，1949年の独占禁止法改正後は事業会社に株式保有を依頼し，さらに旧財閥系企業の

株式保有の制限が解除されると，旧同系企業にも株式の保有を依頼した。これらの株式保有は買収防衛が目的なので，会社支配ができるほどの規模ではなく，多くの会社に少し（数％）ずつ株式をもってもらうというもので，かつ一方的な所有ではなく，（結果として）相互に持ち合うものであった（鈴木，1992）。

水平的企業集団　　高度成長期の主たる資金調達手段は銀行借入であったが，都市銀行は自らと関係の深い取引先に融資をおこなう（いわゆる系列融資）とともに株式の相互持合を働き掛けていった。こうして企業グループが形成され，旧財閥の三井・三菱・住友の企業集団のほかに，富士銀行を中心とする芙蓉，三和銀行を中心とする三和，1971年に第一銀行と勧業銀行が合併して成立した第一勧業銀行を中心とする第一勧銀の6つが六大企業集団とよばれるようになった。六大企業集団では，グループ内の社長が定期的に集まる社長会が開催されるようになったが，三菱と住友の社長会は1950年代におこなわれていたものの，三井・芙蓉・三和は1960年代に始まり，第一勧銀は1978年と最も遅かった。これらの株式保有は1会社ごとには小さいが，集団を合計すると2割程度となったし，さらに集団外の銀行・会社とも持合をおこなっていたから，安定株主の比率はかなりの水準に達していたことになる（表3.4）。企業集団は株式の相互持合をおこなっているために明確な中心となる支配者がいないので，水平的企業集団といわれることもあるが，銀行，信託，保険，商社，建設，鉄鋼，化学，セメント，電機など多様な産業の有力会社をそのメンバーとしている。

　企業集団の社長会は，合議により支配をおこなっているという考え方もあるが，社長会が親睦と情報交換のほか寄付や三菱といった商号の管理を主たる議題としていることもあり，集団内の利害調整をおこなっている（しかも利害調整に失敗する事例もある）と考えるべきであろう。集団内企業は集団に属さない企業より成長率や利益率は低いが，危機に陥ったときに救済を受けやすいという実証結果が出ている（Lincoln and Shimotani, 2010）。また大きな企業集団の数が6つとなったことは，有力銀行が6行存在したということのほかに，独占禁止法による企業合併の審査がシェア30％を基準とし（1972年に25％となる），1998年から2004年にかけて大幅にシェア基準が緩和され，さらにシェア基準そのものが廃止されるまで続いたことから（横田，2017），1つの産業

表 3.4　企業集団持合率の推移

（単位：%）

年	三　井	三　菱	住　友	芙　蓉	三　和	第一勧銀
1955	—	20.3	21.2	—	—	—
1960	—	20.8	29.2	—	—	—
1965	14.3	23.7	28.0	11.4	—	21.9
1970	21.3	26.8	28.9	16.0	12.5	24.5
1975	21.2	30.3	29.6	18.3	20.3	23.8
1979	22.1	36.3	36.8	19.3	20.3	17.9
1985	21.6	36.9	29.7	17.4	18.0	16.8
1989	19.5	35.5	27.5	16.4	16.5	14.6

（出典）　公正取引委員会事務局（1992, 17 頁）
（注）　1.　ここでの持合率は，各集団内企業株式のうち集団内企業総体によって所有されている比率を集団内で単純平均したもの。
　　　　2.　1975 年以前の第一勧銀グループは，第一銀行と親密な古河三水会・川崎睦会および勧業銀行と親密な勧銀 15 社会の合計値。

に有力な企業が 6 社程度存在しやすかったという事情も作用していたであろう。

○　垂直的企業系列

　垂直的企業系列の成り立ち　　自動車産業を典型とする部品を組み立てる産業では，部品を内製することも外部企業から購入することも可能である（Make or Buy）。内製すれば垂直統合であるが，外部から購入する場合でも特注部品のような資産特殊性がある場合には，部品メーカーと豊富な情報のやり取りが必要となるとともに，お互いに相手に脅しをかけるような事態が発生することが予想される。それを防ぎ，情報をより密接に交換するため組立企業と部品企業が長期的取引関係をもつことがしばしばみられ，融資などがおこなわれることもあるが，これは系列関係とよばれる。そしてより関係を強固にするために，より大企業であることが多い組立企業が部品メーカーの株式を保有し（部品

表 3.5 トヨタ自動車グループ企業

(単位：百万円，％)

1988年 社名	資本金	持株比率	上場	2008年 社名	資本金	持株比率	上場	2018年 社名	資本金	持株比率	上場
アイシン精機	17,205	21	上場	アイシン精機	45,049	23	上場	アイシン精機	45,049	24	上場
愛知製鋼	14,483	21	上場	愛知製鋼	25,016	24	上場	愛知製鋼	25,016	24	上場
関東自動車工業	3,180	49	上場	関東自動車工業	6,850	51	上場	トヨタ自動車東日本	6,850	100	
荒川車体工業	1,188	72									
トヨタ車体	3,830	41	上場	トヨタ車体	10,371	57	上場	トヨタ車体	10,371	100	上場
豊田工機	4,554	24	上場	ジェイテクト	36,588	23	上場	ジェイテクト	45,591	23	上場
豊田合成	9,096	47	上場	豊田合成	28,027	43	上場	豊田合成	28,027	43	上場
豊田自動織機製作所	12,415	23	上場	豊田自動織機	80,462	25	上場	豊田自動織機	80,462	25	上場
日本電装	34,941	21	上場	デンソー	187,457	25	上場	デンソー	187,457	25	上場
				トヨタ紡織	8,400	40	上場	トヨタ紡織	8,400	40	上場
				トヨタ自動車九州	45,000	100		トヨタ自動車九州	45,000	100	
				トヨタ自動車北海道	27,500	100		トヨタ自動車北海道	27,500	100	
				セントラル自動車	1,300	77					
豊田通商	12,744	24	上場	豊田通商	64,936	22	上場	豊田通商	64,936	22	上場
大阪トヨタ自動車	1,000	100		大阪トヨタ自動車	5,025	100		大阪トヨタ自動車	2,701	100	
トヨタ東京カローラ	500	100		トヨタ東京カローラ	7,449	100		トヨタ東京カローラ	7,449	100	
東京トヨタ自動車	500	61	上場	東京トヨタ自動車	7,537	100		東京トヨタ自動車	7,537	100	
東京トヨペット	1,000	76		東京トヨペット	8,090	100		東京トヨペット	8,090	100	
				ダイハツ工業	28,404	52	上場	ダイハツ工業	28,404	100	
				日野自動車	72,717	50	上場	日野自動車	72,717	50	上場
				トヨタホーム	3,000	100		トヨタホーム	12,900	100	
								ミサワホーム	11,892	51	上場

（出典）東洋経済新報社編『日本の企業グループ』東洋経済新報社．1988年，2008年，2018年版

（注）荒川車体工業は1988年アラコと改称，2004年車体部門をトヨタ車体へ譲渡し，内装部門をタカニチ，豊田紡織部門と合併，トヨタ紡織となる。豊田工機は2006年光洋精工と合併してジェイテクトとなる。関東自動車工業は，2012年にセントラル自動車とトヨタ自動車北海道を吸収し，トヨタ自動車東日本株式会社に改称した。持株比率はトヨタ自動車の所有する比率。出典に掲載されているすべての会社を表示しているわけではない（1988年はすべて）。

メーカーが組立企業の株式を保有することもあるが、より小規模で、持株比率がさらに低い)、さらには支配的な比率でもつこともある。過半数の比率をもてば子会社で、事実上垂直統合にもなるので、こうした企業グループを垂直的企業系列とよぶ。ただし原材料や部品の納入関係ではない多角化でも中心的企業が他の企業を支配する場合には、これも垂直的系列に含めることが一般的である(すなわち支配関係になくても、あるいは株式を全く保有していなくても系列関係にあるといえる一方で、原材料や部品の取引関係にない場合でも、支配関係にあれば垂直的企業系列に含めて考えるのが一般的である)。

系列関係の実際　自動車産業のほか電機産業でも系列関係にある企業が多いが、その他の産業でも大企業であれば、多かれ少なかれ、こうした垂直的系列を形成している。水平的企業集団に所属している例えば三菱電機も自らこうした垂直的系列を形成しているし、逆に水平的企業集団に属していない例えば本田技研工業も垂直的系列を形成している。

この点をトヨタ自動車工業とトヨタ自動車販売が合併して1982年に成立したトヨタ自動車を例に見てみよう(表3.5)。1988年には部品メーカー、最終組立の委託先、自動車販売や原料調達などの商社など垂直的取引関係のある会社がグループを形成していた。子会社である会社もあるが、持株比率が20%以上50%以下の持分法適用会社で支配関係にあるとはいえない日本電装などの会社も多い[16]。ところが2008年には、2000年前後に子会社化したダイハツ工業と日野自動車というフルライン化、さらには住宅のトヨタホームという非関連多角化の子会社など垂直的取引関係にあるとはいえない会社も含まれるようになっている。子会社で上場している会社もかなりあり、トンネリングなどの問題も潜在的には指摘されうる状況であったといえる。

---

[16] 連結決算をおこなうときに、議決権を過半数所有する連結子会社は、資産負債と収益費用のすべてを合算するが、持分法適用会社は、投資額を時価純資産額と一致させる処理をおこなう会社である。議決権ベースであるが、ここでは単純化のため持株比率で表現している。また役員派遣など一定の基準を満たせば、議決権の40%を保有していることで子会社となる。

3.4　水平的企業集団と垂直的企業系列の変容

○　水平的企業集団の弛緩

バブル崩壊の影響　　1990年にいわゆるバブルが崩壊し，株式と不動産の価格が下落すると，不動産担保による融資と所有株式の価値が下落し，銀行の資産状態は悪化し，その処理のために自己資本比率が低下した。銀行は株式を保有するリスクに直面したのであるが，とくに2002年から持合株式の時価評価がおこなわれるようになると，持合株式を売却せざるを得なくなっていった。銀行がある事業会社の株式を売却するときには事業会社もその銀行株式を手放すのが普通で，持合は解消していった（事業会社間の持合解消はより緩やか）。

銀行再編　　しかも銀行の経営危機に対応するため，日本興業銀行・富士銀行・第一勧業銀行がみずほフィナンシャルグループ，住友銀行とさくら銀行（三井銀行と太陽神戸銀行が合併して成立）が三井住友フィナンシャルグループ，三和銀行と東海銀行がUFJ銀行を形成し，さらに東京三菱銀行（三菱銀行と東京銀行が合併して成立）とUFJ銀行が三菱UFJフィナンシャルグループを形成した。すなわち六大企業集団の中核にいた6つの都市銀行が，三菱東京UFJ銀行（のち三菱UFJ銀行と改称），三井住友銀行，みずほ銀行の3メガバンクに集約されてしまったのである。さらに信託銀行，損害保険，生命保険あるいは製造業や流通業でも企業集団の枠を越えた合併がおこなわれた（三菱グループの明治生命保険と芙蓉グループの安田生命保険の合併による明治安田生命保険の誕生など）。

持合比率の低下　　こうした状況で三井・三菱・住友の社長会はほぼ存続しているが，例えば三井住友銀行は三井グループと住友グループの双方のメンバーであり，社長会でグループの機微に触れるような情報がやり取りされるとは考え難い。またほかの3つの集団は形式的には存続しているが，懇親の域をでないものになっている。さらに持合比率を1994年と2013年で比較すると，三井は16.77％から5.25％へ，三菱は26.11％から13.08％へ，住友は24.45％か

ら 5.71％へ，芙蓉は 14.90％から 2.21％へ，三和は 15.67％から 4.96％へ，第一勧銀は 11.92％から 4.53％へと大幅に低下している（菊地，2017，117–125，168 頁）。水平的企業集団はその意義をほとんど失ったといえるであろう。

◯ 垂直的企業系列の再編

　垂直的企業系列でも再編が起きているが，結びつきを強化するところと断ち切るところが並存している点が水平的企業集団とは異なる。

トヨタ自動車の例　　トヨタ自動車の例を見れば，かつては子会社であるが上場している企業も多かったが，自動車組立を委託している企業を中心に株式を100％保有する完全子会社とした例が多いことがわかる（表 3.5）。ダイハツ工業も完全子会社化しているが，ダイハツ工業の株主にダイハツ工業株式 1 株につきトヨタ自動車株式 0.26 株を交付する株式交換が 2016 年に実施されている。株式交換とは 1999 年の商法改正によって導入された制度で，買収先の株式と自社株式を交換するもので，株式を買収する資金を調達することなく企業買収がおこなえる制度であり，トヨタ自動車はほかの完全子会社化の際にも株式交換をおこなっている。その一方で非関連のミサワホームの子会社化もおこなわれ，上場が維持されていたが，2019 年 5 月にトヨタとパナソニックの住宅事業が統合されることが発表され，住宅事業はトヨタとパナソニックの連結対象ではなくなる見込みとなった（ミサワホームは上場廃止）。

パナソニックの例　　電機産業では松下電器産業（2008 年にパナソニックと改称）の例を挙げよう。松下電器産業も韓国や台湾の電機メーカーの追い上げを受け，企業の再編成に取り組まざるを得なかった。とくに子会社間で重複する事業がおこなわれ，さらに持分法適用会社であり照明器具などを取り扱っていた松下電工と十分な連携が見られない状況になっていた。松下電器産業は2000 年代に入ると株式交換により松下通信工業などいくつかの子会社を完全子会社化し，自社も含めたグループの再編をおこなって重複を解消していった。また 2003 年に TOB によって松下電工を子会社化し，パナソニック電工と改称したうえで，2011 年に TOB とその後の株式交換により完全子会社化し，翌2012 年にパナソニックに合併した。さらに松下電器産業創業者である松下幸

之助の義理の弟で松下とともに同社を創業した井植歳男が1947年に創業した三洋電機も同じように子会社化したうえで，完全子会社化している。

このように関連会社・子会社への関与を深め，再編成をおこなう一方で，コアではないとみなした事業を切り離すこともおこなっている。例えば日本ビクターはVHSの開発に成功したことで有名な松下電器産業の子会社であったが，2007年に電機メーカーのケンウッドが日本ビクターの第三者割当増資に応じることで子会社ではなくなり，2011年の増資でパナソニックの持株比率が20％を下回り，持分法適用会社でもなくなり，さらに翌2012年にその株式もほとんど売却してしまった（伊丹ほか，2007，第3章）。電気機械では日立製作所も同じようなグループの再編をおこなっている。

このようにトヨタやパナソニックのグループでも選択と集中がおこなわれ，集中した部門への関与が上昇した（Lincoln and Shimotani, 2010）。親会社も子会社も上場し，トンネリングなどの問題を指摘されかねない状況は修正されつつあるといえるが，そのスピードが遅いという批判もありうる状況である。

演 習 問 題

3.1 営業報告書や有価証券報告書で三菱銀行の大株主を調べ，どのように変化したのか，三菱銀行はどのような企業グループに所属していたのか，調べなさい。

3.2 日立造船と日立化成という企業がそれぞれどのように生成し，どのような企業グループに属しているのか（いたのか），調べなさい。

第 II 部

製 造 業

第4章　繊　維

第5章　造　船

第6章　自 動 車

第7章　電 気 機 械

第8章　化　学

第 4 章

繊　維

　本章では繊維会社について考察する。衣料を作るには糸を作る工程，糸から布を作る工程，布から衣服を作る工程があるが，この3つをどの程度垂直統合するのか，については製品の種類や時代によって相違がある。また繊維にはさまざまな種類があり，また需要は衣料に限られず，カーペットなどの家庭用や漁網・タイヤコードなどの産業用需要もあるが，こうした多様な種類と需要にどうかかわるかも繊維企業にとって大きな問題である。また途上国で繊維の生産が盛んになると，生き残りのために大胆な多角化を展開する企業もあった。

○ KEY WORDS ○

産地，産業集積，兼営織布，
在華紡，脱成熟，産業再生機構，
特定不況産業安定臨時措置法

4.1 近代的綿工業の勃興

○ 綿紡績技術導入とその定着

5つの繊維　繊維には天然繊維・再生繊維・合成繊維がある。天然繊維は、植物繊維の綿・麻および動物繊維の絹・羊毛からなるが、植物・動物が作った繊維に物理的加工を加えて糸とするもので、古くから存在していた。再生繊維は、木材パルプの繊維に化学的な処理を加えて糸とするもので、19世紀末に技術が開発された。合成繊維は石炭や石油を原料として人工的に繊維を作って糸とするもので、20世紀半ばに技術が開発されている。糸を製織すれば布となり、布を裁断して、縫製すれば衣服となり、最終消費される形態となるが、本章では糸を製造する過程を中心に、布を製造する過程までに考察の対象を絞り、また絹・羊毛・麻も大きな役割を果たしており、とくに生糸（絹糸）は戦前日本の主要な輸出品であったが、天然繊維の綿・再生繊維・合成繊維に絞って考察する[1]。

江戸時代の綿業　綿糸は綿を栽培して綿花を採取し、種を除いて繰綿とし、繊維の方向をそろえて撚りをかけて紡ぐ（紡績）ことによってできる。日本での綿の栽培は15世紀末頃に始まったとされ、その後徐々に普及したが、もともと南国のものなので、北日本では栽培されなかった。江戸時代の綿紡績・織布はともに手作業でおこなわれたが、繰綿・綿糸・綿布がそれぞれ程度の差はあれ商品として流通するようになっていった。幕末に横浜などが開港するとイギリスをはじめとする海外から綿糸・綿布などの綿製品が大量に輸入されるようになったが、日本ではそれまで栽培されていた短繊維の綿花から紡糸される太糸を用いて織られた厚手の綿織物が好まれていたので、アメリカなどで栽培されていた長繊維の綿花から紡糸される細糸を用いて織られた薄手の輸入綿布は、むしろ着物の裏地などとして用いられ、絹布との競合関係が強かったとい

---

[1] 阿部・平野（2013）は5つの繊維すべてを扱っている簡にして要を得た優れた概説書であり、本章も負うところが大きい。

われる（川勝，1976）。

機械制綿紡績の導入　開港とともに外国から技術を導入して機械制綿紡績をおこなうことが試みられた。薩摩藩ではイギリスのプラット社（Platt）から機械を輸入するとともに技術者などを招聘して鹿児島に工場を建設し（鹿児島紡績所，1867年），それをもとにさらに堺にも工場を建設した（1870年）。堺紡績所は綿糸を巻き取る錘を2000個もつ規模であり（2000錘紡績といわれる），明治政府は堺紡績所を官営としたほか，堺紡績所をもとにした工場の設立を奨励した。2000錘紡績は綿花生産奨励の意図もあり，綿花産地を中心に設立されていったが，概して業績不振であった。その理由は2000錘紡績が水車を動力としていたが，河川の流量が安定せず操業が不安定であったこと，地方に所在していたため技術者が不足していたこと，そしてなによりも日本の短繊維の綿花を用いようとしたのに，導入した紡績機械がアメリカ綿花など長繊維を紡糸するのに適合的なミュール精紡機であったことによっていた。

大阪紡績の成功と綿紡績会社の成長　渋沢栄一は欧米からの綿製品の輸入が多いことから綿紡績工場を起こすこととし，大阪や東京の資本家とともに大阪紡績を設立し，イギリスにいた山辺丈夫に綿紡績業の研究を依頼した。渋沢は1万錘規模の工場を建設することとし，安定的動力を得るために蒸気機関を採用し，綿花の集散地である大阪に工場を立地した。さらに大阪紡績は紡績機械をプラット社に発注したが，アメリカ綿花と日本綿花の中間の長さの繊維であるインド綿花に適したミュール精紡機を選択し，イギリスから技術者の派遣を得て機械を据え付けた。大阪紡績は順調に操業を続け，利益をあげたので，大阪紡績を模倣した紡績会社の設立ブームが1886年以降に起こった（企業勃興）。

　こうして綿糸の生産が拡大し，1890年には国内綿糸生産量が綿糸輸入量を超え，1897年には綿糸輸出量が綿糸輸入量を超えたが，この過程で中国綿花さらにはインド綿花が輸入されるようになり，またより機構が単純なため操作が容易で，太糸を紡糸するのに適していたリング精紡機が採用されるようになり，やがてミュールはほとんど用いられなくなっていった。当初は男子工員もかなりいたが，やがて女子工員が主力の労働者となり，機械の生産性を上げるために工場が昼夜操業されるのが一般的となっていったが，昼夜二交替であったため，女子工員の健康に悪影響を与えた（高村，1971；中岡，2006，第5章）。

○ 近代的織布業の導入と兼営織布

力織機導入の困難　鹿児島紡績所には動力で駆動する力織機（りきしょっき）も導入されていたが，ほとんど稼働できなかったといわれている。織機で布を織る場合には，経糸（たて）を張っておいて，緯糸（よこ）を通していくのであり，このため経糸にはより強度が求められ，力織機は手織り織機より切れにくい糸を必要とするのであるが，鹿児島紡績所では輸入紡績機械をもってしても綿花品質の不適合などさまざまな障害によりそうした糸を紡ぐことができなかったのである。鹿児島紡績所で紡出した糸は外販されたが，手織り織機ならばさほど強度が求められず，製織に支障がなかった（中岡，2006，第5章）。

産地綿織物　在来の綿織物生産はある地域に集中して産地を形成することが多く（産業集積の一種）[2]，その製品は産地綿織物ともよばれるが，丈夫な輸入綿糸を経糸に，在来綿糸（手紡糸など）を緯糸に用いて[3]，価格を引き下げて市場を広げていた。近代的な紡績業で紡出された綿糸は，当初は産地で用いられていた在来綿糸にとって替わり，やがて品質が向上すると輸入糸に代替していった。近代的機械紡績は手紡に対して生産性格差が数百倍以上あり，当時の日本の賃金がイギリスのそれの数分の一であったから，手紡糸は機械紡績糸に対抗することが困難であり，紡績の機械化が先行した。これに対して力織機と手織り織機の生産性格差は数倍程度であり，賃金格差と綿布の好みを前提とすれば，在来綿織物生産に競争力があったのである。

兼営織布　輸入織機を備えた織布工場は1890年頃に始まったが，輸入織機は欧米で一般的な1ヤード（91センチ）以上の織幅（広幅とよばれる）をもっていたのに対し，在来織物は反物の幅である37センチ程度の織幅であり（小幅とよばれる），輸入織機で製織された綿布は在来的衣服の需要にはあまり

---

2 産業集積が形成される理由として，アルフレッド・マーシャル（A. Marshall）は，輸送費の節約，さまざまな知識が得やすいこと，労働（とくに熟練労働）が豊富に得られることをあげている（マーシャル，1985，第10章）。織物産地には織物業者のほか染色などの前後の工程を営む業者がいて専門的なサービスを提供するほか，公立の工業試験所などが試験研究などの機能を果たすことが多かった。醸造や陶磁器なども産地を形成した。

3 明治初期に在来的な技術で生産性を引き上げたガラ紡という機械が発明され，一時生産を伸ばしたが，糸の品質が悪かった。

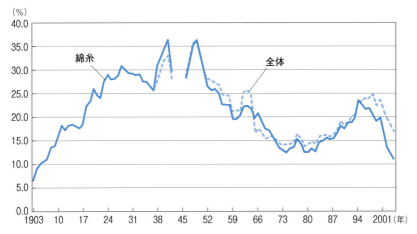

図 4.1　紡績会社原糸消費率

（出典）『綿糸紡績事情参考書』および『紡績事情参考書』による
（注）　全体とは純綿糸に人絹糸・合繊糸などを加えたもの。

適合せず，初期には軍需さらには朝鮮や中国への輸出が主たる市場となっていった。1890年頃に生産を開始した近代的織布工場は4つあるが，このうち1つは紡績と織布をおこなう垂直統合された工場であり，残りの3つは織布専業であった。織布専業であった会社の一つである小名木川綿布は，イギリスからの輸入糸を大部分用いていたが，これは力織機に耐えられる糸を必要としていたためである（末永，1984）。しかし紡績技術の向上とともに織布専業で始まった3つの会社も紡績会社に合併されるか，自ら紡績工場を建設して垂直統合された工場となっていった。紡績工場が営む織布部門を兼営織布というが，このあとも紡績会社が織布を垂直統合する動きが広がり，紡績工場で生産される糸が兼営織布の原料（原糸）として消費される割合は，徐々に上昇していった（図4.1）。

綿織物産地の機械化のはじまり　　これに対して産地綿織物業は手織り織機で発展していたが，木製フレームを用いた小幅力織機（広幅力織機は木製では負荷

に耐えられないため金属製フレームが用いられる）が豊田佐吉をはじめとする
企業家によって開発されるようになり，賃金の上昇していた大阪府南部や愛知
県など，比較的単純な白木綿の産地を中心に20世紀初頭から普及していった。
これに対して染色糸を用いた柄物の綿織物（縞木綿）を製織していた産地には，
機械が複雑なこともあり，1920年代以降に力織機が普及していった（斎藤・
阿部，1987）。

4.2 綿紡績の発展とレーヨン工業の勃興

○ 綿紡績業の多国籍展開と織布業

五大紡の形成　近代的綿紡績業はこうして定着し，次々と工場が建設されて
いったが，20世紀に入る頃から綿紡績会社の集中運動が盛んになっていった。
なによりも1914年に大阪紡績が三重紡績と合併して東洋紡績（のち東洋紡）
が，さらに1918年には尼崎紡績と摂津紡績が合併して大日本紡績が成立した。
これらに加えて鐘淵紡績（のち鐘紡（カネボウ）），日清紡績，富士瓦斯紡績
（のち富士紡績），大阪合同紡績が有力紡績会社となり，六大紡とよばれるよう
になったが，1931年に大阪合同紡績が東洋紡績と合併したのちは，五大紡と
なった。

　綿紡績業にとって中国などへの綿糸輸出もかなりの比重を占めていたが，中
国でも近代紡績業が勃興し，生産を伸ばしていったため，日本からの綿糸輸出
は1915年をピークに減少していった。紡績企業はこうした状況に対し，中国
への現地工場の建設および綿布生産の強化と加工綿布への進出という2つの方
策で対応していった。

海外現地生産　第一の中国現地工場については，日本の会社による中国での
紡績工場の経営は20世紀初頭から始まり，1918年以降有力紡績会社の多くが
上海を中心に工場を建設していったが，これら日本人経営の紡績会社は在華紡
とよばれる[4]。1913年には在華紡の紡績錘数は11万錘で中国にある紡績錘数

（中国人・欧米人経営の工場を含む）の 13％を占めていたが，1920 年にはそれぞれ 80 万錘，28％，1930 年には 182 万錘，40％，1936 年には 249 万錘，44％となり，大きな比率を占めるにいたった。また早い段階から兼営織布もおこなっており，在華紡の力織機が中国の力織機台数総計に占める比率は，1913年 19％，1920 年 13％，1930 年 42％，1936 年 49％と 1920 年頃に錘数比率より低かったほかは，ほぼ同じ比率であった。1920 年代に在華紡の存在感が増しており，紡績会社は輸出で失った市場を海外現地生産で確保したのであるが，そのなかでも内外綿はほとんどの資産を中国にもち，中国からインドなどに向けて輸出をするようになっていった（桑原，2011；高村，1982）。

織布業の拡大　第二の綿布生産の強化と加工綿布への進出については，紡績会社における産出綿糸のうち織布原糸に使われる糸の割合が上昇し続け，1920年代末には 3 割程度となった（図 4.1）。もちろん原糸消費率は会社によってかなり相違があり，1935 年では全 62 社のうち，織布をおこなっていない会社（原糸消費率ゼロ）が 21 社，原糸消費率ゼロを超えるが 20％未満が 14 社，20％以上 40％未満が 15 社，40％以上 60％未満が 3 社，60％以上 80％未満がゼロ，80％以上が 9 社となっていた[5]。兼営織布の労働生産性は綿織物全体の労働生産性よりも高く，戦間期にその差が開く傾向にあったが，設備投資の増加や技術革新によっており，原糸消費率が高いほど会社の収益性が高かった（宝利，2015）。

技術革新とは自動織機の導入に代表されるが，力織機が緯糸がなくなった際に機械が停止し，工具が緯糸を補充して再始動するのに対し，あらかじめ装填してある緯糸を織機が補充する機構をもったもので，機械が停止することがなく，かつ緯糸補充のための人員を削減することができた（1 回ごとに補充ではなく，まとめて装填できた）。自動織機は日本でも 1920 年代から豊田自動織機製作所（のち豊田自動織機）や遠州織機（のちエンシュウ）などで製作される

---

4 三井物産は上海紡績・三泰紡織にマイノリティ出資をおこない，1908 年に両社が合併した上海紡織にも引き続き出資して，経営代理をおこなっていた。また同じく綿花商社の日本綿花は1907 年に上海で中国資本と合弁で紡績工場を営み，1909 年には完全に支配下に置いたが，1916 年に売却している。内外綿も当初は綿花商社であったが，20 世紀初頭から日本での紡績経営に重点を移していたところ，1911 年から上海工場を稼働させていた（高村，1982，86 頁）。
5 『綿糸紡績事情参考書』による。

ようになっていた。工場法が改正され，女子工員の深夜業が 1929 年に禁止されており，この点からも紡績会社は生産性の引き上げが求められていた[6]。さらに加工綿布については，綿布を衣服にするには，染色しやすいように生地から油や蝋などをアルカリ分で除く精練と生地から晒し粉などで色を除く漂白を経て，必要なら染料で染色することが必要であるが，これらは専門業者がおこなったり，生地綿布のまま出荷されることもあった。戦間期には細糸によるより高級な綿布生産が増加し，紡績会社がこれらの工程を垂直統合することが増加したのであり，1930 年代には晒し綿布・加工綿布の輸出が増加している。

　戦間期には力織機の導入が遅れていた産地にも力織機が普及し，生産を伸ばしていったが，広幅力織機を導入し，比較的規模の大きい工場で少品種の綿布を生産した産地と輸出向けの先染綿布（染色した糸で織柄を出す）を生産した産地などがとくに生産を伸ばしていった。兼営織布と合わせ，1933 年には日本の綿布輸出量がイギリスを抜いて世界一となり，1934 年には綿布の輸出額が生糸の輸出額を超えて日本最大の輸出品となった（阿部，1989）。

◯ レーヨンの勃興と綿紡績会社の対応

再生繊維レーヨン　19 世紀末にヨーロッパでレーヨンが開発された。主流となった製法はビスコース法で，木材パルプのセルロースと苛性ソーダなどから製造するもので，前半の工程はセルロースを溶解させるため化学工業の色彩が強く，後半の工程は溶液を固体化して糸として巻き取るものである。もう一つの製法は銅アンモニア法で，綿花の実についている短い繊維（コットンリンター）を銅アンモニアに溶かしてセルロースを紡糸するもので，できる製品はベンベルグ絹糸（ベンベルグは現在は旭化成の商標）もしくはキュプラとよばれるが，生産する企業数と生産量はビスコース法のほうがずっと大きい。

---

6 紡績部門の生産性向上に寄与したのは，ハイドラフト精紡機とシンプレックス粗紡機であり，高い倍率で糸を引き延ばすために，綿花から粗糸を作りさらに精紡糸を作る工程を短縮することができた。これらを導入すると 4 万錘規模の工場で必要人員を 261 人から 184 人へと 4 割も削減することができた（西川，1987，193 頁）。ハイドラフト精紡機も日本で生産されるようになった。

レーヨンは長繊維として生産され，光沢があり絹に似ていることから，人造絹糸略して人絹ともよばれた。

日本におけるレーヨン生産　レーヨンは特許によって保護されており，特許実施権なしで製造することは困難を極めたが，第一次世界大戦期にレーヨン価格が高騰したために多くの企業が参入した。1918 年には帝国人造絹糸（のち帝人）が設立され，かなりの製品を製造できるようになったが，本格的な製品を製造できるようになったのは，1920 年代初頭に欧米から製造装置を導入してからである。このほか野口遵はドイツからビスコース法の技術導入をおこなっていたが，日本綿花の喜多又蔵らと 1922 年に旭絹織を設立した。さらに野口は銅アンモニア法の技術導入もおこなって 1928 年に日本ベンベルグ絹糸を設立したが，野口が早くから日本窒素肥料において肥料の硫酸アンモニウムを製造して，アンモニア合成など化学工業と深いつながりがあったことが大きく影響していた。1933 年には旭絹織，日本ベンベルグ絹糸，アンモニア製造などの延岡アンモニア絹糸が合併して旭ベンベルグ絹糸（のち旭化成工業，旭化成）が成立した。

レーヨン糸の輸入が増加し，1926 年の関税改正でレーヨン関税が引き上げられたこととレーヨンの基本特許が期限切れとなったことから，1920 年代半ばには，三井物産，大日本紡績，東洋紡績，倉敷紡績が子会社である東洋レーヨン（のち東レ），昭和レーヨン，日本レイヨン，倉敷絹織（のち倉敷レイヨン，クラレ）を設立してレーヨン製造に参入した。前三社はドイツのエンジニアリング会社であるオスカー・コーホン（Oscar Kohon）社から機械据付・運転指導・技術者派遣などを受けたが，基本特許が切れていたのでその利用が可能となっており，綿紡績業がプラット社から技術指導を受けたのと似ていた（倉敷絹織はフランスから技術を導入した）。

大綿紡績会社が高い利益を安定的にあげていたのに対し，レーヨン工業は新しい産業でリスクがあることから，紡績会社の出資比率は日本レイヨンが 3 分の 1，昭和レーヨンと倉敷絹織が 2 分の 1 に抑えられており（東レは三井物産が全額出資），残りは紡績会社の株主などに割り当てられていた[7]。東レ，昭和

---

7 東洋紡績はレーヨン製造を 1927 年に開始し，1928 年の拡張の際に昭和レーヨンを設立し，同年の増資の際に東洋紡績株主などに株式を割り当てている。

レーヨン，倉敷絹織は比較的順調に業績をあげたが，日本レイヨンはなかなか業績があがらず，1934年に大日本紡績が所有する日本レイヨン株式が大日本紡績株主に分譲され，直接の関係がほとんどなくなってしまった一方，東洋紡績は同年に昭和レーヨンを合併している（山崎，1975）。

スフ　世界大恐慌の際にもレーヨン会社が安定的な業績をあげていたため，既存会社が拡張をおこなう一方，新規参入も増加したが，1930年代に本格的に生産されるようになったのがレーヨン短繊維（ステープル・ファイバー，スフ）である。レーヨン長繊維を生産する際に人絹屑がでて，これを紡績して糸にしていたが，羊毛や綿花の代用として長繊維を切断して縮れ加工を加えて紡績する本格的な短繊維製造が日東紡績をはじめとして多くの会社でおこなわれるようになった（短繊維は人造繊維とも当時よばれた）。羊毛や綿花の輸入に制限が加えられるようになると代用繊維としてさらに注目されるようになった。

紡績会社の参入増加　1930年代にはほとんどの会社が外国技術に頼ることなく，国内で機械を調達し，他社からの引き抜き等により技術者を雇用してレーヨン生産を開始しており，紡績会社の参入も引き続き多かった。紡錘数上位10位までの紡績会社はいずれもレーヨンに参入しており，上位17社までのうち14社が参入していた（それ以下は参入せず）。既存レーヨン会社は拡張により，設立主体の紡績会社の持株比率が低下しているが，大日本紡績は日本レイヨンとの関係を絶った後に，独自に短繊維の製造を開始しており，やや戦略に混乱がみられた（表4.1)[8]。

なお戦間期には紡績会社がレーヨンのほか羊毛や絹糸にも進出することが多くみられたが，羊毛は別会社ではなく自社事業とすることが多く，レーヨンと対照的であった。

---

[8] 呉羽紡績は自社でレーヨンに進出したが，レーヨン部門を別会社として切り離し，昭和人絹と合併して，昭和人絹の大株主となった。しかし1939年には呉羽紡績と昭和人絹が合併している。

表 4.1 　1937 年の主要レーヨン企業と綿紡績会社との関係

レーヨン会社	製造開始年	長繊維能力	短繊維能力	関係綿紡績会社	精紡機錘数	紡績会社持株率	備　考
帝国人造絹糸	1916	93	15				
東洋レーヨン	1927	81	6				
倉敷絹織	1928	80	5	倉敷紡績	527,184	17.3	のち倉敷レイヨン，クラレ
東洋紡績	1928	55	23	東洋紡績	1,622,724	自社	
旭ベンベルグ絹糸	1924	70					のち旭化成
日本レイヨン	1927	55	5				のちユニチカ
第二帝国人絹	1936	35	10				1942 帝国人絹に合併
昭和人絹	1935	35	10	呉羽紡績	495,776	35.7	1939 呉羽紡に合併
日東紡績	1933		40				
錦華人絹	1935	33	2	錦華紡績	496,584	22.2	1938 錦華紡に合併
東京人造絹糸	1925	25	10				のち解散
太陽レーヨン	1936	24	5				1941 帝国繊維へ合併
鐘淵紡績	1936	20	7	鐘淵紡績	1,112,716	自社	
福島人絹	1934	24	3	福島紡績	371,128	71.4	1942 東洋紡に合併
日清レイヨン	1934	20	2	日清紡績	537,368	68.9	1938 日清紡に合併
庄内川レーヨン	1933	18	2	豊田紡績	183,788	40.7	1941 東レに合併
出雲製織	1936	14	2	出雲製織	166,976	自社	1941 合併により大和紡績を形成
岸和田人絹	1936	15	0	岸和田紡績	320,980	50.0	1938 大日本紡に合併
新興人絹	1935		15				のち三菱レイヨン
富士繊維工業	1936	9	4	富士瓦斯紡績	675,876	41.7	1940 富士瓦斯紡に合併

（出典）『日本紡織年鑑』昭和 13 年，『人絹年鑑』昭和 12 年，『株式年鑑』昭和 12 年など
　（注）　1．大日本紡績は独自にレーヨン短繊維に進出している。倉敷絹織は倉敷紡績創業者の大原孫三郎の持株を加えると 26.3％となる。庄内川レーヨンは豊田自動織機製作所など豊田系持株がさらにある。生産能力は日産トン。
　　　　2．第二帝国人絹は帝国人造絹糸の第二会社。
　　　　3．東洋レーヨンは短繊維の東洋絹織を設立しているが，本表には含めていない。
　　　　4．日東紡績は大日本紡績連合会未加盟で錘数の記載がない（同社は 1937 年に名古屋紡績を合併して綿紡績に進出するが『日本紡織年鑑』には名古屋紡績が記載されている）。

4.3 合成繊維の登場

戦時統制・戦後復興と企業再編成

十大紡 日中戦争が始まると経済統制が進展したが，繊維は民需品ということで抑制の対象となり，設備の廃棄や企業の統廃合がおこなわれ，五大紡のほか倉敷紡績，大和紡績，呉羽紡績，敷島紡績，日東紡績をあわせて十大紡とよばれるようになった（渡辺，2010）。綿紡績会社の統廃合の過程では関係会社であったレーヨン会社と合併するケースが多かったが，レーヨン会社が独立を保ったケースや関係会社ではなかった会社と合併するケースも少なくなかった（表4.1）。また繊維は縮小の対象であり，紡績会社・レーヨン会社とも生き残りをかけて，時局産業である機械工業や化学工業などを拡充していった。

戦後の展開 第二次世界大戦が終結すると1947年に綿紡績機400万錘，織機244,000台の復元がGHQにより許可され，既存企業の設備復旧のみでなく，新規参入も多数おこなわれた。1950年には繊維に関する統制がほぼ撤廃され，さらに設備の制限枠が撤廃され，さらに増設が進んだ。レーヨンの設備も1947年に日産411トンまで設備の復旧が認められ，綿業よりやや遅れて設備が拡大されていった。

繊維会社は繊維事業を拡大していく一方で，戦時期に膨張した事業範囲を新しい経営環境に合わせて整理する必要があり，企業再建整備の過程で不採算事業の廃止や別会社としての独立がおこなわれ，例えば呉羽紡績は戦中の1944年に呉羽化学工業（のちクレハ）を独立させていたが，鐘淵紡績も1949年に鐘淵化学工業を独立させた。このように戦時期の多角化は整理される傾向にあったが，日清紡績は飛行機のブレーキライニングの生産事業を自動車のブレーキ事業に転換して育成し，さらに耐熱・耐火シートのために取得した製紙工場を主要事業の一つとしていった（2017年に製紙事業を大王製紙に売却）。また日東紡績では玄武岩や石灰などを溶解させた人造鉱物繊維であるロックウールやガラスを融解して繊維状にしたグラスファイバーを手がけ，断熱材な

どに用いられたが，これも戦後の主要事業の一つとなっており，非関連多角化が成功した事例となっている。

◯ 合成繊維への多角化

織布会社の系列化　朝鮮戦争時には繊維価格が上昇し，ブームとなったが，1952年には早くも政府によって綿紡績の操業短縮が勧告され，その後は特定中小企業の安定に関する臨時措置法をはじめとする法律によってカルテルによる操業短縮や設備調整が実施されるようになった（高橋，2013）。また1956年にはアメリカへの綿製品輸出も自主規制され，やがて多国間の規制へと発展していった。こうして綿繊維生産の発展は制約されることになったが，そのなかで綿紡績会社の原糸消費率は顕著に低下している（図4.1）。これは綿紡績会社が織布会社を系列化して織布を外注していったためであるが（商社も織布会社の系列化を進めた），生産の中心となっていった加工度の高い先染織物が，多様な商品があって，特殊な設備を必要とし，商品や生産管理に独特な知識を必要とし，織布会社がそうした知識を豊富にもっていたためといわれている（大田，2007，第1章）。またレーヨンも1950年代初頭には生産の伸びが鈍化した。

合成繊維の生産　そうしたなかで注目を集めたのが合成繊維である。高分子化学の発達により高分子の合成がおこなわれるようになり，1930年代からポリビニルアルコール繊維，ポリ塩化ビニル繊維，塩化ビニリデン繊維などが開発されていたが，衣料として用いるには，耐薬品性，染色性，融点が高いことなどの特性が示されねばならず，なかなか普及しなかった。そのなかで1938年にデュポン（Du Pont）が発表したポリアミド繊維のナイロンは，絹に代わってストッキングの素材として用いられるようになった。このほか1941年にはポリエステル（ポリエチレンテレフタレート繊維）やアクリル（ポリアクリロニトリル繊維）が開発されているが，工業生産されるようになるのは戦後のことである。日本でも戦時中から研究がおこなわれ，ポリビニルアルコール繊維やポリアミド繊維の試験生産がおこなわれていたが，戦争のために本格生産にはいたらなかった（阿部・平野，2013）。

　戦後に政府は合成繊維を育成することとし，ポリビニルアルコール繊維を倉

敷レイヨンに，ポリアミド繊維を東レに生産させることとし，前者については大日本紡績と鐘淵紡績にも生産が認められた。前者の主要原料が日本に豊富に存在する石灰石と食塩水を電気分解して苛性ソーダを製造する際の副産物である塩素であり，この点は塩化ビニリデン繊維や塩化ビニル繊維も共通で，原料自給の点からも大きな期待がかけられていた。倉レはポリビニルアルコール繊維（ビニロン）の改良を進めたが，学生服などの実用衣料に用いられるにとどまり，大きな発展がなく，塩化ビニリデン繊維（サラン，クレハロン）や塩化ビニル繊維も同様であった（ただしのちに樹脂として成功を収めていくのであり，サランやクレハロンは食品ラップとして有名である）。これに対してポリアミド繊維は東レがデュポンと特許実施契約を結び，高額の特許料を支払いナイロンという商標の使用権を得た。初期には適切な需要先がみつからなかったが，繊維の改良や製織法の指導により，繊維として大成功していった。

　外国為替管理法や外資法により外国からの特許導入や外国会社との提携には政府の許可が必要であり，ナイロンのように先行企業はリスクがある反面，成功すれば次の参入が抑制され，大きな利益がもたらされた。ナイロンの次に大型繊維として期待されたのが，ポリエステルとアクリルであったが，前者はイギリスの ICI（Imperial Chemical Industries）の特許を東レと帝人が共同で導入し，ナイロンよりもスムーズな立ち上がりで，大成功を収めた。これに対してアクリルは基本特許がないため最初から多くの企業が参入したが，ニットの毛糸需要がみつかるまで時間がかかった（表 4.2）。

紡績会社の進出と成果　　ポリビニルアルコール繊維を除けば，綿紡績会社の合成繊維への進出は遅れがちであったが，これは綿紡績会社が綿・羊毛・生糸など天然繊維の置き換えが念頭にあり，合成繊維が天然繊維に及ばない点が多々あったため，導入に慎重だったためである（平野，2007）。呉羽紡績は呉羽化学工業と共同で呉羽化成を設立し，呉羽紡績がマジョリティをとって塩化ビニリデン繊維に進出した。塩化ビニリデンは繊維としては伸びなかったものの樹脂としては成功しつつあったが，繊維を育てるという方針で呉羽化成を呉羽化学工業に合併させ，呉羽紡績はナイロンに進出しており，繊維へのこだわりが強かった。このように先発企業が高い利益をあげたことから，後発企業の参入がおこなわれたが，先発企業がすでに大規模に操業し，繊維の市場を抑え

表 4.2　レーヨン・綿紡績会社の合成繊維進出

会社名	ポリビニルアルコール繊維	塩化ビニリデン繊維	塩化ビニル繊維	ポリアミド繊維	ポリエステル繊維	アクリル繊維	ポリプロピレン繊維	スパンデックス弾性繊維
帝　人			1956	1963	1958			1971
旭化成		1953		1964	1969	1959		1971
東　レ				1950	1958	1964	1962	1966
日　レ				1955	1964			
クラレ	1950				1964			
三菱レイヨン					1969	1959	1962	
東邦レーヨン						1960		
大日本紡	1950							
鐘　紡	1950			1963	1968	1972		
呉羽紡		1953		1964				
東洋紡					1964	1958	1963	1963
日清紡								1965
富士紡								1963
大和紡							1963	
日東紡							1964	
倉敷紡								
敷島紡								

（出典）　阿部・平野（2013, 186頁）；日本化学繊維協会（1974, 768–779頁）など
（注）　繊維への進出を表記しており，化成品への進出は表記していない（ウレタンフォームの
生産開始などは表記していない）。

ているため，後発企業は規模の経済性の点からも不利であり，十分な成果を上
げることはできなかった。また新しい繊維として期待を集めたポリプロピレン
繊維やスパンデックス弾性繊維には，それまで合成繊維を手がけていなかった
綿紡績会社も機会を求めて参入したが，とくに期待の大きかった前者は繊維と
しての難点を解消できず失敗に終わった。

　こうして合成繊維は急成長したが，それを支えた条件の一つは，原料を石油
に転換し，石油化学工業が発達したことであり，1971年には対米輸出自主規

制をおこない，1974年には合成繊維が多国間の繊維輸出規制に編入されるまでになった。ところがオイルショックにより原料が高騰したことから不況に突入し，1978年の特定不況産業安定臨時措置法では合成繊維が不況産業に指定され，共同設備廃棄がおこなわれるにいたった。

4.4　成熟化と多角化

○ 繊維事業の強化

　繊維産業は綿紡績，レーヨン，合成繊維の順番で途上国からの追い上げを受け，成熟化に直面し苦境に陥ったが，各社とも繊維事業での競争力の強化をおこなっている。とられた対策は，高級糸・改良糸などの素材の高級化・差別化（製品革新による脱成熟の試み），織布の強化と防皺・防縮加工などの高付加価値化，縫製などによる最終製品への進出（前方統合），連続自動紡績や空気精紡機（空気の流れで糸を紡ぐ）に代表される設備近代化，衣料用から家庭用（カーペットやカーテンなど）・産業用（タイヤコードなど）の繊維需要の開拓，海外工場の建設，合成繊維材料への後方統合などであり，一定の成果を生み出したが，ほとんどの企業がおこなったものであり，途上国も追随できたから，大きな成果をあげたとはいえなかった（山路，2014，第3章）。連続自動紡績は期待されたほどの成果をあげなかったし，空気精紡機は生産性は高いが細糸を紡ぐのに難点があり，リング精紡機をすべて置き換えるにはいたらなかった。また織物さらには衣料品への進出は，確かに付加価値が高いので有利であるが（原糸消費率が上昇している），タイミング良く流行を捉えることが大切で，その分リスクも大きく，成功が約束されていたわけではなかった。

　繊維事業で強かったのは，合成繊維では先行企業で規模の経済性を享受し，さらにその規模から原料への遡及ができた東レや帝人，綿紡績ではジーンズやデニムの倉敷紡績や日清紡績のように得意な製品分野をもった会社であった（米川，1991）。このなかで繊維会社間の合併もおこなわれ，1966年に東洋紡

績が呉羽紡績を合併し，1969 年には大日本紡績が改称したニチボーと日本レイヨンが合併し，ユニチカが誕生した。

○ 多 角 化

　しかし繊維での強みは 1980 年代後半の円高局面以降では，途上国の企業が競争力をさらにつけていることから維持することが厳しくなっている。そこで各社とも高度成長期から繊維以外への多角化に取り組み，やがて脱繊維を加速していった（表 4.3）。1954 年から 1994 年までの 40 年間では，レーヨン会社のほうが綿紡績会社より売上高成長率が高く，また綿紡績・レーヨン会社を合わせてみても非繊維比率が高いほど売上高成長率が高かった（山路，2014，78 頁）。非繊維への多角化は企業成長にとって決定的に重要だったのである。

　関連多角化　　合成繊維に進出していた会社は，合成繊維から樹脂へと製品範囲を広げ，化成品事業としてその育成を図ることが多く，関連多角化といえる。倉敷レイヨンはビニロンが繊維としては大成しなかったが，その原料であるポバールが糊，ボンド，フィルムの原料として広く用いられるようになり，さらに空気を通さない樹脂であるエバールの開発に成功した。旭化成は戦前からアンモニア・ソーダ・塩素・火薬・肥料などの生産をおこなっており，化学会社としての色彩が強かったが，サラン樹脂をはじめとする合成樹脂を育てたほか，エチレンプラントの建設をおこなって本格的な石油化学会社となり，さらに医薬・医療事業を拡大していった。

　非関連多角化　　戦時期の非関連多角化がその後も成長を続けた例としては，日東紡績のロックウール・グラスファイバーがあり，断熱材や FRP（fiber reinforced plastic，繊維強化プラスチック）として建築関連などに用いられている。また日清紡績のブレーキは自動車産業とともに成長し，さらに滑りやすい路面で急ブレーキをかけたときに電子制御でブレーキ液圧を制御してタイヤロックを防止するアンチロックブレーキシステム（ABS）の技術を導入し，成長していった。戦後新たに非関連多角化に取り組んだ事例として有名なのは鐘紡（カネボウ）で，1960 年代以降，合成繊維，化粧品，食品，薬品，住宅の 5 つを主要事業とする方針を立て，次々と事業を買収していき，コングロマ

リットとなった。このなかで化粧品事業は戦時期に始めていたが，企業再建整備の過程で分離独立させた鐘淵化学工業（のちカネカ）の事業となっていたものを買収したもので，買収前から成長しており，その後も成長を続けたが，他の事業の業績は期待ほどではなかった。

　このように非関連多角化は失敗をともなうが，高度成長期以降にも成功した事例がある。旭化成は関連多角化が非常に進んでいたが，既存事業と全く技術的・製品的関連がない建設用基礎杭クロスパイル事業に参入し，成功を収めた。住宅事業は高度成長が終わった後も成長を続けており，旭化成は1954年から1994年までの売上高成長率と非繊維比率が表4.3にあげた主要繊維15社のなかでともにダントツの1位となっている（山路，2014，78頁）。大和紡績は1982年にダイワボウ情報システムを設立し，繊維関係の生産・工程管理を中心にシステム開発・販売を展開したが，すぐに行き詰まった。ここで事業の軸をパソコン機器の委託販売となどにシフトすると，パソコンの普及とともに急成長していった。これらはむしろ数少ない成功事例といえるが，高度成長が終わった後の企業成長に貢献した。

○ 1990年代以降の多角化

　炭素繊維の製品化　　1980年代後半の円高以降，繊維の立て直しは困難で，化成品も強みがある製品でない場合は収益をあげることが困難になっている。繊維のなかではポリアクリロニトリル（PAN）を熱処理した炭素繊維（カーボンファイバー）が軽くて丈夫という特性をもち，樹脂との複合材にして，当初はラケットや釣り竿に用いられていたが，飛行機の部材として用いられるようになり，成長が続いている。東レ，三菱レイヨン（企業統合で三菱ケミカルとなる），東邦レーヨンが主要メーカーであったが，東邦レーヨンは帝人に買収され，やがて帝人に合併された[9]。従来は加熱すると硬化する熱硬化性樹脂と組み合わされており，成形が困難でコストが高かったが，加熱すると軟化する成

9　日清紡績は1966年に東邦レーヨンの経営再建に乗り出し，20%以上の株式を保有していたが，炭素繊維の強化は難しいとの判断で帝人に売却した（売却直前に増資に応じて持株比率が45%となっていた）。

表4.3 売上高における非繊維比率（％）と売上高（十億円）

会社名	1961	1965	1970	1975	1985	1989	1995	2005	2015	2005売上	2015売上	上場区分	2019会社名
帝人	27	26	30	28	29	36	43	72	83	938	791	繊維	帝人
旭化成		3	15	41	72	82	85	92		1,378	1,941	化学	旭化成
東レ	8	18	32	22	37	45	54	59	58	1,427	2,104	繊維	東レ
倉敷レイヨン				33	31	48	63	71	93	375	522	化学	クラレ
三菱レイヨン	11	9	16	21	54	54	65	76		349	上場廃止		
東邦レーヨン					10	17	22	85		44	上場廃止		
東洋紡				2	18	23	40	57	75	402	348	繊維	東洋紡
ユニチカ			17	5	21	34	49	52	55	216	146	繊維	ユニチカ
鐘紡		27	17	28	43	47	66	70		269	破綻消滅		
日清紡	9	13	18	23			53	70	89	279	534	電気機器	日清紡HD
富士紡				1	4	8	13	33	63	48	38	繊維	富士紡HD
大和紡					0	5	63		89	64	579	商業	ダイワボウHD
日東紡	13	17	30	37			80	90	94	130	86	窯業	日東紡績
倉敷紡		3	4	7			30	44	49	153	173	繊維	倉敷紡績
敷島紡					0	7	15	22	37	53	46	繊維	シキボウ

(出典) 山路 (2014, 71, 108頁)；平井 (1991, 179頁)；各社有価証券報告書。上場区分は2019年3月15日の日本経済新聞株価欄による。

(注) 1. 空欄は不明。2015年の帝人は高機能繊維・複合材料以外、2005年の東邦レーヨンはテキスタイル以外、2015年の東洋紡は繊維・化合繊機能資材と、2015年の旭化成はケミカル繊維とセグメントが変更されたため以外の比率。2005年のダイワボウは衣料品生活資材・化合繊生活資材とした。
2. 2015年には、三菱レイヨンは経営統合、東邦レーヨンは東邦テナックスと改称のうえで帝人の完全子会社となり、ともに非上場となり、カネボウは経営破綻により再編され消滅している。
3. HDはホールディングスの略。

4.4 成熟化と多角化

形が容易な熱可塑性樹脂との組み合わせが始まり，コストの低下により自動車部品への採用がみられるようになり，さらなる成長が期待されている。炭素繊維最大手の東レは21世紀に入っても成長を続けている。

　脱繊維化の成功と失敗　　ところが2005年から2015年に最も売上が成長しているのは，旭化成や東レではなく，ダイワボウ（大和紡績がダイワボウホールディングスと改称）と日清紡（2009年に日清紡績が持株会社となり日清紡ホールディングスと改称）である（表4.3）。ダイワボウはダイワボウ情報システムが成長し，株式を公開していたが，2009年に完全子会社化し，さらに戦後の再建整備の過程で分社化し，その後30%弱の株式を保有していた工作機械などを製作するオーエム製作所を2011年に完全子会社化したため，連結売上高が急増した。また日清紡は経営危機に陥った日本無線の経営に1955年から関与するようになり，株式を20%以上保有していたが，これを2011年に子会社化し，やはり連結売上が急増している（2017年に完全子会社化）。このように両社はコングロマリット化し[10]，株式取引所の上場業種もそれぞれ商業と電気機器となり，文字どおり脱繊維化した[11]。

　ところが早くからコングロマリット化していたカネボウは，化粧品の利益があったことから不振事業からの撤退が遅れ，2004年に産業再生機構へ支援を要請し，化粧品事業は花王に売却され，家庭用品事業はクラシエになるなど徹底的な事業再編がおこなわれた。コングロマリット化により成長を確保する戦略は成長分野の見極めと非成長分野からの撤退・成長分野への集中が重要であるが，それを事前に見分け，実行することは困難で，成功する保証はない。

---

10 アンチロックブレーキシステムは油圧を電子的に制御するもので，日清紡は1980年代から日本無線などと共同で製品開発をおこなっており，両社の製品が無縁というわけではないが，日本無線の製品範囲は広汎である。

11 このほか上場業種が繊維でないのは，化成品が主要事業となって化学に属する旭化成とクラレ，ロックウールなどが主軸となり窯業に属する日東紡績であり，上場12社中繊維が7社，非繊維が5社となっている。

演 習 問 題

4.1 「名前は知っているけど」のコマーシャルで有名な日清紡について，いつ創業し，どのような製品を作り，どのように多角化していったのかを調べなさい。

4.2 織物産地として有名なものはどこか調べなさい。そして産地のなかに織布企業のほか，どのような企業・組織が存在し，どのような機能を果たしているか，調べなさい。

第 5 章

造　船

　造船業は欧米からの技術を導入して始まったが，当初は官営造船所がその中心であった。やがて官営造船所は払い下げられ，民間のビジネスとなっていった。1950年代には世界一の建造量を誇るにいたったが，造船業は好況と不況の波が大きく，それを平準化するため大手企業は早くから陸上工事に多角化していった。オイルショックの後の造船不況でこの流れは加速したが，韓国・中国との競争に直面すると，大手は競争力を失い，中手が大きなシェアを占めるにいたった。中手は機関を購入しており，大手で一般的であった機関・船体の垂直統合が解体しつつある。

○ KEY WORDS ○

造船奨励法，航海奨励法，遠洋航路補助法，
受注生産，ストック・ボート，習熟曲線効果，
ブロック建造法，構内請負，専用船，
中手，労働集約的

5.1 開港後における造船の発達

○ 幕末維新期における造船所の設立

造船技術の伝習　貿易が極度に制限されていた江戸時代の和船は沿岸航行しかおこなうことができず，平和が続いていたため海軍力の整備もおこなわれていなかった。ところがペリー（M. C. Perry）の来航により海防問題がクローズアップされると，幕府諸藩は海軍力の整備に乗り出し，造船所も建設されたが，そのうちのいくつかは明治政府によって拡充されていった。また外国貿易が始まると外国船が来航するようになったが，その修理やさらに造船の需要が高まり，民間人による（修理も含めて）造船所も建設されるようになった。上海や香港居住のさらにはヨーロッパ・アメリカから多数の外国人が来日し，横浜・神戸・長崎などの居留地に小規模なものも含めるとかなりの数の造船所や機械工場を設立したが，さらに官営工場を含めた日本人がそうした人たちを雇用して造船所を経営するようになっていった。こうした造船所は日本人の技術伝習の場ともなったが，のちには工学教育を受けた日本人技術者の果たす役割が大きくなっていった（金子，1964，第1章；鈴木，1996，第2章）。

　まず造船の技術伝習として貴重な機会となったのは，1854年にロシア海軍の艦船が沈没した際に，乗組員が帰還するために乗組員の指導によって戸田（静岡県）で建造されたヘダ号である。船大工が西洋型帆船の製造経験を得る機会となったが，幕府の役人がかかわったほか諸藩士も見学し，戸田のほか東京の石川島でも同型船が建造され（君沢型），さらに船大工が移動することで，造船技術が各地に伝播していった。木工技術が中心であったため，日本の船大工も技術を吸収することが可能であったといえる。

幕藩営の造船所　次に幕府・諸藩の造船所をみていこう。幕府は長崎に海軍伝習所を設けたが，その後長崎製鉄所を設置し，艦船の修理などにあたらせた。この施設は明治維新後に工部省の所管となり，長崎造船所となっていく。工部省所管なので商船が対象であったが，外国人を雇用して技術移転を図るととも

に，設備が拡充されていった。幕府はこのほか浦賀造船所，横浜製鉄所と横須賀製鉄所を設け，いずれも明治政府に引き継がれたが，浦賀造船所は顧みられることがなく，横浜製鉄所と横須賀製鉄所は海軍省に引き継がれたが，前者は拡充されず，後者が横須賀海軍工廠となり，軍艦の建造・修理などを担当した。次に諸藩の設けた造船所のうち有力なものについてみていこう。加賀藩は日本海側の七尾に造船施設を設け，明治維新後に兵庫に移し，加州製鉄所としたが，明治政府に引き継がれ，工部省さらに農商務省所管の兵庫造船所となっていく。一方で水戸藩は東京の石川島に造船所を建設し，明治政府に受け継がれた。

外国人経営の造船所　最後に居留地などに外国人を中心に設立された造船所のうち主なものを検討するが，外国人は1899年の条約改正まで居留地にしか不動産を取得できず，施設の拡大に大きな限界があるという点で不利であった。長崎には上海よりボイド商会（Boyd & Co.）が進出したが，官営長崎造船所との競争に際会し，1880年に撤退している。兵庫ではアメリカ人ミュアヘッドらのヴァルカン（Vulcan）鉄工所が建設されたが，政府に買収され，のちの兵庫造船所に統合された（加賀藩の加州製鉄所も外国人経営の工場を拡充したものである）。さらにキルビー（E. C. Kirby）が神戸鉄工所を経営し，一時は長崎造船所をしのぐ規模に成長したが，1883年に経営が破綻してしまった。キルビーと共同で事業を営んだこともあるハンター（E. H. Hunter）は日本人と共同で1881年に大阪鉄工所を開業しているが，日本人と結婚し，日本国籍の息子（範多竜太郎）名義であったため，大阪での開業が可能となった。ハンターは技術者ではないが，外国人や日本人の技術者を使用していた。横浜では三菱とボイド商会が共同で横浜製鉄所を設立したが，すぐに三菱の単独経営となり，1885年に日本郵船が設立されると日本郵船の経営に移った。この工場はのちに横浜船渠に引き継がれる。このほか外国の海運会社を中心に横浜機械鉄工が設立され，外国人を雇用し，外国船の修理を中心に成長していった（1916年に日本人に売却）。

○ 官営造船所の払い下げと民間造船所の増加

4つの有力造船所　幕藩営の造船所の多くが政府に引き継がれ，官営造船所

となったが，横須賀海軍工廠を除き商船を建造していた造船所は民間に払い下げられていった。政府は東京湾にある造船所のなかで横須賀に集中投資する方針をとったが，平野富二は官営造船所としての使命を終えていた石川島の造船施設を借用し，石川島平野造船所を創業，さらに横浜製鉄所も借用し，分工場としたうえで，その設備を石川島に移設した。ところが個人経営での拡張には限界があり，渋沢栄一らの資金を受けて，石川島造船所となり，平野富二の死去後の1893年に東京石川島造船所（1945年に石川島重工業と改称）となった。石川島の敷地が狭いこともあり，大型船の建造には不向きで，機関その他の機械や橋梁などの陸上部門の比率が当初から高かった（石川島播磨重工業，1992，1-20頁）。兵庫造船所は東京と兵庫で造船所を経営していた川崎正蔵に1887年に払い下げられ，川崎造船所となり，長崎の造船所も1887年に三菱に払い下げられ，三菱造船所となったが，三菱は1905年に神戸にも造船所を設置したことから，三菱長崎造船所として知られるようになる。こうして1880年代の終わりには，官営造船所を起源とする三菱造船所，川崎造船所，東京石川島造船所と外国人経営で発達した大阪鉄工所という4つの有力造船所が成立した。

その他の造船所　江戸時代の和船業者で近代的造船会社に成長した数少ない例の一つが藤永田造船所である。17世紀から大阪で和船を建造していた兵庫屋は，1869年にドイツ人を招き，西洋型木造蒸気船の建造を開始し，1874年に藤永田造船所と改称した。大阪鉄工所や藤永田の例は，阪神地区では船舶建造の技術をもった人を探すことが比較的容易で，その重要性を認識して人を得ることができれば，近代造船業を明治初期に始めることができたことを示している。また東京湾では幕府の造船所のあった浦賀に榎本武揚や戸田でヘダ号を建造した船匠の息子の緒明菊三郎らによって浦賀船渠が1897年に設立され，またのちに多数の造船所が建設されることになる瀬戸内海地域には，波止浜船渠（1902）や播磨造船（1907）などが設立されている。時代が下がるにつれて，造船技術にアクセスしやすくなっていったのである。

◯ 造船技術の進歩と造船奨励法

　造船技術の進歩　　1853年にペリーが4隻の黒船を率いて浦賀にやってきたが，そのうちの2隻は木造の外輪機帆船であり，残りの2隻は木造帆船であった（船体が黒かったのは防水用のピッチが塗られていたため）。このように当時は帆船から汽船に変化する途中であったが，それには蒸気機関（シリンダーに蒸気を送り込みピストンを動かす往復動機関であった）の燃費の改善が必要であり，高圧のシリンダーと低圧のシリンダーをもつ二段膨張機関，高圧・中圧・低圧の3つのシリンダーをもつ三段膨張機関が開発されていった。また積載効率の向上のために船体の大型化が求められ，木製では強度に限界があるので，鉄製さらに鋼鉄製の船体が用いられるようになった。19世紀の後半はこれらの新しい技術が次々と開発されたので，大型船を建造するためにはこれらの技術進歩に追随していく必要があった。官営造船所やそれを引き継いだ造船所は外国人からそうした技術を吸収したが，新しい技術をもった新たな人材を求めねばならないケースもあった。

　政府の奨励政策　　官営造船所が払い下げられると民営造船業への保護政策が打ち出された。まず1896年の造船奨励法は，日本人もしくは日本人のみが出資する法人が設置する造船所が建造する700総トン以上の鉄製・鋼製船舶に補助金を支給すると定めていたが（機関を製造した場合は機関にも），1910年に改正されて1,000総トン以上の鋼船に限定された。同法による補助金は大きいものではなく，輸入材料の運賃・保険料部分を補う程度のものであったといわれる[1]。また1896年の航海奨励法により，日本人もしくは日本人のみを出資者とする法人の所有する1,000総トン以上の船舶で，海外を航行するものに補助金が支給されていたが，1899年に同法が改正され，外国で製造された船舶は補助金が半減されることとなり，国内造船所への発注が促されることとなった。1910年に航海奨励法は廃止されたが，1910年施行の遠洋航路補助法は，欧州・北米・南米・豪州の4大航路に就航する3,000総トン以上の国内建造の鋼船に対して補助金を支給することとしており，大型の優秀船舶に限定して補助

---

1 造船奨励法は第一次世界大戦中の造船ブームのなか，1917年に奨励金の支給が停止され，そのまま1919年に法律の期限が到来して失効した。

表 5.1 造船所別造船奨励法適格船建造状況

	明治期		大正期		合 計		
	隻 数	建造トン数	隻 数	建造トン数	隻 数	建造トン数	平 均
三菱造船所	42	200,897	29	178,367	71	379,264	5,342
川崎造船所	29	77,417	33	192,093	62	269,510	4,347
大阪鉄工所	30	30,494	56	186,936	86	217,430	2,528
石川島造船所	2	2,516	8	19,489	10	22,005	2,201
浦賀船渠	1	1,260	15	55,748	16	57,008	3,563
小野鉄工造船	1	792	4	7,995	5	8,787	1,757
藤永田造船所			7	14,179	7	14,179	2,026
浅野造船所			1	8,150	1	8,150	8,150
播磨造船所			4	6,334	4	6,334	1,584
松尾鉄工所			2	6,059	2	6,059	3,030
大阪造船所			1	3,179	1	3,179	3,179
原田造船所			1	1,921	1	1,921	1,921
栃木造船所			1	1,483	1	1,483	1,483
合 計	105	313,376	162	681,932	267	995,308	3,728

（出典）井上（1990，103，148 頁）
（注）トン数は総トン数。

が継続された。最後に 1897 年，1906 年，1910 年と船舶に対する関税が引き上げられ，国内造船所が保護された（井上，1990，第 4 章）。明治期に造船奨励法の適格船を建造できたのは，三菱・川崎・大阪鉄工所にほぼ限られ，その他の造船所はほとんど建造できなかった（表 5.1）。

常陸丸の建造　日本の造船技術が世界に追いついた指標となる船舶は，日本郵船の欧州航路に用いるために 1898 年に三菱長崎造船所で竣工した常陸丸である（6,172 総トン）。三菱は常陸丸の建造のために工場を拡張し，イギリスから図面を購入し[2]，技師を雇い入れる一方で，日本の技師をイギリスに派遣し

---

2 イギリスで建造され日本郵船に納入された船舶の同型船を建造した。

た（中西，2003，第4章）。航海奨励法が廃止されると，海運の補助金は遠洋航路補助法となり，保護の対象が貨客船に限定されることになるが，1910年頃には三菱を中心に同法の対象とはならない貨物船においても，イギリスを中心とした外国の造船所にほぼ引けをとらないコストで船舶が建造できるようになった（鈴木，1996，第7章）。

　機関の製造　　19世紀末には，ボイラーで発生させた高温・高圧の蒸気をタービン羽根にあてて軸を回転させるタービン機関が開発され，発電や船舶動力として用いられるようになった。高い出力が得られるため大型・高速船に主として用いられるようになったが，船舶用としては三菱・川崎・石川島が20世紀初頭に技術を導入している。また20世紀初頭には，漁船などに内燃機関である石油発動機が用いられるようになり，とくに電気発火を必要としない焼玉機関は信頼性が高く，漁船のほか機帆船として小規模な貨物船に用いられるようになっていった。焼玉機関は池貝鉄工所のほか，神戸発動機製造所，赤阪鉄工所，発動機製造などで製造され，池貝は工作機械の製造で有名であるが，ほかの3つはのちにディーゼルエンジンの製造に乗り出し，発動機製造はダイハツ工業の前身で，自動車製造にも乗り出していく（鈴木，1996，第8章；中岡，2010）。

5.2　第一次世界大戦期の発展と戦間期の多角化

◯ 第一次世界大戦期における造船業の発展

　造船業への新規参入　　第一次世界大戦が始まると物資の動きが増加し，戦争による損耗もあったため海運運賃が上昇し，船舶価格も上昇したため，造船業に活況が訪れた[3]。商船建造高は1914年の9万総トンから1919年のピークに

---

[3] アメリカが1917年に鋼材の輸出を禁止すると鋼材が不足した。そのためアメリカが鉄鋼を日本に輸出し，日本がその鉄鋼で船舶を建造し，アメリカに輸出するという日米船鉄交換が1918年に実施された（寺谷，1979，第5章）。

は 61 万総トンに達し（橋本，2004，6 頁），新規参入も増加した。そのうち主なものは，1916 年の浅野造船所（横浜造船所が設立直後に改称）と 1917 年の三井物産造船部であり，前者は浅野セメントとともに東洋汽船を経営していた浅野総一郎が設立したもので，機関は主として近隣の東京石川島造船所から供給を受け（橋本，2004，21 頁），鶴見製鉄造船と改称した後，1940 年に日本鋼管に合併された。後者は船舶部をもっていた三井物産が船舶修理から造船を営むことを企図したもので，岡山県に立地したが，1936 年に玉造船所として独立し，1942 年に三井造船と改称した。両社は海運会社の垂直統合の色彩が強いが[4]，海運会社との関係では大阪鉄工所も 1914 年に株式会社となると大阪商船の資本が入り，さらに創業家の範多竜太郎が持株を手放すと久原房之助の日本汽船の持株が増加し，その傘下に入った。同社は久原鉱業が改組された日本産業の傘下に入った後，日立製作所の子会社となり，1943 年に日立造船と改称している。

　また鈴木商店は 1916 年に播磨造船を買収して播磨造船所とし，他の傘下会社と合併して帝国汽船造船部播磨工場とし，のちに神戸製鋼所の所属としたが，鈴木商店の破綻もあり，1929 年に播磨造船所として独立した。最後に海運会社との直接の関係はないが，三菱合資会社は造船部を 1917 年に三菱造船として独立させ，三菱造船から三菱内燃機製造と三菱電機がさらに独立したが，1934 年に三菱造船は三菱内燃機製造が改称した三菱航空機と合併し，三菱重工業となった。

　　見込生産の増加と衰退　　船舶は航路や荷物の特性に合わせる必要があるため，海運会社から引き合いがあり，造船所が見積をおこなって，契約が取れると詳細設計をおこなって建造に取りかかる受注生産で建造されるのが一般的であるが，大戦期には造船所で船舶の仕様を決定して船舶の建造に取りかかり，それを海運会社に買ってもらうストック・ボートという見込生産がおこなわれるようになった。見込生産は設計を省いて同一仕様の船舶を繰り返し建造することで習熟曲線効果が働き，建造期間が短縮され，コストが低下するメリットがある一方で，売れ残りのリスクが大きいが，大戦期には飛ぶように船舶が売れた

---

[4] 日本郵船と横浜船渠など海運会社と造船会社の密接な関係の例は枚挙に暇がない。

ので，リスクが小さかった。この戦略を最も大胆に採用したのが川崎造船所であったが，大戦ブームの終息とともにこの戦略は裏目に出て，川崎造船所は在庫となった船舶で川崎汽船を設立したが，これは造船会社の垂直統合といえる。川崎造船所は創業家の川崎家の持株比率が低下し，社長の松方幸次郎の支配力が高まっていたが，大戦中に有力海運会社との関係が希薄となって新造船の受注が減少し，金融恐慌で松方の兄が経営する十五銀行が破綻したことから経営破綻し，経営再建がおこなわれた。

◯ 不況期における合理化と多角化

工程の合理化　大戦ブームが終息すると商船の建造量は急減し，1922年には5万総トンとなり，以後1928年から1930年に10万総トンを超えたほかは，1934年に15万トンに達するまで，10万総トンを下回り続けた。造船業が本格的に活況を呈するのは1936年以降である（橋本，2004，46，194頁）[5]。不況に際会し造船各社は合理化に着手した。まず鋼板の接合にこれまでの鋲打ちにかわって溶接が採用され，労働生産性が高まったが，強度の問題もあり部分的な採用にとどまった。第二は工場に動力，とくに電動モーターが採用され，作業を合理化した（橋本，2004，第3章）。

1927年の逓信省による造船所調査によって，当時の主な造船所を会社別に集計すると表5.2のとおりで，三菱造船と川崎造船所の規模が大きく，浅野造船所，浦賀船渠，大阪鉄工所，横浜船渠，神戸製鋼所（播磨造船所），三井物産，石川島造船所，藤永田造船所が次いでおり，高度成長期末期の7大造船会社がすでにこのときに姿を現していることがわかる。それと同時に名村造船所の名前はあるが，1980年代以降に成長していく今治造船，常石造船などはまだこの表に登場していない（すでに創業はしている）。

製品革新としてのディーゼル機関　これらの工程革新に加えて製品革新もおこなわれ，流線型船型が採用されたほか，ディーゼル機関が採用されるようになった。ディーゼル機関は19世紀末に発明された内燃機関であるが，ガソリ

---

5 建造量は千総トン以上の船の集計。1932年度から助成金を支出して，古い船舶を解撤し新しい優秀船を建造する船舶改善助成施設が始まり，1937年度まで3次にわたって継続された。

表 5.2　1927 年の主な造船企業

会社名	敷地(坪)	人員数	製造最大総トン	製造最大機関馬力	船台船架長合計(呎)	船渠長合計(呎)	電動機馬力数	建造隻数	建造総トン
三菱造船㈱	200,022	14,267	13,401	21,356	6,911	3,990	36,000	47	308,070
㈱川崎造船所	66,860	9,471	12,000	11,500	3,091	314	29,763	9	33,602
㈱浅野造船所	90,922	1,228	8,618	450	3,890	1,123	10,964	3	20,156
浦賀船渠㈱	52,700	2,755	8,230	3,922	2,985	860	5,350	15	56,435
㈱大阪鉄工所	190,880	3,754	8,134	4,476	4,316	3,785	4,479	17	64,156
横浜船渠㈱	70,613	2,856	7,100	5,300	1,825	1,400	8,517	23	134,685
㈱神戸製鋼所	70,697	2,561	6,781	4,195	2,665	690	1,726	15	58,128
三井物産㈱	34,500	1,819	5,846	3,490	1,260	788	5,360	35	127,678
㈱石川島造船所	25,283	2,377	5,699	3,790	771	320	NA		
㈱藤永田造船所	53,324	1,881	4,074	202	1,332	975	3,280		
栃木商事㈱	7,000	255	2,298	200	700	0	350	1	1,264
函館船渠㈱	17,272	769	2,270	1,155	1,305	760	915		
㈴小野鉄工造船所	11,000	3	2,218	1,115	889	691	250	1	1,159
相沢造船鉄工㈱	6,500	84	1,278	750	780	0	NA	1	1,293
大原造船鉄工所㈾	1,372	110	975	600	200	190	55		
名村造船鉄工所㈾	805	31	960	0	0	0	33		
原田造船㈱	3,125	155	885	95	430	360	215	1	1,328
㈱新潟鉄工所	35,387	711	744	55	180	0	581		
㈱宇品造船所	3,600	146	726	76	NA	0	78		
向島船渠㈱	11,000	502	304	45	192	695	6,225		
九州汽船㈱	10,609	141	155	350	225	240	NA		
㈾金指造船所	1,281	41	138	0	400	0	15		
石巻運輸造船㈱	1,383	68	111	0	215	0	29		
㈱林兼商店鉄工所	2,109	216	87	110	780	140	143		
㈾三原造船鉄工所	500	80	59	23	0	0	18		
㈱唐津製鋼所	6,130	206	0	0	420	228	488		
木津川船渠㈱	1,470	75	0	0	NA	445	NA		
村尾船渠㈾	11,411	380	0	0	660	0	750		

（出典）　逓信省管船局（1928）；井上（1990，181 頁）
（注）　1.（個）は個人経営，小野鉄工所は休業中，神戸製鋼所の請負人夫 234 人は加算していない。
2. 船架長は陸上部分，船渠は船渠と浮船渠の合計。呎はフィートで約 0.3 m。
3. 建造データは，1,000 総トン以上の船舶についての集計，1924 年から 1933 年まで。
4. 複数の造船所をもつのは，三菱造船 3，大阪鉄工所 5，神戸製鋼所 2，藤永田造船所 3 の 4 社。

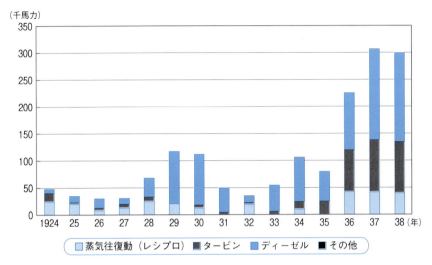

(出典) 金子（1964, 巻末 8–17 頁）
(注) 1,000 総トン以上の船舶の機関について集計されている。

図 5.1　推進機関別馬力

ン機関がピストン内で電気発火して燃料との混合気に点火するのに対し，圧縮して発火させるもので，高出力で，大型化しやすく，重油など低質油を用いることができるためランニングコストが低い（環境負荷は大きい）という特徴をもつ。1910年代初頭には船舶機関としての優秀性が認められていたが，日本でのディーゼル船の建造は 1923 年から始まり，早くも 1920 年代半ばにはディーゼルが主要な推進機関となった（図 5.1）。蒸気往復動（レシプロ）機関はほとんどなくなり，ディーゼル機関の及ばない高出力を必要とする船舶はタービンを搭載している。

当初はディーゼル機関が輸入されていたが，外国から製造権を購入した日本の造船所での製造がおこなわれるようになった。戦前期に外国からライセンスを導入したのは，三菱造船（Sulzer，スイス），神戸製鋼所（Sulzer），川崎造船所（MAN，ドイツ），横浜船渠（MAN），三井物産造船部（Burmeister &

Wain, B&W, デンマーク）などであり，このほかいくつかのモデルが他社を含めて生産されたが，小型機関がほとんどであった。1930 年から 1945 年の間に生産されたディーゼル機関の馬力数合計（1,000 馬力以上のものを集計）177万馬力の内訳は，横浜船渠が 1935 年に三菱重工業に合併されたことと三菱の船舶建造量が大きいことから，三菱 80 万，神戸製鋼所 34 万，川崎 33 万，三井28 万，日立造船（大鉄式）2 万と三菱が圧倒的であった（金子，1964，245 頁）。

造船業の多角化　　第一次世界大戦後は造船の受注が激減したため，各社とも多角化を強化した。すでに第一次世界大戦前から船舶の需要が減少したときに船体建造の技術が応用できる橋梁や鉄管などの製造をおこなっていたが，それらを強化するとともに，勃興してきた化学工業や鉄鋼業の需要に応える化学機械や製鉄機械などの製造を強化していった。また造機部門の強かった三菱造船・川崎造船所・東京石川島造船所では，トラック・バスさらには飛行機と発動機の生産に乗り出しており，これが他の有力造船会社と決定的に異なる点となった。

　三菱重工業はふそうバスの製造に乗り出し，戦後に大きなビジネスとなるし（1970 年に三菱自動車工業として独立），戦闘機の零戦は有名である。川崎造船所は第一次世界大戦前から鉄道車両の製造をおこなっていたが，1928 年に川崎車両として独立させるとトラック・バスの生産に乗り出し（1942 年に政府の命令で中止），さらに飛行機と発動機の生産を 1937 年に川崎航空機工業として独立させた。このほか同社は造船材料としての鉄鋼の生産もおこなっており，戦後に川崎製鉄として独立する。東京石川島造船所も自動車（いすゞバス・トラックの開発を一部手がけた）や飛行機・発動機の生産をおこなった。川崎と石川島の自動車事業は大きなビジネスとはならなかったが，これら 3 社は戦後の航空関係の防衛機器生産の有力企業となる（溝田，1997，第 2 章）。また三菱造船と東京石川島造船所は陸用タービンの生産でも先行し，日立製作所とならんで発電所向けのタービン・ボイラーの製造を手がけていった。原動機は三菱重工業の重要なビジネスとなっていく（金子，1964，196 頁）。

5.3 高度成長期の造船業

○ 戦時の造船と戦後の再編成

戦時の統制　日中戦争が始まると経済の統制が進展していったが，1939年には造船事業法が制定され，50メートル以上もしくは500総トン以上の船舶の造修をおこなう事業者に適用されたが，造船事業が許可制となり，造船設備等に関し政府が命令しうることとなった。この法律を根拠として1939年には同型船を多数建造することにより船舶建造を効率化するため標準船型が開発され，その建造が優先されたが，戦時には建造を増加させるためさらに簡易化された戦時標準船が開発され，1942年からは計画造船がおこなわれることとなった。また船舶建造の隘路となったのが船台・船渠の不足であったので，陸上でブロックを建造し，それを船台・船渠で組み立てることによって，船台・船渠での作業量を減少させ，建造量を増加させるブロック建造法が大幅に採用され，さらに鋼板の接合に溶接が多用されるようになった。ただし構造上の問題が指摘されていたので，ブロック間の接合に溶接はあまり用いられなかった。

戦後の展開　敗戦直後は連合軍の政策で造船に強い制約がかかり，船舶の修理，工事途中の船舶や漁船の建造，艦艇の解撤などに業務が限定されたが，やがて制限が撤廃されていった。そして特殊法人の船舶公団が船主と船舶を共有して建造資金の一部分を負担する計画造船が1947年に導入された。計画造船はそのスキームがのちに変化していくが，初期には建造量において大きな割合を占め，造船業の復興に大きな役割を果たした。また1950年の造船法は，500総トンもしくは50メートル以上の鋼船を製造・修繕する船台・船渠などを備える施設の新設・譲受・借受には運輸大臣の許可が必要であると規定しており，引き続き運輸省が大きな許認可権限をもつこととなった（寺谷，1993，第2章）。

業界再編　戦後には造船企業の再編成がおこなわれた。まず横須賀海軍工廠はアメリカ軍が引き続き使用したが，舞鶴・呉・佐世保の海軍工廠は民間に払

123

い下げられた。三菱重工業は 1950 年に 3 社に分割されたが，1964 年に合併し，再び三菱重工業となった。日立造船は 1947 年に日立製作所から独立している。石川島重工業は 1960 年に播磨造船所と合併して石川島播磨重工業となり，また川崎重工業は川崎航空機工業・川崎車両と 1969 年に合併している。最後に浦賀船渠は浦賀重工業となった後，1969 年に住友機械工業と合併し，住友重機械工業となった。三菱重工業，日立造船，石川島播磨重工業，川崎重工業，住友重機械工業に三井造船と日本鋼管を加えた 7 社は大手とよばれるようになる。

○ 造船業の成長と大手の多角化

垂直統合の解体と専門化　1950 年代以降，日本の造船業は輸出を中心に成長し，1956 年に建造量でイギリスを抜いて世界一となった。造船業は鉄鋼などの素材でつくる船体に主機・補機のほか発電機・ポンプ・熱交換器・信号器具などの艤装品を組み付ける総合組立産業としての性格をもつが，大手造船所は生産量の急増に対応するため，これまで内製してきた補機や艤装品を外注するようになり（主機は内製），舶用機器の専門メーカーの育成・強化が打ち出された（溝田，1983，23，48 頁；糸園，1978，60-81 頁）。それまでの造船業は垂直統合の度合いが高かったが，生産の増加にともない専門化が進展したのである。以上は造船所の外で加工がおこなわれるが，造船業では造船所内の作業を構内請負（請負工）とか今日の派遣に近い形態（貸工）に依存する度合いも大きい（両者をあわせて社外工という）。これは特定の作業に専門性があり，また業務に繁閑があり作業量が一定しないことに主に起因している（糸園，1978，第 1 編）。

製法革新　造船の成長の背景には，製法革新と製品革新がある。製法革新では，ブロック建造法と溶接が普及し，やがて自動溶接が一般的になっていった。ブロック建造法をとるためには，ブロックを製造する工場，ブロックをもち上げる大型クレーンやブロックの精度を出すための工作機械，さらに鋼材の切断を効率化する自動ガス切断機，さらには必要なときに必要なブロックができているようにする工程管理が導入されていった。これによって工期の短縮とコス

トの低減が可能となった[6]。また溶接が一般化するには，鉄鋼品質の引き上げが不可欠であり，鉄鋼メーカーとの協力で実現した。

製品革新　次に製品革新では，造波抵抗を少なくする船体の研究がおこなわれ，プロペラの改良も進んだ。これらは大学での研究とともに，大手各社が水槽を設置し，研究を進めることで実現している。また船舶の大型化・専用船化・自動化が進められた。大型船は小型船より効率がよく，戦前にはタンカーのみだった専用船が，鉄鉱石や石炭などにも広がり，船員数を減らすために自動化が進められた（高柳，1993）。

普及するディーゼル機関　船体とともに機関でも大きな進歩があった。戦間期にディーゼルが主要な機関となっていたが，戦後はディーゼルに過給器が搭載されて出力が向上し，より大きな船舶にもディーゼルが用いられるようになった。タービンはディーゼルの及ばない大型タンカーなどにのみ用いられるようになっていき，1970年代の大型タンカーにはなおタービンが装備されるのが一般的であったが，1980年代にはディーゼルが装備されるのが一般的となった。1975年の大型タンカーが1日120トンの燃料を消費したのに対し，1985年のそれが60トンしか消費しないという燃料効率の差によりディーゼルが普及していった（麻生，1994）。

　日本の大手造船会社は相次いで海外の有力エンジン・メーカーと技術提携をおこなっていった。B&Wは戦前には三井のみが導入していたが，戦後に日立造船などが導入した。Sulzerは戦前には三菱と神戸製鋼所が導入していたが，神戸製鋼所は戦後にディーゼル機関製造から撤退し，浦賀，播磨などが新たに導入した。MANは戦前来の三菱と川崎が契約を更新している。また新たにフランスのSEMTから日本鋼管と石川島播磨などが技術を導入し，三菱が独自のUE機関を開発した。

大手の多角化と合併　高度成長期は船舶建造が急成長したが，需要の増減が激しく，それを平準化するため大手各社は戦間期と同じく多角化に取り組んだ。橋梁などの鉄工分野や化学・製鉄機械のほか，上位企業は発電用などのボイラーやタービンなどを手がけている。日本鋼管は鉄鋼部門の比率が圧倒的に高

---

6 祖父江（2008）は，短納期には日本の長時間労働が大きく寄与していたことを強調している。

表5.3　各社売上に対する造船部門の比率

	1958 年	1968 年	1978 年	1988 年	1998 年
三　菱	0.51	0.19	0.18	0.13	0.11
川　崎	0.76	0.48	0.23	0.07	NA
石川島播磨	0.66	0.44	0.18	0.14	0.13
日　立	0.82	0.59	0.49	0.13	0.24
三　井	0.82	0.69	0.34	0.28	0.29
住友（浦賀）	0.81	NA	0.16	0.16	0.25
日本鋼管	NA	0.09	0.07	0.08	NA
佐世保	NA	0.78	0.65	0.52	0.83
名　村	NA	0.94	0.91	0.77	0.77
佐野安	NA	0.96	0.98	0.81	0.61

（出典）　金子（1964，516 頁）；教育社（1980，94 頁）；溝田（1997，281
　　　　　頁）；上小城（2007a，149 頁）
　（注）　1. 1958 年の三菱と石川島播磨の数値は，合併前の会社の合計値。
　　　　　川崎重工業は 1969 年に川崎航空機工業・川崎車両と合併。住友機
　　　　　械工業は 1969 年に浦賀重工業と合併し，住友重機械工業となった
　　　　　が，1958 年は浦賀の数値。
　　　　　2. 佐野安船渠は 1984 年にサノヤスと改称，1990 年に菱野金属工
　　　　　業と合併，1991 年には明昌特殊産業と合併し，サノヤス・ヒシノ
　　　　　明昌と改称した。

く，造船の比率が最も低かった[7]。三菱重工業・石川島重工業・川崎重工業の
3 社は戦前から多角化部門の比率が高かったが，1958 年でも他の大手造船企業
より造船の比率が低く，川崎は 1969 年の合併によりさらに低下し，逆に石川
島重工業は造船の比率の高かった播磨造船所と 1960 年に合併している。その
他の大手造船 3 社も造船の比率が徐々に低下しているが，上記の 4 社とはなお
かなりの格差があり，浦賀重工業は 1969 年に造船を手がけていない住友重機
械工業との合併により総合重機械メーカーとなった。
　中手　　上位 7 社に次ぐ規模の造船企業は中手とよばれるが，上場している

[7] 日本鋼管は鉄鋼企業が造船を兼営しているといったほうがよいが，川崎重工業が川崎製鉄を
独立させなかったら，同じような状況になっていたかもしれない。

佐世保重工業・名村造船所・佐野安船渠についてデータが得られるため比率が判明するが，大手より造船比率がずっと高く，造船専業という状況に近い。そのなかで佐野安は1990年代初頭の2度にわたる非造船企業との合併により造船比率が顕著に低下している（表5.3）。

5.4　オイルショックと中手の躍進

◯ オイルショックと設備廃棄

造船不況　高度成長末期には大型タンカーの需要が増加し，日本の造船所は相次いで大型船渠を建設し，大型タンカーを連続建造し，建造量を伸ばしていったが，大型タンカーを建造したのは大手企業に限られた。しかし1970年代前半のオイルショックでこのブームは終焉し，船舶建造量が激減していったが，とくに大型タンカーの需要が著しく減少したため，大手の建造シェアが大幅に低下した（表5.4）。造船業は1974年から1989年まで続く長くて深刻な不況に直面し，中小造船企業の倒産や造船撤退が相次いだが，生き残った企業も操業率の抑制，さらには1978年の特定不況産業安定臨時措置法と1987年の特定船舶製造業経営安定臨時措置法により2度にわたる設備削減を実施した。

その結果，980万CGT（標準貨物船換算トン数）あった建造能力は460万CGTへと半減している。第1回の設備削減は大手の削減割合が大きかったが，第2回ではグループを結成して，共同処理することとされた（麻生，1991）。大手企業は多角化をさらに進め，造船比率を低下させていったが，オイルショックで化学プラントの需要も減少し，安定した需要のあった電力業に基盤のある三菱重工業などと基盤のない企業との業績の差が際立つこととなった。その三菱重工業も2014年には日立製作所と三菱日立パワーシステムズを設立し，世界的な発電プラントの建設において競争力を発揮しようとしたが，環境問題という逆風に直面している。

韓国企業との競合　2度の設備廃棄のあと1970年代に建造された大型タン

表5.4　大手7社造船シェアとディーゼルシェア

	1974年		1979年		1984年		1989年		1994年		2004年
	船舶	機関	船舶	機関	船舶	機関	船舶	機関	船舶	機関	機関
石川島播磨重工業	0.16	0.21	0.17	0.22	0.10	0.13	0.11	0.17	0.09		
川崎重工業	0.09	0.11	0.06	0.08	0.06	0.04	0.05	0.08	0.07	0.07	0.07
住友重機械	0.07	0.08	0.10	0.08	0.03	0.06	0.02	0.04	0.05		
日本鋼管	0.08	NA	0.05	NA	0.05	0.02	0.05	0.04	0.08	0.03	0.00
日立造船	0.10	0.14	0.10	0.14	0.09	0.19	0.07	0.08	0.04	0.12	0.13
三井造船	0.11	0.13	0.07	0.16	0.07	0.18	0.06	0.22	0.05	0.21	0.46
三菱重工業	0.21	0.30	0.11	0.17	0.16	0.16	0.19	0.13	0.15	0.17	0.08
ディーゼルユナイテッド										0.20	0.11
合　計	0.81	0.97	0.65	0.85	0.56	0.78	0.56	0.76	0.53	0.80	0.84

（出典）　『造船界』各号（船舶）および『造船統計要覧』各号（機関）による
　（注）　1.　機関のシェアは『造船統計要覧』に数値が出ている会社の製造馬力合計に対するシェアである。
　　　　　2.　1988年に石川島播磨と住友はディーゼルユナイテッドを設立した。

カーの更新需要が始まり，1990年代初頭には造船不況を脱したが，円高が進行した上に，1990年代半ばに韓国企業が大型投資をおこない造船能力を大幅に拡充したため，日本造船業界の思惑は外れてしまった。しかも設備廃棄の結果，大手企業でもドックの数に余裕がなくなり，同じドックで多様な船舶を建造せざるを得なくなっていたのに対し，韓国企業は大型ドックを多数もち，同一船種の船舶を連続建造することが可能で，日本企業に対する競争力が高まった。その結果，1980年代まで日本の造船企業に発注していた日本船主も韓国企業に発注するようになってしまい，日本は造船王国の地位を韓国に譲ることになる（図5.2）。日本の大手企業の多くは天然ガス運搬船などより複雑な製品に活路を求めたが，韓国企業との競合に直面し，同一船種の連続建造ができないため，十分な競争力を発揮できなかった。この時期には高度な技術を要する船舶を建造するより，韓国企業があまり目を向けなかった穀物や鉱石を運

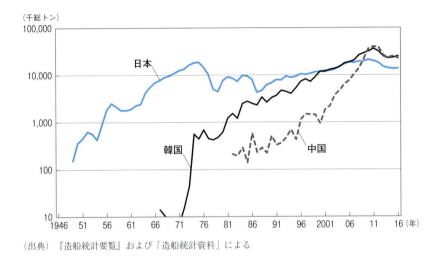

図5.2 日・韓・中の船舶建造量

ぶばら積み船をなるべく基本設計を変えずにシリーズ化して連続建造するほうが利益率が高かったといわれている（麻生，1996；上小城，2007b，2012）。

◯ 大手再編と中手の躍進

大規模な再編　1996年に造船設備に関する規制が緩和され，設備増強がしやすくなった（麻生，1999）。また1999年に産業活力再生特別措置法が制定されると，大手造船企業の再編成が提言されるようになり，2002年にも再編成とともに設備の運用に関する一層の規制緩和が提言された[8]。こうした動きを受け，日立造船と日本鋼管が2002年に折半出資でユニバーサル造船を設立し，大手造船所の統合がおこなわれたが，2007年には日立造船がJFEホールディングス（日本鋼管と川崎製鉄が合併して成立）に持分を一部譲渡し，同社は

8　『海事レポート』平成14年版，122頁および平成15年版，25-29頁。

JFE ホールディングスの子会社となった。さらに 2013 年にはユニバーサル造船と石川島播磨重工業の完全子会社のアイ・エイチ・アイマリンユナイテッドが合併し、ジャパンマリンユナイテッド（JMU）となり、旧大手 7 社の内の 3 社の統合が実現した[9]。このほか 2018 年現在、三菱、三井、住友も造船部門を専業の子会社化しており、本体で造船をおこなっているのは川崎重工業のみとなっている。

　強みを活かす中手　　大手がシェアを落とし、再編をおこなうなかでシェアを伸ばしているのは、かつて中手とよばれた今治造船、大島造船所、名村造船所などである[10]。1980 年代半ばに中手企業は、間接部門のウェイトが低く、外注化率が高く、単位賃金が低いなど、コスト競争力が強く、さらに研究開発費もほとんど支出していなかった（造船業長期ビジョン調査研究委員会、1985、24 頁）。またオイルショックで真っ先に社外工が整理されたものの、その後の造船不況に対応するため造船各社は自社作業員を減らして社外工の比率を上げたが、中手は大手に比べて社外工の比率が高い（藤井、2009）[11]。こうしたコスト競争力を背景にばら積み船の連続建造で業績を伸ばしていく中手企業がいくつか現れたが、今治造船は 1980 年代から瀬戸内海地域を中心に造船企業のグループ化を進め、造船施設の大きさに応じて船舶を連続建造するとともに、2000 年には四半世紀ぶりに超大型船が建造できる船渠が完成し（当初は規制により大型船を建造できず）、2017 年にはさらにもう一つ大型ドックが完成し、大型コンテナ船も大量受注している（付随して陸上のブロック工場などにも投

---

9 1995 年に住友重機械工業と石川島播磨重工業は艦艇部門を統合してマリンユナイテッドとしていたが、2002 年に石川島播磨重工業の商船部門をあわせてアイ・エイチ・アイマリンユナイテッドとし、2006 年に住友が持分を譲渡して石川島播磨重工業の完全子会社となっていた。JMU の持分は IHI（2007 年に石川島播磨重工業が改称）と JFE ホールディングスが 46％ずつ、日立造船が 8％となっている。

10 名村造船所は 1974 年に九州の伊万里に新しい造船所が完成し、1979 年に大阪での造船を廃止している。また大島造船所は大阪造船所、住友重機械工業、住友商事の合弁で 1973 年に設立され、1974 年に長崎県西海市に造船所が完成し、大阪造船所は 1987 年に造船設備をすべて廃棄している。このように両社とも新鋭の大型造船所を持っていることが強みとなっている。名村造船所は函館どつくと佐世保重工業を子会社としており、グループとしての力量も大きい。

11 「構造不況なんか怖くない　今治造船 —— 赤字・リストラ、60 年無縁」『Nikkei Business』2000 年 7 月 3 日号。

資）。こうしてばら積み船に限らず，大型化が進行したコンテナ船，LNG 船など多様な船舶に対応できる体制を整えたが，そればかりか大型水槽も完成させ，研究開発にも力を入れている。2016 年の建造シェアは，今治造船 21.3%，JMU18.5%，大島造船所 9.9%，名村造船所 5.8%，三菱重工業 4.7%となり[12]，大手 3 社が統合した JMU を抑えて今治造船がトップとなっている。

造船業は労働集約的な作業が多く，賃金の低い国での生産が有利だが，機関や艤装品など総合組立産業としての性格をもつうえに，現地労働力の熟練を形成するのに時間がかかるため海外工場がほとんど建設されなかった[13]。これに対して常石造船はフィリピンと中国に子会社をもち，2014 年には多度津工場を今治造船に譲渡するなど，海外生産に活路を見いだしている。国内生産で黒字をなかなか確保できない大手企業は，川崎重工業が中国の海運会社との 2 つの合弁企業を中国にもっているし，三井造船が改組した三井 E&S ホールディングスも中国の造船会社および三井物産との合弁企業を中国に設立し，2019年に運営がスタートした。

垂直統合の変化　中手企業は自社では主機を製造せず，多くは国内大手造船所から購入している。大手は主機をほぼ内製していたので，大手の造船シェアが高いときはディーゼル機関の製造シェアと造船シェアとの間に大きな乖離がなかったが，中手の拡大とともに乖離がみられるようになり（表5.4），造船業の垂直統合が低下することとなった。さらに造船と同じようにディーゼルの製造でも再編がおこなわれている。1988 年に石川島播磨重工業と住友はディーゼルユナイテッドを設立したが，2007 年に IHI（石川島播磨重工業が改称）の100%子会社となり，さらに 2019 年にはグループ内企業の再編により IHI 原動機となった。また三菱重工業は自社の UE 機関の製造に集中し，さらに子会社化していたディーゼル部門を 2017 年に神戸発動機（1952 年に神戸発動機製造所が改称）に譲渡し，同社はジャパンエンジンコーポレーションと改称している。大手のうち 2 社が舶用ディーゼルの製造から撤退したことになる。また海外生産では，2018 年現在で三井 E&S が中国に合弁会社を設け，ディーゼルの

---

12 「三井，常石造船と海外へ」『日本経済新聞』2018 年 5 月 8 日朝刊。

13 石川島播磨重工業がブラジル，日立造船がシンガポールに合弁で進出したが，十分な成果を上げなかった。

製造と販売をおこなっている。

　こうしたなかでディーゼルの国内シェアを上昇させたのは三井造船であるが，これはディーゼル機関ビジネスで世界的再編が進んだためでもある。1970 年代に低燃費と低質油に対応したディーゼル機関が開発され，1980 年に MAN がB&W のディーゼルのビジネスを買収し，川崎重工業は B&W ブランドのディーゼル機関を製造することとなった。1987 年には SEMT も MAN などに買収され，2006 年には MAN の完全子会社になった。もう一方の有力企業であった Sulzer は 1997 年にディーゼルのビジネスをフィンランドの Wärtsilä に売却したが，世界的に MAN が圧倒的なシェアを占めるに至り，Wärtsilä はディーゼルの一部のビジネスを 2015 年に中国国営造船会社との合弁企業に売却した。こうして B&W を古くから製造し，中手が密集する瀬戸内地域に工場をもつ三井造船が優位に立ったのであり，瀬戸内海地域での専門化による集積の利益の色彩が濃くなりつつあるといえる。

演 習 問 題

5.1　造船企業の多角化がどのように始まり，どのように変化していったか調べなさい。企業ごとの多角化の相違はどのような要因にもとづくのかも考察しなさい。

5.2　特定企業の競争力を説明するものとしてよくあげられるのが，規模の経済と範囲の経済である。造船業ではこのほかにどのようなものが競争力に強く影響しているか，それは経営学ではどのような概念で説明できるか考察しなさい。

第 6 章

自 動 車

　本章では自動車の生産について考察する。自動車は数万点の部品
を組み立てる産業であるが，20世紀初頭にアメリカで互換性部品
による組立で大量生産が実現して価格が低下し，大衆に普及した。
日本はアメリカの競争圧力に対抗して国産化をおこなう必要があり，
さまざまな政策的保護を必要とした。戦後は部品の調達において系
列取引を活用し，1970年代以降は国際的競争力を獲得し，輸出が
増加したが，1980年代以降海外現地生産が拡大し，今日では国内
をはるかに超える台数が海外で生産され，販売されている。

◦ *KEY WORDS* ◦
互換性部品，Ｔ型フォード，ノックダウン生産，
自動車製造事業法，小型車，軽自動車，
大衆車，サプライヤー，承認図，
貸与図，マザー工場，プラットフォーム

6.1 自動車生産の開始

○ 小型車生産のはじまり

自動車の生産　世界最初のガソリン自動車は，ドイツのゴットリープ・ダイムラー（G. W. Daimler）とカール・ベンツ（K. F. Benz）がそれぞれ独立に1886年に製作したといわれている（両者のかかわった自動車会社は1926年に合併してダイムラー・ベンツ（Daimler-Benz）となる）。その後，ヨーロッパ・アメリカを中心に自動車の生産がおこなわれるようになり，当初は蒸気機関・電気モーター・内燃機関など多様な動力源が用いられていたが，やがて内燃機関がほとんどをしめるようになっていった。1908年にアメリカのフォード（Ford）が発売したＴ型フォードは，のちに部品のすりあわせを必要としない互換性部品を用いてコンベアによる大量生産がおこなわれるようになり，信頼性が向上し，価格が低下していった[1]。

Ｔ型フォードをはじめとする当時の自動車は，フレームにエンジン・動力伝達装置・サスペンションなどを組み込んだシャシーに木製鉄皮のボディを架装しており，シャシーで売られて，ボディは別の業者が架装することもあり，さらにＴ型のシャシーを拡張したTT型シャシーにトラックやバスのボディを架装すれば，小型のトラック・バスとすることも可能であった。全鋼製のクローズド・ボディの乗用車が主流となるのは1920年代であり，フォードではＴ型の次に1927年に発売されたＡ型が当初からクローズド・ボディであった。スチールボディによって重量が増加したため，エンジンの性能向上が必要となり，Ｔ型フォードのエンジンは，排気量2,900ccで20馬力であったが（1,000ccあたり6.9馬力），Ａ型フォードのそれは，3,286ccで40馬力であった（同12.1

---

1 Ｔ型フォードの売上台数は通年でとれる最初の年である1909年に12,292台であったが，1916年には577,036台となり，価格は1908年に850ドル，1909年に950ドルであったが，1916年には360ドルまで低下している（チャンドラー，1970，43頁）。その後第一次世界大戦期の物価高騰もあり上昇するが，1920年から低下する。

馬力）。

　スチールをプレスしてボディを製造するために大量の金型が必要となり，自動車生産の規模の経済性が上昇し，アメリカにおいても自動車メーカー数が減少し始め，1920 年代末にはフォード，GM（General Motors），クライスラー（Chrysler）が有力となり，のちにビッグ・スリーといわれるようになる。フォードが T 型や A 型など 1 車種を大量生産する志向が強かったのに対し，GM は低価格車のシボレー（Chevrolet）から最高価格車のキャデラック（Cadillac）まで幅広い品揃えをおこなう戦略（フルライン戦略）をとり，低価格車からより高級な車への買い換えを促して，フォードに対して優位を築いていった（チャンドラー，1970）。最も普及帯のモデルであることから，当時の日本ではフォードやシボレーを大衆車とよんでいた。

　日本における自動車生産　　日本でも自動車の生産が始まったが，アメリカの自動車に対抗することは困難であった。一方軍部は戦争における自動車の有用性を認識し，戦時に自動車を徴用するため軍用自動車補助法を 1918 年に制定し，軍隊の輸送をおこなえる自動車の生産と保有に補助をおこなったが，補助の対象（補助自動車）は大衆車かそれより大型の自動車であり，アメリカの競争力が強かった。関東大震災で東京の市電網が打撃を受けると自動車の有用性が広く認識され，輸入が増加した。この機会を捉えフォードは 1925 年に横浜に 100％出資の日本フォードを，GM は 1927 年に大阪に 100％出資の日本ゼネラル・モータースを設立し，クライスラーは代理店である安全自動車・八洲自動車・京都工商が 1930 年に横浜に共立自動車製作所を設立し，それぞれ輸入部品の組立生産（ノックダウン生産）を開始した（出版文化社，2009，54 頁）[2]。これによって日本市場はフォードと GM が圧倒的なシェアを占めるに至った。

　このため補助自動車の生産はなかなか進まず，1920 年代には東京瓦斯電気工業，東京石川島造船所が設立した石川島自動車製作所，ダット自動車製造の 3 社があわせて年間数百台の生産をおこなうに過ぎなかった。商工省は大衆車より大型のトラック・バス（エンジン排気量 4 リットル程度）の設計を共通化して，官営鉄道のバス事業がそのバスを購入する政策を打ち出し，鉄道省とこれ

---

2 安全自動車や八洲自動車（やしま）などは 1929 年から横浜でそれぞれノックダウン生産をおこなっていたようである。

ら3社が設計し，1933年より製造が行われたが，生産台数は大きなものではなかった。鉄道省はこうした商工省標準自動車よりさらに大型でより強力なエンジンをもつバスを必要としたため，東京瓦斯電気工業や石川島自動車製作所さらに三菱造船（1934年に三菱重工業となる）などは排気量7リットル程度のエンジンを積んだ大型バスを開発・製造したが，やはり市場は限られていた。

　これに対して大衆車より小型の自動車の生産は増加した。1926年には3馬力（排気量350cc程度）以下，1930年には500cc以下，1933年には750cc以下のエンジンをもつ自動車の運転には免許が不要であった[3]。500cc以下では三輪車に限られたが，750ccならば四輪車も製造可能であった。500cc以下のエンジンは外国に存在していたため，フレームを国産し，輸入エンジンを搭載する三輪車が多数製造されたが，750ccエンジンは外国にないため，フレーム・エンジンとも国産化されるようになった。三輪車では当初は自転車のフレームが転用され，エンジンの動力をチェーンで後輪二輪に伝えられていたが，エンジンの出力が上昇すると専用のフレームが製造され，動力がシャフトで伝達されるようになり，さらにカーブの際に外側の車輪を早く，内側の車輪を遅く回すディファレンシャルが装備されるようになり，次第に四輪自動車の機構に近くなっていった。三輪車は荷物を運ぶ用途に用いられていた（呂，2011，第1–4章；天谷，1982，第Ⅱ章）。

　小型四輪車では1930年にダット自動車製造が開発したダットサンが有名であるが，同社は石川島自動車製作所と合併して自動車工業となったもののその製造権を戸畑鋳物に譲渡した。戸畑鋳物は自動車製造（1934年に日産自動車と改称）を分離独立させ，アメリカ人技師を雇い，大規模な設備を導入してダットサンの生産量を伸ばしていった（当初は乗用であったが，のちにトラックも製造されるようになった）。これに対して三輪車では，発動機製造（のちのダイハツ工業）や東洋工業（のちのマツダ）が主要メーカーであった（表6.1）。しかし小型車の生産が増加した1935年においても，日本における三輪車・普通四輪車・小型四輪車の生産台数合計が日本フォードの組立台数とほぼ等しかったのであり，輸入組立車は強力な競争力をもっていた。

---

3 1933年から小型免許が試験なしで交付されることとなった。

表 6.1　自動車の国内供給（1935 年）	
カテゴリ	**台　数**
国内小型三輪車生産	9,781
うち発動機製造	2,979
山合製作所	1,200
日本内燃機	1,137
東洋工業	970
国内普通車生産	1,180
うち自動車工業	531
東京瓦斯電気工業	462
国内小型四輪車生産	3,913
うち日産自動車	3,800
完成車輸入	934
日本フォード生産	14,865
日本 GM 生産	12,492
共立自動車製作所生産	3,612
合　計	46,777

（出典）　四宮（1998，21 頁）；呂（2011，165，187，190 頁）
　（注）　1．1936 年の三輪車の生産台数は，発動機製造 3,957，
　　　　　東洋工業 2,353，日本内燃機 1,693，山合製作所 820 と
　　　　　東洋工業の生産が伸びている。
　　　　　2．四宮の数値と呂の数値には細かな不突合があるが，
　　　　　全体のイメージを出すことを優先した。

○ 自動車製造事業法の制定と普通車生産

　小型三輪・四輪車の生産はかなり増加したものの，大衆車およびそれ以上の自動車の生産はあまり増加しなかったが，前者は戦時の兵員や物資輸送に役に立たないため，陸軍は後者の生産の増加を望んだ。1936 年に制定された自動車製造事業法により，排気量 750cc を超える自動車事業が政府の許可制となり，許可会社には税金や資金調達の優遇措置が与えられたが，許可会社は年間3,000 台を超える自動車を生産する必要があり，取締役や資本の半数以上（お

よび議決権の過半数）が日本人（もしくは日本法人によって所有）でなければ
ならなかった。日本フォードと日本 GM は 100％外資のためこの条件を満たし
ていないが，これまでの生産台数を維持することが認められた。

　1936 年に豊田自動織機製作所と日産自動車が同法の許可会社となった。前
者は自動車部を設け，愛知県に自動車工場の建設を進め，自動車生産に着手し
ており，1937 年に自動車部門をトヨタ自動車工業（のちトヨタ自動車）とし
て独立させた。後者は小型車ダットサンの生産を大規模におこなっていたが，
1936 年にグラハム・ペイジ（Graham-Paige）社から自動車の製造設備を買収
したほか，工作機械を購入し，同社のモデルを生産しはじめた（呂，2011，第
6 章）。

　商工省標準形式自動車の設計に参加した 3 社のうちダット自動車製造と石川
島自動車製作所は 1933 年に統合して自動車工業になっていたが，さらに 1937
年に東京瓦斯電気工業の自動車部と統合し，東京自動車工業となった。ト
ラック・バスのエンジンは大型であり，強力なものが求められたので，
ディーゼルエンジンの研究が進められ，同社のほか三菱重工業などでも開発・
生産がおこなわれていたが，1941 年にディーゼル自動車の生産をおこなう会
社として東京自動車工業が自動車製造事業法の第 3 の許可会社となり，ヂーゼ
ル自動車工業と改称するとともに（のちいすゞ自動車），許可にあたりキャタ
ピラ車両の生産工場を独立させることとなり，1942 年に日野重工業が設立さ
れた（のち日野自動車）。

　日中戦争が勃発すると普通乗用車と小型三輪・四輪車の生産は抑圧され，小
型三輪車と普通乗用車の生産は 1937 年，小型四輪車の生産は 1938 年にピーク
を迎えた。許可会社はトラックの生産を強化したが，南方に戦線が広がるとバ
ス・トラックの生産も 1941 年にピークを迎え，その後は三輪車メーカーなど
とともに航空機の部品生産などもおこなうようになった。

6.2 戦後の急成長

○ 小型車への多方面からの参入

新たな自動車規格　早くも1945年末に自動車製造事業法は廃止となり，1949年には自動車の生産販売についての制限が撤廃された一方で，完成乗用車の輸入が自由化されるのが1965年，自動車の資本が自由化されるのが1971年，自動車エンジン・部品の輸入が自由化されるのが1972年と自動車産業は強い保護のもとに置かれた。それとともに新しい自動車の規格が誕生した。まず小型車は三輪・四輪とも1947年に排気量が1,500ccまでに拡大され，1960年には2,000ccに拡大している。また1949年には軽自動車の規格が新たに設けられ，当初は二輪・三輪・四輪の区別がなかったが，1950年に三輪と四輪が排気量300ccとされ，1951年に360ccに引き上げられた。その後1976年に550ccに，1990年に660ccに引き上げられているが，これは排気ガス規制などへの対応のためである。小型・軽ともに免許は必要とされたが，自動車税や物品税などでの優遇がおこなわれた。

小型乗用車生産の増加　戦後直後には鉄道が打撃を受け，戦争中に残存自動車が酷使されており，さらに燃料が不足しているなど輸送手段が圧倒的に不足していた。従ってバスも含めたトラックの生産台数が乗用車の生産台数をはるかにしのいでおり，乗用車の生産がトラック・バスの生産を超えるのは1968年であった。また小型四輪トラックが小型三輪トラックの生産を超えるのは1958年，軽四輪トラックが軽三輪トラックの生産を超えるのは1961年であり，戦後しばらくは三輪車の果たした役割が非常に大きかった（三輪乗用車はほぼゼロ）。また普通車はトラックとして生産されており，戦争直後を除けば普通乗用車の生産が始まるのは1963年であり，普通乗用車の生産が普通トラックの生産を超えるのが1989年である。三輪車が衰退したのち1960年代以降生産の増加を主導したのはモータリゼーションを反映した小型乗用車であり，各社がこぞって成長市場である小型車とくに小型乗用車の生産に参入した（図6.1）。

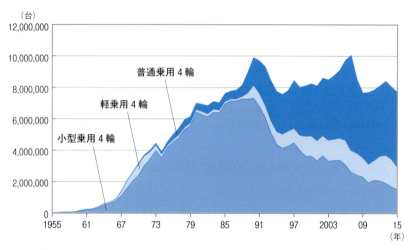

図 6.1　乗用車生産の推移

　戦後の乗用車の生産には，フレームを用いず，ボディに骨格としての強度をもたせたモノコック構造が用いられるようになった。シャシー構造に比べて，剛性が高く，軽量で，衝撃吸収力が高く，乗り心地が良いなどのメリットがあるので乗用車に普及したが，トラック・バスにはシャシー（フレーム）を用いるのが一般的である。メーカーはモノコック構造の自動車作りを学ばねばならなかった。

　戦前期からのメーカー　　小型車とくに小型乗用車の生産に参入したメーカーを類型別に概観するが（表 6.2），まずは戦前の大衆車メーカーであった日産とトヨタである。日産はすでに戦前に小型車ダットサンを生産していたが，戦後もそれを改良して生産するとともに，1952 年にイギリスのオースチン（Austin）と提携して，部品も国産化してオースチンの乗用車を生産することとした。後期型モデルではモノコック構造を学んでいる。トヨタは戦後直後に 1,000cc の S 型エンジンの開発に着手し，1947 年にはそれを搭載した乗用車と

表6.2 有力メーカーの参入年

出　自	メーカー	二　輪	三　輪	軽四輪	小型四輪
大衆車・小型車	日　産				1933
大衆車	トヨタ				1947
大型車	いすゞ				1953
大型車	日　野				1953
大型車	三菱日本				1963
飛行機	富士重工業			1958	1966
飛行機	プリンス				1953
三輪車	マツダ		1931	1960	1950
三輪車	ダイハツ		1931	1966	1958
三輪車	新三菱	1946	1947	1962	1960
二輪車	ホンダ	1948		1963	1963
二輪車	スズキ	1952		1955	1965

(出典)　各社社史，HPなどから作成
　(注)　乗用車とトラック・バスを区別していない。新三菱は名古屋で二輪車，
　　　　水島で三輪車を生産し，四輪は水島の生産なので三輪に分類。

トラックを発売している。その後もS型エンジンには改良が加えられ，1957年のコロナにも搭載されたが，コロナはトヨタ初のモノコック構造の自動車である。トヨタと日産は高度成長期の二大メーカーとなるが，1960年前後に乗用車の専用工場を作り，社内に本格的なテストコースをもつなど乗用車の開発・大量生産体制をいち早く整えていった。

　次は戦前期に大型車を製造していたメーカーであるが，いすゞは1953年にイギリスのルーツ（Rootes）と，日野は1953年にフランスのルノー（Renault）と技術提携をおこなって乗用車の国産化をおこなったが，やはりモノコック構造を学んでいる（天谷，1982，121–129頁）[4]。

　飛行機メーカーの転身　第三は戦前の飛行機メーカーからの参入である。戦

---

4 いすゞは三菱日本重工業（三菱重工業の分割に際し，東日本の事業所を継承して成立）からボディの供給を受けた。また三菱日本重工業は1963年に小型トラックを生産している。

前最大の飛行機メーカーであった中島飛行機は戦後に富士産業と改称したが，財閥解体により解散し，設備や人材を引き継いで多くの企業が設立された。そのなかで富士重工業（のち SUBARU）は飛行機の生産をおこなうが，やがて軽自動車の生産をおこない，さらに小型自動車の生産もおこなうようになった。また立川飛行機を前身とする，たま自動車は当初は電気自動車の生産をおこなったが，やがて中島飛行機を源流とする富士精密工業から内燃機関の供給を受けて小型自動車の生産を開始した。両社は1954年に合併し，プリンス自動車工業となったが，1966年に日産に合併されている。

　三輪車メーカーの参入　　第四は三輪車メーカーからの参入である。戦後に三輪車の生産が再び盛んになり，新規参入もおこなわれたが，1945年から1960年までの生産台数は，小型三輪・軽三輪合わせて130万台であった（呂，2011，330，354頁）。メーカー別にみるとダイハツ工業が46万台（36％），東洋工業が45万台（35％）と圧倒的で，戦後に水島で三輪車を生産し始めた新三菱重工業（三菱重工業の1950年の3社分割に際し，中部から関西の事業所によって成立，1964年に3社が合同して三菱重工業となり，1970年に自動車部門が三菱自動車工業として独立）が10万台（8％）で続いていた。これら3社は小型四輪車の生産に進出し，さらに1960年代には軽四輪車の生産にも乗り出しているが，新三菱より下位の三輪車メーカーで有力な四輪車メーカーとなるものはなかった[5]。

　二輪車メーカーの進出　　最後に二輪車メーカーで小型乗用車の生産に進出したものがある。戦後直後から二輪車の生産が増加し，多くの企業がオートバイの生産を手がけたが，1960年代初頭には，本田技研工業，鈴木自動車工業（のちスズキ），ヤマハ発動機が有力メーカーとなった。このうちホンダとスズキが小型四輪・軽四輪の生産に乗り出したが，オートバイで築いたブランドが大きな財産となっていた。

　政府の自動車工業政策　　このように有力なものだけでも10を超える乗用車メーカーが存在していた。通産省の国民車構想は1955年に明らかとなったが，

---

5 新三菱重工業は1952年にウィリス・オーバーランド（Willys-Overland）と契約を結び，ジープの国産化をおこなった。四輪駆動で2.2リットルのエンジンを積んでおり，小型車ではない。

有力な国民車メーカー1社に租税・金融面で支援措置を与えるというものであり，反発を招いて立ち消えとなった（呂，2011，第10章）。また自動車の輸入自由化を控えた1961年には，自動車工業に対する施策方針（のちに特定産業振興臨時措置法案となっていく）が表明され，乗用車について，量産車グループ，特殊車両（高級車・スポーツカーなど）グループ，ミニカー（軽自動車）生産グループのなかでそれぞれ2，3社に集約を図り，量産効果を出して競争力を強化しようとする構想が明らかとなった（山崎，2014，46頁）。ホンダがこの方針に反対しつつも四輪車への参入がとざされないように急遽生産を開始したことは有名であるが，この構想はやはり大きな反発を招き，法律は成立しなかった。しかし1960年代には，プリンス自動車工業が日産に合併されたほか，日野・ダイハツがトヨタ，富士重工業が日産と提携し，緩やかなグループを形成したほか，1970年代以降は，いすゞ・スズキがGM，三菱自動車がクライスラー，東洋工業がフォードと提携するにいたり，ビッグ・スリーの影響力も強まった。この時点でより上位のメーカーと提携しなかったのは，トヨタ・日産・ホンダに限られた。

社会への対応　1960年代後半にはアメリカに端を発した欠陥車問題が日本にも波及し，自動車の安全性が取り上げられ，欠陥があった場合のリコール制度が1969年にスタートした。自動車の安全性とのかかわりでは，交通事故死者数は，1950年に4,198人（人口10万人あたり5人，以下同じ），1960年に12,055人（13人），1970年に16,765人（16人）と増加してピークとなり，1980年には8,329人（8人）まで減少したが，自動車の改良（1969年から自動車へのシートベルト装備の義務化が開始）とともに道路・信号などのインフラ整備，交通法規や安全教育の強化，および医療の整備などが貢献しているものと考えられる[6]。

　またアメリカの排気ガス規制が日本にも波及し，自動車各社は排気ガス規制を満たす自動車の開発にしのぎを削った。そのなかで最初に規制をクリアした

6　総務省統計局の道路交通事故統計（http://www.stat.go.jp/data/chouki/29.html）による。シートベルト装備の義務化は運転席から始まり，のちに拡大された。なお自動車1万台あたりの死亡者数は，同じ年で108人，35人，9人，2人と一貫して減少しているが，営業用ではない乗用自動車が増えて自動車の稼働率が下がったことが大きく影響していると考えられる。

のは，ホンダの CVCC エンジンとそれを搭載したシビックであり，同社の名声は急速に高まったが，排気ガス規制対策の本流とはならず，同社ものちにこの技術を断念している。本流となったのは，エンジンへの燃料噴射を電子的に最適に制御する EFI（electronic fuel injection）と排気ガスから炭化水素・一酸化炭素・窒素酸化物を同時に処理する三元触媒の組み合わせであり，自動車に電子部品が大量に搭載されるきっかけとなった[7]。

○ サプライヤーと系列関係

アセンブラーとサプライヤー　　自動車は数万点といわれる部品を組み立てるものであり，広範な部品産業からなるが，戦前日本に自動車産業が興ったときには，部品の供給体制が十分だったわけではなかった。そのため自動車メーカー（アセンブラー）自らが担当しなければならない領域も多く，とくに東京や大阪ではなく愛知県で創業したトヨタの場合にはこの問題はより顕著であった。トヨタ自動車工業が独立する前の豊田自動織機製作所には製鋼所と工機工場があり，またトヨタ自動車工業にはゴム課と電装品部門があったが，これらは戦争中の統制に対応する必要や戦後の企業再建整備の過程で独立し，のちにそれぞれ愛知製鋼，豊田工機（のちジェイテクト），豊田合成，日本電装（のちデンソー）となり，トヨタのサプライヤーとなっている[8]。これは生産の増加とともに専門化が起こったと解釈されるが，特定のモデルにしか使えない資産特殊性がある場合も多く，アセンブラーとサプライヤーの間には長期的取引関係が築かれ，株式所有がおこなわれることも多い。

　一般に規模の経済性があまりない製品（金属加工など）は外注し，自社の生産量でまかなえる規模なら内製し，それを超える規模の経済性のある製品（鉄鋼・ガラス・タイヤなど）は購入することになると考えられるが，さらに

---

7 ガソリンから鉛が除去される規制もおこなわれた。三元触媒はプラチナ・パラジウム・ロジウムという貴金属をセラミック等の担体に固定させるなどして排気管に装着される。

8 このほかトヨタに直接関係したものとして，ボディ架装工場がトヨタ車体，豊田家の事業であった豊田紡織（のちトヨタ紡織），豊田自動織機製作所（のち豊田自動織機），戦時期の航空生産を担った東海飛行機（のち愛知工業）を源流とするアイシン精機などがサプライヤーとなった。

1960 年代前半までは大企業と中小企業の賃金格差が大きく，安い賃金を求め
て外注されることも多かった。特定の自動車の特定の部品で汎用性がない製品
は，アセンブラーの指定にもとづくスペックで専用に生産され，下請といわれ
ることが一般である。高度成長期の自動車は，生産が急速に伸びるとともに，
多くのモデルを生産したため，自動車メーカーの開発負荷が大きく，アセンブ
ラーが基本設計を終えるとサプライヤーが詳細設計をおこない，アセンブ
ラーの承認を受けて図面が完成する承認図が増加していったが，これはサプラ
イヤーの能力構築がおこなわれたことを意味し，サプライヤーの開発力が向上
してくれば，加工外注のニュアンスが強い下請という用語はふさわしいもので
はなくなってくる（アセンブラーが詳細設計までおこなって，サプライヤーに
図面を渡して製作させる場合は貸与図という）。

　日本のアセンブラーとサプライヤーは長期的取引関係にあることが多く，そ
のことが両者の情報の流れを促進し，技術開発を促す効果があるが，もたれ合
いにならないようにモデルチェンジごとに取引先を選別することもおこなわれ
ている。さらに自動車メーカーは取引費用を節約するために，直接取引するサ
プライヤー（1 次サプライヤー）を絞り，さらにそこに納入する 2 次サプライ
ヤーを指導させるようになり，納入関係が重層化していった。1 次から 2 次，
3 次と下がるほど納入品が単純化し，企業規模が小さくなる傾向にある（浅沼，
1997；西口，2000；藤本，1997）。

　系列　　アセンブラーの成長に賭けて，専用設備に大規模な投資をしていっ
たサプライヤーは急成長していったが，サプライヤーにはあるアセンブラーへ
の納入比率が高い（1 社だけだと専属といわれる）ものと数社に分散している
ものがある。前者はアセンブラーの系列にあるといわれるが，後者のほうが経
営の自由度が高くなる。また自動車部品以外の市場もある製品も扱っているサ
プライヤーは仮に自動車部品については専属であっても売上にしめる自動車部
品の比率は低くなる。

　1964 年頃にトヨタ，日産，いすゞ，プリンス，日野の 5 社に納入している
サプライヤーで月間売上 5,000 万円以上の大手企業 95 社をみると，1 社納入が
35 社，2 社納入が 16 社，3 社納入が 20 社，4 社納入が 14 社，5 社納入が 10
社とやはり大手企業では専属は 3 分の 1 ほどに過ぎない（専属はトヨタ 13 社，

日産 11 社と最大手のアセンブラーに多い）。5 社納入には日立製作所，三菱電機，東芝，三菱製鋼などのほか，曙ブレーキ工業，日本発条（ばね），日本オイルシール（油止め）などの自動車比率の高いメーカーも存在している。また日本電装はトヨタ系のサプライヤーであるが，トヨタのほか日産を除く 3 社にも納入しており，高い技術力によって，すでに系列の壁を乗り越えていた（自動車部品工業会，1965，148–149 頁）。

　自動車生産の特徴　　船舶と飛行機はエンジンが船体・機体と別のメーカーで設計・製造され標準化される傾向にあるが，自動車はほとんどそういうことがなく，エンジンが内製される。自動車が最終消費財で製品差別化の必要性が高く，モデル・チェンジの頻度が高いので，車体との統合性が高いためといえるが，急加速・急減速・急カーブなど商用船舶・商用飛行機より使用条件が厳しく，船舶と飛行機が世界中を動き，サービス拠点を整備する必要があるのに対し，自動車はより国内市場志向ということも作用しているであろう。

○ 輸出から海外現地生産へ

　自動車輸出の自主規制　　自動車の市場は当初は国内に限られていたが，やがて輸出が増加していった（図 6.2）。輸出は当初は東南アジアや中南米向けが多かったものの，1960 年代後半以降はアメリカ合衆国向けの輸出が急速に増加したが，とくにオイルショック以降，小型で燃費がよく，故障の少ない日本車がセカンドカーとして受け入れられていった[9]。このような日本車の輸出の急増はアメリカのビッグ・スリーの経営を揺るがすに至り，1981 年から対米輸出自主規制が始まった（山崎，2014，90 頁）。

　海外現地生産の拡大　　このような状況に対応するため，ダイハツを除く自動車 8 社は 1980 年代以降，アメリカ合衆国での現地生産をおこなうようになった（安保，1994，123–124 頁）[10]。日本車の海外生産は輸入代替政策をとるブラジルやタイなどで 1960 年頃からおこなわれるようになっていたが，タイを

---

9 1950 年代末にトヨタがアメリカに輸出したときには，高速道路走行時の出力不足，高速安定性の不備，騒音と振動などが指摘されており，品質が十分とはいえなかったが，その後の技術開発・生産改善が実を結んだといえる。

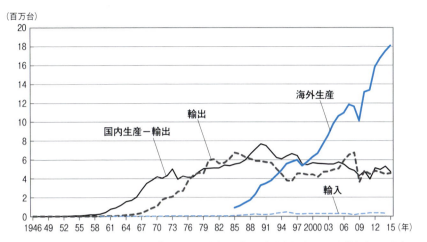

図 6.2　自動車の生産・輸出・輸入の推移

事例にみると，日産が1962年に，トヨタが1964年に現地生産を開始し，すぐに各社が続いた。当初は部品を輸入して組み立てるノックダウン生産であり，タイ国内市場を対象にしていたので，規模も小さかった。タイ政府は自動車の技術移転を促すために1975年にタイでの部品生産比率25％を設定し，1987年に54％に引き上げている。部品を国内で生産すれば現地雇用も増えるが，現地で精度の高い部品を安価に調達することは困難で，サプライヤーの進出がおこなわれ，またそれぞれの部品生産の規模を拡大するため，日本国内の系列を

---

10 ただしスズキはGMと合弁でカナダに工場を建設した。三菱は当初クライスラーとの合弁であったが，のちに三菱単独となり，マツダは当初は単独であったが，のちにフォードとの合弁になった。トヨタはGMとの合弁であったが，のちに単独でも進出し，いすゞと富士重工業は合弁会社を設けた。このうち2019年には三菱，マツダ，スズキ，いすゞが撤退しており，トヨタとGMの合弁も閉鎖されている（マツダはトヨタと合弁で再進出を計画中，またマツダといすゞはメキシコに工場を持っている）。

超えた調達もおこなわれるようになっていった（川辺，2011）。

　アメリカでは雇用を維持するためもあり，当初からかなりの規模の部品の現地生産が求められたため，当初からサプライヤーも現地生産に踏み切った。日本の自動車メーカーの海外現地生産は北米とアジア（ダイハツもアジアへ進出）が中心になっていった。

6.3　1990年代以降の再編成

◯ グローバル化の進展

　国内市場の停滞・縮小　　1980年代までは国内で小型乗用車を生産し，輸出する一方で，海外現地生産を進めるということで各社とも拡大を続けていたが，1990年頃から自動車市場とメーカーは大きな変化を経験することになった。まず円高の進展と海外生産の進展により輸出が減少する一方で，自動車の普及により国内市場も飽和した。その結果，日本からの自動車輸出は1985年の673万台が，国内生産は1990年の1,349万台が，乗用車輸出は1986年の457万台が，乗用車の国内生産は1990年の995万台が最高となり，以後減少していった。その一方で海外生産は増加を続けており，海外生産台数が国内生産台数を超えたのは，ホンダが1999年，三菱が2002年度（その後増減を繰り返す），日産が2004年度，スズキが2004年度（その後再び国内が海外を抜き，2008年度から海外が上回る），トヨタが2007年度であった。ホンダが海外生産に積極的な一方，トヨタは国内市場で強いこともあって海外が国内を越えるのが遅くなった（ダイハツ，マツダ，富士重工業は国内が海外を上回り続けている）[11]。

　小型車から普通車・軽自動車へ　　国内市場が停滞から縮小へと進む一方で，その構成も変化した。もともと所得の上昇により，より大きな乗用車への需要が

11　『自動車年鑑』各年による。ホンダのみ暦年，あとは会計年度（2008年3月に終わる年度を2007年度とした）。

大きくなっていたが，1989 年の消費税導入による物品税の廃止と自動車税の改正により普通車と小型車の税率格差が非常に縮小したため，普通車の需要が大きくなった一方，1990 年に軽自動車の排気量制限が引き上げられ，さらに1998 年に軽自動車の大きさ制限が緩和され，軽自動車の魅力が増したため，軽自動車の需要が大きくなった。乗用車生産に占める普通乗用車生産の比率は，1970 年には 2％に過ぎず，1988 年でもなお 9％にとどまっていたが，その後GDP ののびが大きくないなか 2014 年には 57％に達した。一方で軽乗用車生産の比率は，1968 年に軽自動車免許が普通自動車免許に統合され，1973 年にそれまで免除されていた自動車検査が義務化されるなどの規制強化もあり（大島・山岡，1987，141 頁），1970 年に 24％とピークを迎えて 1988 年には 2％にまで低下したが，その後は上昇し 2014 年には 22％とピーク時の比率に近づいた[12]。

海外市場の多様化　　さらに自動車の海外市場はグローバル化していった。まず輸入代替国産化を進め，部品生産比率を上げていく政策をとっていたタイなどの国では，規模が小さいために自動車の価格が高くなっており，タイでは1991 年に自動車輸入が自由化され，関税も引き下げられ，価格競争が厳しくなった（川辺，2011，101 頁）。他国でも似たような政策がとられ，一国に閉じた市場が次第になくなっていったのであり，タイでは ASEAN の貿易自由化措置で，東南アジア各国の拠点で生産を分担し，輸出市場を開拓するなどの措置により規模を確保して生産を拡大していったが，同様の政策をとったオーストラリアでは 2017 年までに各社が軒並み撤退するにいたった。

　第二に中国・インド・ブラジルさらにはインドネシアなどの途上国の市場が大きく開け（2009 年には中国の新車登録台数が 1,362 万台でアメリカを抜いて世界一となったが，同年にブラジルが 314 万台，インドが 226 万台となってい

---

[12] 小型車はエンジン排気量のほか車体の大きさにも制限があるが，自動車税はエンジン排気量で課税されるため，厳密には両者は一致しない。軽自動車にも車体の大きさの制限があるが，軽自動車税（1958 年創設）が課税されるため，こうした不一致は存在しない。2014 年の全国消費実態調査によれば，2 人以上の世帯のうち 2 台以上の自動車を持つ世帯の割合は全国 41％に対し，大都市（政令指定都市及び東京都区部）は 17％であり，軽自動車をもつ世帯の割合（1 台のみも含む）は，全国 40％に対し，大都市は 19％である。軽自動車は交通インフラの乏しい地方市町村のセカンドカーとして所有されるものが多いと推察される。

た），先進国とは経済状況や道路状況が異なる市場で競争する必要が高まった。海外現地生産の当初は，母国日本で開発したモデルを現地で多少の改変を加えて生産し，日本でそのモデルの生産をおこなっていた工場（マザー工場ともよばれる）の要員が，海外工場の立ち上げに協力していたが，海外市場に本格的に対応するためには，こうした体制では不十分であり，現地のニーズにあった自動車を開発する必要に迫られ，アメリカや欧州で開発をおこなうようになった[13]。

　プラットフォームの共用化　　しかし新たなモデルを開発するには巨額の資金が必要で，現地で全部を開発することは現実的ではない。モデルの適応性とコスト低減はトレードオフの関係にあり，見えやすい内装などの部分から現地化の部分を増やしていくことが現実的となるが，技術者の雇用と訓練が必要で，それでもかなりの投資が必要となる。そこで自動車各社は，開発費のかかるプラットフォーム（車台，エンジン・床面の骨格部分・動力伝達機構・サスペンションなど）を共用して固定費を抑制し，ボディや内装に市場に応じて変化をつけることでこの問題に折り合いをつけようとするようになった。トヨタが2004年に発売したIMV（Innovative International Multi-purpose Vehicle）はプラットフォームを共用するピックアップ・トラック（運転台に開放荷台をもつ小型トラック），SUV（sport utility vehicle，多目的スポーツ車），ミニバン（箱形で荷物スペースのある小型トラック）のバリエーションをもつもので，新興国に販売することを目的とした戦略車であったが，開発は基本的に日本でおこなわれ，タイで生産が始まり，1年程度でインドネシア，アルゼンチン，南アフリカなどでも生産がおこなわれるようになった。その後の小規模な改変はタイに設けられた開発拠点でおこなわれるようになっている（野村，2015）。

　プラットフォームの共用部分が大きくなればコスト引き下げ効果は大きいが，モデルの市場適応は低下する。そこでプラットフォームよりも小さな単位に共通化部分を分割し，それを設計モジュールとしたうえで，その組み合わせにより多様な車種を創出しようとする動きがドイツのフォルクスワーゲン（VW）

---

[13] 中国では外国メーカーが工場を建設する場合は，中国メーカーと折半出資の会社を設立することが義務付けられている。ヨーロッパ・アメリカのメーカーが1980年代に進出し，日本はダイハツを除き，1990年代後半以降の進出となった（丸川ほか，2005）。

で始まり，最初の適用車が 2012 年に発売されたが，同様な戦略はルノー・日産，トヨタなどでも採用されている（古川，2018）[14]。

○ 自動車メーカーの再編成

得意車種への集中　このような大きな変化のなかで自動車メーカーの再編がおこなわれた。まず日野が 1960 年代に，いすゞが 1990 年代に独自モデルの乗用車の開発・生産から撤退し，トラック・バスに集中した。マツダは 1998 年に，富士重工業は 2012 年に独自モデルの軽自動車の開発・生産から撤退した。

グローバルな系列化の進展　トヨタは 1998 年にダイハツ，2001 年には日野を子会社とした（ダイハツは 2016 年に完全子会社となる）。さらに経営危機に陥った日産は，1999 年にルノーの出資を受け入れ，ルノーの出資割合が 44％となり，実質的にルノーの傘下に入った。日産は調達を合理化するため系列サプライヤーの株式を手放したほか，提携していた富士重工業の株式を GM に売却した[15]。三菱は 2000 年と 2004 年にリコールを届け出ずに改修していたことが発覚して経営危機に陥り，2003 年にトラック・バス事業を三菱ふそうトラック・バスに分社化して，ドイツのダイムラー・ベンツとアメリカのクライスラーが合併したダイムラー・クライスラーからの出資を受け入れ，2005 年には三菱ふそうがダイムラー・クライスラーの子会社となった（三菱自動車工業への出資関係は解消）。その後 2016 年には三菱自動車工業が軽自動車の燃費について不正をおこなっていたことが発覚し，日産の出資を受け入れ，日産の出資割合が 34％となり，ルノー・日産・三菱のアライアンスが成立した。一方，アメリカのビッグ・スリーの経営もリーマンショックで極度に悪化し（日本メーカーもその例外ではなかった），2009 年には GM とクライスラー（2007 年にダイムラーがクライスラーをファンドに売却していた）が破綻し，

---

14 1990 年代にもモジュール化がおこなわれていたが，これは高いレベルまで組み立てたモジュール部品にした上で，組立ラインに流すというものである。多様な車種を 1 つのラインで流すときに複雑な車種とそうではない車種で組立負荷に差があるのを平準化するためのもので，同時に組立の効率性や品質の向上が実現した（古川，2018）。

15 このほか実質的に傘下に置いていたトラックメーカーの日産ディーゼルの株式も売却し，同社はボルボ（Volvo）の傘下に入り，UD トラックスとなった。

151

フォードも大規模な資産売却をおこなった結果，スズキ・いすゞ・富士重工業・マツダと GM・フォードの出資関係はすべて解消された[16]。

　こうした世界的な再編の結果，2016 年には 1,000 万台程度の自動車を生産するルノー・日産・三菱グループ，VW，トヨタ，GM が成立，これを韓国の現代・起亜，フォード，ホンダ，フィアット・クライスラー（2014 年にイタリアのフィアット，Fiat がクライスラーの全株式を買収）が追いかける展開となった[17]。

　サプライヤーへの影響　　ルノーから日産に派遣されたカルロス・ゴーン（C. Ghosn）は大胆なリストラをおこない，系列を超えた調達をおこなって日産の経営を立て直したことで有名であるが，他の自動車メーカーを合わせてみても 1990 年代以降，サプライヤーとの取引のオープン化がとくに標準的な部品について進展した。また特定のアセンブラーとサプライヤーによる共同開発が進展しており，そうした開発成果を他社に向けの部品にして売り込むことに成功したサプライヤーの収益性が高いことが明らかにされている。こうした共同開発はトヨタ・日産・ホンダにかなり集中しているが，こうした上位メーカーですらすべてを自分で開発する余裕はなく，サプライヤーとの共同開発となるが，相互の信頼関係が重要なため，パートナーは限られる傾向にある。共同開発の成果はやや時間を空けるなどして他社向けにも販売されることが多く，こうすることで規模の経済が得られて，サプライヤーの収益性が改善しており，アセンブラーもこれを容認している（近能，2007，2017；延岡，1999）。

　2000 年以降の状況　　ここで 2000 年から 2014 年にかけての自動車生産の変化をメーカー別にみてみよう（表 6.3）。まず乗用車から撤退し，トラック・バスに集中したいすゞと日野の生産台数は乗用車メーカーよりはるかに少なくなっている。国内生産から輸出を引いた台数（国内販売にほぼ相当）が増加しているのは，ホンダ，スズキ，ダイハツのみで，いずれも軽自動車を生産しているメーカーである[18]。海外生産が大きいのは，トヨタ，日産，ホンダ，スズキ（インドでの合弁生産が圧倒的シェアをもつ）で，これらは微増のトヨタを除けば輸出が減少しており，海外生産が輸出に置き換わっている。これに対し

---

16 その後スズキは VW と提携したが，のちに解消している。

17 GM は 2017 年にヨーロッパの子会社のオペル（Opel）をフランスの PSA に売却した。

表 6.3　自動車メーカー別生産状況（千台）

	国内生産－輸出		輸　出		海外生産		世界生産合計	
	2000 年	2014 年	2000 年	2014 年	2000 年	2014 年	2000 年	2014 年
トヨタ	1,723	1,477	1,706	1,789	1,767	5,731	5,196	8,998
ホンダ	747	927	477	31	1,281	3,556	2,505	4,514
マツダ	309	173	469	761	148	394	926	1,328
富　士	301	154	169	542	112	193	581	889
スズキ	666	911	242	148	549	1,957	1,457	3,017
ダイハツ	592	774	83	8	28	512	702	1,295
日　産	709	408	615	473	1,279	4,217	2,603	5,098
三　菱	526	270	471	371	830	621	1,827	1,262
いすゞ	67	84	194	183	278	273	539	541
日　野	31	71	18	91	8	20	56	182

（出典）　OICA（Organisation Internationale des Constructeurs d'Automobiles）統計の各年
　　　　による（http://www.oica.net/category/production-statistics/2014-statistics/ など）

軽自動車から撤退したマツダと富士重工業は国内向けが減少し，海外生産があ
まり増えず，輸出が増加しており，世界全体の生産規模も 100 万台程度と多く
はない[19]。三菱はバス・トラック部門を分離した影響が大きいが，乗用車でみ
ても世界生産台数が減少しており，不振である。

　2016 年現在で乗用車メーカーは，量産車メーカーとしてのトヨタ，ホンダ，
軽自動車・小型車メーカーとしてのスズキ，特定のファンに訴求する比較的少

---

[18] 自動車販売が展示ではなくカタログでおこなわれることが多く，商品知識を販売店に教育
する必要もあり，日本ではメーカーごとの系列販売店を用いている。国内販売が増加していた
ときには各メーカーとも自社の販売系列を複数持ち，それぞれの系列での専売車種を用意して
いたが，開発費もかかるため国内販売が減少するとこうした政策は維持しにくくなり，下位
メーカーから販売系列を統合していったが，トヨタも 2019 年に東京の販売系列を統合するに
いたった。

[19] 軽自動車を生産していない会社 A が，生産している会社 B から，A 社ブランドとして軽自
動車の供給を受け，販売することが増えている。

数の自動車を製造するマツダ，富士重工業，他社の（実質的な）傘下にある日産，三菱，ダイハツに分けられ，官僚の政策ではなく，市場競争によって実現したとはいえ，量産車・ミニカー・特殊車両メーカーでそれぞれ2，3社と想定した特定産業振興臨時措置法案の姿に近いか，それ以上に集約が進んでいる。

このように自動車の生産が世界レベルで急速に増加していることもあり，自動車各社の多角化は販売や金融を除けば多くはなく，汎用・産業用エンジンというエンジン関連のほかは，トヨタが住宅事業，ホンダがビジネス・ジェット事業を手がけている程度であり，トヨタ・ホンダとも本業に対する比重は小さい。

環境対応と電動化　地球温暖化問題など環境問題の高まりにより自動車の燃費や排気ガスに対する規制が強化されている。トヨタは 20 世紀末にハイブリッド車（HEV，hybrid electric vehicle）を発売したが，これは発進時・急加速時などに電気モーターを使うことで，ガソリン消費と有害物質の排出を減らしたものである。ディーゼルエンジンも二酸化炭素の排出が少ないことからとくに欧州で普及していたが，窒素酸化物など有害物質の排出を減らすことが困難で，2015 年に VW が不正をおこなっていたことが発覚し，欧州でも次世代エンジンとしてのディーゼルへの期待はしぼんでしまった。

バッテリーの性能向上により充電あたりの走行距離が増加したことによって実用の域に達し，さらに自動運転が実現されるのではという期待から[20]　電気自動車が注目されるようになっているが，充電に時間がかかることや大量に使用されるバッテリーをいかに調達し（コバルトなどバッテリーに使用される希少金属の供給問題もある），安全に廃棄するシステムを作れるのかなど解決すべき課題も多く，将来は不確定である。またかりに電気自動車が主流となるとしても，電気自動車は部品の点数が減少し，内製の重要な根拠となる内燃機関が標準化されやすいモーターになり，自動運転となるとソフトウェアやセンサーの役割が重要になり，また自動運転なら各家庭が乗用車を保有するという形態が変化すると考えられ，現在の内燃機関の自動車メーカーが電気自動車メーカーにすんなりと移行できるか定かではない。

---

20 衝突時自動ブレーキ，車線保持，車庫入れなどの運転アシスト機能は実用化され，自動車の安全性が向上している。

演 習 問 題

6.1　自動車企業の多角化がどれほど進んでいるか，日本メーカーと外国メーカーを比べてみなさい。

6.2　日本の自動車企業の部品内製率がどのように推移したか，どのような要因によってそれが規定されているか，同じ部品組立産業である造船業の企業と比較しながら考察しなさい。

第 7 章

電気機械

　ここでは電気機械について考察する。当初は発電・電球という強電および通信という弱電の 2 つの分野が存在していたが，真空管の登場により電子産業（エレクトロニクス）が発達し，強電・弱電のメーカーが成長分野である電子産業に進出し，無線通信・放送の発達で両者が融合していった。半導体が発達するとそれまでのアナログ中心からデジタル中心になり，さらなる大きな変化が招来され，やがてインターネットの発達により人々のコミュニケーションも大きく変化したが，これらによってそれまでの大企業の優位性が揺らいでいる。

○ KEY WORDS ○
エレクトロニクス，メカトロニクス，
総合電機メーカー，家電総合メーカー，
互換機，ダウンサイジング，
クラウド・コンピューディング

7.1 電気機械工業の勃興

電気機械と米独巨大企業　日本の電気機械工業は明治の初期から起こったが，電信，電話，電球，重電機器（発電機やモーターなど），無線通信の順序で成立している（竹内，1973，第4章）。このうち電信と電話は官営事業であり，無線通信も軍や政府の役割が大きかったから，政府の国内企業優先調達の恩恵に与ることができたが，電力は民間企業によって担われていたので，電球と重電機器は輸入品と競争しなければならなかった。20世紀初頭には，アメリカのGE（General Electric）とWH（Westinghouse）とWE（Western Electric，AT&T の電信電話機製造会社）さらにドイツのジーメンス（弱電部門をSiemens & Halske，強電部門を Siemens-Schuckert とした）とAEG（Allgemeine Elektricitäts-Gesellschaft）という巨大企業が成立した[1]。

電信機　電信機は1830年代にモールス（S. Morse）によって開発されたもので，送信キーを押すと電気が流れて，その電気で受信側の電磁石が作動し，鉄片をつけたペンなどを引きつけ，記録紙に記録していくもので，短く押す短点と長く押す長点の組み合わせのモールス符号で，有線通信をおこなうものである。短時間で長距離の送信が可能なので，海底ケーブルが敷設されると世界の距離が一気に短縮された。日本では工部省に電信機械製造所が開設されて，電信機の国産化が図られ，すぐに田中久重が国産化に成功した。1878年に工部省の電信機自給政策により，田中久重工場の従業員のほとんどは工部省に引き取られ，田中工場は一時閉鎖された。その後も電信機の政府による自給が大きな比率を占めたが，沖牙太郎の沖電機工場（のち沖電気，戦後に沖電気工業）など民間企業も発達した。

電話　電話は1870年代にベル（A. G. Bell）によって実用的な電話が開発され，その後改良が続けられたが，送話器が音声の振動を炭素粉を通じて電流の変化に変え，受話器でその電流の変化にもとづいて，電磁石を通じて鉄を帯び

---

1 世界の電気機械工業の発展については Chandler（2001）を参照。

158

た振動板を動かすことで音声に戻すものである。また交換機で加入者同士を結びつけるのであり，当初は受話器を上げて交換手を呼び，交換手が受話者を呼び出して，回線をつないでいたが，日本では関東大震災後に自動交換機が採用されはじめ，通話相手の電話番号をダイヤルして直接呼び出すようになった（自動交換によって電話機にダイヤルが装備された）。1890 年に東京・横浜で電話サービスが始まったが，当初は輸入と逓信省による製造が多かった。日清戦争後の電話拡張により電話の需要が増加したことから，沖電気などの民間への発注が増加した。1899 年に条約改正が実現すると WE は日本電気を子会社として設立したが，同社は急速に成長し，すぐに沖電気の規模を上回っていった（長谷川，2007，2008）。

　電球　　電球は空気を抜いた電球のなかでフィラメントに通電し，光を得るものである。1879 年にスワン（J. Swan）が発明し，1880 年代にエジソン（T. Edison）が実用に耐える電球を開発していった。高熱に耐えるフィラメントの開発が一つの焦点で，炭素からのちに金属に移行し，タングステン（しかも強度を増した引線タングステン）が探し出された。当初はバルブのなかは真空とされていたが，のちに不活性ガスが入れられ，寿命の長期化が図られていく。製造はそれほど困難ではないが，フィラメントの材料や製法は特許で守られており，また真空を実現し，しかも大量に安定的に製造することは困難であった。1887 年に東京電灯が開業したときには電球も輸入されていたが，1890 年に藤岡市助らが白熱舎を設立，電球の製造に乗り出し，1899 年に東京電気と改称された。しかし輸入品と競争することは困難で，1905 年に東京電気は GE の子会社となり，特許や製造ノウハウの実施権を供与されて，生産を伸ばしていく一方，GE の特許に抵触する他の電球会社に対して訴訟を起こし，多くの会社を傘下に収めていった（菊池，2007，2012；西村，2016）。

　重電機器　　コイルのそばで磁石を動かすと電気が生まれるが，これを利用したのが発電機で，逆に電気から動力を得るのがモーター（電動機）である。当初は直流の送電が行われていたが，送電中の損失が大きく，長距離送電に向かないため，交流が採用された。水流で水車を回転して発電する水力発電とガスなどの燃焼（もしくは原子力）によって水を加熱することで得た水蒸気によってタービンを回転させて発電する火力発電（・原子力発電）がある。田中

久重の工場は閉鎖されたが，その養子の二代田中久重は 1882 年に田中製造所を設立，電信機などとともに海軍兵器の生産を行ったが，海軍が兵器の生産を開始したため経営不振となり，三井銀行に抵当流れとなり，1893 年に芝浦製作所となった。芝浦は三井財閥の傍系企業として重電機器の製造に集中する方針をとり，1909 年に GE の出資を受け入れ，特許実施権や製造ノウハウを得る一方，1911 年には東京石川島造船所と協定を結び，芝浦が電機以外の機械類の製造を石川島に，石川島が電機の製造を芝浦に移して，それぞれ電機と造船その他の機械に集中することとなった。また 1908 年には日立鉱山修理工場が設立され，電気機械の修理を行ったが，すぐに製造に進出し，1920 年に独立して日立製作所となった（日比，1956）。

無線通信　高電圧で火花放電をおこなって電波を発生させ，これを検波器で捉えることによって，モールス信号を送るという無線通信を実用化したのがマルコーニ（G. Marconi）であり，1901 年には大西洋横断無線通信に成功したといわれている。日本海軍が無線通信を早期に取り入れ，日本海海戦で活用したことは有名であるが，1900 年には安中電機製作所（1931 年に共立電機電線と合併して安立電気となる）が，また 1915 年には日本無線電信機製作所が設立された（1920 年に日本無線電信電話，1942 年日本無線となる）。

　次は無線電話であり，音声をマイクロホンで電気信号に変換し，電波（高周波）を発生させてその電波（搬送波）にのせて音声信号を送信し，受信側で電波を捉え，発信側が出した周波数のみを選択し，音声信号を取り出し，スピーカーで音声に換えることで無線通話が実現でき，いくつかの方式が考案されたが，安定的な高周波を小型機械で作り出すことが困難で，陸上局に限定されていた。

7.2 真空管の登場

○ 無線電話からラジオへ

真空管とは　真空管はガラスなどでできた管のなかを真空とし，陰極，陽極のほかグリッドなどをもち，陰極から陽極に流れる電子をグリッドなどでコントロールするもので，20世紀初頭に発明され[2]，1915年ラングミューア（I. Langmuir）やアーノルド（H. Arnold）により真空度を高めることで安定的に動作する硬真空管が開発され，実用的になった。真空管により，整流（交流を直流に変換すること），増幅（入力信号の振幅変化を拡大し，より大きなエネルギーの出力信号を得ること），発振（連続波の交流信号を発生させること），変調（信号を伝えるために搬送波の周波数や振幅などを変化させること），スイッチング（電流を流したり，流さなかったりすること）などが容易にできるようになった。そのため1915年にAT&TはWEの協力の下に，真空管による無線電話装置でニューヨーク・サンフランシスコ間などの通信に成功している。

電子工業の先駆け　真空管でもGEの地位は世界的に卓越しており，日本では当初はさまざまなメーカーが真空管の製造に着手したが，GE特許の実施権をもつ東京電気が真空管生産で圧倒的な地位を占めていった。他の企業の生産が盛んになるのは，ラングミューアの硬真空管の特許が日本で期限が切れた1935年以降のことである[3]。それでも1938年の真空管生産高は，東京電気1,324万円，日本電気155万円，川西機械製作所83万円であり，このほか中小メーカーの生産高も無視できないが，東京電気の地位が非常に高かった（平本，

---

2 フレミング（J. Fleming）により1904年に陰極と陽極のみの2極真空管が，ド・フォレスト（L. De Forest）により1906年にグリッドを加えた3極真空管が発明され，さらに複雑な真空管が発明されていった。

3 1920年代末にRCA（Radio Corporation of America）が真空管の製造に乗り出し，その後GEと東京電気との契約から真空管が除外され，1934年には東京電気はRCAから情報を得る権利を喪失している。なおアメリカでは1928年にラングミューアの特許は無効判決がでている（日本では1930年に期限が来たが，5年間延長）。

2012, 18 頁）。真空管の発明とそれを利用した機器は，電子工業（エレクトロニクス，electronics）時代の幕開けを意味するものであり，これまでの電気工学（electrical engineering）とは異なる分野が出現し，急速に拡大していくこととなった（平本，2007，2012）。

ラジオの生産　無線で送信側がさまざまな情報を発信し，受信側が受信のみができる安価な受信機を用いてそれを聴取することに大きな需要があることが発見され，アメリカで 1920 年に最初のラジオ放送局が開設されると，瞬く間に世界に広がっていき，日本でも 1925 年から放送が始まった。1926 年には日本放送協会が設立され，やがて全国的な放送事業となっていったが，戦前期には商業放送が存在しなかった[4]。

ラジオ受信機（ラジオ）には大きな需要が存在したので多くの企業が参入したが，真空管，電気部品，スピーカーなどの部品をキャビネットに組み付けていくものであり，部品の多くは購買可能で，回路設計などもそれほど困難なものではなかったから，急速に価格が低下していった。そのなかでコンベアによる組立など大量生産方式を採用していった企業が大きなシェアを占めたが，配線器具やランプを製造していた松下幸之助率いる松下電器製作所（1935 年に松下電器産業となる），関東大震災を契機にシャープペンシルの製造から転身した早川徳次の率いる早川金属工業研究所（のち早川電機工業，1970 年にシャープとなる），山中電機製作所などが主たる企業であった。安中電機製作所，沖電気，東京電気，日本無線，日本電気，芝浦など，有線通信・無線通信・重電機器・電球および真空管の有力メーカーも参入したが，いずれも撤退した。

有力企業が敗れた理由としては，日本放送協会が放送を独占し，地方独自の番組も少なく，また放送網が充実し，遠距離聴取の必要があまりなかったため，高性能のラジオが必要とされず，価格競争がそれだけ熾烈になったことがあげられている。ただし東京電気は真空管の供給源として，ラジオの生産拡大の恩恵を受けた（真空管の価格も急速に低下した）[5]。ラジオは戦争情報の伝達手段として重視され，戦時中に普及率が 50％ほどに達した（平本，2010）。

---

4 当初は東京・大阪・名古屋の放送局が放送していたが，1926 年に日本放送協会に統合され，その後全国に広がっていった。

電気蓄音機　　アメリカではラジオが普及すると蓄音機より音質がよく，商業放送なので無料で聞けたため，蓄音機には大きな脅威となった。そして 1920 年代半ばに，それまでの機械式からマイクをとおした電気信号を真空管で増幅してレコード原盤の溝をカットし，それを複製してレコードにして，溝から得られる振動を電気信号に変えて，増幅して，スピーカーから音声を得る電気録音方式と電気蓄音機が開発され，日本でも 1930 年代から生産されるようになった（日本オーディオ協会，1986）。

○ 外国資本との提携の拡大

国内生産の進展　　電化が戦間期に進んだため，エレクトロニクスのほか，既存の電気機械工業も発達した。発電機では 1920 年代にアメリカ，ドイツ，イギリス，フランスに次いで世界 5 位の生産額となり，高出力・高電圧の機器は輸入に依存したもののそのほかは国内市場をほぼ掌握した。戦間期には水力の大規模な電源開発が進んだが，ピーク時用の火力発電も増加した。火力発電はボイラーで水蒸気を発生させ，タービンを高速回転させるが，その技術開発は困難で，海外から技術を導入して 1930 年代に生産が増加していった（長谷川，1979，1980）。通信機器では関東大震災後に自動交換機が導入されたが，イギリスとドイツから技術を導入し，国内での生産がおこなわれるようになった。

戦間期の参入企業　　このように電気機械工業が発達したので，新規参入も多かった。主なところでは，1921 年に三菱造船電機製作所が三菱電機として独立し，1923 年に WH と資本・技術提携をおこなった。同年には古河財閥とジーメンスの合弁で富士電機製造（1984 年に富士電機と改称）が設立されたが，両社とも当初は重電機器を主な製作品としていた。両社とも外国資本と提携しているが，このほか日本無線がジーメンスと AEG が無線機製造のために共同設立したテレフンケン（Telefunken）と提携し，また鉄道系の電気機器を

---

5 東京電気は 1935 年に山中電機製作所，早川電機工業，および七欧無線電機商会といったラジオメーカーに資本参加し（持株比率は 3 分の 1 程度），影響力を強めた。同様に日本電気も 1930 年代に坂本製作所，松下無線（松下電器産業の子会社でラジオ生産部門が独立）に出資した。これらの出資は真空管の販売先を確保するためであった（平本，2010，148 頁）。

表7.1　戦間期の電機メーカーと外国資本との提携

会社名	提携開始年	提携先	提携先持株比率(1926)	提携先持株比率(1936)	1936頃主たる製造品	1936下払込資本金	1936収入
日立製作所	なし	なし	0.0	0.0	発電機・電動機	45,000	73,317
沖電気	なし	なし	0.0	0.0	有線通信	6,250	9,844
三菱電機	1923	Westinghouse Electric International Co.	10.0	5.0	発電機・電動機	15,000	25,496
富士電機製造	1923	Siemens-Schuckert/ Siemens & Halske	29.5	29.5	発電機・電動機	9,000	3,448
富士通信機製造	なし	なし	—	0.0	有線通信	3,750	1,523
芝浦製作所	1909	International General Electric	32.3	21.5	発電機・電動機	15,000	35,853
日本電気	1899	International Western Electric	54.3	49.8	有線無線通信	12,500	18,213
東京電気	1905	International General Electric	57.0	39.9	電球・真空管	32,400	39,852
東洋電機製造	1918	English Electric Co.	6.3	3.3	電動機	2,000	2,219
日本無線電信電話	1924	Telefunken	33.3	15.0	無線通信	1,000	4,083

（出典）　各社営業報告書，三菱経済研究所『本邦事業成績分析』など
　（注）　1. 外国資本と提携していた会社と提携していない主な電気機械メーカーを掲げた。
　　　　　2. 日本電気の 1936 年の提携先は，International Standard Electric である。富士通信機製造は 1935 年開業。
　　　　　3. 持株比率の 1926 年の日本電気は 1924 年の数値，1936 年の沖電気は 1934 年，日立，芝浦，東京電気は 1935 年，三菱は 1937 年，日本無線は 1938 年の数値。
　　　　　4. 東洋電機製造は Dick, Kerr & Co.（デッカーとされることもある）と提携したが，合併により English Electric Co. となった。
　　　　　5. 東京電気と芝浦製作所は 1939 年に合併して東京芝浦電気となる。

主に製作する東洋電機製造も Dick, Kerr & Co.と提携した。表7.1にみられるとおり外国資本の持株比率はさまざまで，東京電気と日本電気は外国資本の子会社であったが，その他はそうではなく，また国産品愛用運動が進展した1930 年代には外国資本の出資比率が低下し，子会社はなくなっている。

　戦間期にはエレクトロニクスと無線機器が発達したため，無線機器への参入が盛んであった。重電機器のメーカーでは，ともに GE と提携していた東京電気と芝浦製作所が 1939 年に合併して東京芝浦電気（1984 年に東芝と改称）と

なった。また日立は 1937 年に国産工業（1935 年に戸畑鋳物が改称）を合併し，金属工業部門とともに電話交換機など通信機を製造する東亜電機製作所を引き継ぎ，さらに 1940 年には理研真空工業を傘下に収め，1943 年に合併し，真空管などの製造部門を引き継いだ。三菱電機も 1937 年に弱電部門を設立し，無線機などの生産を始めた。また富士電機も有線通信ではあるが，1933 年に電話工場を設立，1935 年に富士通信機製造（1967 年富士通と改称）として独立させた[6]。さらに有線通信機を製造していた日本電気と沖電気も無線機器の生産を開始した。こうして有力企業は幅広い製品分野をもつようになったのである。

7.3 戦 後 の 発 展

□ 重電機器と通信

外国資本との関係　戦時期には電子機器の生産が拡大した一方，外国資本の出資は信託財産とされた。戦後，東芝，三菱電機，日本電気，富士電機は外国資本との関係を復活したが，1955 年の持株比率は，WH（三菱）4％，ジーメンス（富士）3％，IGE（東芝）12％，ISE（日本電気）33％と日本電気を除けば高いものではなく（山一証券，1956），その結果，関係も希薄で，例えば GE は発電機器の特許実施権を東芝のほか日立などにも供与した。このほか 1952 年にオランダのフィリップス（Philips）と松下の合弁で松下電子工業が設立され，真空管などを製造したほか，1953 年には日立がイギリスのバブコック・ウィルコックス（Babcock & Wilcox）の出資する東洋バブコックを改組してバ

---

6 富士電機製造は東京電気と協定を結び，富士通信機製造の業務を有線通信機に限定し，東京電気は子会社の東京電気無線（1939 年の東京芝浦電気の成立時に東京電気と改称）を設立し，無線通信機に限定することとし，東京電気が富士通信機製造に，また富士電機製造が東京電気無線にそれぞれ 20％ずつ出資し，役員も派遣した。しかし 1943 年に東京電気が東京芝浦電気に合併されたときに，この提携は解消された（富士通信機製造株式会社社史編集室，1964，34 頁）。

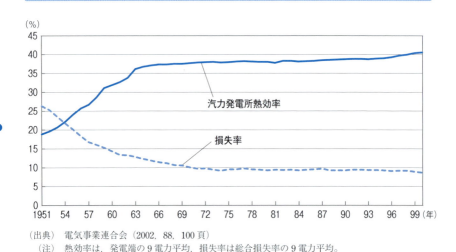

(出典) 電気事業連合会（2002, 88, 100頁）
(注) 熱効率は，発電端の9電力平均，損失率は総合損失率の9電力平均．

図7.1 発電・送電の効率

ブコック日立として，ボイラーなどの製造をおこなうなど外国資本と新たに提携する動きもあった．

発電機の国産化　戦争直後は水力発電の電源開発がおこなわれたが，その後は火力発電が電源の中心となった．発電機では政府の国産化の方針もあり，発電所の1号機は輸入し，2号機は特許実施権をえた国内メーカーが製造するようになった．GEやWHなど外国メーカーは発電機の規模ごとに特許を区分けし，規模が大きくなるごとに新たに特許契約を結ぶようにした．発電の大容量化や送電の高電圧化などによって，火力発電の効率や送電の損失は1960年代半ばまで急速に改善していった（図7.1）．戦後の発電機の主要メーカーも日立，東芝，三菱電機，富士電機であった．火力発電所の燃料は石炭から石油さらには天然ガスへと変化していったが，さらに日立と東芝はGEから沸騰水型の，三菱重工業はWHから加圧水型の原子炉の技術を導入し，徐々に国産化の度合いを高めていった[7]．

電話の普及　電話では1952年に日本電信電話公社が設立され，1955年に新

型の自動交換機（クロスバー）が導入された。翌年から国内での生産が開始されたが，交換機の主要メーカーは，沖電気，日本電気，日立，富士通であった。電話の需要に供給が追いつかず，加入待ちの状態（積滞）が長く続いたが1978年にようやく解消され，さらに1979年には全国ダイヤル即時通話が実現した（武田，2011，27頁）。

○ 家 電 の 発 達

白物家電と茶物家電　戦後の所得上昇に伴い家計の消費支出が上昇し，家庭電化製品（家電）の売上が急増した。とくに高度成長期には，洗濯機，白黒テレビ，冷蔵庫が「三種の神器」としてもてはやされ，その他の家電とともに家庭に普及していった。ところで洗濯機はモーターで水を回転させるものであり，また冷蔵庫は冷媒をコンプレッサーで圧縮して液体にして温度を高め，外気に放熱し，圧力が下がって気化するときに冷蔵庫内の熱を奪うものであり，ともにモーター関連の重電機器技術を応用するもので，白く塗装されることが多かったことから白物家電といわれる。これに対してテレビは，映像を真空管の一種である撮像管によって電気信号に換え，ラジオと同じく搬送波にのせて送信し，アンテナを通じて受像機に取り入れ，電子の流れを制御しつつ真空のブラウン管中を通して，蛍光面にあてて明暗を作ることで，画像を再現するものであり，電子技術を応用した製品である。ラジオやテレビが木製のキャビネット（のちにプラスチックに代替される）に入っていたことから茶物家電とよばれる。テレビはRCAやWEから技術を導入して生産されるようになった（小宮ほか，1973）。

3種類の家電メーカー　このように家電のなかでも技術はかなり異なっているが，戦前期から日立，東芝，三菱が重電機器に加えて無線などの電子技術分野に進出していたことから，需要が大きくかつ海外から技術を導入できたテレビの生産に乗り出し，総合電機メーカーとよばれるようになった（無線への進出のなかった富士電機は家電の規模が小さい）。また戦前期最大のラジオメー

---

7 日本最初の商業用原子力発電所は1966年の日本原子力発電東海発電所である。

| | 表7.2　主要家庭電器メーカー（1970） | | | |

	資本金	年間売上高	従業員数	家電52品目中取扱品目数
	100万円	100万円	人	1968年
日　立	121,801	753,132 408,476	93,577	45
東　芝	92,538	588,031 274,281	78,114	44
三菱電機	54,468	397,657 123,415	58,000	35
富士電機	15,600	115,070 10,391	21,762	28
松　下	45,750	688,545	54,721	47
三　洋	25,159	232,333	17,741	44
シャープ	10,500	139,549	17,150	41
ゼネラル	2,340	33,388	4,341	28
ソニー	4,038	111,872	11,606	NA
パイオニア	1,645	45,087	4,164	NA
日本ビクター	5,400	112,309	11,432	NA
日本コロムビア	3,600	50,740	6,681	NA
新日本電気	1,200	50,000	8,394	30

（出典）　小宮ほか（1973, 18, 20頁）
（注）　1. 売上高の下段は家電売上高。
　　　　2. 日立，東芝，三菱電機，富士電機は総合電機，松下，三洋，シャープ，ゼネラルは家電総合，ソニー，パイオニアは音響映像中心，日本ビクターは松下，日本コロムビアは日立，新日本電気は日本電気の子会社。

カーであった松下は，テレビの生産に乗り出すとともに，企業買収を用いつつ洗濯機や冷蔵庫など白物家電の生産に乗り出し，家電のなかで総合化し，家電総合メーカーとよばれるようになった。同じ戦略をとったものに三洋電機（松下幸之助の義弟でともに松下電器産業を創業した井植歳男が戦後に独立して創業），シャープ，ゼネラル（戦前からラジオなどを生産していた八欧電機が1966年に改称）があげられる（ゼネラルは総合度が低い）。これらのメーカーは非常に多くの家電製品を生産しているが，これは技術導入が可能で技術的障

壁が低く，販売網に投資して系列化することで，参入障壁にしているためであり，自社の販売網に消費者の需要に応えられる多様な製品を供給する必要があることから，家電の総合化が進んだためである（表7.2）。松下が最も充実した販売網をもっていたが，テレビなどの修理サービスを供給する必要があることもこうした販売網形成の要因であった（小宮ほか，1973，48-59頁）。

これに対してソニー（東京通信工業が1959年に改称）やパイオニア（福音電機が1961年に改称）は音響映像機器が中心であり，日本ビクターは松下，日本コロムビアは日立，新日本電気は日本電気の子会社であり，日本ビクターと日本コロムビアは音響の比率が高かった。

7.4 半導体の登場

◯ トランジスタから IC へ

真空管から半導体へ 半導体とは金属のように電気を通す「導体」とゴムのように電気を通さない「絶縁体」の中間的性質をもつもので，シリコン（ケイ素）やゲルマニウムなどが該当する。純粋なシリコン，ゲルマニウムに不純物を入れると，不純物の種類により電子が不足するP型半導体や電子が余っているN型半導体となり，これらに電極を組み合わせれば，ダイオードやトランジスタとなり，2極真空管や3極真空管と同じく，整流，増幅，発振，変調，スイッチングなどが可能となる。半導体は，真空管に比べて消費電力がはるかに小さく（たとえば真空管が1本1ワットの電力が必要なところ，接合型トランジスタは百万分の1ワットで動く，谷光，1999，48頁），真空管がなかの金属線が切れたりしやすかったのに対して，信頼度がはるかに高かったので，真空管にとって変わっていった。

当初は扱いやすいゲルマニウムが用いられていたが，特性がよく温度変化に強いなどの理由からシリコンが用いられるようになった。1947年に点接触型トランジスタ，翌年に接合型トランジスタが発明されたが，より製造しやすく，

表 7.3 半導体の発達年表

1947	点接触型 TR	ベル研究所, バーディーン (J. Bardeen) とブラッテン (W. H. Brattain)
1951	接合型 TR	ベル研究所, ショックレー (W. B. Shockley)
1956	メサ型 TR	ベル研究所, リー (C. A. Lee)
1959	IC	TI, キルビー (J. S. Kilby)
1959	シリコン・プレーナー TR	フェアチャイルド, ヘルニ (J. Hoerni)
1959	シリコン・プレーナー IC	フェアチャイルド, ノイス (R. Noyce)
1960	MOS-TR	ベル研究所, カーング (D. Kahng) とアタラ (M. M. Atalla)
1963	CMOS-TR	ウォンラス (F. M. Wanlass) とサー (C. T. Sah)
1964	MOS-IC	TI など発表
1970	1K ビット DRAM	インテル (Intel) 発売
1971	EPROM	インテル, フローマン (D. Frohman)
1971	4 ビット MPU	インテル, ホフ (M. E. Hoff Jr.), ファジン (F.Faggin), メイザー (S. Mazor), ビジコン, 嶋正利

（出典） 谷光（1999）；奥山（2008–2014）などより作成
（注） TR はトランジスタ。

安定していて，小さく，低電圧・低消費電力の CMOS（シーモス）へと発展していった（表7.3）。さらに個別のトランジスタ，抵抗器（電気の流れを弱める），コンデンサ（蓄電器）などを1つのシリコン半導体基板の上にまとめて回路をつくる集積回路（integrated circuit, IC）が開発された。従来はトランジスタなどをプリント基板にさして，配線して，ハンダ付けしていたが，その必要がなくなり極めて小型化し（後には微細化が進み，面積で数億分の一以下になっていく），またハンダ付けが故障の原因になっていたので故障が減少した。

　日本における半導体生産　　こうした半導体の日本での生産をみてみよう。ベル研究所をもつ AT&T とその製造会社の WE が 1952 年にトランジスタの基本特許と製法特許を公開したので，多くの企業がそれを購入したが，安定的に生産するためにはノウハウが必要で，WE がそれを公開しなかったので，日本企

表7.4　世界半導体生産上位10社

	1980 年	1985 年	1990 年	1995 年	2000 年	2006 年	2014 年
1	TI	日本電気	日本電気	Intel	Intel	Intel	Intel
2	Motorola	TI	東芝	日本電気	東芝	Samsung	Samsung
3	日本電気	Motorola	日立	東芝	日本電気	TI	Qualcomm
4	National Semiconductor	日立	Intel	日立	Samsung	東芝	Micron
5	東芝	東芝	Motorola	Motorola	TI	ST	SK Hynix
6	日立	Philips/Signetics	富士通	Samsung	Motorola	ルネサス	TI
7	Intel	Intel	三菱	TI	ST	Hynix	東芝
8	Fairchild	National Semiconductor	TI	IBM	日立	Freescale	Broadcom
9	Philips	富士通	Philips	三菱	Infineon	NXP	ST
10	Signetics	松下	松下	Hyundai	Philips	日本電気	ルネサス

（出典）　新井（1996, 147 頁）；「2015 年の半導体トップ 10，日本企業は東芝だけに」『日経テクノロジー online』2015 年 4 月 20 日掲載（https://www.nikkei.com/article/DGXMZO858961 80Q5A420C1000000/）（閲覧 2018 年 10 月 6 日）。半導体の設計をせず製造のみを行うファウンドリを含まず。

（注）　1. ルネサスは，日立，三菱によるルネサステクノロジーとそれに日本電気の NEC エレクトロニクスが合流したルネサスエレクトロニクスの双方を表す。2012 年に産業革新機構の出資を受けた。

2. TI, Motorola, National Semiconductor, Intel, Fairchild, Signetics, IBM, Freescale, NXP, Qualcomm, Micron はアメリカ，ST はスイス，Infineon はドイツ Philips はオランダ，Samsung, Hyundai, Hynix（SK Hynix）は韓国，Broadcom はシンガポール / アメリカ。

3. Qualcomm と Broadcom はファブレスで，設計をおこない，工場をもたない。

業は GE や RCA と契約を結んで入手した。日本ではソニーなどが 1954 年にトランジスタの商品化に成功したが，ソニーはノウハウ契約を結んでいなかった。このころはゲルマニウムのトランジスタで，多くのメーカーが参入し，早くも 1959 年に日本は世界一のトランジスタ生産国となったが，これはこの時期のトランジスタの生産が労働集約的であったことにもよる（相田，1991, 236–346 頁）。

しかしプレーナ技術が開発され，シリコンの時代となると再びアメリカとの大きな格差が生まれたが，日本企業は政府の保護政策もあり特許実施権を許諾され，技術を向上させていった。まずフェアチャイルド（Fairchild）社は日本に工場を建設しようとしたが，外資法により通産省が許可を与えなかったため，日本電気にプレーナ技術の特許実施権を与えた。また 1964 年に TI（Texas Instruments）が日本に IC 工場を建設しようとしたが，資本自由化の実施前であるため許可されず，1968 年にようやく，ソニーとの折半出資の会社を設立し，3 年後に 100％出資の会社とすることを認める一方で，TI が特許を公開することで合意した（新井，1996，129 頁）。1976 年には通産省主導で超 LSI（large scale integrated circuit）技術研究組合が組織され，半導体製造装置も含めて技術開発がおこなわれ，日本はアメリカに追いついていった。

　日本の半導体生産は，通信機メーカー，総合電機メーカー，家電メーカーによって担われ，社内消費される部分も多かったから，多角化と同時に垂直統合の性格を強く帯びていた。家電メーカーは主にアナログ信号の増幅・発振・変調などに用いられるリニア IC の比率が高く，家電比率の低い通信機メーカーは主にコンピュータの演算素子や内部記憶素子などに用いられる MOS-IC の比率が高く，総合電機はその中間であった（佐久間，1998，32 頁）。こうして 1980 年には世界の半導体生産上位 10 社に，日本電気，東芝，日立の 3 社が入り，1990 年にはさらに富士通，三菱電機，松下電子工業の 3 社もランクインするなど，日本の半導体生産は絶頂期を迎えるようになった（表 7.4）。

◯ ラジオ・テレビ・VTR

ラジオ・テレビへの半導体の応用　日本ではトランジスタはまずラジオに用いられた。ソニーはゲルマニウム・トランジスタを高効率で製造する技術をいち早く確立し，小型で信頼性の高いトランジスタ・ラジオをアメリカなど世界に向けて輸出していった。他社も追随したが，日本のトランジスタ生産が早期に伸びた理由としてラジオという需要先があったこともまた重要である。続いてカラーテレビにもトランジスタが用いられるようになるが，耐熱性などの理由からシリコン・トランジスタが用いられ，さらに IC が用いられるようになっ

た。この結果，19型もしくは20型のカラーテレビの部品点数は，1965年の約2,000点から1977年には約1,000点と半減し，消費電力は3分の1程度となった。トランジスタ化・IC化によって日本のカラーテレビは故障しにくいテレビとしての名声を確立したのである（平本，1994，143頁）。また日本のICの初期の需要先として重要なものに電卓があるが，14桁電卓の部品点数とハンダ付箇所数は，それぞれトランジスタ電卓が8,500，20,000，IC電卓が1,600，10,000，LSI電卓が165，945と劇的に減少していた（新井，1996，138頁）。電卓が誰にでも手に入る身近なものになったのである。

　メカトロニクスとVTR　　ラジオ・テレビと日本の家電産業は世界的な存在となったが，それが最も繁栄したのはVTR（video tape recorder）であった。テープレコーダーは，音声を電気信号に変え，それを磁気でテープに記録し，再生時にはヘッドでテープの磁気に応じて電圧が誘起され，これを再生出力電圧として取り出し，スピーカーを通じて音声に変えるものであり，戦後にアメリカから入ってきた。ソニーなどはテープレコーダーの生産に取り組み，小型化していき，カセットテープを生み出したが，日本メーカーは世界的に強い競争力をもつに至った[8]。ラジオがテレビになったように，テープレコーダーがVTRになったのは自然の成り行きである。アメリカのアンペックス（Ampex）は放送用のVTRを開発し，世界市場を抑えていたが，実用的な家庭用VTRは1975年のソニーのベータマックスと1976の日本ビクターのVHSが最初であった。両社は規格争いを繰り広げたが，当初から2時間録画できたVHSに軍配が上がった。

　カラーテレビがほぼ電子回路で成り立っているのと異なり，VTRは電子回路部分とともに精密機構部分の比重が大きく，部品点数がカラーテレビの3ないし4倍（2,000–3,000点）あるはるかに複雑・精妙な製品であった。またテープレコーダーよりはるかに高いサブ・ミクロン水準の加工・調整精度を要した。エレクトロニクスとメカニクスの融合としてのメカトロニクス（mechatronics）という言葉は1960年代末に日本で生まれ，今日では辞書にものっているが，VTRはまさにメカトロニクス技術を体現しているといえる。VTRにはICが多

---

[8] ソニーが1979年に発売したWalkmanは，携帯型テープ再生機として世界的に衝撃を与えた。

数用いられ，また工場生産の現場にはロボットが多数配置されたが，工場全体をまとめ上げるのには細かいノウハウの積み上げが必要で，これは企業外に流出しにくく，日本企業は長い間 VTR 生産で高い競争力を維持し続けた（西田，1987，第 III 部）。

7.5　デジタル化の進展と衝撃

◯ コンピュータの発達

デジタル IC とコンピュータ　IC がラジオ・テレビ・VTR などに用いられ，電機生産の競争力の強化に貢献したが，ここで中心的な役割を果たした IC は，アナログを扱う（例えば周波数が連続的に変化していく）リニア IC である。これに対し，コンピュータは 0 と 1 という離散的な数値を扱うデジタル IC で構成され，デジタル化が世界を大きく変えていった。スイッチの開閉で電流が流れたり，流れなかったりする回路を組み合わせ，論理思考ができるように組み合わせていけば，複雑な計算が可能となる。しかし計算のやり方は無限で，論理回路も無限であり得るから，それを別々な物理的回路で実現することは現実的ではなく，プログラム（ソフトウェア）を介在させて，同一の回路で多様な計算をおこなわせる。これがコンピュータであり，演算，制御，記憶，入出力などの装置からなっている。データとプログラムは記憶装置（メモリ）にあり，制御装置がプログラムを取り出し，その指示に従って演算装置の動作を切り替え，データが演算される。プログラムやデータは入力装置からインプットされ，処理結果が出力装置からアウトプットされる。こうしたコンピュータの特質は 1950 年頃までに徐々に形成されていったものであり，初期には演算・制御に真空管が用いられていたが（1946 年の ENIAC には 18,000 本の真空管が用いられていた），トランジスタさらに IC が用いられるようになり，またメモリには半導体の DRAM（dynamic random access memory）（ディーラム）などが，補助記憶装置にはハードディスクなどが一般に用いられるようになって

いった（高橋, 1996；セルージ, 2008）。

IBM の圧倒的地位　コンピュータではパンチカードによるタビュレーティングマシン（作表機）で優位にあった IBM（International Business Machines）が有力であったが，とくに 1964 年に発表されたシステム 360 により圧倒的な地位を築いた。1967 年のアメリカ出荷額シェアで IBM は 73％を占め，2 位のユニバック（UNIVAC）が 6％であり，GE と RCA という巨大電機メーカーはさらに小さかった。1970 年には IBM からシステム 370 が発表され，GE は 1970年，RCA は 1971 年にコンピュータから撤退している。日本でもコンピュータの研究が戦後に始められ，1957 年の電子工業振興臨時措置法などによる政府の援助がおこなわれた。IBM は外資法施行前に進出したため 100％出資の日本法人をもっていたことから，日本メーカーに特許実施権を与えることは同意したが，技術導入はおこなわなかったため，日立，日本電気，沖電気，三菱電機，東芝などは RCA など IBM 以外のメーカーと 1960 年代前半に相次いで技術提携契約を結んだ（富士通は結ばなかった）。

日本企業の成長　通信機メーカーであった日立，富士通，日本電気が最も有力なコンピュータメーカーとして成長し，1970 年代には輸出を開始し，1981年には輸出が輸入を超えて輸出産業となった。富士通はアムダール（Amdahl），日立はアイテル（Itel）を通じて IBM の互換機（IBM のソフトウェアが動くマシン）を輸出しており，とくに有力であったが（佐久間, 1998, 143 頁），日本電気は独自の機構をもっていた[9]。1994 年の世界における情報産業関連上位10 社の情報関連売上のランキングに富士通，日本電気，日立，東芝の 4 社が入っており，なお IBM は 2 位富士通の 3 倍の売上を誇っていたが，ようやくアメリカに追いつきつつある，という状況に達したのであった（高橋, 1996）。

○ ダウンサイジングとインターネット

ダウンサイジングとパソコン　しかし 1990 年代に入ると日立・富士通の互換機の売上は低下し始め，2000 年頃に日立・富士通が相次いで IBM 互換機ビジ

---

9 互換機には IBM のソフトウェアの著作権に対する問題もあり，協定を結んだ。

ネスからの撤退を表明した。これは IBM が 2000 年に発表した新機種に両社が技術的に対抗できなかったという面も大きいが，それと同時にコンピュータのダウンサイジングが進展し，システム 360 のような大型コンピュータであるメインフレームの地位そのものが低下したという面も大きかった。IC の高集積化と低価格化により，ミニコンピュータ，ワークステーションさらにはパーソナルコンピュータ（パソコン，PC）が出現し，日本でも 1990 年代半ばにパソコンの売上がメインフレームの売上を凌駕するにいたるなど，コンピュータ産業が大きな変化に直面していたのである。

IBM 互換パソコンの成長　半導体はアメリカでは軍事・コンピュータなどの需要を前提に発達したのに対し，日本ではそれらの需要が大きくなく，家電などの民生機器を大きな需要先としていたが，そのなかで大きな役割を果たしたのが電卓であった。激しい電卓開発競争のなかで，演算・制御などをおこなう演算装置を 1 つのチップにまとめる MPU（micro-processing unit）が 1971 年にインテル（Intel）で開発された。そして MPU を搭載した PC が 1970 年代半ばに登場したが，1981 年に IBM が PC を発売することで，ビジネスの現場に浸透していった（ワープロと表計算のソフトウェアがとくに重要だった）。この IBM-PC はインテルの CPU（central-processing unit）[10] とマイクロソフト（Microsoft）の OS（operating system，コンピュータの動作をつかさどる最も基本的なソフトウェア）を搭載しており，パソコン市場で優越的な地位を占めたが，やがてマイクロソフトの OS とインテルの CPU を搭載したアプリケーション・ソフトウェア互換性のある安価な他社のパソコンに市場を侵食されていった。日本のパソコンは漢字処理の問題があり，特殊なハードウェアをもった日本電気の PC–9801 シリーズが市場を抑えていたが，1990 年代初頭にソフトウェアで漢字処理を解決する新しい規格が生み出されると外国製パソコンに押されるようになっていった（高橋，1996）。

インターネットの発展　パソコンの普及をさらに進めたのはインターネットの発展である。戦間期から電話回線の多重送信により，音声のみでなく写真などのデータが送信されていたが，これらはアナログデータである。これに対し

---

10 CPU は演算・制御をおこなうもので，メインフレームではワンチップではなかったが，パソコンでは 1 個もしくは数個の MPU で構成され，MPU と CPU はほぼ同義となっている。

てデジタル化されたデータは 0 と 1 の組み合わせを送ればよく，アナログデータと異なりデータ劣化の恐れがなく，また通信データをパケットに分割し，パケットごとに行き先を指定し，受け手はそれを組み合わせることができた。さらに接続拠点ごとにルーターを置いて，近隣のルーター相互に場所を通知し合うので，データを送る際に送信経路をあらかじめ指定する必要がなく，一定のルール（TCP/IP）に従って，いろいろな経路でデータを送ることが可能となり，中央でデータの流れを管理するのではない分散的なシステムとなり，一部の接続拠点が故障してもシステム全体はダウンしない強靱なものとなっている。そのうえインターネット上の文書の言語（HTML），保存場所指定の方法（URL），データ送信方法（HTTP）などが定められて WWW（world wide web）が誕生し，インターネット閲覧ソフトが普及するとインターネットは生活に必須のものとなっていった。当初は電話回線の限界から通信スピードに制約があったが，半導体レーザーが開発されてレーザー光でデータが送れるようになり，光ケーブルが普及すると大容量のデータを送れるようになっていった（相田・矢吹，1997，第 5，6 章；清水，2016）[11]。

　日本でもデータ通信が始まっていたが，1981 年からデジタル交換機の導入が始まり，1997 年にはすべての交換機のデジタル化が実現した。また 1985 年に電気通信改革三法が成立し，日本電信電話公社が日本電信電話株式会社（NTT）となり，さらに通信の大幅な自由化が実現し，パソコン通信などのサービスも始まった。1993 年にはそれまでアナログだった移動体通信（携帯電話など）のデジタル化が始まるとともに，TCP/IP によるインターネット接続も始まった（武田，2011）。

　日本半導体メーカーの地位低下　　日本の半導体メーカーはメインフレームに対応した信頼性を重視した半導体の生産で 1990 年代の初頭に大きな存在感を示していたが，1990 年代には主要な技術がほぼ生み出され，製造装置を導入し

---

11 メインフレームでは計算はすべてコンピュータがおこない，端末は文字の入力と表示のみをおこなっていた。パソコンなどが接続されるようになると，利用者のパソコンなどのクライアントからメール送受信や Web 閲覧など特定機能を担当するコンピュータであるサーバーに要求を送信し，サーバーがそれに応じた返答を送信する仕組みに変化していった（クライアント・サーバー・システム）。

いかに統合していくかの勝負となり，韓国・台湾のメーカーが技術力を向上させたこと，パソコン向けの低価格志向の半導体が中心となり，パソコンメーカーも台湾などが中心となっていったこと，大規模な投資をタイミングよくするために迅速な意思決定が必要だったことなどから，日本の半導体メーカーは世界市場での地位を低下させていった（奥山，2008-2014，とくに24回）。半導体メーカーも統合で生き残りを図ったが，2014年で世界のトップ10にあるのは，東芝とルネサスのみとなった（表7.4)[12]。

○ 家電生産の衰退

音と映像のデジタル化　アナログが中心であった家電も次々とデジタル化されていったが，ここでは CD（compact disc）と DVD（digital versatile disc）の再生機器について簡単に述べておく。音は連続的に変化するが，アナログ信号を一定の間隔に分割し，その分割点のアナログ信号の振幅を取り出し（標本化），数値化してデジタル信号に変えていく[13]。このデジタル信号を CD に記録し，再生機では CD を高速で安定的に回転させて，半導体レーザー光をあてて，その光の変化をピックアップという光学系装置で読み取り，アナログ信号に変えてスピーカーから音として出している。1980年にフィリップスとソニーが規格統一に合意し，1982年に最初の CD が発売されたが，レコードより小さく，軽く，雑音もなく，何回聞いても劣化しないので，急速に普及していった（原田，1996）。同様に映像をデジタル化して DVD に取り込み，それを再生するのが DVD 再生機であるが，映像はデータ量が大きいため MPEG-2 という規格にのっとりデータを圧縮して DVD に保存し，再生機では圧縮データ

---

12 2003年に三菱電機と日立の半導体部門が統合してルネサス・テクノロジーが成立し，2010年に NEC エレクトロニクスと合併してルネサス・エレクトロニクスとなったが，同社はシステム LSI を主たる製品としている。なお日本電気と日立の DRAM 部門の統合によって誕生し，のちに三菱電機の DRAM 部門も加わったエルピーダメモリは会社更生法を申請し，2013年にアメリカのマイクロン・テクノロジ（Micron Technology）に買収された。

13 CD では標本化の間隔は約22マイクロ秒で，16ビットなので65,536（2の16乗）階調で捉えている。ちなみに電話は8ビットであるが，CD は広い音域を扱うため16ビットとなっている。

を標準の映像データに変換して，アナログデータにして出力する。1995年に
ソニー・フィリップス・東芝・松下などが規格統一に合意し，1996年から再
生機が発売された（原田，2000）。CDがレコードに取って代わったのと同じ理
由でDVDがVTRに取って代わっていった。これらのデジタルデータの取扱に
は高性能のMPUとソフトウェアが介在している。

　韓国・台湾・中国のキャッチ・アップ　　光ディスク装置は日本の家電メーカー
が中心となって規格を定めたもので，大型商品と期待されたが，韓国・台湾・
中国のメーカーのシェアが伸び，日本企業のシェアは小さくなっていった。
VTRはアナログ技術で構成されており，技術・部品間の相互依存性を調整す
る仕組みが工程のノウハウとして存在しており，問題が発見され，解決される
と，新しいノウハウとして工程に蓄えられていっており，部品全部をそろえた
としても，それだけで安定的な品質のVTRを大量生産することは不可能で，
後発国メーカーが追いつくのは困難であった。そのため日本企業は長い間，強
靱な競争力を発揮したのである。しかしCDやDVDでは，MPUやソフト
ウェアの果たす役割が大きく，さまざまなノウハウもこれらに体化されるよう
になっていった。すると部品を組み立てることで高い品質が再現されるように
なったのであり，中国などで安価に生産されるようになり，VTRでは考えら
れないような数のDVD再生機が生産され，消費された。これに対してノウハ
ウが詰め込まれている基本部品や部材では，模倣がより困難で，日本企業の競
争力は強かった（新宅・小川・善本，2006）。

　ビジネスモデルの転換　　テレビもブラウン管テレビから液晶テレビとなり，
さらにデジタル放送が始まったが，液晶パネル・テレビさらに太陽光発電パネ
ルもDVDとほぼ同じような動向をたどっているし，音声データを圧縮した
MP3の再生機ではアップル（Apple）が圧倒的な存在となり，日本企業は存在
感を示せなかった。そもそも音声・映像ともCD・DVDといったメディアと再
生機を売るというビジネスから，インターネットの普及にともなって，オンラ
インで配信し，パソコンやタブレットさらにはスマートフォンで視聴するよう
になり，しかもデータを端末に残して（繰り返し視聴することを可能とする）
のではなく（違法コピーを取り締まるのは困難である），ストリーミングで見
たいとき・聞きたいときに見たい・聞きたいコンテンツを（月額定額といった

料金体系（サブスクリプション）で）インターネットに接続して視聴するビジネスへと急速に変化している。パソコンが端末の高性能を競うというより，スマートフォンがサーバーに貯蔵されているデータにアクセスし，そこでの処理結果を視聴するようになったのであり，クラウド・コンピューティング（cloud computing）が進展している。

映像を見るための専用機としてのテレビ・DVD（さらには Blu-ray）再生機が生き残れるのかは不確実であるが，配信サービスをおこなう企業が映像コンテンツの制作に乗り出す垂直統合も進んでおり，コンテンツを作り配信してきたテレビ局さらには映画配給会社の将来も同じように不確実であるといえ，配信に進出しようとしているが，世界的な規模をもつ Netflix などの会社がコンテンツ制作と配信で急速に成長しつつあり，存在感を示すのは難しいといえる。

○ 電機メーカーの苦境

有力メーカーの苦境　日本の電機メーカーは苦境に陥り，1990 年代以降リストラを余儀なくされ，事業範囲の見直しを余儀なくされたが，なかでも三洋電機は 2009 年にパナソニック（松下電器産業が 2008 年に改称）の子会社となり，2011 年に完全子会社となったほか，シャープが 2016 年に台湾の鴻海精密工業に買収された。さらに 2015 年には東芝の会計不正が発覚し，2006 年に買収した WH ののれんの減損 7,166 億円を 2017 年に計上したため，証券取引所への上場を維持するため，WH はおろか医療機器の東芝メディカル，白物家電事業，パソコン事業さらには東芝メモリの売却をおこなった（久保，2018）。

日本の電機メーカーは，家電や半導体では韓国・台湾・中国のメーカーの追い上げを受け，発電事業でも火力発電が二酸化炭素排出を減少させる必要があるため長期的な成長が期待できず，原子力発電も 2011 年の福島第一原子力発電所の事故により，一時は二酸化炭素を排出しないということで建設増加が期待されたが（東芝は世界的に主力であった加圧水型原子炉の建設をおこなうために三菱重工業などと争って WH を買収した），少なくとも先進国では新設が増加することは期待できないうえに，今後の伸びが期待される再生エネルギーの太陽光発電や風力発電では大きなシェアをとることができていない。電

表7.5　電気機械売上上位20社（2017年）

会社名	売上高 (十億円)	主な分野
日立製作所	9,369	総合電機
ソニー	8,544	音響映像家電
パナソニック	7,982	家電総合
三菱電機	4,431	総合電機
富士通	4,098	情報電機
キヤノン	4,080	カメラ，事務機
東　芝	3,948	総合電機
日本電気	2,844	情報電機
シャープ	2,427	家電総合
リコー	2,063	事務機
京セラ	1,577	電子部品（コンデンサー），太陽電池，通信機器
日本電産	1,488	モーター
村田製作所	1,372	電子部品（セラミックコンデンサー）
TDK	1,272	電子部品
東京エレクトロン	1,131	半導体製造装置
セイコーエプソン	1,102	インクジェットプリンター
富士電機	893	重電機器
ミネベアミツミ	879	極小ベアリング
オムロン	860	制御機器，電子部品
アルプス電気	858	電子部品

（出典）『会社四季報　2019年1集』など
（注）　売上には電機以外の製品を含む。

機メーカーの経営はうまくいっていない，といえる。

　部品メーカーの存在感　　ここで2017年の売上上位の電機メーカーをみてみよう。トップ10にはさまざまなリストラをへつつもこれまで名前の挙がったメーカーが登場しているが[14]，それ以下は特定の製品しかも最終製品ではなく

[14] キヤノンはカメラメーカーであったが，複写機などの事務機さらには半導体製造装置であるステッパーなどを製造し，電機メーカーとして分類されている。

むしろ部品で世界的なシェアを握るメーカーが並んでいる（表7.5）。電気機械は自動車に比べて部品の汎用性が高く，またサプライヤーが独自の設計を行っており，最終製品のアセンブラーである家電メーカーなどが衰退した後も開発・生産の現地化によりグローバル・サプライヤーとして成長する企業がかなり存在している。デジタル化の進展のなかで日本メーカーの強みのある分野を示しているといえる（中島，2019）。

　米独大企業の動向　　しかしこうした日本メーカーとくに総合（あるいは最終製品）メーカーの苦境は，経営者の責任ばかりとはいえない。日本企業が電機生産を始めたときに世界に冠たる地位を占めていた GE，WH，WE，AEG，ジーメンスをみてみよう。まず WH は 1995 年に放送事業の CBS を買収する一方で，電機部門などを売却し（原子力事業は 1998 年に英国核燃料会社に売却し，それを東芝が買収した），1997 年に CBS と改称したうえで，1999 年にバイアコム（Viacom）に合併されて消滅している（久保，2018，74–82 頁）。また AEG は 1967 年にテレフンケンと合併したが，オイルショックの後に赤字体質となり，1985 年にダイムラー・ベンツに買収された。家庭電器部門が 1994年にスウェーデンのエレクトロラックス（Electrolux）に売却されるなど（AEG のブランドは同社が保有），部門売却が進められたうえで 1995 年に鉄道システムのアドランツ（Adtranz）に統合され，消滅している。さらに WE はAT&T の改組にともない 1984 年に AT&T テクノロジーズとなり，1996 年にルーセント（Lucent）・テクノロジーズとしてスピン・オフされ，2006 年フランスのアルカテル（Alcatel）と合併し，2016 年にフィンランドのノキア（Nokia）に買収され，法人統合されて消滅している。第四に GE はジャック・ウェルチ（J. Welch）の時代に繁栄したが（1986 年に RCA を買収，事業の再編・売却を実施），リーマン・ショックに際会して金融部門を売却するなど事業再構築に取り組んだものの，買収したアルストム（Alstom）の火力発電事業ののれんの減損を計上するなど，再構築がうまくいかず，2000 年以降 2018 年までに時価総額の 8 割が失われ，CEO のフラネリー（J. Flannery）が在任わずか 14ヶ月で解任され，社外取締役であったカルプ（L. Culp）が CEO に任命された。最後にジーメンスは，Siemens & Halske と Siemens-Schuckert などが1966 年に合併してジーメンスとなり，今日に至っている。このように 20 世紀

初頭に世界市場に覇を唱えていた欧米の巨大電機企業の多くも困難に直面しており，決して日本の電機企業の経営だけが殊更に悪かったというわけではないのである。

演 習 問 題

　7.1　一時は世界市場を席巻した日本の電機メーカーの存在感が低下した理由を日本の自動車メーカーと比較して考察しなさい。そのときには欧米の電機メーカー，自動車メーカーの存在感の低下とも比較して考察しなさい。

　7.2　電機の部品サプライヤーと自動車の部品サプライヤーの共通点と相違点について考察しなさい。

第 8 章

化　学

　高度成長をへて我々の暮らしは豊かになった。衣食住のうちの衣類ではポリエステルなどの合成繊維，住では洗剤やプラスチック（合成樹脂）製の容器，食ではフレイバー（香料）のほか食品トレーやペットボトルが化学的に合成されている。食料すらも直接ではないが化学肥料・農薬を用いて生産されている。また医薬品の進歩によって平均寿命が劇的に延びたのも高度成長期であった。さらには金属の塊にみえる自動車・家電製品にもプラスチックが用いられているし，合成ゴムのタイヤをはいている自動車もある。このように化学産業は我々の暮らしに深く浸透しているが，それがどのように発展してきたのかを概観してみる。また化学産業は，副産物から新しい製品ができることが多く，多角化が進みやすい産業であるが，どのように多角化しているのかについても注意していく。

○ *KEY WORDS* ○
お雇い外国人，エンジニアリング，
製法特許，物質特許，コンビナート，
特定産業構造改善臨時措置法，機能性化学品

8.1 酸・アルカリ

○ 硫酸工業

化学工業の基盤　　化学工業は硫酸と苛性ソーダ（水酸化ナトリウム）もしくはソーダ灰（炭酸ナトリウム）の製造に始まるといって過言ではない[1]。硫酸は多くの化学製品の基礎であり，肥料・染料・医薬品・合成樹脂などの製造や石油精製に欠くことはできないし，ソーダは石鹸やガラスの原料となる。

日本における硫酸製造　　日本では硫酸の製造は大阪の造幣寮（のち造幣局と改称）から始まった。地金の分析・精製や旧貨幣の洗浄に硫酸や硝酸（硫酸から製造できる）が必要だったからである。造幣寮では18世紀に開発された鉛室法が導入され，鉛をはった室のなかで硫黄と硝石を燃焼させ，底の水に吸収させて硫酸を製造した（鉛をはるのは硫酸におかされないためである）。19世紀に鉛室で生成された窒素酸化物を硫酸に吸収させて回収する装置であるゲイ＝リュサック塔と硝酸を含む硫酸から硝酸を分離するとともに硫酸を濃縮するグローバー塔が開発されていたが，造幣寮はお雇い外国人の援助を受けたものの，これらを用いた手法は導入されなかった。日本でこれらを用いたシステムが導入されたのは1885年の印刷局（東京）が最初である。造幣寮ののち1879年に大阪に硫酸製造会社が設立されたのをはじめとして，多くの民間企業が硫酸製造をおこなうようになった（鎌谷，1989）。

　鉛室法で得られる硫酸は純度・濃度が低かったが，硫黄や硫化鉱を焙焼したガスを精製して触媒を通すことで高純度・高濃度の硫酸を産出する接触法が開発され，さまざまに改良され，日本でも採用が進んでいった[2]。

---

1 世界の化学産業の発達についてはアフタリオン（1993）および Chandler（2005）を参照。
2 19世紀末に白金を触媒とする接触法が開発されていたものの，価格等の問題がありあまり普及していなかったが，1915年に五酸化バナジウムというより安価な触媒が発見された。

○ ソーダ（アルカリ）工業

ソーダ類製造のはじまり　日本が最初に導入したソーダ灰の製造方法は18世紀末に開発され，19世紀初頭に工業化されたルブラン法であり，食塩に硫酸を反応させて硫酸ナトリウムを得て，これに石灰石とコークスを混ぜて高温で反応させてソーダ灰を得るというものである。

　大阪の造幣局では曹達製造所を設け，1881年からソーダ類の製造を開始しているが，1885年には民間に貸与され，短命に終わった。また日本でも紙幣を発行することとなったが，その紙幣を国産することとなり，明治初期に紙幣寮や印刷局が東京に設立された。そして印刷用のインクさらにはその基礎化学薬品まで国産することとなり，1881年には丸の内でソーダ類の製造が始まり，1885年には王子（現在，東京都北区）に設けた新工場でソーダ類を大規模に生産した[3]。しかしこの工場は1890年に宮内省に移管され，1895年にはソーダ工場が民間に払い下げられ，硫酸工場が陸軍省に移管されている。1890年代には小野田（山口県）の日本舎密や大阪硫曹など民間企業もソーダ製造に乗り出し始めた（鎌谷, 1989）。

　ルブラン法では硫酸ナトリウムが生成される過程で塩化水素が副生されるが，これが放出されると有害である。ところが塩化水素から得られる塩素を消石灰に吸収させると衣類などを漂白する晒し粉が製造できるので，ルブラン法ソーダ製造は，晒し粉の製造と結びつくこととなった。イギリス産業革命期の化学工業は，硫酸・ソーダ・晒し粉の製造が，石鹸やガラスの製造のほか繊維産業と深く結びつき，発達していた（荒井ほか, 1981, 第2章）。

アンモニア法と電解法　ソーダ類の製造にはこのほか食塩水を電気分解して苛性ソーダを製造する電解法と食塩水・石灰石・アンモニアからソーダ灰を製造するアンモニア法（ソルベー法）が存在する（ソーダ灰を苛性化すると苛性ソーダとなる）。電気が安価に供給されるようになると電解法が有利となり，1915年の程谷曹達をはじめとして多くの企業が設立されていくが，やはり塩素を副生する。第一次世界大戦以降は，塩素の消費先として，晒し粉のほかパ

---

3 この工場にゲイ＝リュサック塔とグローバー塔を装備した硫酸工場が設けられている。

ルプやレーヨンの生産が増加していた。

　一方，アンモニア法は塩素を副生せず，コスト的にもルブラン法より優れており，塩素の需要が多くなければ電解法よりも優れていた。アンモニア法は1860年代に開発されていたが，その技術をソルベー組合が管理しており，技術導入はできなかった。そこで第一次世界大戦に際してソーダ価格が高騰したときに，旭硝子（ガラスメーカーであり原料の自給に動いた，のちAGCと改称）と日本曹達工業（のち徳山曹達さらにトクヤマと改称）が技術供与を受けずにアンモニア法によるソーダ製造を開始した。第一次世界大戦後のソーダ価格の下落によって両社は苦境に陥るが，技術の改良やプラントの拡張などによって乗り切っていった。これらの製法の発達によりルブラン法は姿を消していった（渡辺，1968，223，322頁）。

　第二次世界大戦後にアンモニア法は，ソーダ灰と塩化アンモニウム（肥料）を併産する塩安併産法に改良されたが，現在では天然ソーダ灰との競争にさらされている。また塩化ビニル樹脂の需要が伸びたこともあり，1966年から苛性ソーダは塩素を副生する電解法によって生産されるようになったが，水銀の環境汚染から今日では水銀を用いないイオン交換膜法で生産されている。

8.2　化学肥料[4]

○ 過燐酸石灰

　植物に肥料を与えると生育がよくなることは古くから知られていて，魚粉，鶏糞，骨粉，油粕（菜種などの絞り粕），草木灰（草や木を燃やした灰），堆肥（有機物を微生物で分解したもの）などが古くから用いられてきたが，19世紀には窒素（葉や茎の生育に有効），燐酸（花や実の付き方に有効），カリウム（根の成長に有効）の3成分が植物の生育にとって重要であることが明らかに

---

4 本節の記述はとくに断らない限り，大東（2014a）および牧野（2008）による。

され，化学肥料が製造されるようになっていった。このうちカリ肥料はカリ鉱石を採掘し，選鉱・粉砕・溶解して塩化カリを取り出すことで得られるが，日本にはカリ鉱床がないため，輸入に依存している。

　燐酸肥料としては南米からグアノ（海鳥の糞などが化石化したもので窒素分も含む）が北米やヨーロッパに輸出されていたが，獣骨や燐鉱石に硫酸を作用させる過燐酸石灰が 19 世紀に発明された。日本でも東京人造肥料が 1888 年から生産を開始している。技術的にはそれほど難しいものではなく，多くの企業が参入したが，やがて合併を繰り返し，大日本人造肥料が 1910 年に成立し，その後も合併をおこなっていった。同社は日産コンツェルンの傘下に入って1937 年に日産化学工業となる。

◯ 窒素肥料

　石灰窒素の生産　　3 成分の最後の窒素は空気中に大量に含まれているので，これを固定することで化学肥料が製造されるようになった[5]。1895 年にフランク（A. Frank）とカロ（N. Caro）は，石灰とコークスなどの炭素を電気炉で加熱することによって得られるカーバイドと窒素を窒化炉において高温で反応させることによって石灰窒素が得られることを見いだした（窒素は空気液化分離によって得られた）。石灰窒素の製造は電気化学工業といえ，電気料金が低廉であることが工業化の条件であった。日本でも水力発電が普及し始めており，1902 年に野口遵・藤山常一らが出資する三居沢カーバイド製造所（宮城県）がカーバイドの製造を始めており，野口と藤山らはフランク・カロ法の特許権を取得して，1908 年に日本窒素肥料（のち JNC）を設立した。日本窒素肥料はもともとバッチ式（原料を投入し，反応をおこない，終了すると製品を取り出す）であった窒化炉を連続式（原料を投入すると反応が進み，反応が中断せずに製品が産出される）に改良し，効率を改善している（大塩，1989，第 1 章）[6]。

---

[5] ノルウェーでは火花放電で空中の窒素と酸素を結合する電弧法による硝酸石灰が生産されていたが，電気を大量に消費し，電力価格が非常に安価でないと成り立たない方法であり，日本では用いられなかった。

[6] のちに藤山は野口と袂を分かち，電気化学工業（のちデンカ）を設立した。

硫安　　ところが石灰窒素は作物の育成途中に追肥（ついひ）として使用すると作物に害を与え，また空気中の炭酸ガスや水分と反応して変質するという欠点があり，扱いにくい肥料であった。しかし石灰窒素に水蒸気を加えて加水分解するとアンモニアが得られ，これに硫酸を作用させると硫酸アンモニウム（硫安）という肥料になった。硫安は取扱の容易な肥料であり，石灰窒素から製造されることが増えていった。これを変成硫安という[7]。

　1913 年ドイツの BASF は窒素と水素を触媒の存在のもと高温高圧で反応させてアンモニアを工業生産しはじめた。この方法はハーバー（F. Haber）の基礎研究とボッシュ（C. Bosch）の工業化研究にもとづくもので，ハーバー・ボッシュ法といわれているが，それまでにない高温・高圧のもと複雑な装置で一定の条件で操業されねばならず，化学産業の装置産業化を一気に推し進めたといえ，化学の知識とともに工学の知識が重要となり，エンジニアリングが重要となるきっかけともなった。こうして合成されたアンモニアから製造される硫安は合成硫安とよばれる（飯島，1981，63 頁）。

　第一次世界大戦の結果，ハーバー・ボッシュ法の特許は日本政府に没収され，東洋窒素組合に払い下げられたが，BASF は肥料の輸出を優先し，ノウハウ提供に高い実施料を要求したため，BASF を引き継いだ IG Farben（イー・ゲー・ファルベン）社が技術戦略を転換した 1930 年代になってようやく日本で同法が実施された（工藤，1992）。しかしアンモニア合成については，ハーバー・ボッシュ法のほかにもカザレー法・クロード法などの特許が存在していた。日本の特許法は 1976 年まで物質特許を認めず，製法特許を認めていたので，こうした別の製法の特許を用いればアンモニア合成をおこなうことができた。その結果，日本窒素肥料はカザレー法により，鈴木商店系のクロード式窒素工業（のち第一窒素工業も設立，三井鉱山が買収）がクロード法によりアンモニア合成に乗り出した。しかしこれらの方法には特許権が安い代わりに，ハーバー・ボッシュ法に比べて工業化のノウハウが十分ではなく，工業化に多くの困難が伴った。その後も硫安への参入が相次ぎ，1931 年には硫安の生産が輸入を上回るにいたり，日本の合成硫安生産は，日本窒素肥料の生産開始か

---

[7] 石炭を乾留してガスを得るときにアンモニアが得られるが，これに硫酸を作用させても硫安が得られる。これを副生硫安とよぶ。

表 8.1　硫安製造企業

会社名	2017年現在	会社設立年	アンモニア合成法	水素発生装置	生産開始年	当初硫安生産能力（千トン）
日本窒素肥料	旭化成	1906	カザレー	水電解	1923	13
クロード式窒素	三井化学	1922	クロード	水性炉	1924	9
日本窒素肥料	JNC	1906	カザレー	水電解	1926	60
大日本人造肥料	日産化学	1887	ファウザー	ウィンクラー炉	1928	30
朝鮮窒素肥料	—	1927	カザレー	水電解	1930	120
昭和肥料	昭和電工	1928	東工試	水電解	1931	150
住友肥料製造所	住友化学	1925	NEC	水性炉	1931	30
三池窒素工業	三井化学	1931	クロード	水性炉	1932	36
矢作工業	東亜合成	1933	ウーデ	水電解	1933	36
宇部窒素工業	宇部興産	1933	ファウザー	コッパース乾留炉	1934	50
満州化学工業	—	1933	ウーデ	水性炉	1935	100
新潟硫酸	東洋合成工業	1896	クロード	水性炉	1937	10
日本タール工業	三菱ケミカル	1934	ハーバー	ウィンクラー炉	1937	80
多木製肥所	住友精化	1885	ハーバー	水性炉	1938	50
大日本特許肥料	三菱ケミカル	1919	ハーバー	水性炉	1939	50
日東化学工業	三菱ケミカル	1937	ハーバー	水性炉	1940	50
帝国高圧工業	片倉コープアグリ	1938	新ウーデ	フィアーグ炉	1940	50
日本水素工業	日本化成	1937	新ウーデ	フィアーグ炉	1940	100

（出典）　牧野（2008, 224頁）など

ら10年に満たない間に世界的なレベルに達した（表8.1）[8]。

　電気化学工業と石炭化学工業　アンモニア合成では複雑な装置をいかに運用するかとともに，水素をいかに安価に入手するかもコストに大きな影響を与える。日本窒素肥料は水の電気分解によって水素を得ていたが，コストは電気料金に依存することとなる。当初は水力発電の電源を開発し，安価な電気を得ていた

---

[8] 昭和肥料は東京工業試験所が開発した製法である東高試法を採用し，さらにほとんどを国産機械でまかなった。この措置は日本の化学機械産業のレベルを高めたといわれる。

が，生産の増加とともに安価な電力の調達が困難となっていった。そこで同社は朝鮮に大規模なダムを建設し，水力発電をおこなって安価な電力を確保し（一般にも電力を供給），現地で合成硫安を製造し，さらに製品を多角化していった。この結果，朝鮮に長津江水電，朝鮮窒素肥料などが設立されたほか，もともと硫安を生産しはじめた延岡でアンモニアを用いてレーヨン（キュプラ）の製造をおこなう日本ベンベルグ絹糸が設立され，同社は日窒コンツェルンを形成した。日本窒素肥料にとってアンモニア生産は，電気化学工業であったといえる（大塩，1989）。

これに対して多くの硫安メーカーは，不純物の濾過が必要であり，より複雑であったが，水素を石炭やコークスからの発生ガスによることとなった。石炭やコークスを生産する三井や三菱も参入しており，これらの会社にとっては，アンモニア生産が石炭化学工業としての側面をもつこととなった。さらにアンモニアからは硝酸が合成できるが，硝酸は石炭乾留から得られるタールなどとともに合成染料の生産にも用いられるので，アンモニア合成と石炭化学工業との結びつきはさらに強いといえる（下谷，1982）。

戦後の肥料生産　第二次世界大戦で肥料生産は打撃を受けたが，食糧増産の必要から肥料生産の増加が図られた。戦争直後は硫酸が不足していたこともあり，硫酸を必要としない窒素肥料である尿素肥料や燐酸肥料である溶成燐肥が生産されるようになった。戦前からアンモニアと炭酸ガスにより尿素が生産されていたが，尿素樹脂などの工業原料として用いられており，尿素はこのとき世界ではじめて肥料として用いられた。尿素は硫安と異なり土壌を酸性化しないので，肥料として普及していった[9]。またすでにのべたようにソーダの生産から塩酸アンモニウムが併産されるようになった。さらにナイロンの原料であるカプロラクタムやアクリルの原料であるアクリロニトリルなどの生産工程からも硫安が併産されるようになった。これらは回収硫安とよばれる。

途上国での肥料生産の増加により肥料生産は尿素への転換と石炭から石油への原料転換さらにはアンモニアの用途として合成繊維や合成樹脂への転換を

---

[9] 最初に尿素肥料を製造した東洋高圧工業（のち三井化学工業と合併して三井東圧化学となり，さらに三井石油化学工業と合併して三井化学となる）の尿素生産方法はその後も改良が続けられ，技術輸出も多数おこなわれた。

図ったが，オイルショックにより天然ガスを基盤とする化学工業に太刀打ちできないこととなった。アンモニア・尿素などは 1978 年の特定不況産業安定臨時措置法の対象となり，以後は設備廃棄などに取り組むこととなり，1970 年代の半ばから合成硫安の生産はおこなわれなくなり，回収硫安に依存することとなった[10]。

8.3 合成繊維・合成樹脂・合成染料

○ セルロース工業

工業用原料としてのセルロース　植物の細胞壁は主にセルロースからなっている。セルロースは木材パルプの主成分であるが，それを硝酸と硫酸の混酸で処理するとニトロセルロースとなる。ニトロセルロースは発火しやすいので火薬の原料となるが[11]，それをベースに新しい塗料や人造皮革が製造されるようになったし，樟脳を加えれば半合成樹脂のセルロイドになる[12]。セルロイドは櫛・眼鏡のフレームさらには溶剤が発見されるとフィルムに加工された。またセルロースを酢酸などで加工すると化学繊維のアセテートになる。さらにパルプを苛性ソーダなどで加工してビスコースを作り，これを凝固液に反応させると，化学繊維であるレーヨンや包装紙などとして用いられるセロハンも製造することができる。アメリカのデュポン（Du Pont）は火薬メーカーであったが，1910 年代から 1920 年代にかけて，塗料，人造皮革，セロファン，レーヨンなど多角化をすすめ，総合化学メーカーへと脱皮していった。とくに勃興する自動車産業に速乾性塗料を供給したことは，同社の成長にとって大きな意味が

---

10 肥料用に製造された尿素などは燐・窒素・カリの 2 成分以上を含む化成肥料の形態で出荷されている。

11 硝酸は硝石と硫酸から製造されていたが，アンモニアから硝酸が製造できるようになると，硝石の輸入に頼らずに火薬を製造できることになり，軍事的にも大きな意味を持つことになった。

12 セルロイド（Celluloid）は商標であったが，一般名詞となった。

あった（キネーン，2002）。

　セルロイド工業の発達　　樟脳はクスノキから取れるが，クスノキが東アジアの特産品であったので，セルロイド工業は日本で発達し，多くの会社が設立されたが，1919年に8社合同で大日本セルロイド（のちダイセル）が設立された。同社はセルロイド生地を生産し，加工メーカーが櫛などに加工したほか，生地としても輸出されたが，このほか写真フィルム（富士写真フイルムとなり，のち富士フイルムと改称）に進出し，さらに酢酸に関連する製品にも多角化していった。しかしセルロイドは熱に弱く，コストの安い射出成形（高温で樹脂を液体にして金型に押し込み冷却して成形する）に適さないため，他の樹脂に代替されていった。

　第一次世界大戦期以降，帝国人造絹糸（のち帝人），旭絹織（のち旭化成），東洋レーヨン（のち東レ），日本レイヨン（のちユニチカ），倉敷絹織（のち倉敷レイヨン，クラレ）などが設立されたほか，東洋紡績などがレーヨンの生産を開始し，1937年には日本のレーヨンの生産高が世界一となった（第4章）[13]。

○ 石炭化学工業

　合成染料　　アンモニアの原料の水素が石炭やコークスから得られるようになると石炭化学工業としての性格を帯びてくることは指摘したが，石炭を乾留して得られるタールからは，ベンゼン（ベンゾール）が得られる。ベンゼンは最も単純な芳香族炭化水素（ベンゼン環をもつ）であり，石炭化学工業の出発点となる。

　ベンゼンを硫酸・硝酸などによってニトロベンゼンにして，さらアニリンを合成できる。19世紀後半にイギリスでアニリンからモーブという染料が合成されたが，やがてタールを出発点とする多様な炭化水素によって多くの染料が合成されるようになった。合成染料工業はドイツで発達し，BASF，バイエル（Bayer），ヘキスト（Hoechst）などの巨大化学会社が誕生し，第一次世界大

---

13 旭絹織は野口遵が経営する会社であり，延岡で日本窒素肥料からアンモニアの供給を受けて銅アンモニア法によってベンベルグ絹糸（キュプラ）を製造する日本ベンベルグ絹糸などと合併して旭ベンベルグ絹糸となり，旭化成と改称した。

戦前はドイツがこの分野において世界を圧倒していた。

　第一次世界大戦によってドイツからの染料の輸入が停止するとアメリカでもようやく染料生産が増加するという状況であり，日本では 1915 年に染料医薬品製造奨励法が制定され，その翌年に日本染料製造（のち住友化学工業に合併）が設立され，政府の保護を受けることとなった。1925 年には染料製造奨励法が制定され，染料を製造する企業に奨励金が交付されることになり，翌年の関税引き上げ，さらに 1931 年以降の為替下落でようやく染料製造が軌道に乗った。とくに三井鉱山（のち化学部門は三井化学工業となる）は，木綿などを青く染めるインディゴの製造に成功した（矢毛石，1965）。

　フェノール樹脂　　またベンゼンと発煙硫酸などからフェノールを合成できる。フェノールは消毒剤の原料となるが，さらに消毒剤であるホルマリン（ホルムアルデヒド水溶液）とともに合成樹脂であるフェノール樹脂の原料となる[14]。フェノール樹脂は発明者の名前をとった商標であるベークライトが有名であるが，接着剤として用いられたほか，耐酸性があることからレーヨン製造のためのポットモーターとして用いられ，さらに紙や布にしみこませ積層して加熱プレスした積層板が絶縁性があることから配電盤などに用いられており，レーヨンや電気機械など戦間期に成長した産業を支えていた。消毒液と関連が深いこともあり，医薬品メーカーの三共が最初にフェノール樹脂の生産に乗り出したが，1930 年代には生産が増加し，戦前日本で最も大量に生産された合成樹脂となった（小山，1967）。

　ナイロン　　フェノールとともに水素，亜硫酸ガス，アンモニアなどから合成繊維ナイロンの原料であるカプロラクタムが合成できる（このとき硫安が生成されることはすでにのべた）。ナイロンはデュポンによって開発されたが（ナイロン（Nylon）はデュポンの商品名であるがポリアミドという一般名詞より普及している），これはアジピン酸とヘキサメチレンジアミンからなる 66 ナイロンである。東洋レーヨンは 66 ナイロンが開発されるとそれを取り寄せ研究し，第二次世界大戦中にはカプロラクタムを原料とする 6 ナイロンを生産し，

---

14 ホルムアルデヒドはメタノール（メチルアルコール）から生成できる。メタノールは木材乾留から得られていたが，一酸化炭素に触媒存在下で水素を反応させて合成する方法が BASF によって開発され，石炭化学の一環となった。

テグスなどとして用いられるまでになっていた。6ナイロンはデュポンの特許に抵触しないが，糸の製造工程・編織・染色などの特許を利用すると迅速な工業化ができるとの判断から，1951年にデュポンと特許契約を締結し，本格的な工業生産に入った。その後日本レイヨンもインベンタ社（スイス）から技術を導入して，6ナイロンの製造を1955年から始めている。

尿素樹脂・メラミン樹脂　さらに尿素とホルムアルデヒドから尿素樹脂が製造できる。戦前には合板用の接着剤などとして用いられていたが，戦後は尿素の増産が進んだこともあり，成形用に用いられるようになり，ボタン・食器などに加工され，生産が増加した。またアンモニアからはメラミンが合成でき，ホルムアルデヒドとともにメラミン樹脂となる。戦前にスイスのチバ社（Ciba）によって開発されていたが，日本では戦後，特許を導入して多くのメーカーが生産をおこなった。食器などの成形品のほか化粧板などに用いられている。フェノール樹脂，尿素樹脂，メラミン樹脂などは，熱を加えると硬くなり，温度が低下してももとに戻らない熱硬化性樹脂である。

○ カーバイド工業

ポバール　カーバイドは石灰窒素の原料であることはすでにのべたが，水を加えるとアセチレンを得ることができ，さまざまな製品の出発点となる。アセチレンからはアセトアルデヒドをへて酢酸が合成できるが，これとアセチレンから酢酸ビニルを合成でき，これにメタノールを加えるなどするとポリビニルアルコール（ポバール）となる。ポバールは日本で開発された合成繊維であるビニロンの原料であるほか，織物仕上用糊剤，接着剤，フィルムなどになる。ビニロンは戦時中の京都大学の研究から生まれた純国産合成繊維であり，1950年に倉敷レイヨンが工業生産を開始したが，ナイロンなどに匹敵する繊維となることはできなかった。ポバールはビニロン以外の用途が伸びたが，酢酸を製造していた日本合成化学工業（のち三菱ケミカルに合併）もポバールの有力メーカーとなっている[15]。

---

15 メタノールと同じく酢酸も木材乾留から得られていたが，カーバイドからの合成方法のほか，エタノール（エチルアルコール）を酢酸発酵させても生成できる。

塩ビ樹脂　　アセチレンと塩化水素から塩化ビニルが合成され，さらにポリ塩化ビニル樹脂（PVC）となる。1930 年代前半にドイツとアメリカで工業化され，戦前日本でも日本窒素肥料などが生産をおこなった。ポリ塩化ビニル樹脂は熱を加えると柔らかくなり，温度が下がると硬くなるものの，再び温度を上げると柔らかくなる熱可塑性樹脂であるが，常温では硬いものであり，これに可塑剤を混ぜることで硬度を調整できる。可塑剤が多ければ柔らかくなり，ビニールと一般にいうものになるし，可塑剤が少なければ硬くなり，パイプなどに加工できるという非常に便利な性格をもっている。1951 年に日本化成と日本ゼオン（アメリカのグッドリッチ社と日本資本との合弁会社）が塩化ビニルの技術導入をおこない，品質が向上した[16]。農業用のビニールハウスや水道用のパイプに採用されたこともあり，需要が伸びたため，多くの企業が参入し，生産が急増した。ポリ塩化ビニル樹脂の生産増加が塩素の需要を増加させ，ソーダ工業の電解法を有利にしたことはすでに述べたとおりである。

アクリル　　アセチレンと青酸からアクリロニトリルが合成できるが，これは合成繊維であるアクリルの原料となる。1949 年にデュポンがオーロン（Orlon）という商標で生産しはじめたが，ナイロンのような強固な特許が存在していたわけではなく，1950 年代後半に鐘淵化学工業（のちカネカ）と旭化成工業が自社技術で生産を開始したほか，日本エクスラン工業（東洋紡績と住友化学工業の合弁会社）と三菱ボンネル（三菱レイヨン，三菱化成工業，アメリカのケムストランド社の合弁会社，のち三菱レイヨンに合併）が生産を開始した（カーバイド工業の歩み編纂委員会，1968）。

---

16 日本化成の塩化ビニル事業は，同社とアメリカのモンサント（Monsanto）との合弁会社であるモンサント化成工業となった。日本化成は 1952 年に三菱化成と改称している。

8.4 石油化学工業[17]

石油化学工業の生成

　以上のとおり，戦間期から1950年代の日本において，木材，石炭，石灰，電気から，多様な肥料・繊維・樹脂・染料が生産されていたが，石油化学工業の登場により，これらの製品の原料が石油に転換したほか，全く新たな繊維・樹脂などが登場することになった。石油化学工業は石炭からの石油製造という課題をもっていたドイツの技術と石油が豊富なアメリカの技術が結びついて1920年代以降に発達していった。アメリカでは石油精製の廃ガスや天然ガスが石油化学の有力な原料であり，原油からとれるナフサを出発点とする日本とは異なっている。

　石油は石炭より多くのオレフィン系炭化水素が得られるため，自動車の不凍液として用いられるエチレングリコール，ガソリンエンジンのアンチノック剤として用いられる4エチル鉛，合成ゴム，TNT（トリニトルエチレン）などの爆薬，スチレン樹脂，ポリエチレン樹脂，ポリエステル繊維など新たな製品が石油から生み出される一方，多くの製品が石炭から石油へと原料転換されていった。

エチレン製造企業の形成

　日本の石油化学工業の特徴　　戦後の石油業は，原油を輸入して，日本で重油・軽油・灯油・ガソリン・LPガスなどに精製する消費地精製主義のもとに始まった（橘川，2012，第7章）。戦後日本では石炭から石油へのエネルギー転換が進展したが，1950年代および1960年代においては，モータリゼーションの進展がそれほどでもないため，重油の需要が大きく，ガソリンなど軽質油の

---

17 本節の記述はとくに断らない限り，大東（2014b），石油化学工業協会（2015）および平野（2016）による。

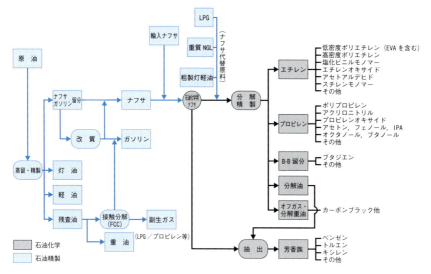

(出典) 石油化学工業協会（2015, 22頁）

図 8.1 原油精製と石油化学

需要が小さいため，石油化学はナフサを原料とすることとなった（図 8.1）。また日本の石油化学技術はアメリカから大きく立ち遅れていたが，技術の進歩が早く，同じ製品についても別の製法が短期間に出てくる可能性が高く，技術を売って収入を得ることに一定の意味があったことと，エンジニアリング会社から技術を導入しやすかったこと，さらに海外からの直接投資に制限があったことから，海外からの技術導入によって製造をおこなうことが比較的容易であった。

エチレンの生産　石油精製とナフサの分解さらに誘導品の生産については，原料投入から製品産出までパイプでつながっていることが多い（中間材料の船舶等による輸送も可能である）。このうちどこからどこまでを1つの企業がおこなうのか，すなわち企業の境界が技術的に決定されるわけではない。日本では多くの企業がパイプでつながって集積して生産をおこなうコンビナート（原

語はロシア語）を形成することが多かった。またナフサを分解するとほぼ一定の割合でそれぞれの留分が得られるので，主力基礎材料であり，最も産出比率の高いエチレンの生産量で石油化学プラントの規模が測られることになった。

　外国為替管理法や外資法により技術導入をおこなうには政府の許可が必要であったから，通商産業省が許認可権をもつこととなり，その規制がエチレンの産出量にもとづいておこなわれた。当初は岩国（三井石油化学工業），新居浜（住友化学工業），川崎（日本石油化学），四日市（三菱油化）でのエチレン製造拠点（エチレンプラント）が認可されたが，石油化学が成長産業であると認識されると新設希望が相次いだ。通産省は国際競争に耐えうる規模をもつことを期待して，エチレンの生産能力を1965年に10万トン，1967年に30万トンに引き上げ，企業数を絞ろうとしたが，現実には多くの企業が参入した。エチレン製造には上流の石油精製会社が中心となった企業（日本石油化学，東燃石油化学，出光石油化学，丸善石油化学）と下流の石油化学企業が中心になった企業があった（表8.2）。初期には三井グループには東洋高圧工業，三井化学工業という化学メーカーがあったが，三井石油化学工業が三井グループによって新設され，また三菱グループには三菱化成工業という化学メーカーがあったが，三菱油化が三菱グループによって設立されている。これに対して住友グループでは既存の住友化学工業が石油化学に進出している。ところが石油化学が伸張すると既存の化学企業である三井東圧化学（三井化学工業と東洋高圧工業が合併），三菱化成，さらに昭和電工，旭化成工業なども合弁を通じてエチレン製造に進出している。

　ところでコンビナートに参加する企業Aの製品Xを企業Bが原料として製品Yを作る場合に，Xの価格はAにとっては高いほうがいいし，Bにとっては安いほうがいいなど，コンビナートを構成する各企業の利害は異なる。XはパイプでAからBに送られ，AがB以外に供給することも，BがA以外から供給を受けることも不可能ではないが困難で，価格をめぐる紛争が起きやすい。両社で協議しても解決は難しく，原油価格・ナフサ価格・一般物価動向などを取り入れて，あらかじめ決定された算出方法で価格を算出する，引取（供給）量を協定するなどの方法で，相互独占により生じる紛争を抑制するように努められているが，問題が発生したようである（中村，1964，第2章）。

表 8.2 エチレン製造拠点

年	企業名 (操業時)	企業名 (2017 年現在)	立　地	当初設備能力 (万トン/年)	生産 停止年
1958	三井石油化学	三井化学	岩国（岩国大竹）	2.0	1992
1958	住友化学	住友化学	大江（新居浜）	1.2	1983
1959	日本石油化学	JXTG エネルギー	川崎	2.5	
1959	三菱油化	三菱ケミカル	四日市	2.2	2001
1962	東燃石油化学	東燃化学	川崎	4.0	
1963	大協和石油化学	東ソー	四日市	4.1	
1964	丸善石油化学	丸善石油化学	千葉（五井）	4.4	
1964	化成水島	三菱ケミカル	水島	4.5	
1964	出光石油化学	出光興産	徳山（周南）	10.0	
1967	三井石油化学	三井化学	千葉（市原）	12.0	
1967	住友千葉化学	住友化学	千葉（姉ヶ崎）	10.0	2015
1969	鶴崎油化	昭和電工	大分	15.0	
1970	大阪石油化学	三井化学	大阪	30.0	
1971	三菱油化	三菱ケミカル	鹿島	30.0	
1972	山陽エチレン	旭化成	水島	30.0	2016
1985	出光石油化学	出光興産	千葉	30.0	

（出典）平野（2016, 45 頁）

○ 既存製品の石油への転換と新製品の生産

　石油化学への転換　　すでに述べたとおり日本では石炭からアンモニアやベンゼンなど芳香族炭化水素を合成したり，カーバイドからアセチレンをへて酢酸やアクリロニトリルや塩化ビニル樹脂を合成したりしていたほか，発酵によってアセトンやブタノールを製造していた。しかし安価な石油が輸入され，かつ石炭には不純物も多く，取扱が困難であったし，電力も水力発電電源の開発が限界に達し，火力による電力の比率が高くなると，これらの製法はコスト的に不利であった。その結果，石油化学工業がはじまると，まずは発酵法利用の製品，次いでカーバイドや石炭利用の製品から石油化学に急速に製法転換し

表8.3　石油化学への製法転換

品　目	1958 年	1960 年	1965 年	1970 年
アセトアルデヒド	0	0	71	100
	100	100	29	0
酢　酸	0	0	60	100
	100	100	40	0
アセトン	39	58	99	100
	61	42	1	0
ブタノール	21	27	98	100
	79	73	2	0
オクタノール	0	17	71	100
	100	83	29	0
アクリロニトリル	0	0	86	100
	100	100	14	0
芳香族	22	33	56	86
	78	67	44	14
アンモニア	8	31	56	78
	92	69	44	22
塩化ビニル樹脂	0	0	19	78
	100	100	81	22

（出典）　化学経済研究所（1998，114 頁）
　（注）　1. 上段が石油化学方式による生産割合，下段が従来方式に
よる生産割合。
　　　　　2. 主たる従来方式は，アセトンとブタノールが発酵法，芳
香族とアンモニアが石炭起点，その他がカーバイド起点。

ていった（渡辺，1973，404–422 頁）（表 8.3）。旧来の製法の有力メーカーは
コンビナートに参加することで，生産方法を転換していったが，そうした対応
ができない中小メーカーも少なからず存在した。

　五大汎用樹脂　　石油化学によってこれまでなかった新製品も登場した。ポリ
エチレンは戦時中に生産されていたが，日本では本格的な工業生産に達してお
らず，技術を導入して石油化学で本格的な工業生産が始まった。高圧で製造す

る低密度ポリエチレンは柔らかくて伸びやすく，軟質フィルムなどになり，低圧で製造する高密度ポリエチレンは硬いため，成形品などになる。ポリバケツ（これは積水化学工業が商標登録した），ポリ袋，ビールケースなどが身近なポリエチレン製品である。

　低密度ポリエチレンが戦前に開発され，欧米では高周波絶縁性がよいことからレーダーに用いられていたのに対し（高密度ポリエチレンは戦後に開発），ポリプロピレンは戦後に開発されたものである。比重が軽く，加工性が高い上に，強度や耐熱性があることから，家電製品や自動車部品など広汎な用途がある。またポリスチレンは戦前に開発されていたが，日本で工業化されたのは戦後であり，透明性が高く硬い汎用ポリスチレンとゴム成分を加えて衝撃性を改良した乳白色の耐衝撃性ポリスチレンがある。CD のケースや発泡させやすく断熱性があることから，カップ麺容器，食品トレー，発泡スチロールなどに用いられている。

　ポリ塩化ビニル，低密度ポリエチレン，高密度ポリエチレン，ポリスチレン，ポリプロピレンは五大汎用樹脂とよばれている。このほかアクリロニトリル・ブタジエン・スチレン樹脂（ABS 樹脂）など数多くの樹脂が開発された。

　ポリエステル・合成ゴム　　合成繊維ではポリエステルが石油化学の産物であり，テレフタル酸（もしくはテレフタル酸ジメチル）とエチレングリコールを主たる原料とするが，とくに後者は石油化学から生まれたものである。ポリエチレンテレフタレートを溶融紡糸したもので，1941 年にイギリスのキャリコプリンターズの技術者が特許を取得したが，戦後イギリスの ICI がアメリカを除く特許を取得して工業化し（アメリカはデュポンが取得），日本では東洋レーヨンと帝国人造絹糸が ICI から技術を導入して 1958 年から生産を開始した。繊維としてナイロンを上回る普及をみたほか，プラスチックとしても普及していった。ビデオテープや PET ボトルは最も身近なものである（内田，1966）。

　最後に合成ゴムであるが，1957 年に合成ゴム製造事業特別措置法により，国策会社として日本合成ゴム（のち民営化，JSR と改称）が設立され，自動車タイヤなどに用いられる SBR（スチレン・ブタジエンゴム）などの製造を開始した。同社の他にもいくつかの企業が参入している。

8.5　石鹸・洗剤[18]

○ 石　鹸

界面活性剤　洗濯は衣類や身体についた油分などの汚れを石鹸や洗剤の力を利用して水で洗い流す行為といえるが，それは水と混じりやすい親水基と油と混じりやすい親油基の性格を併せもつ界面活性剤が水に溶けて，衣類や身体の油分に親油基が結びつき，その周りを親水基が覆う塊（ミセル）になって水に溶けるようになり，汚れを身体や衣類からはがして，水に溶かすことによっておこなわれている。界面活性剤にはさまざまなものがあるが，ここでは古くから衣類用の洗剤によく用いられており，水に溶けたときに陰電荷を帯びる陰イオン界面活性剤について考察する。

石鹸の製造　最も古い界面活性剤は石鹸である。油脂に苛性ソーダを加えて，加熱・撹拌すると，加水分解されて脂肪酸とグリセリンになり，ここに食塩を加えると脂肪酸と塩が結びついて石鹸成分（高級アルキル脂肪酸塩）が析出され，廃液にグリセリンが残る。この石鹸成分に香料などを加えて，乾燥・固形化すると石鹸になる。当初は廃液が廃棄されていたが，グリセリンからニトログリセリンが生成でき，爆薬になるなど経済的価値を生むようになったので，グリセリンが回収されるようになった。またあらかじめ油脂を脂肪酸とグリセリンに分解して，脂肪酸と苛性ソーダで石鹸を作ることも可能であるし，さらに油脂に水素を添加して扱いやすい固体の硬化油にしてから石鹸を作ることもおこなわれた。戦前日本では石鹸原料の油脂として牛脂，椰子油などが主に用いられ，硬化油の原料には魚油が主に用いられた。

有力メーカー　石鹸の製造はそれほど困難ではないので，1870年代には日本でも生産されるようになった。当初は直火炊きの釜で製造されていたが，20世紀になると蒸気で加熱して，機械で撹拌する装置が利用されるようになった。

---

[18] 本節の記述は佐々木（2016）および中曽根（2007）による。

これはバッチ式の生産方式であったが，1950年代から連続式の装置が導入され，生産性が向上した。1887年には長瀬商会（のち花王）が設立され，1890年に花王石鹸が製造されるようになり，また1891年には小林富次郎商店が設立され，1910年にはライオン石鹸製造が設立されるなど（のちライオンとなる），のちの有力メーカーが出現した。なお日本では1910年代にグリセリンの回収と硬化油の生産がおこなわれるようになった。

　ちなみに脂肪酸は石鹸に用いるほかマーガリンの原料にもなる。オランダのマーガリン・ユニ（Margarine Unie）とイギリスの石鹸メーカーのリーバ・ブラザーズ（Lever Brothers）が1930年に合併してユニリーバ（Unilever）となり，食品と石鹸を製造する世界的企業となっている。

○ 合成洗剤

　合成洗剤と電気洗濯機　1930年にドイツで，天然油脂を高圧還元して高級アルコール（1分子の炭素数が6以上のアルコール）とし，それを濃硫酸で処理して作られるアルキル硫酸塩（AS）を界面活性剤とする合成洗剤が発売され，まもなくアメリカでも高級アルコール系洗剤が発売された。日本でも1930年代から高級アルコール系洗剤が製造されるようになり，ドイツから高級アルコール製造に関する特許を導入したが，木綿の頑固な汚れを落とす力は不十分であった。

　1946年にはアメリカのP&Gからタイド（Tide）という合成洗剤が発売された。界面活性剤には石油から作られたアルキルベンゼンスルホン酸塩（ABS）が用いられ，さらにその働きを引き出す助剤（ビルダー）としてトリポリ燐酸ソーダが用いられ，その最適の割合を発見したことで，強力な洗浄力をもつ合成洗剤が誕生した[19]。日本でも1951年から鉱油系の家庭用合成洗剤が発売されるようになり，1963年には合成洗剤の生産量が石鹸の生産量を超えた。合成洗剤は電気洗濯機になくてはならないものであり，洗濯機の普及が合成洗剤

---

19 合成洗剤には一般的に，界面活性剤，助剤（ビルダー）のほか蛍光増白剤や香料などの添加剤が含まれる。また汚れの再付着を防止するなどさまざまな助剤が用いられるのが一般的である。

の普及を促したのであるが，さらに原料のアルキルベンゼンが国内で供給されるようになり価格が低下したことも普及を後押しした。

環境問題　このようにアルキルベンゼンスルホン酸塩とトリポリ燐酸ソーダの組み合わせが合成洗剤を生んだのであるが，前者は生分解性が悪く，河川が泡立つという現象が日本のみならず欧米でもみられるようになった。その対策として日本でも1960年代半ばから直鎖アルキルベンゼンスルホン酸塩（LAS）などの新しい界面活性剤が用いられるようになった（洗剤のソフト化）。また後者は燐酸塩であるため，湖沼などを富栄養化し，アオコの大量発生や赤潮を引き起こす原因となった。そのため1980年代からゼオライトなどを用いた無燐洗剤が発売されるようになった。

差別化の必要性　このあと合成洗剤はコンパクト化が進められ，さらに液体洗剤が普及していくし，衣料用のほか家庭用洗剤，シャンプー・リンスなども普及している。石鹸や合成洗剤などは製造とともにマーケティングによる差別化も重要な競争要因であり，この点で他の化学品とは異なっており[20]，花王・ライオンを代表とする日本企業ではトイレタリー・洗剤を中心とする製品構成が取られているが，花王はやはり差別化商品である化粧品に進出した（化粧品の最大手は資生堂）。

8.6　医薬品

○ 医薬品の発達

化学製品としての医薬品　外来の細菌が体内に入ることで感染症が発生するが，それに対処するために植物などに含まれる有効成分を経験的に選び取って医薬品としていくことが古くからおこなわれていた。ペルーのキナノキの樹皮がマラリアの特効薬になることが発見され，17世紀にヨーロッパにもち込ま

---

20 消費者向けの接着剤や食品ラップなどではマーケティングにより差別化がおこなわれている。

れたのがその例といえる[21]。やがてその有効成分を突き止め，化学構造を明らかにし，合成するようになっていったが，このほか免疫を利用して血清療法もおこなわれるようになった。さらに細菌にのみ結合する染料があることがわかり，細菌のみを破壊する化合物が求められるようになり，1910年に梅毒の薬としてサルバルサンがヘキストより発売された。染料と医薬品が強く結びつくこととなったのである。1932年にサルファ剤であるプロントジルが開発され，連鎖球菌に抗菌作用があることが発見され，その後，多くのサルファ剤が開発された。

インスリン　感染症の治療は外部から侵入した病原体微生物が標的であった。これに対して体内の仕組みが不調になる病気もある。糖尿病は血糖値が上昇するためにおきるが，膵臓で作られ血糖を低下させるホルモンであるインスリンが1920年代前半に発見され，やがて豚や牛の膵臓から製造されて，糖尿病患者に投与されるようになった。また高血圧や高脂血症などの生活習慣病については，それぞれの病気に作用する神経伝達物質の分泌を抑制（促進）したり，その受容体の働きを抑制（促進）したりする医薬品がめざされるようになったが，何をターゲットとするのかの判断が難しいなど，医薬品の開発がより複雑化した（岩井，1992；梅津，2015；佐藤，2015）。

日本の医薬品製造　日本では1886年に医薬品の規格基準書である日本薬局方が制定され，胃腸薬のタカジャスターゼ（高峰譲吉）やビタミンB1（白米を常用することから生じやすくなった脚気の対処薬としてオリザニンが鈴木梅太郎により発見され，のちにビタミンB1が単離された）が開発されたが，明治期は医薬品の輸入依存度が高かった。第一次世界大戦中に，染料医薬品製造奨励法が制定され，主要なメーカーが研究部門を設けるようになり，サルファ剤なども生産されるようになった。日本の製薬企業には，江戸時代の薬種商に起源をもつ武田薬品工業，田辺製薬（のち田辺三菱製薬）のほか，明治以降に新薬メーカーとして成立した大日本製薬（のち大日本住友製薬），三共，第一製薬（のち両社合併して第一三共）などがある。

---

[21] バイエルが1899年に発売したアスピリンは，ヤナギに鎮痛効果があることが知られていたのを，その有効成分はサリチル酸であると突き止め，胃痛という副作用を緩和するためにアセチルサリチル酸としたものである。

抗生物質であるペニシリンは 1928 年に発見され，日本でも戦時中に生産が始まっていたが，戦後に本格的に生産が始まり，また日本人に多かった結核に有効なストレプトマイシンの製造も始まった。このほかビタミン剤が栄養剤として戦後に広く普及している。1961 年には国民皆保険が成立し，医薬品の普及を後押ししたが，日本は 1976 年に物質特許が認められるまでは，製法特許のみが認められたので，新しい製法による既存薬の製造や改良薬の製造が日本の医薬品製造の中心であった。日本の製薬企業の独自医薬品の開発が増えていくのは 1970 年代以降である。ただし薬効とともに副作用などの安全性が重視されるようになり，新薬の開発コストが増大し，リスクも大きくなっていった（長谷川，1986）。

○ バイオ医薬品

1980 年代以降に製薬方法が大きく変化していった。それまでは低分子化合物が医薬品として用いられており，開発が比較的容易であり，目的とする臓器などに届きやすいが，本来目的としない組織にまで作用して副作用が出やすく，また構造が単純なため模倣されやすくジェネリック医薬品が作られやすいという特徴があった。ここに登場したのがバイオテクノロジーであり，遺伝子組み換えの技術を用いるなどして，細胞などで有効成分を産出するバイオ医薬品が製造されるようになった。これらの分子は大きく，構造が複雑で，製造工程にその特性が依存することが多いので，物質特許で構造が明らかにされてもそれを複製することが困難であり，ジェネリック医薬品が作りにくいという特徴がある。

バイオテクノロジーによる製薬の最も早い例は，インスリンがそれまで豚や牛の膵臓から製造されていたのに対し，大腸菌を用いた遺伝子組み換え技術により，ヒトインスリンが安全に大量に製造されるようになったことである。バイオ医薬品は化学療法では十分な効果のなかったがんや自己免疫疾患が主たる対象になった。さらに遺伝子解析から薬の作用するターゲットを発掘していくゲノム創薬も盛んになっていった（姉川，2002；伊藤，2010，第 3 章；桑嶋・小田切，2003）。

8.7 石油危機以降の変化

　構造改善への取り組み　　1973年の第1次石油危機，1979年の第2次石油危機により，原油価格が上昇し，石油化学産業の原料価格が上昇した。その一方で天然ガスを原料とする生産や産油国での生産はそれほど大きな影響を受けなかったので，日本の石油化学産業は大きな打撃を受けることになった[22]。また石油化学工業が技術的に成熟し，中低圧法で低密度ポリエチレンが作れる直鎖状低密度ポリエチレンを最後に大型新製品が登場することはなくなり，日本は途上国や産油国での大型プラントとの競争にさらされることとなった。

　1978年の特定不況産業安定臨時措置法では，化学産業のなかでは合成繊維と化学肥料のみが過剰設備処理などの構造改善に取り組んだが，この結果，化学肥料・化学繊維の割合は大きく低下している（表8.4）。さらに1983年の特定産業構造改善臨時措置法では，石油化学も構造改善基本計画を策定し，エチレンでは36％，ポリエチレンやポリプロピレンなどのポリオレフィンでは22％，塩化ビニル樹脂では24％，エチレンオキサイドでは27％の設備処理に取り組むことになった。この結果，エチレンでは初期に建設された小規模設備が閉鎖され，30万トン以上の設備に集約され，効率化が実現した。製品の販売面では，塩化ビニル樹脂とポリオレフィンで，それぞれ4社の共同販売会社が設立され，メーカー各社が共同販売に取り組むこととなった（公正取引委員会はシェア25％を基準に独占禁止法を運用していた）。さらに戦後長らく続いてきた原油の消費地精製主義も見直され，1982年にはナフサの輸入が実質的に自由化された（化学経済研究所，1998，第5章）。

　企業再編　　こうして石油化学は構造改善に取り組んだが，1980年代後半から景気が回復したことおよびアジアでの石油化学製品の需要が増加したことから石油化学製品の需要が増加し，1988年までに特定不況産業の指定が取り消

---

22 海外投資については，三井物産・三井東圧化学などがイランに投資したが，イラン革命に際会し，失敗に終わった。これに対して三菱商事・三菱油化などがサウジアラビアに，住友化学工業がシンガポールに投資し，成功を収めている。

表 8.4　化学工業構成の変化（%）

年	無機工業薬品	有機工業薬品	化学肥料	化学繊維	油脂塗料洗剤	医薬品	その他
1954	13.1	15.3	16.0	15.8	18.8	10.5	10.5
1964	10.5	25.4	8.6	14.9	15.8	13.2	11.4
1974	8.2	40.0	4.0	8.9	10.0	15.2	13.6
1984	8.3	40.6	2.3	5.4	9.4	18.2	15.8
1994	6.3	33.0	1.4	3.9	10.6	25.2	19.5
2004	6.5	34.5	1.2	1.9	9.7	29.9	16.3
2014	6.6	41.9	1.1	1.2	8.4	26.7	14.1

（出典）　『工業統計表』による
（注）　1954 年は化学肥料を無機工業薬品から独立させ，2014 年は化学繊維を繊維工業から補った。無機化学工業製品には，ソーダ，液化ガスなど，有機工業製品には石油化学系基礎製品，発酵，合成染料，合成樹脂，合成ゴムなどが含まれる。

され，休止設備の再稼働や新設備の建設がおこなわれ，エチレンの生産量が再び上昇していった（図 8.2）。こうした活況のなか，石油化学の企業再編が極めてゆっくりではあるが，進んでいった。まず 1994 年に三菱化成と三菱油化が合併して三菱化学となり，1997 年に三井石油化学工業と三井東圧化学が合併して三井化学となった。三菱化学はさらに医薬品の三菱ウェルファーマと三菱ケミカルホールディングスを設立し，三菱樹脂や三菱レイヨンと経営統合をおこなって，巨大な化学企業となっている。

　このほかエチレン，ポリオレフィンでも共同生産会社の設立や事業撤退が進み，上位メーカーへの集中度が上昇している（共同生産会社でも過半数出資する会社があり，主導権が明確になっている）。2015 年末の数値ではエチレンの生産能力は 659 万トンあるが，丸善石油化学が過半を出資する京葉エチレンを合わせると 117 万トン，三井化学が全額出資の大阪石油化学を合わせると 101 万トン，出光興産が 100 万トン，三菱化学が 97 万トンとなっており，100 万トンクラスの 4 社で 63％の能力をしめている。共販会社が設立された塩化ビニル樹脂でも事業撤退が進んだこともあり，信越化学工業と大洋塩ビの 2 社の

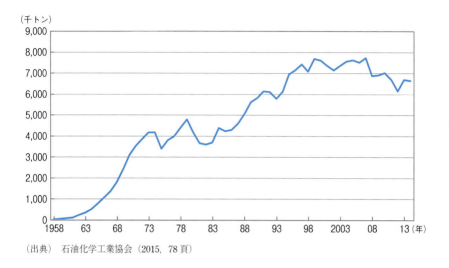

(出典) 石油化学工業協会（2015, 78 頁）

図 8.2　エチレン生産量の推移

生産能力で 58％ をしめている。またこれほどでもないが，ポリオレフィンでも三井化学が過半を出資するプライムポリマーと三菱化学の全額出資子会社の日本ポリケムの存在感が上がっている。しかしこれらの統合会社も世界の化学メーカーの規模にははるかに及ばないのが現状である[23]。

機能性化学品へのシフト　　こうした汎用品の規模拡大のほかに，もう一つの化学企業の変化の方向として注目されているのは，機能性化学品とよばれる付加価値の高い製品へのシフトである。プラスチックではエンジニアリングプラスチックの開発が進んでいるが，エンジニアリングプラスチックとは 1956 年にデュポンが使い始めた用語といわれており，これまで金属が使われていた用途に用いられるプラスチックである（安田，1990）。絶縁性があり，金属に比べて軽量で，複雑な形状への加工が容易であるという長所を生かすため，耐熱性や強度などの機能が改良されることとなった。全く新たなものを開発するほ

---

[23] 石油化学工業協会ホームページ（https://www.jpca.or.jp/62ability/00index2.htm）。閲覧 2017 年 8 月 22 日。

か，既存のプラスチックのアロイの開発も多い。軽量化のために自動車には多くのプラスチックが用いられているが，国産乗用車の原材料構成比をみると（重量基準），1973年には金属86.1％，汎用プラスチック2.9％であったが，2001年には金属80.8％，汎用プラスチック7.2％，高機能プラスチック1.0％となっており，プラスチックの割合が上昇している（岩野，2011，3頁）。

　このほか機能性化学品としては，半導体を製造する材料（高純度シリコンなど），液晶原料や液晶ディスプレイのさまざまな膜，リチウムイオン電池の部材などがあげられ，日本企業が高いシェアを占めているものも多く，それらは高い収益率を誇っている（橘川・平野，2011，第1章）。さらに合成繊維では，ポリアクリロニトリル（PAN）を蒸し焼きにして不純物を脱離させる炭素繊維が航空機などに用いられるようになったが，この分野では日本企業が高いシェアを占めている。ただし半導体・液晶ディスプレイはかつては日本の電機メーカーが生産をおこない，その部材を日本の化学企業が供給していたが，半導体・液晶ディスプレイの生産は韓国・台湾・中国にシフトし，それぞれの国で部材も生産する方向にあり，また炭素繊維もアジアでの生産が伸び始めており，日本の優位がいつまで続くのかは不明である。

　化学企業の現在　　ここで2017年の化学企業売上上位20社をみてみよう（表8.5）。トップは石油化学から樹脂・合繊・医薬品まで統合した三菱ケミカルホールディングスであり，住友化学もほぼ同じ性格といえる（三井化学は展開の幅が狭い）。旭化成はアクリロニトリルでは世界的なメーカーであり，また積水化学工業とともに住宅関連で大きな存在感を示している。このほか機能性化学品に強い信越化学工業（塩化ビニル樹脂の世界的なメーカーでもある），日東電工，日立化成も登場している。富士フイルムはDIC，花王，資生堂とならんで特定加工品（それぞれ写真フィルム，インキ，洗剤，化粧品）に強かったが，写真フィルムの衰退に直面したものの，事務機の富士ゼロックスを子会社にもつほか（2019年に完全子会社化），液晶用ディスプレイなどさまざまなフィルムさらに医薬品・化粧品にまで多角化することで高い売上高を誇っており，写真フィルムの衰退とともに2012年に連邦破産法の適用を申請したコダック（Eastman Kodak）と好対照をなしている。

　医薬品メーカーも多く含まれているが，多くは医薬品に集中している（大塚

表 8.5　化学企業売上上位 20 社（2017 年）

会社名	売上（十億円）	主な分野
三菱ケミカル HD	3,724	基礎，医薬
富士フイルム HD	2,433	フィルム，事務機
住友化学	2,191	基礎，医薬
旭化成	2,042	アクリロニトリル，住宅
武田薬品工業	1,771	医薬品
花　王	1,489	洗剤，化粧品
信越化学工業	1,441	無機（シリコン，塩化ビニル樹脂）
三井化学	1,329	基礎
アステラス製薬	1,300	医薬品
大塚 HD	1,240	医薬品
積水化学工業	1,107	樹脂成形
資生堂	1,005	化粧品
第一三共	960	医薬品
日東電工	856	電子情報材料
東ソー	834	基礎，無機
DIC	789	インキ
昭和電工	780	基礎，無機
エア・ウォーター	754	産業ガス
宇部興産	696	多様化学，機械，セメント
日立化成	669	電子情報材料

（出典）『会社四季報　2019 年 1 集』など
（注）　売上には化学以外の製品を含む。HD はホールディングスの意。ゴム会社と合繊会社を除く。基礎とはエチレン生産をおこなう会社。

ホールディングスは栄養補助食品でも有名である）。医薬品トップの武田薬品工業は農薬・化成品・食品の事業部門を 21 世紀初頭に国内企業に売却し，海外医薬品メーカーを買収し，グローバル化を進めた。これに続くメーカーも企業統合によりアステラス製薬（山之内製薬と藤沢薬品が合併），第一三共が誕生し，規模を拡大して海外メーカーの買収をおこなったが，2019 年には武田薬品工業がアイルランドのシャイアー（Shire）を買収し，世界トップ 10 に入

ることとなった[24]。

　化学企業の範囲は東京証券取引所の上場分類に従っているが，表8.5 に入る売上高をあげているのは，ブリヂストン（3,643 十億円，以下同じ），住友ゴム（878）といったゴム会社，東レ（2,205），帝人（835）といった繊維会社が挙げられる。ブリヂストンはファイアストン（Firestone）を 1988 年に買収し，世界規模のタイヤメーカーとなっている。表8.5 の会社は多様な製品を製造しているが，多くは化学のなかに含まれるものであり，他の業種の比率が高いのは，事務機がある富士フイルム，住宅の比率が高い旭化成と積水化学工業，さらに機械・セメントの比率が高い宇部興産といったところである[25]。

　世界の動向　　世界ではアメリカの巨大企業であるダウとデュポンが 2017 年に合併してダウデュポン（DowDuPont）が誕生し，2019 年にアグリカルチャー（Agriculture）の Corteva，素材化学品（Materials Science）の Dow，特殊化学品（Specialty Products）の DuPont de Nemours という 3 つの会社に分割された。また 2018 年にはドイツのバイエルがアメリカのモンサント（Monsanto）を買収している。戦間期に世界の化学産業に君臨していた ICI はすでになく，世界的な規模の拡大と多角化の見直しが進んでいる。

　さらに医薬品では，欧米の巨大メーカーですら，すべての分野において新薬を開発することは不可能になり，得意分野に集中し，成果のあがったバイオベンチャーを買収する動きが盛んになっている。またバイオが中心になると化学企業が医薬品を兼営するメリットも薄れ，ドイツの BASF は医薬品部門をアボット（Abbott）に売却し，ヘキストも化学品部門を独立させてセラニーズ（Celanese）とし，残った医薬品部門がフランスのローヌ・プーラン（Rhône-Poulenc）と合併してアベンティス（Aventis）となった（さらに統合をへて，サノフィ，Sanofi となる）。またイギリスの ICI は医薬品部門をゼネカ（Zeneca）として分離した後，スウェーデンのアストラ（Astra）と合併してアストラゼネカ（AstraZeneca）となり，のこった ICI はアクゾ・ノーベル（Akzo Nobel）の傘下に入ってしまった。日本では田辺三菱製薬が三菱ケミカルホー

---

24 一方で中外製薬がロッシュ（Roche），万有製薬がメルク（Merck）の傘下に入っている。
25 宇部興産は 1942 年に沖ノ山炭鉱，宇部鉄工所，宇部セメント製造，宇部窒素工業の 4 社が合併して成立している。

ルディングスの，また大日本住友製薬が住友化学の子会社となっており，化学と医薬の分離の流れは本格化してはいない。

演 習 問 題

8.1　石油化学コンビナートは独立した企業によって構成され，パイプを通じて原料や製品をやり取りしているため，ある中間物については需要独占・供給独占の状態になっており，紛争が発生しやすい。このような問題を緩和するためにどのような手段が執られているか，答えなさい。また鉄鋼では銑鋼一貫生産がおこなわれているのに，なぜ石油化学では一貫生産がとられていないと考えられるか，答えなさい。

8.2　化学企業と医薬品企業の結びつきは強い時期と弱い時期があるようにみえる。結びつきがどのように推移し，それがいかなる要因によるのか考察しなさい。

第 Ⅲ 部

サービス業

第 9 章　鉄　道
第 10 章　商　社
第 11 章　小　売
第 12 章　金　融

第 9 章

鉄　道

　日本の鉄道は新橋・横浜間が最初に開通したが，やがて長距離輸送は国有化された。ところが都市近郊の電気鉄道は民間会社によって担われており，ここでは東京と大阪の JR 以外の大手鉄道会社（民営鉄道，民鉄）を中心に，民間による経営がいかに続いているのかを明らかにしていく。また日本の民鉄は多彩な兼業部門をもつことでも有名であるが，こうした多角化がどのように発達してきたのかについても明らかにしていく。

○ *KEY WORDS* ○
外部経済性，私設鉄道法，鉄道国有化，
地方鉄道法，軌道法，専用軌道，
併用軌道，不動産開発，ターミナル百貨店，
相互乗り入れ，連続立体交差化事業，
分割民営化，鉄道事業法

9.1 蒸気鉄道の導入

◯ 官営鉄道のはじまり

鉄道と公的規制　世界最初の蒸気機関車による鉄道は 1830 年開業のリバプール・アンド・マンチェスター鉄道（Liverpool and Manchester Railway）であったが，その後世界中に普及していった。明治政府も成立直後から蒸気鉄道を導入することとしたが，鉄道を官営でおこなうこととした。鉄道には路線などの建設に莫大な費用がかかる反面，比較的少ないコストで輸送量を増やすことができるので，規模の経済が発生しやすく（費用低減），また騒音や排煙が発生し，さらに実際に利用していなくてもいつでも利用できるという利用可能性の便益が発生するし（外部経済性），インフラとして経済全体に与える影響も大きいので，市場経済に完全に任せることはどこの国でもおこなわれておらず，路線免許や運賃規制が実施されることが多い（竹内・根本・山内，2010，第 1 章）。その結果鉄道経営にとって，路線免許を得るためなどにロビーイングが重要になる。さらに民営会社に公的規制を加えるだけでなく，都市内や国家内で統一的な運賃を形成するなどのために公営化・国有化されることもある。外国人による鉄道経営を阻止するという目的もあり，日本の蒸気鉄道は官営で始まったのである。

イギリスからの輸入と日本人による代替　東京・横浜が最初の路線とされたが，外国人に建設を請け負わせるのではなく，政府が方針を決定し，外国人を雇用して必要な援助を得るという方式がとられた。主にイギリスから機関車・車輌・レールが輸入され，鉄道が建設された。また 1872 年の開業時には，運輸規程もイギリスのものが翻訳されており，運転手・ポイント交換手などの役職も外国人によってしめられ，日本人は駅長・機関助手などに限られた[1]。東京・横浜に次いで神戸・京都の鉄道が 1874 年に開通しているが，その後は建

---

1 鉄道関係の用語はイギリスから輸入されている。例えば枕木はイギリス英語では sleeper，アメリカ英語では tie であり，イギリス英語の翻訳である。

設・運輸ともに日本人によっておこなわれる割合が増加していき，鉄道関係の
お雇い外国人の数が減少していった。政府は東京・神戸の鉄道建設を急ぎ，
1889 年に全通したが，このときは国府津・沼津は箱根の北を迂回する路線
（現在の御殿場線）を経由していた。輸送の増加とともに複線化もすすめられ，
東京・横浜は 1881 年，神戸・京都は 1899 年に複線化され，全線が複線化され
たのは 1913 年であった。

○ 民営鉄道の発達

　日本鉄道会社の発起　　官営鉄道の拡大は政府財政によって制約されざるを得
ないが，東京・横浜の鉄道は外債を発行して建設されたものの，その後政府は
日清戦争までは外債の発行に消極的であり，内国債の募集にもあまり積極的で
はなかったから，鉄道建設に大きな限界があった。そこで政府は民間にも鉄道
建設を認めることとしたが，まずは華族が中心となって設立した日本鉄道会社
に東京・高崎および東京・青森の鉄道経営を許可することとした。同社には 8
パーセントの利益保証がおこなわれ，政府が建設を請け負うなど手厚い保護措
置が与えられたが，鉄道の規格などは官設鉄道に準拠することとされた。1891
年に東京・青森が全通している（中村，1998，第 2 章）。日本鉄道が部分開業
し，1884 年に 1 割の配当が発表されると同社の株価は上昇し，金利の低下し
た 1886 年以降，鉄道会社の発起ブームが出現した（企業勃興）。

　民間鉄道会社の増加　　政府は 1887 年に私設鉄道条例を発布し，鉄道会社が準
拠すべき基準を明示し，軌間は 1,067 ミリと定められていたが，日本鉄道ほど
手厚い保護を受けた会社はなかった。このブームの間に神戸・下関の山陽鉄道，
門司・八代および門司・長崎の九州鉄道，南回りで名古屋と大阪を結ぶことを
企図する関西鉄道などの幹線鉄道会社が設立された。日清戦争後の第二次鉄道
ブームでは，成田鉄道（千葉県内の我孫子・佐倉），南海鉄道（大阪・和歌山），
東武鉄道（東京・伊勢崎），中国鉄道（岡山・津山など）をはじめとする地方鉄
道会社が多数設立された。民間鉄道会社の発達の結果，1905 年度末の営業路線
長は，官営が 2,465 キロ，民間が 5,231 キロとなっており，民営鉄道が官営鉄道
を圧倒していた（図 9.1）。

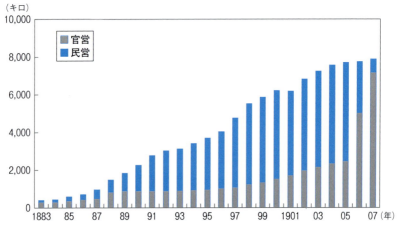

図9.1　年度末鉄道営業キロ

政府は1900年には私設鉄道条例に代わって私設鉄道法を制定したが，私設鉄道の監督官庁は鉄道庁（のち鉄道局・鉄道院・鉄道省と改組）であった。同時に鉄道営業法も制定されたが，これは1883年に日本鉄道が開業する際に，官営鉄道に適用されていた鉄道略則を適用していたものを新たに定めたものであり，運賃の公告や貨物の引受義務を定めていた。

鉄道国有化と民営鉄道

ところが日露戦争以降，政府は鉄道への政府の関与を強めることとし，1906年に鉄道国有法が成立した結果，主たる民営鉄道会社が国有化された。この結果，路線延長50キロメートルを超える民間鉄道会社は，東武・南海・中国・成田の4社のみとなり（武知，1986，128頁），しかもこのうち成田鉄道と中国鉄道はそれぞれ1920年と1944年に国有化されているから，民営鉄道として残った有力鉄道は東武鉄道と南海鉄道のみとなった。

さらに私設鉄道法は幹線鉄道を想定していたので，中小鉄道には規制が厳しいこともあり，1910 年に軽便鉄道法が制定されるとともに，1911 年には軽便鉄道補助法が制定され，利益が低い場合には補助金が支給されることとなり，中小鉄道の建設が促進された（なお補助金を受けるには軌間が 762 ミリ以上であることが必要とされたため，交通量の少ないところでは 762 ミリの鉄道が建設された）。私設鉄道法で免許をうけた鉄道も軽便鉄道法に転換することができたので，規制の緩い軽便鉄道への転換が進んだ結果，1919 年には地方鉄道法が制定され，私設鉄道法と軽便鉄道法は廃止された（軽便鉄道補助法は地方鉄道補助法となった）。地方鉄道法は軌間を 1,067 ミリとすることとしているが，特別な場合は 1,435 ミリもしくは 762 ミリでもよいとしていた。

9.2　電気鉄道の導入

○ 馬車，馬車鉄道，路面電車

馬車は蒸気鉄道登場のずっと以前から中心的な交通手段であったが，軌道上の車を馬が引く馬車鉄道（horse-drawn tram; horsecar）が 1807 年にイギリスのスウォンジーで開業した（Swansea and Mumbles Railway）。馬車鉄道は馬車と比較して乗り心地がよく，速度も輸送能力も優れており，蒸気鉄道が馬車鉄道を上回る効率を示すことが必須条件として開発されたことは有名である[2]。蒸気鉄道が導入されると都市間を結ぶ手段としては蒸気鉄道が中心的な役割を果たすようになり，馬車鉄道は都市内および都市と近郊を結ぶ交通手段に局限されるようになっていった。日本にも馬車鉄道は導入されており，例えば東京馬車鉄道会社が設立され，1882 年に営業を開始した。1887 年の私設鉄道条例は馬車鉄道を対象外としており，1890 年に軌道条例が制定され，監督官庁も鉄道庁ではなく内務省とされた[3]。

---

[2] このほか蒸気力によるケーブル鉄道が開発されていたが，ここでは省略する。

一方で電車も開発が進んだが，当初は出力に限界があったので，いきなり蒸気鉄道を代替することはできず，馬車には糞尿などの衛生問題がつきまとったので，まずは鉄道馬車にかわる都市の短距離の路面電車が普及していくこととなった。世界最初の電車はベルリンに 1881 年に開業し（Straßenbahn Groß-Lichterfelde），世界に普及していった。日本では 1895 年に京都電気鉄道が最初に開業したが，道路に設けた軌道（併用軌道）上を走るので，危険を避けるために速度は 8 キロに制限された。このような乗り物は蒸気鉄道と同じものとは考えられず，軌道条例が適用されることとなった。その後 1898 年には名古屋電気鉄道，1898 年には川崎大師の参詣のために大師電気鉄道が開業した。

　東京では 1903 年に東京馬車鉄道が電化して東京電車鉄道となったのに加えて，東京市街鉄道と東京電気鉄道が開業したが，運賃値上げに対する市民の反発もあり，1906 年に 3 社が合併して東京鉄道となり，1911 年に東京市に買収された。東京馬車鉄道の軌間が 1,372 ミリであったことから，東京市電の軌間は 1,372 ミリであった。一方大阪市は市内電車を当初から市営する方針をとり，1903 年に最初の路線を開業したが，軌間は 1,435 ミリであった。東京市・大阪市とも市内交通の市営を原則としたため，民営鉄道の市内への乗入には大きな制約が課されることとなった（鉄道電化協会，1978，10 頁）。

○ 路面電車から電車へ

都市内から都市間へ　　電車の性能は飛躍的に向上した。速度が向上し，総括制御の導入により連結運転が可能となり，架線電圧の上昇により送電距離が向上した結果，長距離輸送も可能となっていった。都市内（intra-urban）輸送手段から都市間（interurban）輸送手段へと進化していったのである。これらを安全におこなうには，ブレーキ・信号などの装置が設置・改良されなければならないが，さらに併用軌道を走るのでは安全性が確保できず，他者が立ち入れない専用軌道が必要となる。さらに電車の頻度が増せば，都市交通の渋滞を避けたり，踏切事故をなくしたりするために高架鉄道（overhead railway；elevated

---

3 日本では市内交通の手段としては馬車や馬車鉄道よりむしろ人力車が大きな役割を果たしていた。

railway）か地下鉄（underground；subway）となることが求められるようになる（rapid transit；heavy rail）。

日本でも都市間電気鉄道が構想されるようになるが，輸送需要が大きいのは京浜間および京阪神間であり，官営鉄道との競合があるため，逓信省鉄道局から認可を得るのは極めて困難であった。そこで内務省所管の軌道条例によることが考えられたが，大師電気鉄道の例では最高速度が12.8キロ（8マイル）に制限されており，都市間鉄道としては速力の点から魅力に乏しいといえた。

この隘路を突破したのが阪神電気鉄道であった[4]。阪神電気鉄道は技師をアメリカに派遣して調査をおこない，標準軌（1,435ミリ）による高速電車運転を志向したが，逓信省鉄道局の反対により難航しており，「何とか法規を広義に解釈してほしいと種々運動し」ていたところ，1900年に土木学者で当時逓信次官を務めていた古市公威から「軌道のどこかが道路についていたらよい」という「広義解釈」を引き出すことに成功した。阪神間の32キロ（20マイル）のうち併用軌道は4.8キロ（3マイル）で，残りは専用軌道とすることが認められたのである。ただし阪神電気鉄道に与えられた命令書には最高速度が12.8キロとされており，専用軌道上でこれを超える速度を出すことはあくまで黙認であった（中西，1979，275頁；日本経営史研究所，2005，32–33頁）。私設鉄道法では列車の発著（発着）時間と度数の認可を得なければならなかったが，軌道条例と阪神電気鉄道への命令書にはこの規程がなく，黙認が可能となっていたのである。

併用軌道があることで速度が抑えられるため阪神間の所要時間に蒸気軌道への大きな優位は存在しなかったが，電車のほうが加速がよいために駅の数を増やすことが可能で，かつ運行頻度を上げやすかったため待ち時間が削減できたから（運転頻度を上げるために当初から複線とされた），乗客を集めることが可能であった。また併用部分があることから，集電は空中の架線からおこなう方式（架空電車線方式）とされた。

大手民営鉄道の成立　阪神電気鉄道によるロビーイングの成功は電気鉄道に大きな刺激を与えた。大師電気鉄道は1899年に京浜電気鉄道と改称し，東

---

4 ここでは改称前の摂津電気鉄道も阪神電気鉄道に含めている。

京・横浜の電気鉄道を営業しようとしていたが，阪神電気鉄道と同じ問題に悩んでいた[5]。阪神電気鉄道のロビーイングの成功をみて，京浜電気鉄道は1903年にさらに大胆に全線を新設軌道とする申請をおこなったが，「軌道条例ノ本旨ニ副ハサル」との理由から拒否され，蒲田付近（現，大田区）に併用軌道を残すこととなった（京浜急行電鉄株式会社社史編集班，1980，79頁；為国ほか，1997）。ここに「一部併用軌道を残した専用軌道による標準軌複線高速電車鉄道」が確立したのであり，今日の東京と大阪の大手民営鉄道の多くが第一次世界大戦前に誕生した（表9.1）。こうなると軌道条例によって設立される鉄道が鉄道政策と整合性をもたねばならなくなるので，逓信省鉄道局も内務省とともに軌道条例の監督官庁となった（宮本ほか，2009，80頁）。

　阪神電気鉄道および京浜電気鉄道のほか，京阪電気鉄道（京都・大阪）と大阪電気軌道（大阪・奈良）はほぼこうした性格であり，既存鉄道との競合のためにも電化・標準軌・複線を早い段階から実現していた。京王電気軌道（東京・八王子）と京成電気軌道（東京・成田）は路線の拡張に時間がかかったほか，京成は成田山への遊覧電車としての性格をもつが，これは程度の差はあれ，京阪や大阪電気軌道にも共通していた。小田原急行鉄道はやや遅れて1920年代に小田原・箱根への遊覧を狙っていたといえるが，官営鉄道が国府津から小田原へ1920年に延伸を果たしており（1926年には電化），電化・複線による高頻度運転は対抗上必須であった。

　一方，蒸気鉄道として開設された鉄道の電化もはじまり，日本では甲武鉄道が1904年に飯田町（現在，千代田区）・中野（現在，中野区）を電化したのが最初であり，南海鉄道が1907年に難波（現在，大阪市）・浜寺公園（現在，堺市）を電化したのが二番目であった（甲武鉄道はのちに国有化）。これに対して官営鉄道の東京・横浜の電化は1914年，神戸・京都の電化は1937年と遅れた（東海道線の全線電化は1956年）。南海は官営鉄道に先立って建設され，明確な競合路線がなかったが，逆に新規参入に直面し，阪堺電気軌道を1915年に，阪和電気軌道を1940年に合併していった（後者の路線が1944年に国有化）。東武鉄道はのちに国有化される日本鉄道と競合したが，日本鉄道が小山

---

[5] このほか人力車夫などの反対運動にも直面していた。

表9.1　大手民営鉄道の成立

会社名	会社設立	根拠法	当初区間	今日の社名	軌間	開業	電化	複線	専用軌道完了
南海鉄道	1895	私設鉄道条例	難波・和歌山市	南海電気鉄道	1067	1903	1911	1922	1903
東武鉄道	1897	私設鉄道条例	吾妻橋・伊勢崎	東武鉄道	1067	1910	1927	—	1910
阪神電気鉄道	1898	軌道法	梅田・神戸	阪神電気鉄道	1435	1905	1905	1905	1933
京浜電気鉄道	1899	軌道法	品川・横浜	京浜急行電鉄	1372 1435	1905	1905	1906	1923
京阪電気鉄道	1906	軌道法	天満橋・五条	京阪電気鉄道	1435	1910	1910	1910	1955
箕面有馬電気軌道	1907	軌道法	梅田・宝塚	阪急電鉄	1435	1910	1910	1910	1926
京成電気軌道	1909	軌道法	押上・成田	京成電鉄	1372 1435	1926	1926	1926	1922
大阪電気軌道	1910	軌道法	上本町・奈良	近畿日本鉄道	1435	1914	1914	1914	1969
京王電気軌道	1910	軌道法	新宿・八王子	京王電鉄	1372	1927	1927	1970	1963
武蔵野鉄道	1912	軽便鉄道法	池袋・飯能	西武鉄道	1067	1915	1925	2001	1915
目黒蒲田電鉄	1922	地方鉄道法	目黒・蒲田	東京急行電鉄	1067	1923	1923	1923	1923
小田原急行鉄道	1923	地方鉄道法	新宿・小田原	小田急電鉄	1067	1927	1927	1927	1927

(出典)　各社社史などから作成
　(注)　1. 京浜電気鉄道は 1,435 ミリから 1,372 ミリに改軌し，再び 1,435 ミリに改軌した。いったん 1923 年に専用軌道化したが，ふたたび併用軌道を作り，最終的に 1956 年に解消している。
　　　　2. 東武鉄道は久喜まで 1922 年に複線化，館林まで 1992 年に複線化。日光へは 1929 年に電化複線化。

もしくは高崎から両毛線に入るのに対して，足利・伊勢崎への短絡を武器としていた。電化は 1920 年代となり，複線化は館林にとどまっているが，国有鉄道の電化は 1968 年であり，複線化は同じように実現していない。また 1920 年代に日光へ複線・電化で路線を新設し，官営鉄道の日光線に対抗する遊覧鉄道としての性格を強めた（JR 日光線は単線のまま，電化は 1959 年）。

　これに対して箕面有馬電気軌道は，大阪梅田と郊外の宝塚・箕面を結ぶが，福知山から宝塚をへて尼崎へいたる（さらに官営鉄道の大阪へも乗り入れ可能）阪鶴鉄道が国有化される際に，その支線として計画されていた路線を電車で実現したものであり，目黒蒲田電鉄は住宅地と官営鉄道の駅を結ぶ路線であ

り，郊外鉄道としての性格が強かった。後者は宅地開発と結びついて新設されたものであり，前者も早期に沿線住宅開発に取り組んだが，不動産業については後述する。もっとも前者は1920年に大阪・神戸を開通し（阪神急行電鉄と改称），後者は実質的に経営を同じくする東京横浜電鉄（ここでは両社を一体のものとして扱う）によって1927年に東京渋谷・横浜を開通するから，都市間鉄道へと性格を変化させている。

○ 電 車 の 進 化

軌道における制約の解除　こうして高速運転を「黙認」されることでスタートした電車であったが，専用軌道上で40キロを出すことが公式に認可されたのは，阪神電気鉄道が1912年，京浜電気鉄道が1913年であり，この頃には各社とも黙認という曖昧な状態を脱することができたと考えられる。また当初は連結運転が原則的に禁止されていたが（付属車は許可），阪神電気鉄道は1919年に専用軌道での連結運転が許可され，1921年には全線で許可された。京阪電気鉄道も1921年に許可されており（実施は1924年），このころ規制が緩和されたといえる[6]。次は速度向上の障害となる併用軌道の廃止であるが，京浜電気鉄道は1923年，阪神急行電鉄が1926年であり，1920年代には全線専用軌道化が認められるようになり，軌道と鉄道との実質的な区別は，大手民営鉄道にとってほとんど消滅したといえる（三木，2010，第5章）。しかし併用軌道の廃止はそれほど簡単ではなかった。開業からかなりの時間が経過し，沿線の地価が上昇していたのがその理由の一つであるが，都市間鉄道の多くが，開業時には都市の中心部に乗り入れることができず，都市の外縁部と都市の外縁部を結ぶものであり，市内に入る場合も併用軌道を用いていることが多く，用地取得が困難なばかりか，交通対策からも地表面での専用軌道化は認められないことが多く，高架化かさらに費用のかかる地下化を都市から求められることが多かったからである。

大阪・東京における展開　阪神電気鉄道は当初は梅田の手前の出入橋を起点

---

[6] 1924年施行の軌道運輸信号保安規程では，併用軌道では客車もしくは貨車1両の連結を認めている。また併用軌道での速度を平均時速16キロ，最高時速24キロに制限している。

とし，翌年梅田に単線での延長が認められたが，複線化はようやく1914年に実現し，1939年には地下化して大阪駅に乗り入れている。一方神戸では，御影付近の併用軌道を1929年に高架化により解消したが，神戸でも開業当初は三宮のやや手前の雲井通8丁目で，その後もやや延長したに過ぎず，三宮中心部への乗入と専用軌道化は1933年に地下化することでようやく実現し，1936年には地下で元町まで延長した。これに対して阪神急行電鉄は開業当初から梅田を起点とすることに成功し，1926年には高架で梅田近辺の併用軌道を廃止した。また1920年に神戸線を完成させたが，やはり神戸の終点は外縁部の上筒井であったところ，1936年に高架での三宮延長を実現した。阪神電気鉄道のほうが旧市街地に近いためでもあるが，阪神急行電鉄のロビーイングは鮮やかであったといえよう。

　一方，東京では，京浜電気鉄道は1923年にいったん併用軌道を廃止したが，品川八つ山からさらに東京の内部へ乗り入れるために，1925年に高輪へ路面で乗り入れた上で，1933年に高輪線を廃止して，官営鉄道の品川駅に1933年に乗り入れたが，このときも併用軌道とせざるを得なかった。同社は1,435ミリで開業したが，東京市内への乗入のために1904年に市内電車と同じ1,372ミリに改軌していたが，高輪を断念するとともに浦賀までの湘南電気鉄道と直通運転をするために1933年に1,435ミリに再改軌している。

　さらに東武鉄道と京成電気軌道は東京側の起点が隅田川の東であったため，隅田川を渡ることが悲願であった。東武鉄道は業平橋（現在のとうきょうスカイツリー）と押上が起点であったが，関東大震災の都市計画でようやく1931年に業平橋・浅草の開業が実現した。浅草の新しいターミナル駅は新設の自社ビルの2階で，敷地が狭かった。一方同じく押上に起点のあった京成電気軌道も浅草乗入を企図したが，市会議員への働きかけから，京成疑獄という事件を起こすに至り（為国・榛澤，1996），結果的に東武鉄道が認められた。京成は中途の青砥から新線を建設し，日暮里から上野への乗入を1933年に果たしたが，上野公園の地下を通る大工事となった。ここでもロビーイングの巧拙が大きく影響したといえる。

○ 地下鉄の開通

　東京と大阪の市内には市営の路面電車が走っていたが，低速で輸送力に限界があったこととから，地下鉄の建設が問題となった。両市とも市内交通の市営を志向していたが，東京市は財政難から民間会社の地下鉄建設を容認した一方，大阪市は都市計画の一環として，地下鉄駅近辺の地主から受益者負担金を徴収して都市計画道路の地下に市営地下鉄を敷設することとし，都市計画にもとづいて御堂筋を拡幅した後，御堂筋線が建設され，1938年までに梅田・天王寺が開通し，さらに1942年には四つ橋線の大国町・花園町が開通した[7]。このため大阪市営地下鉄は，全線専用軌道であるが，1921年に軌道条例の後継法として成立した軌道法（1924年施行）によっている。

　東京市では東京地下鉄道が1934年に浅草・新橋の地下鉄を開通した。このほか同社は，京浜電気鉄道およびその関連会社で横浜・浦賀を結び京浜電気鉄道と直通運転をおこなっている湘南電気鉄道と連携し，新橋・品川に新線を建設して，浅草・浦賀を直通運転する構想をもって，京浜地下鉄道を設立し，土地買収を始めた[8]。一方では東京高速鉄道が設立され，渋谷・新橋を開通し，1939年から渋谷・浅草の直通運転がおこなわれた（松本，1999，2010）[9]。

---

7 なお大阪市も戦後は負担金を徴収していない。

8 戦前期の東京・大阪の地下鉄ともトンネルの断面積を小さくするために，地面に近い軌条から集電する第三軌条方式をとっており，架空電車線方式の民営鉄道との相互乗り入れには大きな障害があるはずであるが，京浜地下鉄道が京浜電気鉄道および東京地下鉄道とどのような方式で直通運転する構想であったのか不明である。なお東京地下鉄道，京浜地下鉄道，京浜電気鉄道，湘南電気鉄道の4社は将来の合併の合意もされていた。

9 東京高速鉄道と東京地下鉄道・京浜地下鉄道は地下鉄路線網の支配をめぐって争いを繰り広げた。

9.3 多角化

○ 多角化のビジネスモデル

　日本の民営鉄道は多角化をおこなっていることで有名であり，その多角化のモデルは箕面有馬電気軌道の小林一三が生み出したといわれている。小林は沿線の不動産を開発・分譲し，郊外の宝塚にレジャー施設を開発し，さらに梅田のターミナルに阪急百貨店を開店するというモデルを作り上げた。小林は外国の電鉄会社が住宅経営を盛んにおこなっているとしており（小林，1990，189頁），そのビジネスモデルのルーツは外国にあると考えられるので，まずアメリカとイギリスの鉄道会社の不動産経営についてみておこう。

　アメリカでは電気鉄道が開通すると，その郊外側の終点には遊園地などが立地し，都心側の終点にはデパートが立地していた。不動産業者はまず土地を購入して鉄道をひき，土地の価格が上昇したところで分譲して，大きな利益をあげており，電気鉄道の形成には土地所有者が大きな役割を果たしていた。ロサンジェルスで電鉄・不動産・電力のビジネスを統合的におこなったハンチントン（H. E. Huntington）は，電鉄は他の出資者と共同でおこなったが，不動産事業は個人でおこない，密かに土地を買収して，そこに鉄道を引いて，不動産の値上がりで大きな利益をあげていた。その一方で電鉄は大きな利益をあげられず，他の出資者と対立するに至っている。

　このようなビジネスモデルはアメリカでは一般的で，オークランド，ロサンジェルス，ワシントンDC，ボストンなどの例が知られているが，イギリスや大陸ヨーロッパでは鉄道業者が自路線での土地売買を制限されていたため，あまり大きなビジネスにはならなかった（Friedricks，1992，pp.48-116；Jackson，1985，pp.103-137；Warner，1978，p.60）。イギリスでは一般には鉄道会社は10年以内に土地を売却しなければならないが，例外的に長期に不動産ビジネスを許可されたのが，世界で最初の地下鉄を運行し，のちに今日のロンドン地下鉄のメトロポリタン（Metropolitan）線などを敷設し，電化をおこ

なったメトロポリタン鉄道（Metropolitan Railway）である（のちに土地事業は別会社に移したが経営権はもった）。郊外で土地経営をおこなうとともに，ウェンブリー（Wembley）にパリのエッフェル塔を模したタワーを建てようとするなど（タワーは解体され，のちに巨大なサッカー場が建設されたことで有名），郊外での遊園施設も試みている。ただし郊外地をメトロ・ランド（Metro-land）と名付けて本格的に開発したのは，1910年代になってからであった（Jackson, 1986）。

日 本 の 事 例

　私設鉄道法は鉄道会社が他の事業を営むことを主務大臣の許可を得ない限り禁止しており，1919年の地方鉄道法にもこの規定は残され，それが削除されたのは1929年である（井口，1989）[10]。これに対し軌道条例および軌道法はそのような規定がなく，阪神電気鉄道と京阪電気鉄道に与えられた命令書にもそうした規定はなかったので，軌道条例にもとづく鉄道は多角化が自由におこなえたこととなる。

　鉄道会社の不動産経営　　土地所有者が電鉄会社を設立して，不動産経営をおこなった例としては，東京渋谷から郊外に延びる鉄道である1907年開業の玉川電気鉄道が報告されている（為国・榛澤，1993）。アメリカの例もそうであるが，土地を所有し，鉄道を引く，という順番が重要である。なぜなら実際に鉄道が引かれなくても，引かれそうだという情報で，土地価格が高騰してしまうからであり，これは1910年頃の大阪の例が報告されている（武知，1986，265頁）。ではなぜ小林は利益をあげることができたのであろうか。小林は箕面有馬電気軌道の設立が不安視されている状況で，会社が成立せず買収した土地が再び安く投げ出されるという予想が成立しているので，周囲に会社設立が危ういと思わせて，会社設立前に土地を安く買収した（1坪1円で買収するが，鉄道が実際に引かれれば1坪5円になると小林は考えていた）と回想しているが（小林，1990，152–162頁），実際には地元有力者の名義を使って（鉄道会

---

10 1910年の軽便鉄道法には多角化を制限する条項がないが，命令書でどのように扱われたかは不明である。

232

社による買収であることを隠して）買収していたのであった。また会社設立時の1907年に発生した恐慌で土地価格が低下していたのに対し（恐慌の結果，株式発行に苦慮し，会社設立が危ぶまれていた），1911年頃の金利低下によって土地価格が上昇したことも同社に幸いしたが，その後土地価格が低下すると不動産部門の利益は低迷している（橘川・粕谷，2007，47-64頁）。鉄道敷設前に大規模に土地を買収した例としては，田園都市と目黒蒲田電鉄の例や小田原急行鉄道の中央林間が有名であるが，大手民営鉄道で会社設立前・直後から不動産分譲を手がけた例はそれほど多くない（表9.2）。

このようにいったん鉄道会社が成立してしまうと，鉄道会社の不動産ビジネスは，他の一般的な不動産企業と比較してとくに高い利益をあげられるわけではない。鉄道沿線に鉄道会社と関係しない不動産開発が多数あることがこれを例証している。鉄道会社に特別な利益をあげる機会があるとすれば，それは新駅を設置する情報を秘匿できるので，その予定地の周辺の土地を取得しておけば，新駅設置によって土地価格の上昇が期待できるというものであろう。東武東上線の武蔵常盤駅周辺の土地開発はこれに該当する[11]。あるいは逆に土地開発を予定している地主が駅舎やその用地を鉄道会社に寄付することもあり，小田原急行鉄道の玉川学園前や武蔵野鉄道の大泉学園などの例がこれに該当する。またいったん鉄道が開通しても，新線計画は秘匿しやすいので，新線建設時に大規模に土地開発に乗り出す例もある（もちろん新線が競合申請で建設できないリスクもあるが，他社が路線を引いてくれれば，ただで土地の値上がり益を得られる）。阪神電気鉄道の1914年開通の北大阪線沿線の土地取得はその例であろう。メトロポリタン鉄道も駅を新設する際に，土地会社に収入金額を保証させた例がある。

同じことは郊外の遊園施設やターミナルのデパートについてもいえて，鉄道会社がとくに高い利益を得られるわけではないが，事前に取得した土地の活用により，そうではない事業に比べて鉄道乗客を増やす効果はもちろんあるし，割引切符などにより集客を増やすことが可能であるが，これは多角化の内部補助というべきであろう。ターミナルに自社ビルを建ててさまざまな用途に活用

---

11 隣の中板橋駅との距離は1キロに満たない。

表9.2　大手民営鉄道の多角化

会社名	今日の社名	電気兼業	自家発電所	土地分譲	場所等	百貨店	バス	市内延長	方法等
南海鉄道	南海電気鉄道	1912	あり	1935	初芝	—	1928	1903	難波起点
東武鉄道	東武鉄道	—	—	1936	常盤台	1959	1933	1962	日比谷線，北千住
阪神電気鉄道	阪神電気鉄道	1908	あり	1918		1956	1929	2009	難波乗入
京浜電気鉄道	京浜急行電鉄	1901	あり	1914	生麦海浜	1954	1927	1968	浅草線，泉岳寺乗入
京阪電気鉄道	京阪電気鉄道	1911	あり	1922		1933	1928	1963	淀屋橋乗入
箕面有馬電気軌道	阪急電鉄	1910	あり	1910	池田	1929	1925	1969	堺筋線，天神橋筋六丁目
京成電気軌道	京成電鉄	1911	あり	1933	船橋海神台	1963	1930	1933	上野乗入，浅草線1960，押上
大阪電気軌道	近畿日本鉄道	1913	あり	1924		1936	1929	1970	難波乗入
京王電気軌道	京王電鉄	1913	あり	1941	雲雀ヶ丘，千歳烏山	1964	1927	1980	新宿線，新線新宿
武蔵野鉄道	西武鉄道	不明	不明	不明	不明	1952	1928	1983	有楽町線，小竹向原乗入
目黒蒲田電鉄	東京急行電鉄	1922	なし	1922	洗足	1934	1928	1964	日比谷線，中目黒（2013廃止）
小田原急行鉄道	小田急電鉄	—	—	1927	祖師ヶ谷大蔵	1962	1938	1978	千代田線，代々木上原

（出典）　各社社史などから作成
　（注）　1. 阪神電気鉄道の土地分譲は阪神土地信託を設立した年とした。鳴尾の家屋貸付は1910年。
　　　　　2. 京阪電気鉄道の土地分譲は，北大阪電気鉄道の買収の年とした。守口・森小路の貸家は1910年。
　　　　　3. 大阪電気軌道の土地分譲は，東大阪土地建物を合併した年とした。
　　　　　4. 目黒蒲田電鉄と田園都市・東京横浜電鉄は一体のものとして時期を決定している。

することはロンドンでメトロポリタン鉄道もおこなっているが，そのビルをオフィスビルにするのか，デパートに賃貸するのか，それとも自社でデパートを設立するのかは，立地と各社の戦略に依存することになる。阪神急行電鉄は梅田にデパートを設立したが，南海鉄道は難波の自社ビルに高島屋を誘致した。

このほか1920年代になると自動車が普及し，バスの運行も増加した。鉄道会社は既存の路線の保護や路線の脅威への対抗として，また自社鉄道路線に乗客を集めるフィーダーとして（この場合は垂直統合に近くなる）1920年代からバス事業に参入することが多かった。

電力への進出　このほか戦前期の鉄道会社の多角化に特有な分野として電力供給がある。ハンチントンの例にあるとおり，電気鉄道が電力に進出するのは，垂直統合でもあり，開発した不動産の価値を高める手段でもあり，多角化の手段でもあった。日本では電気鉄道を開始する際に火力発電所を建設し，鉄道の動力にあてるほか，沿線地域に電灯・電力を供給したことが始まりであるケースが多い。1910年代には水力発電所による大規模発電が始まり，火力発電所はバックアップとしての性格を強めていくが，なかには水力発電に進出するものもあったし，買電に依存するようになったとしても配電は免許事業であり，鉄道会社に安定的な利益をもたらした多角化部門であった[12]。1930年代半ばでは電力事業は，百貨店・自動車とともに利益率が高く，不動産のそれは低かったが（野田，1997），1941年に配電統制令が公布され，全国の9ブロックごとにできた配電会社に事業を承継することとなり，すべての電鉄会社の経営から電力事業が切り離されてしまった。

9.4　戦時・戦後の再編成

1920年代には京阪電気鉄道が淀川の西岸をとおるルートの新京阪鉄道を設立し，買収した北大阪電気鉄道の未成路線と合わせて，大阪天神橋から京都にいたるルートを形成し，1930年に新京阪鉄道を合併した。京都と大阪を結ぶ自社線の競合路線が出現することを防衛したと考えられる。また大阪電気軌道

12　京阪電気鉄道は1922年に和歌山水力電気を合併し，和歌山で電気軌道事業とともに電気供給事業をおこなったが（さらに1926年には日高川水力電気を合併），1930年に三重合同電気へ売却した（京阪電気鉄道，2011，122–145頁）。また西武鉄道の源流の一つである川越電気鉄道は1913年に神流川水力電気と合併し，武蔵水電となっていた（野田，1992）。

は名古屋方面へ進出するため，参宮急行電鉄を設立，伊勢電気鉄道・関西急行電鉄を合併して，名古屋へ到達し，大阪電気軌道と参宮急行電鉄は合併して関西急行鉄道となった[13]。

戦時期の統合　こうして今日の大手民営鉄道の骨格はほぼできあがったが，戦時期に入ると鉄道業でも統制が大きな問題となり，1938 年に陸上交通事業調整法が制定され，東京・大阪でも民営鉄道を合併して，運輸を効率化することがめざされた。実現した大きな統合は 3 つであり，東京では東京横浜電鉄・小田急電鉄（小田原急行鉄道の後身）・京浜電気鉄道・京王電気軌道が合同して，東京急行電鉄を形成し，大阪では阪神急行電鉄と京阪電気鉄道が合同して京阪神急行電鉄となったほか，関西急行鉄道，大阪鉄道，南海鉄道が合同して近畿日本鉄道となった。しかしすべての民営鉄道を合併するには至らず，結果として東京では，京成電鉄（京成電気軌道が改称）・東武鉄道・西武鉄道・東京急行電鉄の 4 ブロックに（図 9.2），大阪では，阪神電気鉄道・京阪神急行電鉄・近畿日本鉄道の 3 ブロックに集約され（図 9.3），また東京では地下鉄が帝都高速度交通営団に集約されたが，出資比率は政府が 3 分の 2，東京市が 6 分の 1 で，残りを東京の鉄道会社等が分担しており，東京の地下鉄は政府の統制下に置かれた。

戦後の再編　しかし敗戦後，これらの統合された鉄道を元に戻す動きが盛んになり，東京急行電鉄から京浜急行電鉄・小田急電鉄・京王帝都電鉄（のちに京王電鉄と改称）が，京阪神急行電鉄（のちに阪急電鉄と改称）から京阪電気鉄道が，近畿日本鉄道から旧南海鉄道の路線が分離され，高野山電気鉄道が改称した南海電気鉄道に統合された。こうしてほとんど元に戻ったのであるが，路線所属の変更がおこなわれた例もある。戦前に小田急電鉄に所属していた旧帝都電鉄の路線（現在，井の頭線）は旧京王電気軌道の路線とともに京王帝都電鉄となったのであるが，旧帝都電鉄は狭軌であったため，同一会社で軌間が異なることとなった。また京阪神急行電鉄から旧京阪電気鉄道の路線が分離される際には，旧新京阪鉄道の路線が京阪神急行電鉄に残され，現在の京都線となり，京阪神急行電鉄は梅田のほかに天神橋にもターミナルをもつことと

---

13 ただし伊勢電気鉄道が狭軌であったため，三重県・愛知県の一部は狭軌で建設した。1959 年に標準軌に改軌して，大阪からの直通が可能となった。

	1939	1940	1941	1942	1943	1944	1945	1946	1947	1948
東武鉄道						東武鉄道				
総武鉄道										
京成電気軌道							京成電鉄			
武蔵野鉄道		武蔵野鉄道				西武農業鉄道		西武鉄道		
多摩湖鉄道										
西武鉄道										
目黒蒲田電鉄	東京横浜電鉄			東京急行電鉄		東京急行電鉄				東京急行電鉄
東京横浜電鉄										
京浜電気鉄道			京浜電気鉄道							京浜急行電鉄
湘南電気鉄道										
小田原急行鉄道		小田原急行鉄道	小田急電鉄							小田急電鉄
帝都電鉄										京王帝都電鉄
京王電気軌道										

（出典）　各社社史など
（注）　すべての合併等を表しているわけではない。

図9.2　戦時戦後における東京の鉄道再編成

なった。また旧大阪鉄道は近畿日本鉄道に残ったが，狭軌であったため，近畿日本鉄道には上本町・天王寺（あべの橋）という2つのターミナルと軌間の異なる路線が並存することとなった。

　官営鉄道は独立採算制度を採用することとなり，日本国有鉄道法にもとづき，1949年に公社としての日本国有鉄道となった。また帝都高速度交通営団は維持されたが，1951年に営団法が改正され，出資者は日本国有鉄道と東京都となり，徐々に東京都の出資割合が上昇していった。

<table>
<tr><th></th><th></th><th></th><th>1940</th><th>1941</th><th>1942</th><th>1943</th><th>1944</th><th>1945</th><th>1946</th><th>1947</th><th>1948</th><th>1949</th></tr>
<tr><td>阪神電気鉄道</td><td colspan="12"></td></tr>
<tr><td>阪神急行電鉄</td><td colspan="5"></td><td colspan="6" rowspan="4">京阪神急行電鉄</td><td rowspan="3">京阪神急行電鉄</td></tr>
<tr><td>北大阪電気鉄道</td><td rowspan="2">1923 新京阪鉄道</td><td colspan="4" rowspan="3">1930 京阪電気鉄道</td></tr>
<tr><td>新京阪鉄道</td></tr>
<tr><td>京阪電気鉄道</td><td></td><td>京阪電気鉄道</td></tr>
<tr><td>吉野鉄道</td><td colspan="3" rowspan="2">1929 大阪電気軌道</td><td colspan="2" rowspan="5">関西急行鉄道</td><td rowspan="6">関西急行鉄道</td><td colspan="3" rowspan="7">近畿日本鉄道</td><td colspan="3" rowspan="6">近畿日本鉄道</td></tr>
<tr><td>大阪電気軌道</td></tr>
<tr><td>参宮急行電鉄</td><td colspan="2" rowspan="2">1936 参宮急行電鉄</td><td rowspan="3">参宮急行電鉄</td></tr>
<tr><td>伊勢電気鉄道</td></tr>
<tr><td>関西急行電鉄</td><td colspan="2"></td></tr>
<tr><td>大阪鉄道</td><td colspan="5"></td></tr>
<tr><td>南海鉄道</td><td colspan="2"></td><td colspan="4" rowspan="2">南海鉄道</td><td colspan="3">南海電気鉄道</td></tr>
<tr><td>阪和電気鉄道</td><td colspan="2"></td><td colspan="6">国有化</td></tr>
<tr><td>高野山電気鉄道</td><td colspan="9"></td><td colspan="3">南海電気鉄道</td></tr>
</table>

（出典） 各社社史など
（注） すべての合併等を表しているわけではない。

図 9.3 戦時戦後における大阪の鉄道再編成

9.5 戦後の発展と多角化の動向

◯ 輸送力増強と都心への進出

　戦後復興から高度成長期にかけて，東京・大阪には多くの人口が地方から流入し，さらに都心から郊外への人口の流出もあったので，通勤・通学の輸送需要が著しく増加し，国鉄とともに民営鉄道も輸送力の増強を積極的におこなった。複々線化は膨大な投資が必要となるので，まずは電車の大型化・長編成化と運転間隔の短縮が実施されたが，それには車両のみならず，線路規格の向上や駅のプラットフォームの延長などの投資も必要とされた。

　また住宅地の開発と結びついた新線の建設も実行されたが，東京急行電鉄による田園都市線と地下での新玉川線の建設（路面の玉川線は廃止）および京王帝都電鉄による高尾線の建設，多摩ニュータウンのための小田急電鉄多摩線と京王帝都電鉄相模原線の建設，千里ニュータウンのための京阪神急行電鉄の北千里への延長と子会社である北大阪急行電鉄による北大阪急行線の建設などが最も有名な例であろう[14]。後者の2つは，住宅開発を東京都や大阪府などが担当したが，前者の2つは鉄道会社も大きな役割を果たしている。

　都心への乗り入れ　戦前期以来の大きな問題は，東京と大阪の民営鉄道が直接都心へ乗り入れられず，ターミナルから国鉄線・地下鉄・路面電車・バスなどに乗り換えねばならないということであった。大阪では京阪神急行電鉄と阪神電気鉄道が梅田を，南海電気鉄道が難波をターミナルとしており，ともに地下鉄の御堂筋線への乗換が可能であったが，京阪電気鉄道と近畿日本鉄道はそうなっておらず，問題がより深刻であった。そこで京阪は地下鉄道で1963年に淀屋橋へ，近鉄もやはり地下鉄道で1970年に難波へ，それぞれ独自の投資

---

14 西武鉄道による西武秩父への延長，京浜急行電鉄による三崎口への延長，近畿日本鉄道による鳥羽への延長と奈良電気鉄道・三重電気鉄道への合併がおこなわれているが，これらは観光・レジャー目的といえるだろう（西武鉄道の延長は石灰石などの貨物輸送も大きな目的であった）。

によって延長し，都心への進出を実現した。また戦前以来残されていた併用軌道は，京阪電気鉄道，京浜急行電鉄，京王帝都電鉄，近畿日本鉄道が地下化（京急のみは高架化）によってようやく廃止されている（表9.1）[15]。

相互乗り入れの展開　東京では戦後に西武鉄道を除く主要民営鉄道会社6社が地下鉄道建設を出願した（東京都交通局，1971，116頁）。政府は交通営団による建設を構想していたが，新たに東京都も都営地下鉄の建設を主張した。その結果，地下鉄は交通営団と東京都が建設し，民営鉄道と営団・都営地下鉄が相互に乗り入れることとなった。戦前期に開通していた浅草・渋谷の営団銀座線に加えて，戦後は池袋・荻窪などの営団丸の内線が開通したが，これらは第三軌条方式で民営鉄道との乗入れを考慮しないものであった。これに対して1964年に全線開通した営団日比谷線は，終点の北千住で東武鉄道伊勢崎線と，もう一方の終点の中目黒で東京急行電鉄東横線とそれぞれ相互乗り入れしたが，当然，狭軌で架空電車線方式となった。

　また1968年全線開通の都営浅草線は，終点の押上で京成電鉄と，中途の泉岳寺で（もう一方の終点は西馬込）京浜急行電鉄とそれぞれ相互乗り入れした。架空電車線方式がとられたのは当然であるが，京急の軌間が1,435ミリであったのに対し，京成の軌間は1,372ミリであったから，このままでは直通運転ができないので，京成が1,372ミリから1,435ミリへと改軌することで実現した。線路のみならず車両の改良もおこなわねばならず，また一夜にして改軌することは不可能なので，徐々に改軌せざるを得ず，工事期間中は京成線内の直通運転ができず，乗換を余儀なくされるという莫大なコストを京成は支払った。一方，京急はそれまでの終点の品川から泉岳寺まで1駅の区間であったが，階上の品川駅から地下の泉岳寺駅にいたる路線を建設するというコストを負担したことで，両社の均衡が図られたものと推察される[16]。その後東京では，地下鉄と民営鉄道および国鉄の相互乗り入れが一般化していった。

　地下鉄と民営鉄道の相互乗り入れには隠れたコストが存在している。地下鉄

---

15 併用軌道が廃止されたのは，開業当初の路線についてであり，大手民営鉄道でも併用軌道を残している路線もある（京阪電気鉄道の京津線など）。

16 戦前の東京には軌間1,372ミリの電鉄は，京浜電気鉄道，京成電気軌道，京王電気軌道の3社があったが，結局，京王のみが残ったわけである。

で第三軌条方式がよく用いられるのは，トンネルの高さを低くすることができ，その結果，建設費を安くできるというメリットが存在するからである。一方，踏切がある鉄道ではこうした方式は採用できず，そのため架空電車線方式が取られているが，相互乗り入れするためには地下鉄部分も架空電車線方式をとらざるを得ず，トンネルを高くせざるを得ないので工事費が高騰してしまう。営団・都営地下鉄からみれば，相互乗り入れするためにコストがかさんでしまうのである[17]。営団がこの問題にどのように対処したか明らかではないが，東京都は工事費の増加分を京成と京急で分担するように要請したものの解決することなく終わっている（東京都交通局，1971，164頁）。相互乗り入れとともに民営鉄道は地下鉄建設計画を取り下げることとされており，営業の独占と引換に，東京都・営団（株主は国鉄と東京都）という公的部門が追加コストを負担したものと考えられるが，コストが最終的には地下鉄運賃を通じて利用者に転嫁されるとすれば，民営鉄道の地下鉄に乗り入れない利用者が負わなくてもよい負担を免れ，地下鉄区間のみの利用者が負わなくてもよい負担を負っているといえよう（民営鉄道と地下鉄の通しの利用者は乗り換えという煩雑さを負わないメリットがある反面でコストを負担している）[18]。なお1962年度から地下鉄に対する補助金が支給されるようになり，1967年度から建設費の一部負担という形式を取るようになった（正司，2001，147頁）。

　一方，大阪では，市営地下鉄との相互乗り入れは東京ほど一般的でなく，1969年に全線開通した堺筋線（のちに延長）が，架空電車線方式によって，天神橋六丁目で京阪神急行電鉄千里線・京都線と相互乗り入れしたほか，1970年に江坂まで延伸した御堂筋線が，江坂駅で同年開業の北大阪急行電鉄と，1986年開通の中央線が，長田駅で1987年開通の近畿日本鉄道の東大阪線と相

---

[17] ロンドンの地下鉄も第三軌条方式を採用しているが，郊外で地上に出ている部分も道路とは立体交差となっており，第三軌条方式で郊外まで延長するとすれば，こうしたコストを負担することになる。

[18] 相互乗り入れをおこなう都と京急・京成は，それぞれの路線区間から得られる収入をそれぞれが取得し，相手先の路線に自らの車両が乗り入れる場合は，車両使用料を受け取る（乗員はそれぞれの路線の終了する駅，すなわち押上駅と泉岳寺駅で交替する）こととされており，線路使用料は徴収されていない。また車両使用料も相互の車両がそれぞれ相手線内を走行する車両キロを同一にすることにより，使用料の授受をおこなわないこととされている（東京都交通局，1971，171，536頁）。

互乗り入れしたが，こちらは民営鉄道が地下鉄の規格に合わせて乗り入れることを計画して開業したので，第三軌条方式をとっている（すべて高架かトンネルとなっている）。

○ Elevated Railway へ

　高度成長期にはモータリゼーションが急速に進展したが，輸送力に限界がある上に職場に駐車場を確保することはほとんど不可能なので，東京・大阪では自動車による通勤は鉄道会社にとって大きな脅威とはならなかったが，鉄道へのフィーダーとしてのバスにとっては直接の脅威となったし，道路混雑によるバス運行の乱れも，バスへの大きな脅威となった。この点は路面電車も同じであり，大都市では路面電車の撤去が相次ぎ，バスや地下鉄に取って代わられた。地方都市では影響は深刻で，徐々に鉄道が廃止されている。

　モータリゼーションの進展が東京・大阪の民営鉄道に与えた大きな影響は，道路交通の増大と電車の頻発による踏切開放時間の短縮が大きな問題となったことである。鉄道が高架化すれば問題は解決するが，高架化して踏切を除去しても鉄道会社の輸送力が上昇するわけではなく，踏切の管理や事故がなくなるというメリットしか得られず，主としてメリットを得るのは道路の利用者であるから（周辺住民にとっては日照や騒音のデメリットが増加する），鉄道会社にとっては投資のインセンティブがない。阪神電気鉄道での例では，戦前期に御影付近で併用軌道を廃止して，専用軌道を建設する際に高架化されたが，このコストは鉄道会社が負担した。しかし大阪野田での国道2号線との踏切を除去する際には，大阪市・大阪府などと協議会を設け，その結果，市が都市計画事業をおこなって，高架化も都市計画事業の一環として実施することとなり，鉄道会社が踏切除去により減少するコストと高架下の不動産活用により得られる収入などに相当する金額の建設費を負担する一方で，市と国が残りの建設費を負担することとなった。なお鉄道会社がその他の改良工事を自らの負担でおこなってもよいこととされ，阪神は改良工事を独自に実施した。

　この方式はさらに精緻化され，1969年に運輸省・建設省による連続立体交差化事業となり，費用負担も明確化された（日本経営史研究所，2005，309，

403 頁)。阪神は大阪と神戸の人口密集地を走っているため，地下化も含めた立体化の要請が強く，2005 年には高架・地下化による立体化率が本線で 87％にも達しており，2022 年には本線のすべてが立体化される予定となっている。欧米でいうところの Elevated Railway に進化するのである（なお阪急と阪神は 2006 年に阪急阪神ホールディングスを設立し，経営を統合した）。他の鉄道会社でも同様に連続立体交差化事業に取り組んでいるが，複々線化事業と組み合わせて実施することも多く[19]，その場合にも後者のコストは鉄道会社が負担している[20]。

○ 運賃規制と多角化

優れた経営効率　大手民営鉄道は経営効率がよく，独立採算を維持できており，この点世界的にも珍しい存在である。しかも公的補助は 1972 年に始まった鉄道建設公団（今日の鉄道建設・運輸施設整備支援機構）による路線建設（公団が路線建設をおこない，完成後，低金利の長年賦で譲渡するので，その利率の差が補助となる）がある程度で，大きな保護はない。また 1986 年に導入された特定都市鉄道整備積立金制度は，鉄道建設費の一部を運賃に上乗せして，前倒しで値上げでき，この増収分は免税扱いとなるというものであるが，それほど大きな保護とはいえないとされている（正司，2001，146–153 頁）。しかも民営鉄道の運賃も認可制であり，独占運賃が一方的に徴収されているわけではない。地下鉄などの公的部門の鉄道に対して，民営鉄道の経営効率が優れていることがよく指摘される。路線数や地下化率といったネットワークの違いや作業外注化の程度の差などでその差をかなり説明できるが，それでもなお民営鉄道と公的鉄道の効率の差は残る，とされている（Mizutani, 1994）。

多角化の状況　鉄道部門の運賃が規制されており，民営鉄道の成長部門とされたのが多角化部門であった。高度成長期には，不動産価格が上昇し，都市部

---

19 複々線化のすべてが高架でおこなわれたわけではない。

20 2005 年開業の首都圏新都市鉄道（つくばエキスプレス）は当初からすべて立体交差構造であり（高架か地下），高速運転をおこなっている。自動運転も導入され，ワンマン運転となっている。

表9.3 大手民営鉄道の事業分野の状況（1991-1996年度）

企業名	純利益に占める割合（%）					総収入に占める割合（%）				
	運輸	不動産	小売	サービス・観光	その他	運輸	不動産	小売	サービス・観光	その他
東　武	56	40	NA	0	4	61	12	NA	14	13
西　武	61	65	0	−28	3	42	14	10	25	9
京　成	70	14	7	6	3	43	8	38	6	4
京　王	51	28	10	7	5	25	5	43	20	6
東　急	52	57	1	−13	3	35	22	22	18	4
小田急	51	31	14	NA	3	25	6	56	NA	13
京　急	49	47	−1	−2	7	37	13	23	17	10
近　鉄	48	42	10	−4	4	36	3	48	7	5
南　海	41	52	11	−2	−1	50	14	23	6	6
京　阪	53	45	2	−3	3	38	10	31	16	5
阪　急	46	62	NA	−14	6	43	17	NA	26	14
阪　神	17	41	12	5	24	15	8	43	5	29
15　社平　均	46	46	6	−3	5	38	12	25	13	12

（出典）　正司・Killeen（2000，193頁）
　（注）　連結決算による企業グループの比率である。15社平均とは，上記12社に相模鉄道，名古屋鉄道，西日本鉄道を加えた平均。

への人口流入が盛んであったから，不動産業の収益性が高く，郊外住宅地への
スーパーマーケットの展開も増え，さらに所得と余暇が増えたことから，レ
ジャー関連の多角化も進展した。相模鉄道，名古屋鉄道，西日本鉄道も含めた
大手15社の単体の多角化は，1955年から1975年まで進展し，その後は若干
後退している。またグループ企業も含めた連結決算では，1990年代の前半に
おいて，総収入に占める割合は，運輸38％，不動産12％，小売25％，観光・
サービス13％，その他12％とかなり多角化が進んでいることが確認できるが，
総利益に占める割合は，運輸46％，不動産46％，小売6％，観光・サービ
ス−3％，その他5％となっており，運輸と不動産の占める割合が大きくなっ
ている（表9.3）。

9.6　国鉄の分割民営化と民営鉄道との競争

　民営化の概要　　国鉄は1964年に東海道新幹線を開通し，高速鉄道の時代に突入したが，収益性の低い地方鉄道の建設が進み，同年に赤字に転落し，その後も赤字が定着していった。1986年に日本国有鉄道改革法などが成立し，1987年に国鉄は分割民営化され，地域別の旅客会社JR6社とJR貨物が成立した。また1986年には日本国有鉄道法・地方鉄道法などに代わって鉄道事業法が成立し，鉄道施設を保有して輸送サービスを提供する第1種鉄道事業のほか，他者の鉄道施設を利用して輸送サービスを提供する第2種鉄道事業と鉄道施設を保有するのみで輸送サービスは他者が提供するなどの第3種鉄道事業が認められるようになった[21]。JR貨物はほとんど独自の鉄道施設を保有することなく，JR6社の保有する線路で輸送サービスを提供することとなった（藤井，1991)[22]。

　民営化といっても当初は国がJR各社の全株式を保有しており，株式会社化され，業務とくに不動産事業などへの多角化の自由度が上昇したに過ぎなかったが，その後JR東日本・JR西日本・JR東海は全株式が売却され，完全に民営化されたし，JR九州も2016年に一部の株式が売り出され，民営化された[23]。これに対してJR北海道・JR四国・JR貨物の株式売却の目処は立っていない[24]。また営団地下鉄も2002年の東京地下鉄株式会社法により2004年に東京地下鉄株式会社が発足したが，東京都営地下鉄との一体化問題もあり，株式

---

21 軌道条例は軌道法となったが1924年，軌道法にもとづいていた民営鉄道は，1942年に旧大阪電気軌道（当時は関西急行鉄道），1943年に旧京浜電気鉄道（当時は東京急行電鉄），1944年に京成電気軌道，1945年に旧京王電気軌道（当時は東京急行電鉄），1977年に阪神電気鉄道，1978年に阪急電鉄と京阪電気鉄道が，軌道法によっていた路線を地方鉄道法に変更した。併用軌道の消滅とあわせ，ようやく各社の本線から軌道の痕跡が消えたといえる。
22 また大手民営鉄道でも地方路線を本体から切り離し，沿線の自治体等が第3種鉄道事業者となり，大手民営鉄道の子会社等が第2種鉄道事業者となる例も出ている（近畿日本鉄道の養老線，内部線，八王子線，伊賀線など）。
23 国鉄時代の新幹線の施設は新幹線保有機構が保有していたが，1991年にJR東日本・JR東海・JR西日本が買い取っている。

売却は実現していない（2019年現在の株式保有割合は，政府53.4％，東京都46.6％）。また大阪市営地下鉄も2018年に大阪市高速電気軌道株式会社となったが，全株式を大阪市が保有している。

　路線の拡充　1980年代に入る頃から国鉄は東京・大阪など大都市圏での輸送力を強化し始めていたが，JRの成立によりそれが顕著となった。東京ではJR東日本が貨物線を旅客線にするなどして輸送力の強化に努めているが，もともと民営鉄道との直接の競合があまりないため，民営鉄道との輸送シェアに大きな変化が生じていない。これに対し大阪では，奈良方面の片町線の複線・電化，宝塚方面の福知山線の複線・電化，草津から西明石の複々線を生かした新快速の高速化と車両改善，京橋から尼崎にいたる東西線の開通，大阪環状線と阪和線・関西本線の直通増加による利便性の向上などの施策によりJRの輸送シェアが上昇しており（国土交通省鉄道局，2016，24–25頁），2019年までに貨物線を利用したおおさか東線の新大阪と久宝寺を結ぶ区間が開通している[25]。

　こうした輸送力の改善により混雑率も確実に改善している。東京では1975年に221であった最混雑区間の混雑率が1995年には178に低下したあと，低下のペースが鈍り，2015年には164となっている。これは2000年以降輸送力がほぼ横ばいのなかで，輸送人員が低下傾向にあることによっている。これに対し大阪では，1975年の199が，1995年には157に低下し，さらに2015年には124にまで低下しているが，これは2000年以降輸送力が若干低下するなかで，輸送人員が1985年以降4分の1以上低下しているためである。また踏切

---

24 北海道新幹線・盛岡以北の東北新幹線・北陸新幹線・九州新幹線という整備新幹線が開通すると，並行在来線はJRの経営から切り離され，県などが出資する第三セクター鉄道に引き継がれる例が多い。輸送密度の相対的に低いところが複々線化され，収益性のある長距離特急が新幹線となったのであるから，第三セクター鉄道の経営は厳しいといえる。

25 JR東西線は，大阪府・大阪市のほかJR西日本も出資する関西高速鉄道が設備を保有し（第3種鉄道事業者），JR西日本が列車の運行をおこなっている（第2種鉄道事業者）。これに対抗する目的もあり，阪神電気鉄道は西大阪高速鉄道を設立し，大阪府・大阪市の出資も仰ぎ，阪神西大阪線の西大阪から難波までの路線を建設・保有し（第3種鉄道事業者），阪神が運行をおこなう第2種鉄道事業者となり，2009年から大阪難波で近鉄線と相互乗り入れしている。このほか関西高速鉄道とほぼ同じパターンで大阪外環状鉄道が設立され，おおさか東線を保有し，JR西日本が列車の運行をおこなっている。大阪外環状鉄道には，幹線鉄道等活性化（貨物線の旅客化）事業として助成がおこなわれている。

警報器の設置，信号装置の進歩，ATS の設置などによって鉄道は確実に安全になっており，列車走行 100 万キロあたり運転事故件数が国鉄・JR 以外の鉄道では 1985 年に 1.00 であったのが，2015 年には 0.51 にまで低下している（国土交通省鉄道局，2016，36-37，208 頁）。各社は鉄道の魅力を高めて沿線人口を維持・増加し，不動産を開発しようとしているが，東京・大阪圏ですら人口の大幅な増加が見込めず，競争が激化しつつあるといえる。

演 習 問 題

9.1　日本の鉄道が世界でも珍しく多角化している理由はなんであると考えられるか，そしてそれにどんな意味があると考えられるか答えなさい。

9.2　日本で民営鉄道が存続しているのは多角化に成功しているからだ，という考え方に対し，どう考えるか見解をまとめなさい。

第 10 章

商　社

　コンビニエンスストアのローソンにいくと Ponta カードの提示を求められるが，Ponta カードはケンタッキー・フライドチキンでも使える。一見なんの関係もない両社だが，ローソンは三菱商事の子会社であり，ケンタッキー・フライドチキンは三菱商事が 3 分の 1 を超える出資比率をもっており，三菱商事が両社の食材などの流通に深く関与している。商社の活動について実感する機会はあまり多くないが，我々の暮らしに深くかかわっている。日本の商社は総合商社として多くの商品を多角的に扱っていることで有名であるが，ここでは主として貿易をおこなう商社（貿易商社）について歴史的に考察することとする。

○ *KEY WORDS* ○

総合商社，専門商社，居留地，
見込商売，商権，取引機能，
金融機能，オーガナイズ機能

10.1 幕末開港から 第一次世界大戦までの商社

○ 貿易の開始と日本商社の成長要因

　江戸時代の日本は鎖国状態であったため，民間の貿易は極めて制限された状態にあった。1859 年に自由貿易が開始されたが，主要な輸出品は生糸と茶および水産物であり[1]，主要な輸入品は綿織物・毛織物・綿糸および砂糖であった（表 10.1）。その後貿易額は増加したが，工業が発展するにともない，輸入に占める綿織物・毛織物・綿糸など半製品の占める比率が低下し，綿花といった原料および金属製品・機械類といった資本財の比率が上昇するとともに，輸出においては生糸の比率は不変であるものの，石炭・銅といった鉱産物や綿織物・絹織物などの半製品の比率が上昇した。

　直輸率の上昇　開港当初貿易を担ったのは外国人商人であるが，外国人は1899 年の条約改正まで横浜・神戸その他の都市に設けられた居留地への居住を義務付けられ，自由に国内を旅行することもできなかったので，日本人商人は居留地にある外国人商館に生糸などの輸出品を売り込むか（売込商）綿糸布などの輸入品を引き取るか（引取商）した。しかし日本人による貿易（直輸出・直輸入）が徐々に増えていき，貿易額（輸出額・輸入額）に占める日本人による貿易額の比率（直輸出率・直輸入率，両者をあわせて直輸率）も上昇していき，1910 年前後には 5 割となり，その後 1960 年頃には 9 割を超えるに至った。この頃までは個人や製造業者による直接の輸出入はそれほど多くないから，貿易商社によってそれが担われたものとして考察を進めていくが，日本の輸出は外国の輸入であり，その逆は逆であるから，直輸率が 5 割で日本商人と外国商人は対等ということになり，5 割を超える比率は日本商の競争力が外国商人（西洋の商人に加えて中国をはじめとするアジアの商人も含まれる）に

---

1 当初，蚕卵紙（さんらんし：蚕の卵が産みつけられた紙）の輸出が多いのは，ヨーロッパで微粒子病という蚕の病気が流行していたためである。また米は作柄により輸出されたり輸入されたりしていたが，次第に輸入されるようになっていく。

表 10.1 日本の主要輸出入品

(単位：千円)

輸　出

年	米	茶	水産物	生糸	綿糸	綿織物	絹織物類	石炭・銅	マッチ・陶磁器	その他	計
1868-70	0	3,397	825	5,417	0	5	0	307	18	4,366	14,335
1871-75	289	5,534	1,103	6,229	0	6	5	1,311	81	4,354	18,912
1876-80	1,670	5,811	1,622	9,811	0	22	13	1,467	324	5,984	26,724
1881-85	1,170	6,566	2,113	1,342	0	85	33	2,578	682	20,644	35,213
1886-90	4,347	6,787	2,934	20,599	2	175	2,210	6,593	2,199	12,885	58,731
1891-95	5,635	7,814	3,202	36,203	413	1,215	9,617	10,571	4,767	22,503	101,940

輸　入

年	米	砂糖	綿花	綿糸	綿織物	毛織物	鉄・金属	金属製品	汽船・機械類	その他	計
1868-70	6,489	1,852	713	3,064	2,716	2,333	476	33	34	4,029	21,739
1871-75	267	2,584	404	3,982	5,294	5,413	899	173	421	6,490	25,927
1876-80	137	3,070	307	5,879	5,093	5,091	1,833	282	739	8,337	30,768
1881-85	168	4,522	415	6,079	3,484	3,217	1,637	616	1,042	8,442	29,622
1886-90	2,522	6,565	2,116	10,084	3,837	5,140	2,791	2,806	3,164	18,927	57,952
1891-95	4,397	10,753	15,346	7,165	5,524	6,464	5,219	3,049	6,751	29,183	93,851

(出典) 杉山 (1989, 196-197 頁)

10.1 幕末開港から第一次世界大戦までの商社

比べて高かったことを示している。

　競争力の要因　19世紀に直輸率が上昇した理由としては，日本人の貿易を支援する横浜正金銀行（1880年），東京海上保険（1879年），日本郵船（1885年）などの貿易金融・保険・海運企業が政府の保護のもとに設立されたことや外国商人が居留地に閉じ込められていたことに加えて，

(1)　日本商人の手数料率（口銭）が外国商人のそれより低かったこと，

(2)　日本は世界貿易への小さな参入者だったので，外国商人が日本と売買するより日本商人が外国と売買することにビジネスチャンスを見いだしやすかったこと，

(3)　開港当初には貿易されず日本の工業化が始まって以降貿易された財（ホップや人力車など）や在来品ではなく近代品の輸出（綿糸やマッチの輸出）や素食料（小麦など）・原料（羊毛など）・投資財（機関車など）の輸入で直輸率が高く，直輸率が高い商品ほど貿易の伸び率も高かったこと，

といった要因があったことが指摘されている（山澤，1984，第6章）。欧米商社の手数料率が2.5％程度であったのに対し，中国商人のそれは1％程度であり，日本商人の手数料率も当初の欧米商人並の水準から低下していったといわれているが，欧米人より賃金が低かったこともその要因の一つである（石井，2003，125頁）。東アジアでの中国商人の存在は大きく，日本商人にとってもそれへの対抗が課題となったといわれるのもうなずける数字である（籠谷，2000，第1，2章）。

　このほか日本商人が欧米商を上回る競争力をもった理由として，日本商人が見込みで商品を買い持ち（正の在庫）あるいは売り持ち（負の在庫）する（見込商売）ことで機敏に商機をとらえていったことが指摘されている。欧米商も当初は商品を自己資金で買い入れ，自ら調達した帆船によって運搬し，価格差を利用して利益をあげる商売を展開しており，リスクに耐えうる大規模な商人が中心であったが，為替銀行が日本に支店を設置し，電信線が1871年に日本に上陸したために欧米との価格差が縮小し，スエズ運河が1869年に開通し，アジアでも汽船海運が利用できるようになると，リスクを避け，手数料商売を

おこなうようになっていった（石井，2003，104 頁）。これに対し日本商人は，見込商売を展開することで商機をとらえていったのである（買い注文を受ければ，商品を手当てする前に売買契約を結んでしまうなど）。

　もちろんそれによって商社は，商品価格の変動をはじめとするさまざまなリスクを負担することになったわけであり，商品や店舗ごとに買い持ちや売り持ちに関する限度を設定したり，取引先に与える信用に限度を設定したりというリスク管理の仕組みを整えることで対応した（鈴木，1981；山崎，1987）。もちろん日本商人が貿易に習熟していくとともに，欧米と比較した低賃金を生かして競争力をつけていったという製造業などにも共通する要因を忘れてはならない。

○ 第一次世界大戦前の直輸出入商

　第一次世界大戦前において，表 10.1 に登場する主要な商品（羊毛を加えた）について直輸出・直輸入をおこなった日本商人をわかる範囲で数えてみると39 になり，このうち 20 世紀に入っても活動していたのは 34 で，19 世紀中に消滅したものが 5 となる（表 10.2）。もちろん丁寧に探せば，この数はずっと増えるであろうし，この表がある商社の取扱商品のすべてを表しているわけでもないが，この表によって考察を進める。

　直輸出入の状況　　政府は 1880 年代に水産物・生糸・陶磁器などの商品について直輸出を奨励したが[2]，その政策に呼応して，広業商会，日本昆布会社，貿易商会，同伸会社，起立工商会社などが直輸出をおこなった。しかし水産物では中国商人，生糸や陶磁器では欧米商人との競争に耐えられず，消滅している。また貿易をおこなううちに製造過程を垂直統合する商社もあった。綿花商社の内外綿は日本と中国に工場を設け，戦間期には在華紡として発展していくし，陶磁器商社の森村組は名古屋に日本陶器を設立し，食器の生産に乗り出したが，さらに碍子や衛生陶器の生産にも乗り出している[3]。商人が製造過程を垂

---

2 製造業者から委託を受けて日本商が海外で販売する場合と日本商が商品を買い取り輸出する場合があり，政府の奨励策は前者を奨励することが多かったが，ここでは区別しない。

直統合する事例は国内商業でもあり（服部時計店の精工舎や写真関係の小西商店の小西六などが有名），それほど珍しいことではないから，貿易商でそうしたことが起きても不思議ではない。逆に石炭の三菱，銅の古河は，石炭と銅の生産業者であるが，それまで開港場で輸出用の石炭・銅を販売していたのを中国に店舗を設置して，直輸出するに至ったものである。

取扱商品の多角化　1つの商品を手がける貿易商が多いが，2つを手がけるものとして，機械・金属の高田商会，絹織物・羊毛の高島屋飯田，綿花・綿布の日本綿花，綿花・綿糸の半田綿行・内外綿，生糸と絹織物の原合名，3つを手がけるものとして，米・砂糖・金属の鈴木商店，米・砂糖・綿布の湯浅商店，5つを手がけるものとして，機械・金属・羊毛・綿布・米の大倉組があり，三井物産は13もの商品を取り扱っている。商品が2つの場合は商品間に関連性があるものが多いが，3つ以上の場合は商品間に関連性が必ずしも高くない[4]。ただし表10.2では，安宅商会・岩井商店（日商岩井の前身のひとつ）を金属のみとしているが，両者はその他多くの商品を取り扱っているし，伊藤輸出店（伊藤忠商事の前身）も綿布としているが，マニラから麻を輸入するなど多様な商品を取り扱っている。このように表10.2は商社の全体像を表すものではなく，専門商社といっても取扱商品が完全にひとつに限定されるものではないことに注意しておきたい。

海外店舗網の展開　それではこれらの商社（なかには製造もおこなっており純粋の商社ではないものもあるが）はどの程度の海外（朝鮮・台湾を含む）店舗網をもっていたであろうか。1912年頃を基準に海外店舗数をみてみると，三井物産は27であり，それに続くのが大倉組の11，日本綿花の6，堀越商会の4などであった。陶磁器の輸出商はアメリカに，生糸・絹織物の輸出商はアメリカとフランスに，綿花の輸入商は中国とインドとアメリカに，機械の輸入商はイギリスとアメリカに，羊毛の輸入商はオーストラリアに店舗をもつことが多く，当然ながら貿易品の主要な市場に規定されていた。取扱商品を多様化

---

3 このほかにも三井物産は上海の紡績会社に出資したし，江商・半田綿行・野沢屋は国内に工場をもつ。また岩井も国内に関連企業をもっているが，関連企業を入れれば，三井・三菱など財閥系の企業が多数存在することになる。

4 鈴木商店はこのほか樟脳を大規模に取り扱っていた（桂，1987，43-47頁）。

254

表 10.2　直輸商社の取扱商品と海外店舗網（1912 年頃）

商社名	取扱商品	取扱商品数	海外店舗数合計	台湾・朝鮮	中国	アジア・大洋州	北米	欧州
三井物産	米，生糸，絹織物，綿糸，綿布，綿花，羊毛，石炭，銅，マッチ，砂糖，金属，機械	13	27	4	16	3	2	2
大倉組	機械，金属，羊毛，綿布，米	5	11	4	3	1	1	2
日本綿花	綿花，綿布	2	6		4	1	1	
堀越商会	絹織物	1	4				1	3
野沢屋	絹織物	1	3				1	2
高島屋飯田	絹織物，羊毛	2	3		1			2
三菱合資	石炭	1	3	3				
高田商会	機械，金属	2	3		1		1	1
伊藤輸出店	綿布	1	3		2	1		
菅川商会	絹織物	1	2				1	1
鈴木商店	米，砂糖，金属	3	2	1	1			
安宅商会	金属	1	2		2			
横浜生糸	生糸	1	1				1	
内外綿	綿花，綿糸	2	1		1			
石川商会	絹織物	1	1				1	
古河合名	銅	1	1		1			
森村組	陶磁器	1	1				1	
井元商店	陶磁器	1	1				1	
浅井竹五郎商店	陶磁器	1	1		1			
多治見貿易	陶磁器	1	1				1	
江商	綿花	1	1			1		
兼松商店	羊毛	1	1			1		
日本製茶	茶	1	0					
日本製茶輸出	茶	1	0					
原合名	生糸，絹織物	2	0					
鹿島商店	綿糸	1	0					
田代商店	陶磁器	1	0					
茂木桃井組	陶磁器	1	0					
岩井商店	金属	1	0					
日東綿糸	綿糸	1	…					
半田綿行	綿花，綿糸	2	…					
湯浅商店	米，砂糖，綿布	3	…					
光明洋行	綿布	1	…					
日本砂糖貿易	砂糖	1	…					
広業商会	水産物	1	消滅					
日本昆布会社	水産物	1	消滅					
貿易商会	生糸	1	消滅					
同伸会社	生糸	1	消滅					
起立工商会社	陶磁器	1	消滅					

（出典）　直輸商社はさまざまな研究から抽出。店舗網は基本的に由井・浅野（1989）による
　（注）　表 10.1 の商品に羊毛を加え，直輸出入に関与した商社を抽出，その店舗網を調査した。

10.1

幕末開港から第一次世界大戦までの商社

している三井物産と大倉組のみが中国・アジア・アメリカ・ヨーロッパとグローバルな店舗網を展開していたが，この時点では，南米とアフリカには店舗をもつにいたっていない（ただし海外に店舗をもたずとも海外商を相手とする直輸出入が可能である）。

10.2　総合商社の発達

○　三井物産の総合商社への発展

　御用商売が民間ビジネスへ　第一次世界大戦前に日本最大の商社となっていた三井物産の発展について，簡単に述べておこう。三井物産は1876年に井上馨の先収会社の業務と社長の益田孝をはじめとした人員を引き継ぐことで三井家によって設立された。当初は政府への絨（毛織物）の輸入や政府米および官営三池炭礦産出炭の輸出および米穀の国内売買などを主要業務としていたが，官営富岡製糸所の生糸の販売さらに海外荷為替業務も政府から委託されるなど，政府との商売（御用商売）が業務の中心をなしていた。そして1879年までに石炭の輸出のために上海，米などの輸出のためにロンドン，生糸の輸出と海外荷為替のためにパリ，海外荷為替のためにニューヨークに店舗を設置した。このうち海外荷為替は横浜正金銀行が設立されると同行に引き継がれ，まもなくニューヨークとパリの店舗は廃止された。

　三井物産はその後，民間ビジネスを拡大していく。第一に1882年に大阪紡績が輸入するイギリスのプラット（Platt）社製の紡績機械を取り扱ったのをきっかけに同社の代理店となり，日本で紡績業が勃興すると紡績機械の取り扱いが増加し，さらに機関車などの輸入を拡大した。第二に1888年に三池炭礦が三井に払い下げられ，三池炭取扱も民間ビジネスとなったが，さらに筑豊炭田などの炭礦に融資をおこなうなどして，他社の産出する石炭（他社炭）の取扱も増加していった。第三に紡績業がインドから綿花を輸入するようになるとボンベイ（現ムンバイ）に店舗を設け，インド綿の輸入をおこなうとともに，

綿糸や綿布が朝鮮・中国に輸出されるようになるとそれらの輸出も手がけていった。最後に三井家が富岡製糸所の払い下げを受けたことから，1896年にニューヨーク支店を再開し，生糸輸出をおこなった。富岡の生糸に限らず三井以外の生糸の輸出をおこない，富岡製糸所が原富太郎に売却された後も生糸の取扱を増やしていった。

こうして三井物産は中国・アジア・北米・欧州に店舗をもち，機械・石炭・綿花・綿糸・綿布・生糸など多様な商品を取り扱うようになり，世界のあらゆる地域とあらゆる商品を取引する総合商社となったのである（大森ほか，2011，第2章）。三井物産は1910年前後には日本の貿易の約2割を取り扱っており，この頃日本商社の取扱比率が約5割であったから，日本商社の間におけるシェアは約4割であったことになる。さらに三井物産は，満州の大豆をヨーロッパに輸出したり，アメリカ綿花をヨーロッパに輸出したりと日本を含まない外国間取引にも進出した。すでに1910年において三井物産の取引は，輸出37％，輸入31％，国内取引16％，外国間取引15％となっており，外国間取引は無視できない比重を占めるにいたっている。

三井物産は見込商売を機敏におこなうとともに，インド綿花の輸入においては綿花の集散地であるボンベイで買い付けるにとどまらず，綿花生産地に近いところまで店員を出張させて，買い付けをおこなうこと（奥地買付）で安価に綿花を調達することができた。こうした施策によって三井物産の取扱高は増加し，日本の貿易の2割を占めるにいたったのであり，この高いシェアは「流通独占」と評価され，三井物産の高利潤の源泉であると考えられることもあった（松元，1979，398頁）。

○ 取引の安定的確保策

厳しい取扱競争　　それでは三井物産の当事者は取引をどのようにみていたであろうか。三井物産が綿花の取引を始めたときには，荷主（紡績会社）の委託によって買い付ける手数料商売であったが，その後手数料を含んだ値段で注文されるようになり，1913年には現地（ボンベイなど）の値段より安い値段で売り出さざるを得なくなっており，商売がリスクを含んだ見込商売になってい

た。他社との競争上それをおこなわざるを得なくなっていたのである（三井文庫，2004b，307-308頁）。インドでの奥地買付も様子がわからないので困難かと思ったら，意外と容易にできて，誰でもできるものであったため（三井文庫，2004a，301頁），1913年には外国人と競争するには，繰綿機械や荷造機械などを設置する必要が認識されており（三井文庫，2004b，308，551頁），第一次世界大戦中の1917年にはこのような設備ができていたが，日本綿花など日本商社との競争も激しくなっていた。三井物産の担当者はインド内地の気候が過酷なために業務に習熟した2，3年で交替せざるを得ないのに対し，日本綿花の担当者は6，7年も耐えることができており，担当者の養成方法を再検討せねばならないほどであった。同年にはアメリカ綿花を競争の激しい日本に売るよりヨーロッパに売ったほうがよほど有利であるとしている（三井文庫，2004c，54，512，519-521頁）。三井物産は綿花取引で他の日本商社を超える取引量を誇っていたが，競争は激烈だったのであり，競争が少なく，利益の上がる取引を探し続けねばならなかったのである。

　同社は1900年代に生糸の取扱を急速に増加させていくが，見込商売によって取引を伸ばしており，突発的な事件が起きると市況が変動して損失を被ることがあり，1913年には取扱高が増えても利益があまり上がらない状況に直面していた（競合商社も生糸ではあまり利益が上がっていなかった）。だからといって取扱高を抑えれば利益率が上がるかというと，綿花・綿糸と同様に売り先を抑えているわけでも，製造業者に資金を貸与して排他的な取扱権を得ているわけでもないので，競合商社と全く対等であり，取扱高を減らしても利益率は上がらないから，取扱高を増やして，市場をコントロールするようにしたほうがいいとしている。競合商社が脱落していくなら，目先が苦しくても競争をおこなう価値があるが，新規参入者が続々出てくるようなら，現在の苦境は何の意味もない，というほど生糸をめぐる競争は三井物産にとって厳しかった（三井文庫，2004b，314-315頁）。独占というよりむしろプライス・テイカーとしての「完全競争」に近い認識といえる。

　マージンの確保策　シュンペーターの指摘するとおり，新しい販路の開拓（満州大豆のヨーロッパへの販売）や新しい供給源の獲得（インド綿花の奥地買付）あるいは新しい生産方法（見込商売）は革新であり（シュムペーター，

1977, 183頁), 高い利潤が得られるが, 参入障壁がないならば, 同業者の模倣と参入およびそれにともなう競争によってそうした利潤はやがて消滅し, マージンを削るなどの消耗戦となっていく。綿花と生糸の取引は第一次世界大戦の直前においてすでにこうした状況になりつつあったことがうかがえる。三井物産はこのような消耗戦を回避する手段（参入障壁）として, 繰綿工場などの設備投資をおこなったり, 製造業者に資金貸付をおこなって一手取扱権（代理店）を獲得したりすることを重視していたし, さらに株式投資をおこなって関係を強化することもあった（台湾製糖・小野田セメントなど）。この点がはっきりしていたのは石炭であり, 同系会社である三井鉱山の産出炭はすべて三井物産が固定手数料で取り扱い, さらに筑豊等の炭礦に対し融資をおこなって一手取扱権を取得していた。機械においては, 当初は1つのメーカーに束縛されるのを嫌い, 欧米メーカーの代理店にならない方針であったが, 高田商会や欧米商社に契約が流れたため, その後代理店となって関係を強化する方針に転換した（三井文庫, 2004a, 348-349頁）。ただし代理店となるのは簡単なことではなかったようである（三井文庫, 2004b, 228頁）。さらにある1つの製造業者に原料を供給し, 製品販売を引き受けるなど取引先企業との総合的かかわりという総合商社の強みを生かす方向も模索されている（三井文庫, 2004b, 369頁）。

この時期三井物産は, 原料である石炭と設備である機械の納入によってメーカーとの関係を結んでおり, そうしたメーカーとの共生関係が三井物産の優位性の源泉とされている（大森ほか, 2011, 87頁；大島, 2010, 185頁）。総合商社である三井物産は企業への投資や融資さらには設備投資にもとづく販売権による安定的な収益を一方にもちつつ見込商売でのリスクを負担していた。ただしある業者が三井物産としか取引できず, 三井物産が複数の同業者と取引できるというこの時期の石炭でみられた状況は, 三井物産がある業者の利益を計ることが別の同業者の不利益になるという利益相反を生じやすいため一般的ではなく, 相互に排他的な取引となるのが一般的で, 機械ではその傾向が当初から強かった。

○ 総合商社はなぜ誕生したか

　総合商社は日本独特の存在であるといわれているが，なぜ総合商社が日本で誕生したのであろうか。この問題をなぜ商社が取扱商品を多角化したのか，という問いとしてとらえ，企業がなぜ多角化するのかについての理論を援用して考えてみることとしよう。まずはリソース・ベース理論で，企業にある資源を有効利用するために多角化がおこなわれるというものであり，明治期の日本にとって貴重な学卒人材をフル稼働させるために総合化したとする森川（1976）がこれに近い。また中川（1967）も，綿花取引について欧米商社と対抗するには日本商社が当初から大規模な店舗網を築き，さらに外国為替・海上保険・海運などが未成熟なのでそれを内部化する必要があるが，これらが遊休化しないために取引を増やす必要があり，それには多くの商品を取り扱わねばならなかったとしており，この説明に近いといえる。第二に米川（1983）は企業である商社が成長し続けるために多角化せざるを得ないとしているが，多角化を経営者の私的利益（大企業の形成による経営者の名声など）から説明するエージェンシー理論に近いといえる。第三に，内部資本市場の理論は，財閥などの企業集団の発生と同じ論理であり，山崎（1987）はさまざまな要因をあげているものの，その一つとして三井物産と三井財閥との関係をあげているが，安定的取引を求める商社が，所属する企業集団の企業が多数の商品を購入・販売するときに，それに対応して多角化したということになり，総合商社を企業集団から説明することになるから，この理論に近いといえるかもしれない。

　このほか多角化理論として援用できそうなものとして第一は，ある商品Ａとある商品Ｂを同時に取り扱うと別々に取り扱うよりコストが低減するという範囲の経済によると考えるものである。生糸と絹織物あるいは綿糸と綿布程度の商品の広がりなら説明できそうであるが，これでは専門商社の範囲に属し，総合商社はやはり非関連多角化というべきで，範囲の経済は説明とならないであろう。第二はファイナンス理論による説明で，多数の商品を扱うことによるリスク低減効果によると考えるものである。商品間で価格変動などに差があるとすれば，また同じ商品であっても地域によって価格変動などに差があるとすれば，商品や地域を組み合わせることで，同じ取引量あたりのリスクを低減でき

るということである。総合商社は（手数料商売ではなく）見込取引のリスクを低減することが期待でき，それによって見込商売がより促進されるとするものである。また後発国日本では，資本市場や商品市場（たとえ買い持ち・売り持ちしても先物市場が発達していればヘッジできる）が十分発達しておらず，企業のなかでリスクを分散させる必要が強かったのかもしれない。総合商社が先進国にはなく，日本に特有であるということも，後発国日本の商社が見込商売を積極的におこなったことから説明できるかもしれない。リスク低減については，鈴木（2014, 71頁）が指摘しているが，上山（2005）も三井物産の在米支店の活動を検討し，三井物産全体よりも在米支店の活動が変動に富んでいたことを実証しており，間接的にこの理論に属するといえるだろう。

10.3 戦間期の商社

○ 第一次世界大戦期の商社の発展と戦後の破綻

第一次世界大戦が勃発すると当初は経済が混乱したが，やがてヨーロッパの勢力が東洋で弱くなり，日本の経済は活気づき，貿易も急伸した。多くの企業が外国貿易を拡大したが，表10.2にある企業が貿易部門を独立させることも多く，古河合名が古河商事（1917年），三菱合資が三菱商事（1918年），伊藤輸出店が伊藤忠商事（1918年）をそれぞれ設立したし，直輸出入をおこなっていなかった産銅業を中心とする久原鉱業が久原商事を設立した（1918年）。多くの商社が取扱品目を拡大するとともに海外拠点を多数設立し，総合商社となっていった。

三菱商事の発達　ここで三菱商事について簡単に述べておこう。三菱合資会社は1893年に設立されるが，それ以前から石炭・銅・船舶などを生産・販売していた。生産部門が販売も統合するか生産と販売を別部門とするかは双方あり得るが，船舶は生産部門が販売をおこない，石炭と銅は生産と営業を別部門とすることとし，1911年に営業部が設立された。銅は国内で外国商館等に売

り込むことが中心であったが，石炭は直輸出されるようになり，1900 年代に漢口・上海・香港に合資会社の店舗が設置されると石炭の販売をおこなった。第一次世界大戦期には三菱系企業の製品（紙・ガラス・ソーダ灰・ビール・タール）の取り扱いを増やすとともに社外品も取り扱い，ロンドン・ニューヨークにも店舗を設け，総合商社となっており，1918 年に三菱商事となった。このほか三菱製鉄の銑鉄や三菱電機のモーターなど三菱系企業の製品のほか山林を買収して木材取引をおこなったり，水産会社を共同設立して缶詰取引をおこなったり，取扱商品を増やしていった。しかし綿花・綿糸布・羊毛などの取引を増やすのは困難で，生糸は 1924 年に横浜生糸の事業を受け継ぐことで取り扱いを増やした。

　三井物産にとって三井鉱山の産出する石炭の取り扱いは安定的手数料をもたらす重要な商品であったが，三菱合資の鉱山部門が独立した三菱鉱業は一般に株式を公開したため，全株式を三菱合資が保有する三菱商事に三菱鉱業から手数料を支払うことは，三菱鉱業の一般株主にとって所得移転と解釈しうる余地があることとなり，1920 年代に三菱鉱業の業績が低迷したこともあって，1924 年に三菱鉱業の石炭および銅の国内販売は一部を除いて同社がおこなうこととなった（輸出や外国炭・銅の輸入はおこなえる）[5]。この点は三菱造船（およびその後身の三菱重工業）の船舶・航空機・戦車・トラック・バスなどを取り扱わなかったことも含めて，とくに三井物産との対比の際には留意する必要がある。

　有力商社の破綻　　第一次世界大戦にともなうブーム期には物価が上昇したので，買い思惑をすれば基本的に利益を得ることができた。一番有名な例が鈴木商店の金子直吉であり，第一次世界大戦が勃発するや（まだ経済が混乱してい

---

[5] 人員も三菱商事から三菱鉱業へ移動した。三菱鉱業から三菱商事へ「営業並財産」の対価が支払われているが，ここで石炭取扱権に対して対価が支払われたとすれば，商社の商権に対価が支払われた珍しいケースといえる（北澤，2014）。三菱鉱業は取扱権を取得した後，不動産・船舶などの資産（石炭取扱関連を含むのであろう）のほか売掛金や受取手形が増加しており，営業とは営業にかかわる資産・債権を引き継いだのであり，商権の対価が支払われたのではないと解しておく。そうでなければ三菱鉱業は石炭販売手数料を節約できる代わりに，1924年に一括して手数料の現在価値を支払ったことになり，取扱権委譲が三菱鉱業の収益性に与える意味がなくなるからである。

るうちに），大量に鉄を買い，船舶を発注した。この思惑は見事に的中し，鈴木商店は大きな利益をあげるとともに，取扱額を急速に拡大していった[6]。1918 年 11 月に第一次世界大戦が終了し，ブームがいったん沈静したものの，すぐに復興需要が盛り上がったが，1920 年に発生した恐慌により，その後は不況基調で推移することになった。この結果，買い持ちをしていた多くの商社が手持ち品の価格下落によって破綻していくことになった。銅の販売から取引を拡大した古河商事・久原商事，砂糖・小麦粉の取引から拡大した増田貿易・安部幸兵衛商店，生糸から取引を拡大した茂木合名，機械や軍需品の高田商会などがその例であるが，最も有名な例は 1927 年に破綻し，それが取引銀行の台湾銀行の信用不安を招いて金融恐慌が発生した鈴木商店である。子会社の日本商業が日商と改称し，鈴木商店の商売の一部を引き継いだ。

　綿花商社は東洋棉花（1920 年に三井物産綿花部が子会社化），日本綿花，江商が有力であったが，世界大恐慌で打撃を受け，とくに日本綿花と江商は大幅な赤字を計上した。日本綿花は取引銀行であった横浜正金銀行の救済を受けることで，江商は主要紡績会社の一つであった東洋紡績の子会社となることで再建を果たしていった。東洋棉花の子会社化も市況性の高まりに対して機動性を発揮するためにおこなわれており，綿花・綿糸布ビジネスで安定した利益をあげることは困難であったことがわかる。このほか伊藤忠商事も第一次世界大戦後，破綻に至らなかったが，綿糸布以外の取引を大同貿易として分離し，綿糸布の取引に専念するとともに，呉服を扱っていた伊藤忠商店が親類の経営する伊藤長兵衛商店と合併して丸紅商店となった[7]。

○　三菱商事の三井物産へのキャッチアップ

　三井物産は先発商社であり，圧倒的な地位を築いていたが，1918 年に独立

6　鈴木商店の取扱額が三井物産のそれを超えたという説には近年疑問が提起され，やはり三井物産が取引額の首位を占めていたとされている（鈴木，2014）。

7　最大商社の三井物産でも 1917 年にニューヨーク支店が大豆油の売り思惑で，1919 年にはシアトル出張員が大豆油の買い思惑で失敗して，巨額の損失を計上した。しかし比較的早期に発見され，持ち高を縮小したため（とくに後者は 1920 年恐慌の前に），致命的な事態とはならなかった（鈴木，2014）。

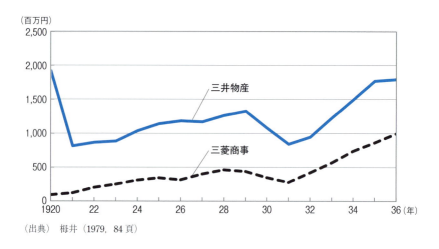

図10.1　三井物産と三菱商事の取扱額

した三菱商事は，取扱額を急速に伸ばし，三井物産に追いついていった（図10.1）。すなわち1920年には三菱商事の取扱額は三井物産の5％に過ぎなかったが，1936年には55％に達したのである[8]。両社とも第一次世界大戦期にアジア・大洋州・北米・ヨーロッパに店舗をもっていたが，戦間期には南米・アフリカにも職員を配置するようになり，すべての大陸にネットワークをもつにいたり，店舗網には大きな差がなかった。

キャッチアップの要因　1922年に三菱商事は国内取引が多く，外国間取引がそれに次ぎ，輸入と輸出が少なかったのに対し，三井物産は輸出が30％，輸入が26％，国内取引が23％，外国間取引が21％とバランスが取れていた。1910年と比較すると輸出と輸入の比率が低下し，国内と外国間の比率が上昇していた。1936年までに三菱商事は，輸出と輸入で三井物産とのギャップを顕著に縮小するとともに，国内と外国間でもその差を詰めていった。1936年

---

[8] 三井物産は東洋棉花を独立させたので，綿糸布の取り扱いが抜けていること，三菱商事も三菱鉱業の石炭・銅の取り扱いを失ったことには留意が必要である。

の三井物産の取引の構成は輸出 21％，輸入 19％，国内 39％，外国間 20％となっており，輸出と輸入があまり増加せず，国内取引の比重が増加していたのである。

三菱商事のキャッチアップに寄与した商品としては，輸出では生糸，缶詰，綿布，金物，雑油，輸入では金物，雑種子，大豆粕，機械，国内では砂糖，麦粉（物産がリードした商品として石炭，金物），外国間では石油，麦粉，機械（物産がリードした商品として砂糖，缶詰）があげられている（岡崎，2015）。戦前日本の最大の輸出商品は生糸から綿布へと変わっていくが，生糸・綿布の取り扱いを伸ばしたこと，北洋漁業を設立して缶詰の取り扱いを伸ばしたこと（水産の三菱といわれた），戦間期に輸入が増加した銅の取引に強かったこと，好評であった三菱の飼料用雑穀の輸入が増加したことなどが寄与したものと考えられる。三菱商事が三菱財閥の取引に支えられて取扱額を増加させたわけではないことがわかる。

三井物産の展開　三井物産も東洋レーヨンを設立して，レーヨンの輸入取引から，国内および輸出取引をおこなうなど関連会社を設立して取引を伸ばし，さらには埠頭・貯油タンク・木材工場などに投資して石炭・石油・木材の取引を伸ばすなど，投資にもとづく取引の確保を継続した。また取引先への原料供給と製品販売の結合という点では，養鶏組合に飼料（雑穀等）を販売し，その鶏卵の販売をおこなうという取引先企業との総体的取引を組合企業相手にまで広げていき，「鶏の餌から鶏の卵まで」扱う総合商社となったのである。ただし三井物産は養鶏組合と資本関係にあったわけではなく，取引は不安定であった。粗利益率を商品ごとにみると関係会社品取り扱いが多い石炭，代理店契約がある機械，製材工場やタンクをもつ木材・石油で高く，市況商品の性格の強い生糸・金物・砂糖・大豆で低かった（東洋棉花の取り扱いとなった綿花は不明）（春日，2010，第1章，334頁）。

このほか日本の鉄鋼生産が官営の八幡製鉄所を中心に増大していったが，このなかで三井物産・三菱商事・岩井商店・安宅商会は八幡製鉄所の指定商となった。民間の鉄鋼企業と合同して成立した日本製鉄も4社を指定商とした。このほか岸本商店（インド銑鉄の輸入でも有名），森岡平右衛門商店，浅野物産，大倉商事，日商なども鉄鋼の国内流通に深くかかわった。鉄鋼の取引は国

10.3

戦間期の商社

内が中心で，商社の国内取引の増加に寄与するとともに，鉄鋼企業は商社との関係を重視する傾向が強く，この関係は戦後に大きな意味をもってくる。

10.4　戦後の再編成と高度成長期の商社

○ 戦時の業務と戦後の再編成

　日中戦争が勃発すると経済統制が本格化したが，1941 年に米英をはじめとする諸国と開戦することにより，日本の貿易の範囲は，東アジアから東南アジアに限定されることとなったうえに，1943 年には交易営団が設立され，政府の命令に民間の貿易業者が従う体制となった。各商社は東アジア・東南アジア以外の地域の店舗をほとんど閉鎖し，これらの地域に店舗を新設し，農産物の収買などに従事して取扱商品を多角化していったほか，陸運・海運業務などに従事するなど軍隊からさまざまな業務を受命した（受命事業）。

　日本の敗戦により日本企業はすべての海外財産を喪失し，商社が築き上げたネットワークは失われた。また戦後直後は，政府の管理貿易となり，商社は実務を担当し手数料を得るにとどまった。1947 年には外国の商社と直接取引できるようになったが，民間貿易が認められたのは，1 ドル＝360 円のレートが決まった 1949 年であり，海外店舗も設置できるようになった。さらに財閥解体の一環で 1947 年に三井物産と三菱商事に解体が命じられ，前者から 223 社，後者から 139 社が設立された。その後各社の再合同が始まり，新しい三菱商事は 1954 年に，新しい三井物産は 1959 年に成立した。また戦時統制に対応するため伊藤忠商事・丸紅商店・岸本商店が 1941 年に合同して三興となり，さらに三興・呉羽紡績・大同貿易が合同して 1944 年に大建産業となっていたところ，過度経済力集中排除法により 1949 年に伊藤忠商事・丸紅・呉羽紡績・尼崎製釘所に分割された。

　1953 年における主な商社の取扱額とその商品別の構成割合をみると，すべての商社で多様な商品を扱っており，専門商社とよべるものは上位商社には存

表 10.3　総合商社取扱高とその構成比率（1953 年 9 月）

（単位：百万円，%）

会社名	1973 年当時の名称	6 ヶ月換算取扱高	繊維	機械金属	食料肥料	その他
伊藤忠商事	伊藤忠商事	71,536	76	8	10	6
丸　紅	丸　紅	62,040	80	7	10	3
第一物産	三井物産	56,363	11	18	56	15
日綿実業	日綿実業	52,313	67	6	25	3
第一通商	三井物産	43,666	19	14	42	25
東洋棉花	トーメン	41,491	75	8	10	7
江　商	兼松江商	40,564	78	6	7	8
不二商事	三菱商事	40,310	27	39	21	13
兼　松	兼松江商	33,284	52	0	34	15
東京貿易	三菱商事	30,520	0	32	47	22
住友商事	住友商事	29,397	5	70	22	3
東西交易	三菱商事	29,139	15	27	37	22
日　商	日商岩井	26,095	24	59	10	8
岩井産業	日商岩井	24,439	20	53	8	20
安宅産業	安宅産業	23,581	18	37	10	35
高島屋飯田	丸　紅	19,919	66	6	7	22
又　一	金商又一	18,629	81	4	15	1
白洋貿易	日商岩井	10,435	54	4	37	6
大倉商事	大倉商事	7,906	1	80	7	12

（出典）　公正取引委員会事務局（1955，86 頁）
　（注）　兼松，高島屋飯田，又一，白洋貿易（原史料では白羊となっている）
　　　　　は 6 ヶ月決算ではないので，6 ヶ月に換算した。また東京貿易は繊維
　　　　　がその他に入っている。

在していなかったが，繊維中心の伊藤忠商事・丸紅・日綿実業（日本綿花が
1943 年に改称）・東洋棉花・江商，機械金属中心の不二商事・住友商事（日本
建設産業が 1952 年に改称，同社は戦後に商社ビジネスを開始）・日商・岩井産
業（岩井商店が 1943 年に改称）・安宅産業（安宅商会が 1943 年に改称）・大倉
商事，食料肥料中心の第一物産・第一通商・東京貿易・東西交易など得意とす

る分野があり，上位には繊維商社が多かった（表10.3）。これは当時の日本経済が繊維中心で，とくに繊維の輸出が盛んであったことによる。

○ 高度成長と重化学工業への対応

重化学工業への対応　日本経済が高度成長期に入ると重化学工業化が進展し，商社も重化学工業製品と鉄鉱石などその原料の取り扱いを伸ばしていった。一方，石炭から石油へのエネルギー転換が起こったが，石炭は戦前期の商社の主要な取扱商品であったから，商社にとっては無視できない大きな問題であった。しかし日本が消費地精製主義を取り，原油輸入の多くを石油メジャーに依存した上で，石油精製会社が精製し，元売会社が販売したので，商社が原油輸入増加の流れに乗ることは困難であった。ところがオイルショックが発生し，石油メジャーの世界シェアが低下すると商社は産油国から原油を輸入し，メジャーと組まない国内精製会社に販売するなど石油ビジネスを伸ばしていった。天然ガスには石油のような規制がなく，しかもそれを輸入するには液化する必要があるが，その施設やLNG輸送船への投資は特有の投資となるので，日本企業とくに商社が介在する余地があり，1970年代に天然ガスの輸入が本格化した当初から積極的に関与していった。商社は油田・ガス田の開発に投資するようになっていった。

　鉄鋼の生産はロットが大きく，小口需要をとりまとめる問屋の機能を必要としたため，鉄鋼企業が指定商（問屋）という取引形態をとった。さらに商社は鉄鋼取引を強化するため，鉄鋼企業から引き渡された鉄鋼を需要家のニーズにあう形に加工する施設に投資していった。こうした長期的な取引関係は合併に際しても引き継がれることが多く，商権とよばれるようになったが（島田，1990），繊維商社は鉄鋼取引への新たな参入の余地が小さいので，その取引を増加するため鉄鋼問屋を合併していった（伊藤忠商事が森岡興業を，丸紅飯田が東通を合併など）[9]。また鉄鋼生産にともなって増加する鉄鉱石の輸入は，主要鉄鋼企業が共同購入する方式をとり，商社がその窓口となったが，鉄鉱石を

　9　丸紅は1955年に高島屋飯田を合併して丸紅飯田と改称したが，1972年に丸紅と改称した。

安定的に確保するため商社は鉄鉱石鉱山に融資したり（融資買鉱），出資したりして（開発輸入）鉱石を確保した（田中彰，2012，第2，8章）。

さまざまな商社の機能　このように原油・天然ガス・鉄鉱石などの資源の確保さらには鉄鋼などの製品取引の確保にも融資・投資などをおこなうことが不可欠になっていったが，このほか穀物の輸入にはアメリカに穀物集荷用のエレベーターを設置するなどして穀物の確保に努めた。さらに原料を中小企業に売り，中小企業製品の販売を取り扱う場合には，商社がファイナンスすることも多く（例えば合成繊維メーカーから繊維を仕入れ，中小企業である織布業者に販売し，製品である布地をアパレルメーカーに販売するなど），こうした金融機能は融資買鉱も含めて取引機能とともに商社の重要な機能をなしている。こうして国内取引と外国取引が結びつけられ，また糸・布・アパレルという国内取引の網の目が形成されていった。また鉱山開発や（とくに海外での）大規模な工場の建設などには，土木建設工事・機械の購入・人員の確保・資金の手当てなどさまざまな機能をまとめる必要があるが，総合商社はネットワークを駆使してこれらを調達し，プロジェクトを遂行することもおこなうようになった。この機能は商社のオーガナイズ機能とよばれている。

十大商社の状況　高度成長期には繊維を基盤としていた商社が鉄鋼など重工業品を基盤とする商社と合併して総合商社となっていったが，高度成長末期には，ともに繊維に強かったが総合化していた兼松と江商が合併して兼松江商（1967年）が，さらにともに鉄鋼に強かったが総合化していた日商と岩井産業が合併して日商岩井（1968年）が成立し，1970年代初頭には十大商社とよばれる状況となった（表10.4）。表10.3にある商社取扱額を1973年時点の後継会社で集計した取扱額順位と表10.4の順位を比較してみると，順位が上昇したのは，三菱商事，伊藤忠商事，住友商事，トーメン（東洋棉花が改称），安宅産業であり，下降したのは，三井物産，兼松江商，日綿実業であった（丸紅と日商岩井は変化なし）。最も顕著なのは住友商事の取引の伸びであるが，住友金属工業，住友化学工業という住友グループの重化学企業との取引を中心に金属・化学の取扱を伸ばした。このほか三菱商事は1955年頃から中東の原油の取引を開始し，さらに1967年にアラスカ，1972年にブルネイのLNGの輸入を開始するなど燃料取引に圧倒的な強みがあり，伊藤忠商事は合併により取

269

（単位：億円、％、人）

表 10.4 十大総合商社の取扱額とその構成 (1973年度)

会社名	取扱高(A)	金属	機械	燃料	化学品	食料	繊維	資材その他	輸出	輸入	国内	外国	税引利益	総人員(B)	(A)/(B)
三菱商事	74,862	35	17	11	8	13	9	7	15	24	55	6	137	9,729	7.7
三井物産	69,677	34	17	—	11	14	9	14	16	22	56	6	130	10,702	6.5
丸　紅	44,411	27	21	—	9	13	20	11	18	20	57	5	101	7,887	5.6
伊藤忠商事	42,288	15	17	—	15	12	32	8	15	23	56	5	118	7,324	5.8
住友商事	38,505	37	19	—	15	12	8	9	15	16	59	10	74	5,971	6.4
日商岩井	34,962	39	19	—	—	11	10	21	15	23	52	10	57	6,922	5.1
トーメン	18,343	24	21	—	7	14	26	7	16	19	56	9	50	4,184	4.4
兼松江商	18,212	22	12	—	7	21	28	11	13	25	53	9	28	3,947	4.6
安宅産業	16,915	36	12	—	—	14	17	21	10	17	62	11	32	3,359	5.0
日綿実業	15,868	24	12	—	10	20	21	12	14	20	45	21	28	3,970	4.0

（出典）大木 (1975、40–42 頁)
（注）兼松江商の食料の数値を合計に合うように修正した。

扱を伸ばした。一方，三井物産は燃料部門がゼネラル石油として独立したまま合同に加わらなかったことが響き，兼松江商と日綿実業は機械取引が弱かった。また戦前期の三井物産と比較すると各社とも国内取引の割合が高く，外国間取引の割合が低かった。鉄鋼・機械・化学などが国内で発達し，その取扱を伸ばしたことと，日本が植民地を失い，さらに中国など共産圏との取引が少ないことが外国間取引の拡大を制約したことが考えられよう。

10.5　総合商社悲観論とそれへの対応

○ 商 社 悲 観 論

　こうして発達した総合商社であったが，意外なことにその将来性については「斜陽」「冬の時代」「崩壊」といった悲観論が繰り返されてきた（御園生，1961；日経ビジネス，1983；美里，1984）。これらにはニュアンスの相違があるが，商社は鉄鋼・非鉄金属・石油・石油化学・穀物・木材・繊維・紙パルプのようなバルキーで製品差別化の余地の小さい素材商品の取り扱いは得意だが，家電・自動車・コンピュータ・時計・カメラなど製品差別化の余地が大きくメーカーが前方統合をおこなう商品の取り扱いは苦手で，1980 年代以降は「軽薄短小」産業の比重が大きくなっていくし，さらに素材産業でもメーカーの資金力がついてくると商社の必要度は小さくなっていくので，商社の存在余地は小さくなっていくだろう，というものである。

　商社は自動車などが外国の新しい市場に進出する際にはその取扱に携わることがあったが，自動車が商社の主要な取扱商品となることはなく，それは家電・コンピュータ・時計・カメラなどにおいても同様であった。またバイオテクノロジーやニューメディアといった新しい産業にも期待が寄せられたが，大きなビジネスとして成功した例（住友商事がジュピターテレコムに関与など）は多くはなかった。その意味で悲観論は的を射ていたといえるであろう。「ラーメンからミサイルまで」といわれた総合商社の取扱商品の多様性もその

強さを示すものというより，多くの商品の取り扱いに手を出さざるを得ないという総合商社の弱さを示すものとして解釈されることになる。

確かに安宅産業はニューファンドランドでの石油精製事業でつまずき，1977年に伊藤忠商事に合併されて消滅した。またバブル経済の崩壊と1997年以降の金融危機のなかで1999年に兼松（兼松江商が改称）が総合商社であることを断念すると宣言した。また2003年にはニチメン（日綿実業が改称）と日商岩井が持株会社で統合し，翌年に双日と改称した。最後にトーメンも経営危機に陥り，2006年に豊田通商に合併された。こうして表10.4 の下位商社はいずれも単独で総合商社としては生き残れず，上位6社のみが生き残ったのである。

◯ 総合商社の対応

総合商社はそのビジネス・モデルを改めていった。それまでは企業に投資をすることはあってもその企業にかかわる商品を取り扱うことが目的で，投資収益はあまり重視されていなかった。それに対し融資買鉱から開発輸入へと変化するなかで商社の負うリスクが大きくなっていくと投資収益も含めて利益を得ることが目的とされるようになっていった。商社が石油・天然ガス・鉄鉱石などの資源ビジネスに巨額の投資をおこなうようになったのである。それにともなってかつては商社の活動の指標として商品取扱高が重視されていたが，こうした動きのなかで取扱高はそれほど重視されなくなっていった。そして商社は自社がどの程度のリスクを負っているのかを進んだ管理会計のシステムによって計測しつつ，収益の低い事業から撤退し，高収益の事業へ注力するようになっていった。リスクとリターンの兼ね合いのなかで事業を選択するようになったのである（田中彰，2012，第3章）。さらにリスクを負うためには，自己資本比率を高めておくことも必要となり，財務体質の改善も進められた[10]。

さらに国内事業の開発を進め，商品取引を何重にもおこなっていくようにし

---

10 政岡（2006）は，1975年以降の総合商社M社が，取引商品・取引地域・事業の総合性はあるが，営業組織間での連携という意味での機能的総合性は存在していないとして，その理由を自部門が犠牲になり，他部門に協力して会社全体の利益を拡大することを奨励する制度になっていないことに求めている。

た。これは川下ビジネスといわれているが（田中隆之，2012，第5章），三菱商事を例にみてみよう。三菱商事はアメリカで生産された大豆・小麦などを扱う AGREX という会社に出資し，その穀物の一部を日本農産工業（三菱商事が出資）に納入し，飼料に加工する。日本農産工業はその飼料の一部をジャパンファーム（三菱商事が出資）に納入し，鶏を飼育し，鶏肉に加工する。ジャパンファームはその鶏肉の一部をフードリンク（三菱商事が出資）に卸し，フードリンクはその一部を日本ケンタッキー・フライドチキン（三菱商事が出資）に納入する。そして日本ケンタッキー・フライドチキンはフライドチキンを最終消費者に販売するのである。戦間期に商社は「鶏の餌から鶏の卵」まで取り扱うようになったが，出資会社を連ねて取引を縛り，川下を拡充することで幾重にも加工して，「鶏の餌からフライドチキンまで」取り扱うようになったのである（三菱商事，2013，9頁）。バリュー・チェーンにここまで全面展開する例はそう多くないと思われるが[11]，他の商社も同様の戦略をとっている。これは戦間期から出てきた戦略の拡張であるといえる。

　さらに川下ビジネスを拡大するため商社は，スーパーやコンビニエンスストアとの取引を拡大するようになり，住友商事がサミットストア（スーパー），三菱商事がローソン（コンビニエンスストア），そして伊藤忠商事がファミリーマート（コンビニエンスストア）を子会社として（サミットストアを展開するサミットは完全子会社），バリュー・チェーンの随所にかかわっている。

○ 今後の総合商社

　グローバル化が進展すると資源・食物や素材産業でのメジャー企業やメガ企業が出現するようになった。総合商社は資源ビジネスに活路を見いだしたが，こうした巨大企業とどのように競争するのか，課題は大きい。例えば国内の鉄鋼業では，新日鉄住金（のち日本製鉄）と JFE スチールという2大企業が出現し，それぞれ自社系の商社を育成する動きもあり，総合商社は鉄鋼ビジネスの再編に動くこととなり，伊藤忠商事と丸紅の折半出資による伊藤忠丸紅鉄鋼

---

11 この戦略は垂直統合といえるが，それぞれの会社が川下の関連会社に納入する比率がどの程度なのかは明らかではない。

（2001 年）と三菱商事と双日が 6：4 で出資するメタルワン（2003 年）が成立することになった。総合商社の中心的なビジネスを全面的に切り離すのではなく，パーシャルに合同することで活路を見いだすことになったといえるが，後者は経営権が明確になっている点で前者とは異なる。またグローバル化する穀物取引のなか丸紅はアメリカの穀物準メジャーであるガビロン（Gavilon）を買収し（2013 年），穀物取引を拡充しようとしたが，減損を計上するなど統合に苦労している。このように総合商社は，総合性とグローバル化をどのように進めるのか模索しているが，例えば鉱産品と燃料の生産部門にともに投資してそれを扱っている 2 社が，それぞれの部門を交換して鉱産品・燃料の専門会社になり，それぞれの世界的メジャーに対抗するという構図とはなっていない。

演 習 問 題

10.1　総合商社がなぜ成長してきたのかを考察し，今後どのように発展方向としてどのようなものがあるか，自分の考えをまとめなさい。

10.2　コンビニエンスストアのうち総合商社の傘下にあるものを調べ，どのようなビジネスをおこなっているか考察しなさい。

第 11 章

小　売

　デパート・総合スーパーの経営が厳しくなっているが，デパートのトップであった三越が伊勢丹と経営統合して三越伊勢丹ホールディングスを設立したこと，総合スーパーの雄であったダイエーがイオンの傘下に入ったことはその象徴であった。その一方でコンビニエンスストアは成長を続けていたが，次第に成長が鈍化し，セブンイレブン・ファミリーマート・ローソンの3つに集約されつつある。ここでは明治以降の小売ビジネスについて，デパートからスーパーさらにはコンビニへの多角的展開を中心に，自動車ディーラー制度などメーカーの流通への関わりについても考察していく。

○ KEY WORDS ○
最寄り品，買回り品，専門品，
定価による現金販売，座売り，陳列販売，
チェーンストア，セルフサービス，
時間の経済性，編集の経済性，
ドミナント出店，一店一帳合，委託販売

11.1 デパートの発展

○ デパートの発生

　商品の性格により小売の形態は異なる。日常的に消費する比較的安価な最寄り品（歯磨き粉など）は，買物頻度が高く，そのために近くのお店において一人で購入することが多いのに対して，比較的高額で情報を収集して購入する買回り品（家電製品など）は，購入頻度が低く，そのため繁華街の専門店等で店員のアドバイスを聞きながら買うことが多い。逆に言うと最寄り品を扱う商店の商圏は狭く，買回り品を扱う商店の商圏は広いことになるが，その範囲は交通手段等の発展によって規定されることになるし，冷蔵庫が普及すれば生鮮品の購入頻度が低下するので，最寄り品を扱う商店の商圏が広がるかも知れず，生活条件の変化によって商店のあり方は大きく影響される。

　江戸期の小売業　『江戸買物独案内』（花咲，1972）は，江戸をよく知らない人たちの買物の便宜のために 1824 年に刊行されたものであるが，「問屋」「仲買」「卸」と称する卸売商人と「所」「司」「師」と称する小売商人が混在している。味噌，醤油酢，瀬戸物，鍋釜などの最寄り品は卸売商人のみが掲載されているのに対し（すなわちこれらの商品は近くの店で購入されるものであったと推測される），薬種，呉服太物，酒，筆墨硯，煙管，煙草入れなどは両者が混在している（お菓子は小売商人のみ）。これらの買回り品は遠くから買い求めにくる人も多かったのであろう。呉服は越後屋の三井高利が始めた商法として有名な「現金無掛値」「現金正札付」という定価による現金販売を唱える小売店（越後屋，白木屋，大丸屋，松坂屋など）も多く，越後屋の商法が広く普及していたことがわかる。越後屋などの呉服店は 30 メートルを超える間口をもち，200 人を超える従業員が在籍するなど，極めて巨大であり，江戸を代表する繁盛した小売であった（西坂，2006，第 1 章）。呉服店は店で定価を付けて現金で販売していたが，店頭での陳列はおこなっておらず，店員が客の好みをきいて，蔵から商品を出してくる形態を取っていた。これは火災のリスクが

高かったことやガラスがないので高価な商品が埃などで傷みやすかったことなどによっていたと考えられる。これに対して絵双紙，金物，瀬戸物，印籠など雑貨とよべるような商品は陳列して販売されていた（高柳，1994，19-25 頁）。単価が安く販売にコストがかけられないし，目で見るだけで商品の性格がかなり理解できたためであろう。このように江戸時代でも都市においては，商品の性格による小売形態の分化があったことがうかがわれる。

　販売形態の変化　　明治期に入ると東京・大阪などの都市において，建物内に土足で入れて，展示してある商品を購入できる勧工場が出現し，人気を博した。これはデパートの先駆として考えられることもあるが，建物所有者が商店（商人）にスペースを賃貸するものであり，専門店ビル（戦後のパルコなど）やショッピングセンターにむしろ近いといえるだろう。勧工場に入っている商店は，小間物，陶器，化粧品，金物，時計，眼鏡，筆墨および学校用品，足袋など，雑貨とよべるものを販売するものが多かったが，陳列販売に適したものであることがわかる（初田，1993，第 1 章）。

　呉服店の商法は 1890 年頃までほとんど変化していなかったが，外国を視察してきた人たちによって変革され，まず洋式帳簿の採用など近代的な経営管理が導入された。次いで陳列販売が導入され，江戸時代以来の座売り（座敷で商談し，必要な反物を蔵から取り寄せる）が全廃されたのは，三井呉服店（越後屋の後身，のちの三越）が 1900 年，白木屋が 1903 年，高島屋が 1906 から 1907 年，松坂屋・松屋が 1907 年，大丸が 1908 年であり（初田，1993，69 頁；藤岡，2006，33 頁），20 世紀の初頭になってからである。陳列ケースが普及したことが，陳列販売を促進したものと考えられるが，白木屋，松坂屋，大丸，高島屋では店舗の改築や大規模な改装にあわせて実施されている。こうした店舗運営の近代化は，三越・十合で 1897 年に，大丸・白木屋で 1908 年に店員の反発を招いた（初田，1993，64 頁）。陳列販売に加えて，ショーウィンドーも設けられるようになり，店舗のなかへ人を誘い，さらに店舗のなかで実物を見せて購買の誘因を増したといえる。こうした販売方法の変化は多色刷り印刷が容易になったこともあり，PR 雑誌を刊行するなど宣伝によって流行を作り出していくようになった。

　デパートへの進化　　三井家の直営を離れ，三越呉服店となった 1905 年に，三

越はデパートメント・ストア宣言をおこない，取扱商品を多様化し，デパートへと進化していったが，白木屋がこれにすぐに追随し，さらに多くの呉服店がデパートへと参入していった。取扱商品の多様化を三越についてみると，三井呉服店時代の1902年に半襟，袋物，ショール，刺繍，屏風，絹日傘を取り扱い始めており，さらに1905年に化粧品，帽子，子供用服飾品，1906年に洋服，1907年に鞄，履物，洋傘，頭飾品，石鹸，靴，美術品，1908年に貴金属，煙草，文房具と拡大していた（初田，1993，95-96頁）。デパート化した高島屋・松屋・白木屋でも袋物・小間物・傘などを共通して扱っているが，勧工場で売られていた商品と共通性があるのは偶然ではなく，陳列販売に適していたためであろう。デパートの発展の結果，勧工場は衰退していく。デパート化するには，売場の拡大が必要であり，各店は巨額の投資をおこなって，近代建築による多層階の大規模な店舗を建設していった。こうして顧客にワンストップでのショッピングの機会を提供するという範囲の経済性とバックオフィスの統合やマーケティングによる規模の経済性を実現していった。このように考えると，呉服店の多くがデパートへと進化していった理由は，呉服と他の商品とのシナジーととともに，都心部という好立地に大規模な店舗（建物は投資の結果なので，あるいはその前提となる敷地）をもち，優良な顧客を抱えていたことに求められるであろう[1]。1895年の京都をはじめとして，20世紀初頭には都市に電車が走るようになったので，商圏は拡大しており，これがデパートの成長を後押しした。

このように一定の地歩を確立すると，さまざまな商品の企画にデパートは関与していくようになった。呉服の流行を創出するという試みも，柄等の企画に関与することが前提になっている。その後もメーカーと組んで，食料品，雑貨，器具，さらには家具などの企画をおこなっており，「三越学生靴」「三越オーデコロン」などが販売された。外国からの輸入品を販売することから始めたようなものは，商品知識がデパートにあり，メーカーに対して企画を提案しやすく，それを百貨店のプライベート・ブランドにすることで経済効果を内部化していった。このように初期にはデパートが優位を占めるものもあったが，メー

---

1 もちろん横浜にいた松屋が神田に進出するなど，用地を求めての投資の結果であったケースもある。

カーが商品知識を蓄え，企画をおこなえるようになり，自社ブランドを育成するようになると，競合するようになる。その場合はメーカーの企画・製造とデパートの販売の力関係で優劣が決まってくることになろう。

○ デパートの普及と百貨店法

ターミナル・デパート　デパートは人の流れをつかんだ好立地に大規模な建物を建てて，取扱商品を陳列に好適な雑貨を中心に展開していくことで発展した。従って交通の変化などによって，人の流れが変化すれば，新たな出店の余地が出てくることになる。この変化をもたらした最大の要因が電車の発達であり，多くの人が出入りするターミナル駅の出現であった。ターミナル駅に近接するデパートをターミナル・デパートともよぶが，電鉄会社が垂直統合して新たにデパートを設立するもの（電鉄系百貨店とよばれることもある）と，駅ビルに既存のデパート（呉服店から発祥した場合，呉服店系百貨店とよばれることもある）が出店するものがあった。前者の代表が，1929年に梅田に開店した阪急百貨店（阪神急行電鉄が経営，1925年の阪急マーケットが前身）であり，後者の代表が，南海鉄道が難波に建築した南海ビルディングに1932年に開店した高島屋である。

鉄道会社からみれば，自らが作り出す人の流れの経済価値をデパートの利益として取得するか，不動産賃貸料として取得するかの違いになる。東京では渋谷・新宿・浅草などにターミナル・デパートがやはり出現したが，電鉄会社が垂直統合した渋谷の東横百貨店と浅草駅ビルに開店した松屋が有名である。これらは大阪より遅く1930年代前半に開店している。このほか東京では，銀座に三越，松坂屋，松屋が出店しているが，震災による既存店の打撃や地下鉄の開通などの不連続な変化を契機としている。1920年代には多くのデパートで，社名から呉服店を外すとともに[2]，顧客の誘致を狙って下足預かりを廃止し，土足で店舗に入れるようにした。

地方都市への普及　戦間期には東京・大阪以外の地方都市でも，時間のずれ

---

2 1925年にいとう呉服店が松坂屋，1928年には三越呉服店が三越，大丸呉服店が大丸，白木屋呉服店が白木屋，1930年には高島屋呉服店が高島屋とそれぞれ改称した。

表 11.1　1936 年の大規模デパート

延坪順位	名前	創業	本店所在	延坪	店舗数	平均延坪	店舗展開	従業員数
1	三　越	1673	東京	45,967	10	4,597	帝国	8,391
2	松坂屋	1611	名古屋	33,937	7	4,848	全国	7,773
3	大　丸	1717	大阪	25,557	3	8,519	隣県	5,688
4	高島屋	1831	大阪	24,119	5	4,824	全国	6,449
5	阪急百貨店	1920	大阪	16,787	1	16,787	単独	3,700
6	松屋呉服店	1869	東京	16,558	4	4,140	隣県	3,457
7	白木屋	1663	東京	13,452	9	1,495	同一府県	3,000
8	十合呉服店	1835	大阪	12,914	2	6,457	隣県	3,200
9	伊勢丹	1886	東京	10,262	1	10,262	単独	1,670
10	丸　物	1920	京都	10,103	3	3,368	隣県	2,000
11	玉　屋	1806	佐賀	9,024	3	3,008	隣県	1,804
12	三中井	1905	京城	7,906	13	608	帝国	2,369
13	今井商店	1872	札幌	6,230	5	1,246	同一府県	1,300
14	岩田屋百貨店	1675	福岡	5,759	1	5,759	単独	1,115
15	天満屋	1822	岡山	5,187	1	5,187	単独	1,250

（出典）　狩野（1936）
（注）　1. 十合の創業は天保年間，岩田屋の創業は延宝年間とされているので便宜的に年を入れた。
　　　　2. 今井商店の本社は東京だが，店舗はすべて北海道にあるので，便宜上最大店舗所在地の札幌とした。
　　　　3. 三中井の 2 店舗（光州，普州）の面積は不明で，加算せず。
　　　　4. 店舗延坪の合計でランキングをつけた。

を含みつつデパートが出現する一方で，東京・大阪のデパートが支店を建設するようになった。1936 年の時点における大規模なデパートをみると，創業時期は江戸時代にあるものが多いが，明治初期に呉服商売を始めたもの，および戦間期にデパートに進出したものもある（表 11.1）。また支店の建設も盛んであるが，隣県もしくは同一府県に進出するものが多く，東京と大阪に店舗をもつのは，三越・松坂屋・高島屋に限られる[3]。三越は東京・大阪のみならず，札幌，仙台，神戸，高松，さらには京城と大連にも店舗があり（東京では新宿，

銀座に出店),帝国レベルで進出を果たしているが,このような店舗展開に物流上・商流上のメリットが大きいとは考えられず,例外的である。好適立地を狙って,独立な点として進出するに留まっていたといえよう。上位10位は,東京と大阪のデパートが4つずつで,これに名古屋と京都のそれが加わるが,それ以下では,佐賀,京城,札幌,福岡,岡山と地方のデパートが入っており,支店をもつものもあった。

百貨店法　このように百貨店が急成長を遂げると,それに圧迫された中小商店を中心に反百貨店運動が巻き起こることとなり,法律によって百貨店を規制しようという動きが出てきた。そこで日本百貨店協会は,自主規制をおこなうことで法的規制を回避しようと1932年に,出張販売の禁止,支店・分店新設の見合わせ,おとり販売の自粛,毎月3日間の休業実施など8項目からなる自主規制を開始した。しかし新しい百貨店の参入は阻止できなかったので,1937年に百貨店法が制定された。この法律で百貨店とは,六大都市で3,000平方メートル(その他の地域では1,500平方メートル)以上の売場面積をもち,衣類等,食料品類,住居用品類,雑品類のうち2つ以上を扱うものとされ,営業が許可制となり,店舗新設・拡張,閉店時刻・休業日が規制されることとなった(鈴木,1980,第14章)。

11.2　流通主導のチェーンストアの発展

○ チェーンストアの発生

3つの形態　もう一つの流通効率化の形態としては,チェーンストアがある。多数の店舗をもち,集中的に購買することで,納入業者に大ロットゆえの値引きを要求できるし(1個あたりの商品取り扱いコストが低下する),販売管理や宣伝に関するコスト節約が期待できるというものである。交通運輸や情報通

---

3 白木屋は東京市内に雑貨を中心とした小規模店舗を多数設けているため,平均延坪が極端に小さくなっている。

信の発達により運輸・情報コストが低下すれば，多店舗化による効率性が増すので，独立店に対するチェーンストアの優位性が高まると考えられる。多店舗を組織する方法として，多店舗を同一の主体が所有・管理するレギュラー・チェーン，独立の主体が共同購入し，宣伝なども共通におこなって販売するボランタリー・チェーン（問屋がその核となることもある），ある主体（フランチャイザー）が別の主体（フランチャイジー）と契約を結び，前者が提供する商標や経営ノウハウを使って，同一イメージのもとに商品販売などをおこなう権利を後者に与える一方で，その対価を取得する（建物等への投資は後者が負担し，前者から経営指導などを受ける）フランチャイズ・チェーンの3つがある。同じブランドのチェーンのなかでもこれらが混在している場合があり，例えば現在の日本においてコンビニエンスストアは，フランチャイズ契約のもとで運営されている店舗がほとんどであるが，フランチャイザーが直営する店舗も存在している。チェーンストアのなかには，特定の企業やブランドの製品のみを扱うチェーン（自動車，ブランドバッグ，外食レストランなど）とさまざまな企業やブランドの製品を扱うチェーン（スーパーマーケット，コンビニエンスストア，ドラッグストア，家電量販店，ホームセンター，百円ショップなど）がある。

日本における発達　　日本最初のチェーンストアは，1905 年に大阪でパン製造販売を開始し，1912 年に支店を開設してから店舗を増やしていったマルキ号株式会社といわれている（石原・矢作，2004，222 頁）[4]。このほか戦前には，森永製菓の森永キャンディーストア（レギュラー）や森永ベルトライン（ボランタリー），高島屋十銭ストア（均一価格店，のちに百貨店法の規制を回避するため丸高均一店として分離），衣料品の藤屋などが有名であるが，未だ発達の途上にあった。

　戦後においてチェーンストアは本格的に発達するが，以後の本節で，総合スーパー，食品スーパー，紳士服店・家電量販店などの専門店チェーン，コンビニエンスストアなどのチェーンストア，3 節で特定企業やブランドの

---

　4 もちろんこれは定義の問題で，同一店舗名（同一資本）で同一商品を複数店舗で扱い，本店が統制した例としては，江戸時代の三井家の越後屋呉服店（京都本店，江戸，大坂に店舗をもつ）があるなど，定義によって最初のチェーンストアは変わってくる。

チェーンストアについて考察する。

○ 総合スーパーマーケット

総合スーパーのビジネスモデル　スーパーマーケットはチェーンストアのメリットにセルフサービスのメリットを加えたものであり，食品や雑貨などの身近な商品を扱っている。店舗は対面販売の人件費を節約できるが，説明なしに顧客が購入できるようにする必要があり，事前に包装されていて，商品の内容が理解しやすい瓶・缶詰食品，洗剤・石鹸などの雑貨が適していることになる。これらは大量購買による規模の経済も働きやすく，低コスト・低マージンで大量販売して商品回転率を引き上げる。店舗では顧客の購入を誘うような店舗レイアウト，陳列方法，POP（point of purchase，購入時点）広告が求められるとともに，集中レジによって販売コストを低下させる。

　日本最初のセルフサービス店は，青山の紀ノ国屋であるが（1953 年，現在は，紀ノ国屋インターナショナル），食料品を総合販売する日本最初の大型のセルフサービス店は，小倉の丸和フードセンター（1956 年，現在は，ゆめマート北九州の小倉店）である（石原・矢作，2004，233 頁）。戦前期においてデパートが多店舗化していく動きが見られたが，百貨店法によって新規出店が規制されると，スーパーマーケットがそれにとって代わっていった[5]。日本のモータリゼーションが本格的に進むのは 1970 年代に入ってからなので，高度成長期は街の中心部や駅前で食料品・雑貨とともにあるいはそれ以上に衣料品も扱うことでワンストップ・ショッピングを提供する総合スーパーが発達することになった[6]。このなかで食料品は顧客を引きつける目玉商品として，衣料品や住居用品は粗利確保の商品となっていった。

1970 年代半ばの状況　1970 年代半ばにおける売上高の多いスーパーマー

---

5 戦前の百貨店法が建物主義によってデパートを定義して規制したのに対して，戦後の百貨店法は企業主義を取り，大きな建物であっても，駅ビルのようになかに入っている企業が別々であれば，規制の対象とはならなかった。一部のスーパーマーケットは，階ごとに企業を分け，包装紙や店員の制服を分けることで規制を回避していった（擬似百貨店）。

6 初期にはセルフサービス・ディスカウント・デパートメント・ストア（SSDDS，安売りセルフサービス百貨店）ともよばれた。

283

ケットをみたのが表11.2である。流通革命を主導した中内㓛の率いるダイエーが売上高の首位であり，西友とイトーヨーカドーが続いている。西友は西武百貨店がスーパーに進出したもので，東急百貨店による東急ストアも入っているが，これらは電鉄系百貨店によるもので鉄道経営との関連ともいえる。呉服店系百貨店の高島屋，松坂屋，大丸などもスーパーに進出したが，表11.2に入るほど成長することはなかった。店舗展開を見ると，最大の店舗数をもつのはジャスコ（イオンの前身）であり，31都府県に進出している。これに対しダイエーは34都府県に出店しているが，その6割が1県に1店しかなく，関西に比較的濃密な店舗網があるほかは，点として全国展開をめざしている。一方，西友とイトーヨーカ堂は関東を中心に面として展開する傾向が強い（イトーヨーカ堂は静岡より西に店舗がない）。灘神戸生協が兵庫県のみであるのは別としても，東急ストアの関東南部への集中度が高い。

　取扱商品を見ると，東急ストア・西友・ダイエーが食品，ジャスコ・ニチイ・長崎屋が衣料品（とくに長崎屋は食品を扱わず）を中心とし，イトーヨーカ堂とユニーが食品・衣料品・雑貨その他のバランスが取れていた。総合スーパーといいつつも，上位スーパーのなかでもかなり性格が異なっていたことには注意が必要である。意外なことに感じられるかもしれないが，スーパーの初期における衣料品の販売割合が高く，1972年には飲食料品34％，衣料品45％，その他22％と衣料品のほうが高く，1978年にはそれぞれ41％，36％，23％，1984年にはそれぞれ44％，31％，25％と飲食料品の取扱が衣料品のそれを上回った[7]。ダイエーは医薬品と食品の取扱から，西友は西武百貨店から，イトーヨーカ堂は洋品店から，ジャスコの前身の一つである岡田屋は呉服商から始まっており，ニチイの前身の一部のセルフハトヤと赤のれんも衣料品店であったから，大手総合スーパーの発祥における食品のウェイトが低く，衣料品のそれが高かった。これは食料品の大量取扱が困難で，多店舗化になんらかの障壁があったことを示唆する。

---

[7] 統計局ホームページ「日本の長期統計」（http://www.stat.go.jp/data/chouki/13.htm）。閲覧2011年12月30日。

表11.2 売上げ上位のスーパー

順位	名前	売上（億円）	食品（%）	衣料（%）	雑貨その他（%）	総売場面積（平米）	従業員数	店舗数	最大店舗都道府県	最大店舗都道府県比率	1店府県比率	1府県店舗数	2019年3月現在
1	ダイエー	7,885	41	27	32	837,268	17,818	139	兵庫	0.23	0.59	4.1	イオン傘下
2	西友合成	4,723	47	26	27	583,548	13,226	190	東京	0.32	0.19	11.9	ウォルマート傘下
3	イトーヨーカ堂合成	3,445	39	35	26	482,037	9,824	103	東京	0.22	0.31	7.9	セブン＆アイ・ホールディングス傘下で現存
4	ジャスコ合成	3,405	37	45	17	466,939	8,281	183	兵庫	0.15	0.32	5.0	イオンとして現存
5	ニチイ合成	2,971	9	63	28	405,400	11,851	135	大阪	0.23	0.22	5.0	イオン傘下
6	ユニー	2,530	32	36	32	448,655	9,178	86	愛知	0.49	0.30	8.6	ドンキホーテ傘下
7	長崎屋	2,000	…	69	31	319,885	…	86	東京	0.22	0.46	3.3	ドンキホーテ傘下
8	東急ストアチェーン	1,270	57	14	29	128,588	3,787	79	東京	0.47	0.25	9.9	東急電鉄の子会社として現存
9	イズミヤ	1,249	40	41	19	213,563	7,757	49	大阪	0.63	0.38	6.1	エッチ・ツー・オーリテイリングと経営統合
10	灘神戸生協	1,234	…	…	…	63,537	5,700	54	兵庫	1.00	0.00	54.0	生活協同組合コープこうべとして現存

（出典）商業界 (1977)

（注）
1. 西友合成は、西友ストアー、西友ストアー関西、西友ストアー長野の合計。ただし西友ストアー長野の売上げのデータを欠く。
2. イトーヨーカ堂合成は、イトーヨーカドー、ヨークベニマル、ヨークマツヤの合計。ただしヨークマツヤの売上げのデータを欠く。
3. ジャスコ合成は、カタダイジャスコ、西奥羽ジャスコ、大分ジャスコ、福岡ジャスコ、扇屋ジャスコ、信州ジャスコ、ジャスコオークワ、中国ジャスコ、橘ジャスコの合計。ただし扇屋ジャスコと福岡ジャスコ以下の5社の売上げと福岡ジャスコ以下の6社の従業員数のデータを欠く。
4. ニチイ合成は、ニチイグループと東北ニチイの合計。
5. ボランタリーチェーンは加えていない。
6. 1976年前後のデータである。
7. 1店府県比率とは、都道府県に1店しかない都道府県の数を進出している都道府県の数で除したもの。
8. 最大店舗都道府県とは最大の店舗網がある都道府県、最大店舗都道府県比率とはその都道府県にある店舗数の総店舗数に対する比率。

○ 食品スーパー

　食品スーパーのビジネスモデル　　それではスーパーにおける食品取扱はどのようにおこなわれたのであろうか。飲食料品といっても缶ジュースやインスタントラーメンのようなパッケージに入って常温保存が可能なもの（石けん，マッチなどとともにグローサリー（grocery，食料雑貨）を構成する）と精肉・鮮魚・野菜という生鮮三品（アメリカではこれも groceries（食料雑貨店）で販売される）では性格が異なり，後者の取扱ははるかに困難である。ここでは後者について考察する。

　精肉は卸売りの段階ではブロックで取引されており，小売りする際には小さく分割して販売する必要があるが，そこに高い技術が必要になる（缶ジュースはケースに入って卸取引ロットが大きくなっているが，包装を取れば小売りできる）。鮮魚と野菜もほぼ同じである。そこで初期のスーパーでは対面販売がおこなわれることも多く（顧客が肉の種類と重量を告げ，店員がはかりで量って包装し，値段を付けて渡す），専門業者が入っていることも珍しくなかった。その業者の統制は困難で，しかも商品の傷みが激しいため廃棄も多く，スーパーにおいて生鮮食品で利益をあげることは困難で，損失覚悟で顧客を店に呼ぶために安売りされ，その他の商品で利益をあげることが多かった。これが総合スーパーが発達した理由の一つでもあった。

　これに対して関西スーパーマーケットの北野祐次は，アメリカ視察をきっかけに，生鮮食品の販売に改革を加え，利益をあげられる食品スーパーというジャンルを切り開いていった。すなわち生鮮食品の加工を個々の店のバックヤードでおこない，プラスチックのトレーなどに乗せて包装して値段を付けて店頭に陳列するというもので，顧客が手に取りやすい冷蔵装置や包装機材もメーカーと協力して開発した。しかも精肉・鮮魚・野菜の加工を専門業者ではなく，スーパーが雇ったパート労働者でもできるように工程に分けて単純化し，さらに一人が多くの工程を担当できるように多能工化したことで，店側にとっての柔軟性が確保された。加工センターを設けて加工の専門家を置くことにしなかったのは，加工センターから店頭への輸送期間が在庫期間となり（リードタイム），在庫量が増え，かつ工程が専門化するため，変動への対応が

表11.3 大手の食品スーパー

順位	名前	売上（億円）	食品	衣料	雑貨その他	総売場面積（平米）	従業員	店舗数	最大出店都道府県	出店都道府県数	最大出店県比率	2019年3月現在
1	マルエツ	547	92	—	8	55,766	2,436	60	埼玉	3	0.87	イオン傘下
2	いなげやチェーン	342	87	1	12	35,200	1,262	37	東京	3	0.68	現存
3	かながわ生活協同組合	287	85	5	10	29,509	944	38	神奈川	1	1.00	2013年に合同，生活協同組合ユーコープ
4	ヤマナカスーパーチェーン	270	86	—	14	28,228	1,095	32	愛知	2	0.97	現存
5	プリマート	196	86	5	9	33,711	1,325	38	千葉	2	0.97	1978年にマルエツに合併
6	関西スーパーマーケット	181	89	—	11	12,431	861	12	兵庫	2	0.75	現存
7	トーホー	127	90	—	10	…	520	21	兵庫	1	1.00	現存
8	マルフジフードセンター	115	90	—	10	…	…	17	東京	1	1.00	現存
9	トリオドチェーン	106	93	4	3	8,750	528	15	大阪	1	1.00	2005年にコノミヤへ営業譲渡
10	スーパーマーケット・ラッキー	104	92	—	8	6,834	573	13	大阪	1	1.00	現存
11	スーパー堀川	103	90	—	10	9,042	578	16	新潟	1	1.00	現存，キュービットに社名変更

（出典）商業界 (1977)
（注）1970年代半ば。食品比率85％以上，売上げ100億円以上のスーパーを抽出。ラッキーは大近の経営するブランドの一つとなっている。

11.2 流通主導のチェーンストアの発展

困難になるためである。関西スーパーマーケットの店舗は，卸売市場からの距離を勘案して決められていたため，狭い範囲に集中していた（橘川・高岡，1997；石原，1998）。

1970年代半ばの状況　こうした食品スーパーは1970年代をかけて形成されていったとされるが，1970年代半ばにおける関西スーパーマーケットの食品取扱比率が89％なので，かりに食品取扱比率85％以上を食品スーパーとみなして，100億円以上の売上があるものについて見てみると（表11.3），全国に11社存在していた（食品取扱比率が85％以上のスーパーは全部で90あった）。すべての食品スーパーが限定された地域に展開しており，表11.2のイズミヤが49店舗で8府県に展開していたのに対し，表11.3のマルエツが60店舗で3都県であるから，その差は歴然としている。食品中心のスーパーは全国に分布しているが，大型化したのは総合スーパーと同じく東京・大阪・名古屋近郊に限られ，それ以外では新潟の堀川が11位に入るにとどまっている。ただし総合スーパーの上位10のうち7つが経営統合や買収により独立性を失ったのに対し，食品スーパーは上位10うち6つが独立性を維持しており，食品スーパーの統合が遅れていることがわかる。これにはさまざまな要因があるが，食品スーパーのほうが鮮度を重視する商品を中心としているだけに，個々の店舗の商圏が狭く，同一府県に多数設置しやすく同時に規模の経済が働きにくいこととともに衣料・雑貨品のほうが専門店チェーンとの競合が厳しかったことを示唆しているものと考えられる。

○ コンビニエンスストア

コンビニエンスストアのビジネスモデル　スーパーが規模の経済性とワンストップ・ショッピングによる範囲の経済性から成り立っているのに対し，コンビニエンスストアは時間の経済性と編集の経済性からなっているといわれる（田村，2014，142-148頁）。時間の経済性とは店舗を可能な限り長く稼働させることによる経済性であり，今日では年中無休24時間営業ということでその極限に達している。営業時間が1日16時間から24時間に延長されたのは1970年代半ばであったが，夜間に粗利の大きいファストフードの売上が多

かった結果，売上も粗利も改善した。編集の経済とは潜在的顧客の求める商品を選択・編集して新しい品揃えを作り，売場効率の向上を図ることであり，顧客のニーズを求めて新しい商品を開発するとともに，売れない死に筋商品を排除していった。コンビニで扱われる商品は，購入してからすぐに消費されるものが中心で（調理して食べることが前提の生鮮品ではなく，開ければ食べられる調理済みの弁当，パン，カップ麺を置く），しかも顧客がまとめ買いしないことが前提で，粗利が高い（ケース入りの冷えていないが単価の安いビールではなく，1缶ごとの冷えた単価の高いビールを置く）。その結果，顧客の買物頻度は高く，店の商圏は500メートル程度と狭い。

1972年には中小企業庁が『コンビニエンス・ストア・マニュアル』を刊行しており，コンビニはその発生期にあったが（川辺，2003，20頁），売場面積，開店時間，品揃え（生鮮品を置くかなど），チェーンの展開方式（レギュラー，フランチャイズ，ボランタリー），安売りをするか，などについては，各店でさまざまなものが展開されており，試行錯誤により顧客のニーズが探られていた。そのなかで1973年にサウスランド社（Southland）と契約したイトーヨーカ堂がセブンイレブンの1号店を1974年にオープンし，次第にそのビジネスモデルを確立し，次々と進化させていくなかで，セブンイレブンが始めた生鮮品を置かない粗利分配方式のフランチャイズという形式に集約されていった（最近，生鮮品を置く店も増えてきた）。

システムの洗練化　コンビニエンスストアは多種類の商品を置くが，発注頻度が少なければ在庫を置かざるを得ず，しかもそれぞれの品物を別々の問屋に発注せざるを得なかったので，配送のトラックの到着も多かった。実際セブンイレブンでは，1974年には1日70台ものトラックが到着しており，1976年には25日分の在庫をもっていた（川辺，2003，241頁；矢作，1994，85頁）。在庫を減らすには，多頻度発注すればいいが，それを単純におこなうと到着するトラックの台数はますます増えてしまうので，商品を共同配送することが必要になり，それを処理する発注と配送のシステムが整えられていった。これらの結果，1990年にはトラックは10台，在庫は8日分へと劇的に低下している（この間，売上は36万円から63万円に増加）。さらに利益を増加させるには，粗利の大きい商品の販売を増やすことが必要で，おにぎり・弁当などのファス

表 11.4　上位コンビニにおける情報技術の導入

	セブンイレブン	ローソン	ファミリーマート
発注端末機	1978 年 8 月	1980 年 2 月	1980 年 4 月
EOS	1979 年 6 月	1980 年 2 月	1980 年 4 月
POS	1983 年 2 月	1990 年 7 月	1990 年 6 月
検品スキャナー	1990 年 12 月	…	…

（出典）　矢作（1994，22 頁）
（注）　1994 年 3 月時点のもの。

ト・フードが開発されていった。しかしこれらは生ものであるため，温度管理が必須になるとともに，売れ残りは廃棄せざるを得ないため，適切な発注とそれを支える生産の仕組みを整えていく必要があった。

　これをシステムの点からみると，発注は紙と電話・ファックスでおこなっていたものから，オフライン・コンピュータさらにはオンライン・コンピュータによるもの（EOS，electronic ordering system）へと変化し，商品の納入があった際の検品もコンピュータでおこなうようになった[8]。さらに販売も一点ごとにコンピュータで把握する販売時点管理（POS，point of sales）（ポス）が導入されていった（表 11.4）。POS レジの導入により，どのような商品がどのように売れているのかを明確に計測できるようになり，予想にもとづいた発注がおこなわれるようになった（さらにその予想が事後的に的中したかも検証でき，これを仮説検証型発注という）。顧客の属性を店員がレジで入力しているが，ポイントカードなどにより正確な個人情報が得られるようになり，予測精度が上昇するとともに製品開発にも生かされるようになった。

　さらに共同配送では，問屋やメーカーが共同配送センターに商品を納入し，

---

[8] 納入商品に間違いがないことが保証されるようなレベルに達していれば，検品が不必要となるが，セブンイレブンにおける出荷ミスは，2010 年代の前半でも，チルド商品や米飯などの毎日配送があるデイリー商品で 0.015％，加工食品などそれ以外の商品で 0.003％となっており，検品は避けられないという（信田，2013，138 頁）。

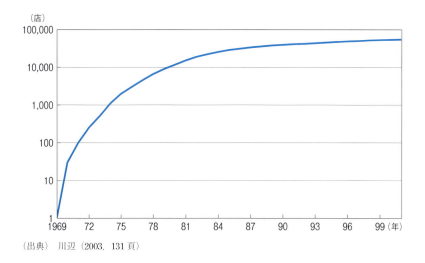

図11.1 コンビニ店舗数の推移

店舗ごとに仕分けた上で，各店舗に納入することで，多頻度発注と納入回数の減少を同時達成した。このときにチェーン店舗が密集していれば（ドミナント出店），効率が上昇する。弁当も製造センターで製造され，配送されるが，製造拠点と配送拠点は近接していることが望ましい。また店舗からの確定発注をまって製造していては間に合わないので，かなりの部分を見込みで生産し，確定発注をまって残余部分を早い段取り替えで調製するという予想にもとづいた生産がおこなわれている。

　優位性の源泉　コンビニの店舗数は急速に増加していったが，1990年代に入ると成熟期に入り（図11.1），次第にチェーン同士の合併がみられるようになり，2017年にはセブンイレブン，ファミリーマート，ローソンの3大陣営にほぼ集約されている。1店1日当たりの売上高を2014年でみると，セブンイレブンが66万円，ローソンが54万円，ファミリーマートが51万円，サークルKサンクスが44万円とセブンイレブンの強さが圧倒的である。セブンイレブンは，団塊の世代を狙って東京の江東区から，酒屋に的を絞って勧誘し，ド

ミナント出店を始めた。店舗の立地を一番好適な地域に集中できたことは，後発チェーンへの大きな優位となった。また当時は免許がなければ酒類を扱うことができなかったので，有望な酒屋をコンビニに転換させられたことも追随が困難な優位となった（のちに規制緩和）。さらに共同配送の仕組みも，先発のトップチェーンであることから，納入業者に将来の利益を予想させる形で，情報投資の結果を納入業者にフィードバックすることとあいまって，これらの設備を納入業者の負担で建設させ，さらに弁当などの製造も納入業者にノウハウを共有させることで標準化を図っていった。セブンイレブンは弁当や総菜を供給する食品メーカーに1979年に日本デリカフーズ協同組合を結成させ，メニュー管理や品質管理をおこなわせており，これが魅力ある商品開発に結びついているが，ファストフードは粗利が大きいため，大きな優位となる。さらには大量のデータと売れ行きをもとにナショナルブランドのメーカーも参加するようになっていった。セブンイレブンの優位に貢献したこうした組合方式は，ファミリーマートが1995年，ローソンが1999年と大きく遅れている（田中，2012，75頁）。これらによってファースト・ムーバーの優位が固定していったといえるが，とくにPOSレジに象徴される情報投資とファストフードへの着目の先行および立地の優位が大きかったといえよう[9]。

　なおセブンイレブンはイトーヨーカ堂，ファミリーマートは西友，ローソンはダイエーがもととなって設立されたものであり，商品調達力のあるスーパーの新しい業態への進出は素早かったといえる。ところが西友とダイエーが経営危機によりコンビニの株式を手放し，ファミリーマートは伊藤忠商事の，ローソンは三菱商事の子会社となった。

○ 専門店チェーン

　紳士服チェーン　ドラッグストア，婦人服，紳士服，ホームセンター，家電量販店，靴，家具などさまざまな専門店チェーンが存在するが，ここでは紳士

---

[9] セブンイレブンの経費率は，ドミナント出店や配送センターなどの合理化により，日本フランチャイズチェーン協会加盟のコンビニチェーンの平均経費率より1.9ポイントも低いという（信田，2013，143頁）。

表 11.5　紳士服専門店

順位	1983 年		1993 年		2003 年	
	名前	売上	名前	売上	名前	売上
1	タカキュー	30,471	青山商事	150,908	ファーストリテイリング	301,751
2	ロベルト	23,818	アオキインターナショナル	80,752	青山商事	147,327
3	三　峰	22,815	タカキュー	74,689	アオキインターナショナル	67,994
4	銀座山形屋	15,009	コナカ	59,694	ライトオン	61,381
5	青山商事	10,020	ゼビオ	52,458	はるやま商事	57,172
6	エ　フ	9,920	はるやま商事	41,683	コナカ	46,804
7	はるやま商事	8,514	ロベルト	37,496	マックハウス	41,796
8	フタタ	8,500	三　峰	36,048	ユナイテッドアローズ	35,271
9	ショップ・エンド・ショップス	7,798	フタタ	28,588	ビームス	30,027
10	英国屋	7,101	コックス	26,628	ワークマン	27,114

（出典）　日本経済新聞社（1985, 1995, 2005）
（注）　売上は 100 万円単位。1993 年までは専門店（紳士服）を集計，2003 年は，1993 年の専門店（紳士服）に 2003 年の専門店（カジュアル衣料）に含まれている企業も含まれているので，専門店（紳士服）と専門店（カジュアル衣料）をあわせて集計した。

服と家電量販店について考察しておこう。紳士服店の高久（のちのタカキュー）は新宿西口に開業し，支店経営をおこなっていたが，1969 年の大井町店からはチェーン店経営に切り替え，ショッピングセンターや駅ビルを中心に出店した（石原・矢作，2004，241 頁）。しかしモータリゼーションが普及した 1970 年代半ば以降，郊外店のチェーン店が急速に発達していくこととなる。それらは 1964 年に広島に創業し，1974 年の西条店をはじめとして郊外店を開設していった青山商事，1952 年に神戸に創業し，1978 年に郊外型大型店を町田に開店したコナカ，1974 年に岡山で創業し，1978 年に郊外型店を倉敷に開店したはるやま，1958 年に篠ノ井に創業し，1979 年に長野に郊外型店を開店したアオキなどである（表 11.5）。これに対してタカキューはその後，

ジャスコ（現イオン）と資本・業務提携を締結するに至ったが，売上は伸びず15位に下落した。同じく1983年のランキングで2位にいたロベルトはダイエーが経営していたが，やはり下落傾向をたどり，2003年には20位に下落した。総合スーパーの衣料品の不振を象徴しており，食料品・雑貨とともにワンストップ・ショッピングを提供するという総合スーパーのメリットを生かすことができない状況を示している。

　1990年代には，アメリカのGAPが始めた衣料品の企画・製造・販売を垂直統合し，自社ブランドを専用店舗で販売するSPA（specialty store retailer of private label apparel）の業態を取るファーストリテイリングの経営するユニクロが急成長した[10]。紳士服チェーン店もSPAの要素を取り入れ，自社ブランドを開発するようになった。

　家電量販店　　家電の流通は戦間期のラジオに始まるといっていいが，当初は多くのメーカーが存在しており，ブランドも確立していなかったので，卸商の勢力が強かった。早川（のちのシャープ）・松下（のちのパナソニック）といった大量生産をおこなった有力メーカーは，自社専売代理店と小売店を組織し始め，小売店が1つの代理店からのみ仕入れるようにして（一店一帳合），ラジオに定価を付けるようになった。松下の小売店である連盟店は1941年には1万店を超えている。しかし有力問屋は複数メーカーの製品を取り扱い続けており，有力メーカーによる流通統制は，一定の進歩が見られたもののなお限界があった（平本，2010，139–146頁）。

　戦後も松下・日立・東芝・三菱・三洋・シャープなどの有力メーカーが流通の系列化に取り組んでいった。いずれも程度の差はあれ，有力な代理店に出資するなどして自社製品の専売化を進めるとともに，専売比率の高い有力な小売店をリベートなどで優遇するとともに自社の系列へと組織化していった。小売店系列化は松下で最も進んでおり，系列小売店数が1982年には27,000も存在した。これに対し東芝は12,000，日立は11,000と半分以下であり，さらに三菱が5,500，三洋が4,500，シャープが3,800とさらに格差が著しかった。ただし系列小売店はすべてがその系列メーカーの製品を専売しているわけではなく，

---

10 ファーストリテイリングの2003年の店舗数595のうち，直営店が581，フランチャイズが14であるから，すべての店舗が「自社」店舗であるわけではなく，「専用」店舗となる。

メーカーは専売比率が高く，売上も大きい小売店を優遇していった（矢作，1991）。

　メーカーがこうした流通系列化をおこなった最大の理由は価格の維持であったが，複数メーカーと取引する卸店が存在し，在庫を現金で買い取り，安く販売する販売店が存在するなど価格競争は存在した。またテレビをはじめとする製品が半導体を装着するようになり，故障が減少すると，修理のニーズが小さくなり，また故障すると地域の販売店では手に負えない事態となり，メーカーの修理となると，地域の販売店の重要性が低下し，家電の商圏が広がり，大型店の競争力が強化されていった。大型店はチェーン展開し，規模のメリットをさらに追求し，家電量販店とよばれるようになっていった。1972 年には家電製品の 77.2％が系列販売店などの一般家電店で販売されており，家電量販店の比率は 11.2％に過ぎなかったが，1988 年にはそれぞれ 46.6％，27.7％となり，家電量販店が大きな役割を果たすようになった。1999 年にはパソコンやデジカメなどが統計に加わるようになり，数字は不連続であるが，2001 年にはそれぞれ 8.4％，41.3％となり，さらに家電量販店の役割が上昇するとともに，両者以外の販売も大きくなっていることがわかるが，ディスカウントストアなどが重要な役割を果たすようになったためである。家電でも副都心のターミナルにある大型カメラ店を発祥とするチェーンを除けば，郊外に大規模な店舗を設け，多くのメーカーの製品を並行展示できるチェーン店が次第に優位を占めるようになった。総合スーパーもダイエーのプライベートブランドのテレビである BUBU に代表されるように，取扱を試みたが，製品の説明が必要である点がスーパーという業態と相容れないところもあり，成功するにはいたらなかった（矢作，1991；石原・矢作，2004，124 頁）。

11.3　メーカー主導のチェーンストア

　自動車流通の特性　ここでは特定ブランドの商品を扱うチェーンストアの例として，自動車流通を考察する。自動車は製品差別化のおこなわれている専門

品であり，小売商の販売促進・品質保証・修理などのサービスの提供が販売促進に有効であり，高額であるため試買もできないためスイッチングがしにくく，商品を提供する小売業者を絞り込む選択的チャネルが有効である。また修理などのサービスを提供する製品としない製品があると，前者のほうがコストがかさむ分，マージンが小さくなるので，小売店は後者を売ろうとするので，メーカーは修理サービスを提供するためには，専売制という選択的チャネルが有効になる。専売店制度を取れば，小売の情報の取得や小売への指導・投資をおこなうことで流通を効率化することもできる（丸山，1992）。こうした商品・サービスの性格から，アメリカにおける自動車流通は，テリトリーを決めたメーカー別の専売店からなるディーラー制度が採用されており，戦間期の日本にフォード・GM が販売網を形成したときもこの手法が踏襲された（ただしアメリカでは専売は，反独占の観点から 1940 年頃に中止された）。ところが 1936 年の自動車製造事業法により，フォードと GM の成長が望めなくなった結果，多くのディーラーがトヨタ・日産のディーラーへと転換していき，両社ともに府県ごとに 1 つの専売ディーラーがおかれるようになった（塩地・キーリー，1994）。

1 系列から複数チャネルへ　戦時中には自動車も流通統制がおこなわれ，都道府県ごとに配給統制会社が設立され，トヨタと日産のディーラーも統合された。敗戦後に都道府県別の配給統制会社は存続できなくなり，再びトヨタと日産の独自のディーラーがおかれることになったが，トヨタのディーラー網の再建は日産のそれより早かった。すなわち両社とも沖縄にはディーラーがなく，北海道に 2 つあったので，それぞれ 47 社のディーラーが存在したが，このうちトヨタのディーラー形成が先行したのが 26 社，同時が 8 社，日産が先行したのが 12 社，不明が 1 社であった。

またトヨタ・日産がディーラーを設置する際に，新たにディーラーを設置する場合と配給統制会社を自社のディーラーとする場合があったが，トヨタ・日産のどちらかがディーラーを先に独自に設置した場合は，残った会社は配給統制会社を自社のディーラーにすることを余儀なくされた消極的転換であるといえる。これに対してトヨタ・日産のどちらかが配給統制会社を自社のディーラーに先に転換した場合は積極的転換といえ，残った会社は自社のディー

ラーを設置せざるを得なかったといえる。日産の場合，先行した12社はすべて自社ディーラーを先に設立したものであり，配給統制会社を自社ディーラーとした場合は，すべて消極的転換であったのに対し，トヨタの場合，自社ディーラーを先に設立したのは14社と日産と大きく変わらなかったが，配給統制会社を積極的転換したケースが12社あることが，トヨタの先行をもたらしたのであった。トヨタは配給統制会社を有利に引き継いだといえる（芦田，2005）。

　こうして戦後当初，トヨタも日産も1系列のディーラー網を形成したが，やがてトラック・乗用車（それも高級車から中級車そして大衆車へと多様化）をフルライン化していくと，それに対応して，複数チャネルを整備していった。トヨタの場合でこれを見てみると，戦争直後にトヨタ店を整備し，乗用車でいえば1955年から高級車のクラウン（1,500ccクラス）を取り扱わせたが，1956年に小型トラック（トヨエース）とライトバン・ピックアップトラックを取り扱うために新設したトヨペット店に1957年から中級車のコロナ（1,000ccクラス）の取り扱いを開始させた[11]。さらに1961年の大衆車パブリカ（700ccクラス）の発売と同時にパブリカ店（のちのカローラ店）の営業を開始させた。パブリカ店は小規模ディーラーということで都道府県内に複数設立され，棲み分けが図られた。これらのディーラーはテリトリーに店舗を展開した。

　こうしてトヨタはフルライン化にともなうディーラー網の複数化をほぼ終えたのであるが，日産もほぼ同じ動向をたどった。このように複数チャネルは，車種別の棲み分けが意図されていたが，自動車がほぼ普及を終え，買い換え需要が中心になると，より高級な車への買い換えが中心となったので，大衆車のチャネルの販売が不振となることが予想され，それらのチャネルにも中級車・高級車の販売を姉妹車（ほぼ同じ規格をもつが，外見・性能が若干異なり，異なるブランド名をもつ車）を導入することで認めていき，同一メーカーのディーラー同士が競合することとなった（塩地・キーリー，1994）[12]。

　メーカーとの関係性　　日本の自動車ディーラーはメーカーとの商品知識・技

---

11 コロナは急遽開発されたものであるが，トヨペット店のためにトヨタ自動車販売の神谷正太郎社長が開発を強く主張したという。1959年のモデルチェンジで新しいエンジンを搭載し，ようやく人気車種となった。

術情報・ユーザー情報などのやり取りが盛んである。これは日本では地価が高いため，自動車を展示販売する十分なスペースが取れず，かつてはカタログを用いた訪問販売を中心としており，セールス担当者が商品知識を十分に備えていなければならないため，メーカーによる情報提供などが重要であったためである。メーカーはディーラーに投資していることになるため，ディーラーと長期的関係を結ぶなかで投資を回収する必要があった。また日本は車検制度が厳格で，自動車の販売後も顧客との接点を保てたため，顧客による製品評価を得ることができ，これをメーカーにフィードバックすることが重要となった。こうした工場などの物的資産や従業員等の人的資源への投資を効率化するには，ディーラーの規模が必要で，府県単位のディーラーはこの意味で好都合であった。

11.4 デパート・総合スーパーの苦境とEコマース

◯ デパートと総合スーパーの苦境

再編の背景　百貨店法は 1947 年に廃止されたが，1956 年に（第二次）百貨店法が制定され，デパートの発展を制約していった。その間隙を埋めたのが総合スーパーである。ところが 1973 年には百貨店法が廃止，大規模小売店舗法が制定され，業態に関わらず，大規模小売店が規制されるようになり，地元との協議が大きな意味をもってくるようになった。1978 年に同法が改正され，中規模店の出店も規制されるようになり，さらに地方自治体独自の規制も強化されていった。しかし 1980 年代後半からの規制緩和の流れのなかで，とくに

---

12 トヨタは 1967 年に大衆車カローラの姉妹車であるスプリンターを扱うトヨタオート店，1980 年には姉妹車と併売車を扱うトヨタビスタ店を整備し，5 チャンネルとしたが，オート店をネッツ店と改称，ビスタ店をネッツ店に統合していき，4 チャンネルとした。ただし 1990 年代以降，自動車の国内市場が停滞から縮小へと転じると，複数のチャネルを維持することはできなくなり，下位のメーカーから販売店を統合していったが，ついにトヨタも 2019 年に東京のディーラーを統合するにいたった。

日米構造協議により，1990年から規制が緩和され，2000年には大規模小売店舗法が廃止された（大規模小売店舗立地法が施行）[13]。規制により先行出店していたスーパーは競争が抑制されていたが，規制緩和により厳しい競争に直面することとなった。

日本のモータリゼーションが広まったのが1970年代であったから，高度成長期はターミナルや駅前の立地の優位が続いた。東京では1960年代前半までに大丸が東京に，東武が池袋に，京王と小田急が新宿に開店した。私鉄のターミナル・デパートが完成したのである。しかし戦後のデパートは，主力商品となる洋服について取扱知識が十分ではなく，その一方で販売力はあったので，アパレル・メーカーから商品を買い取るのではなく，委託販売するようになっていった。委託はリスクを負わない分，マージンが小さくなり，品揃えなどの決定権が次第にアパレル・メーカーに移っていった。さらにモータリゼーションとともに駅前立地の優位性が崩れ，ロードサイドを中心に専門店チェーンが拡大していき，自動車をもった消費者がこれらの専門店を買い回れるようになったこと，および古くに出店したターミナルや駅前での店舗は面積が不足し，多様な品揃えが実現できず，ワンストップ・ショッピングの魅力が低下していったことなどから，バブル崩壊後にこれらの業態は再編成を余儀なくされていった[14]。

小売業の変貌　再編の主なものをあげると百貨店では，そごうと西武は2003年にミレニアムリテイリングとして経営統合したが，2007年にはセブン・アンド・アイの完全子会社となり，阪急と阪神は親会社の鉄道が経営統合したた

---

13 1998年に大規模小売店舗立地法および中心市街地活性化法の制定と都市計画法の改正が実現し，街づくり三法と呼ばれるようになった。大規模小売店舗立地法は，交通・騒音・廃棄物などの問題を防止するという生活環境維持の視点から出店調整をおこなうもの，中心市街地活性化法は，衰退した中心市街地の活性化を目的とするもの，都市計画法改正は市町村が独自に特別用途地域を指定して，街並みの保全などができるようにしたものである（石原・矢作，2004，319頁）。

14 西武は文化事業にも投資をおこない劇場・美術館なども手がけ，ダイエーはホテル・プロ野球球団の経営などもおこない，積極的に多角化を進めていったが，いわゆるバブル経済が崩壊した1990年代以降，両社の経営再建の足かせとなった。これらの投資は持株比率の低くなったカリスマ型の創業経営者（ダイエーの中内㓛，西武の堤清二）によって主導されており，企業統治の問題として指摘されることとなった。

め2007年にエッチ・ツー・オー リテイリングとして，大丸・松坂屋は2007年にJ. フロント リテイリングとして，三越と伊勢丹は2008年に三越伊勢丹ホールディングスとしてそれぞれ経営統合した。総合スーパーでは，マイカル（ニチイが改称）が2001年に破綻し，2011年にイオンに吸収合併され，ダイエーは産業再生機構の支援を受けた後，イオングループ入りし，2015年に完全子会社となった。また西友は2002年にウォルマート（Walmart）と提携し，2009年に完全子会社となっている。さらに2016年には傘下にコンビニのサークルKサンクスをもつユニーがファミリーマートと経営統合をおこない，コンビニがファミリーマートに統一されるとともに，2019年にスーパーのユニーがディスカウントストアのドンキホーテを経営するドンキホーテホールディングスに買収された。1980年のデパート・スーパーランキングの上位10社は，ダイエー，イトーヨーカ堂，西友，ジャスコ（のちイオン），三越，ニチイ，大丸，高島屋，西武，ユニーであるが（折橋，1985，80頁），このうち2019年現在，独立を保っているのは，デパートの高島屋とスーパーのイトーヨーカ堂とイオンのみとなる。デパートと総合スーパーをめぐる状況がいかに厳しいものであるかがうかがえる。

◯ Eコマースの発達

インターネットの普及に伴いEコマースが発達しつつある。年中無休・24時間営業で自宅にいながら世界中のショッピング・サイトと取引でき，商品の多くが宅配便で配達されるという便利さが若者を中心にアピールしている。しかもショップ（B）から個人顧客（C）が購入するB to Cだけでなく，B to Bさらには，マーケットプレイスのようなC to Cも発達している。また新聞・雑誌・書籍や音楽・映画などはコンテンツがデジタル化され，ダウンロードさらにはストリーミング配信というかたちで提供されるようになっている。

主要なEコマースとしては，楽天市場，アマゾンジャパンなどがあるが，実店舗をもつ企業もインターネット上での販売に力を入れている。B to CのEコマースの売上は，2010年に7.8兆円であったものが，2017年には16.5兆円にまで増加しており，EC化率も2.8%から5.8%へと増加している[15]。

実店舗がなければ店舗資産が不要で，在庫を圧縮できるから，より規模の経済が発揮しやすいし，顧客が検索するので，実店舗より多様な品揃えを展開することができる。Ｅコマースが規模の経済・範囲の経済に優れていることは明らかで，明日の配送ではなく，現在欲しいものしか実店舗では売れなくなるのかもしれない（当日配達も始まりつつある）。アメリカではショッピングモールの閉鎖が相次ぎ，デパートやスーパーをはじめとする小売店舗の衰退が続いているが，最大の小売企業のウォルマートがＥコマースに巨額の投資をおこなってアマゾンに対抗しようとしている。日本でも今後さらにＥコマースが発展すること，および実店舗に与える影響がさらに大きくなっていくことは確実である。

演 習 問 題

11.1　日本の繁華街はどこに発生し，どのように移っていったか，その背後にある要因はどのようなものがあるか考察しなさい。

11.2　日本では家電製品は初期にはメーカー別の流通チャネルが大きな意味をもっていたが，やがて家電専門店が一般的な流通チャネルとなっていったのに対し，自動車ではメーカー別のディーラーが一般的な流通チャネルとなっている。この理由を考察しなさい。

---

15 経済産業省「平成29年度我が国におけるデータ駆動型社会に係る基盤整備（電子商取引に関する市場調査）」（https://www.meti.go.jp/press/2018/04/20180425001/20180425001.html）。閲覧2019年4月15日。

第 12 章

金　融

　資金余剰主体（家計など）から資金不足主体（企業や政府など）
へ資金を移転したほうが経済の効率は向上するが，貸借をおこなう
には，どこに資金不足主体があるのか，どの程度確実に返済される
のかなどを知る必要があり，取引コストがかかる。これらの取引コ
ストを引き下げるのが金融機関であるが，金融機関には企業が発行
する社債・株式の媒介をする証券会社と自らが預金という金融商品
を発行し，その資金で企業の債務証書や社債を買い取る銀行などの
金融仲介機関に分けられる。さらに銀行預金は取引を仲介する通貨
（預金通貨）となり，取引コストを引き下げている。ここでは証券
業務と銀行業務がどの程度兼営（多角化）されているのかに注目し
つつ，金融の歴史を概観する。

○ KEY WORDS ○

金本位制，特殊銀行，機関銀行，
清算取引，現物商，仲買人，流通市場，
発行市場，引受，銀証分離，長短分離，
長期信用銀行，管理通貨制度，都市銀行，
変動相場制，自己資本比率規制，金融ビッグバン

12.1 近代的金融制度の導入

◯ 法・財政・貨幣制度の整備

法制度 江戸時代にも相当高度な金融システムが発展していたが、それを量的に示すことは資料的な限界から不可能である（粕谷，2009）。貸借といった金融取引が発達するためには、貸金などの債権が保護される必要がある。すなわち借金を返済しない主体を相手取って裁判を起こして返済を受けるなどの手段を取ることができることが重要であり、法律や司法の仕組みが整っている必要がある。明治維新後、1875 年に大審院が設置されるなど裁判所の制度が整えられ、さらに民法は 1898 年に、商法は旧商法が 1893 年に一部施行されたのち、新商法が 1899 年に施行された。

財政制度 また財政制度が整えられ、地租をはじめとする租税制度が確立するとともに、国債制度も整備された。江戸時代の将軍や大名の借金は、返済されなくても両替商などが訴えることすら困難であったが、国債は租税をもとに返済することが公的に約束されており、しかも譲渡可能なので相場がたち、返済見込みが下がると価格が下落し、次の国債発行が困難になることから、財政規律が強化されることが期待される（それでも債務不履行がないわけではない）。また租税制度の整った国家の国債は、償還の可能性が高いので、国債の価格から算出される国債利回りは、リスクのない資産の利回りとして重要である。旧幕府・諸藩の債務を処理するために旧公債・新公債、旧武士の俸禄（秩禄）に代わる金禄を処理するための金禄公債などが明治初期に発行されたが、これらは債権者に交付される交付公債であった。新規の財源としては、鉄道建設や秩禄処分のために外国債が発行されたが、内国債では 1878 年の起業公債が最初である。その後、日清戦争、日露戦争に際して巨額の国債が発行された。

貨幣制度 江戸時代には金貨・銀貨・銭貨（銅，真鍮，鉄などの金属で鋳造）が流通していた（三貨制度）。幕末に外国貿易が本格化すると、日本の金銀交換比率が外国より金安銀高だったので金貨が流出し、それを食い止めるた

めに金貨を悪鋳したので，金銀比価が急変するとともに物価が上昇するなど経済が混乱した。そのため政府は1871年に新貨条例を制定し，新しい貨幣単位である円を新たに定めて金1.5グラムとし，金貨を鋳造した。しかし東洋の貿易が銀貨でおこなわれていたことから，銀24.26グラムを含み，横浜・神戸などの開港場限りで通用する1円銀貨を鋳造した（銀貨100円と金貨101円を交換，金銀比価16.01）（三上，1975；山本，1994）（1米ドルは約1円）。

ただしこのとき政府は金属の裏付けのない紙幣を発行しており，金貨，銀貨，紙幣の3つの円が存在することとなった。ところが銅・鉛・亜鉛などから銀を分離する技術が向上したために，世界的に金に対する銀の値下がりが続き（西村ほか，2014，74頁），金貨の価値が上昇したために金貨が流通しなくなった。これをうけて1878年に銀貨の国内流通が認められたが，政府紙幣の増発が進んだため，紙幣価値が下落し，銀貨の流通も見られなくなった。これに対して政府は，財政黒字を達成して紙幣を消却することで紙幣価値を銀貨のそれに近づけていくとともに，中央銀行たる日本銀行を1882年に設立して日本銀行券を発行し，政府紙幣を回収することとした。銀貨と紙幣の価格差が解消した1885年から日本銀行は銀貨兌換の銀行券を発行したが，世界の趨勢は金貨兌換の金本位制であったため，1897年に貨幣法を制定し，銀価下落を追認して1円を金0.75グラムとし，銀貨の国内流通を禁止して，金本位制に移行した（このとき1米ドルは約2円）。1900年度末には国立銀行券，政府紙幣の流通高がゼロとなり，日本銀行券への統一が完成した。

○ 銀行制度の整備と銀行業の発展

国立銀行　　明治期に日本はさまざまな制度を諸外国から導入したが，銀行制度もさまざまな国の制度を導入した。まず導入されたのは，アメリカの国立銀行である[1]。1872年の国立銀行条例により，国立銀行が政府紙幣を政府に納入すると国債が下付され，それを担保として政府に預けて国立銀行券の下付をう

---

1 国立銀行は national bank の訳であり，もともとはアメリカの州法ではない連邦法にもとづく銀行という意味で，民間人が設立する発券をおこなう市中銀行である。日本でもその性格は変わらず，政府が出資するものではない。

305

け，貸出等にあてるとともに，金貨を保有して銀行券の兌換をおこなうというもので，あわせて預金や為替の業務をおこなうことができた。金貨は兌換準備として発行銀行券の 3 分の 2 を保有し，引き換えに宛てた（図 12.1）。国立銀行の設立がすすめば，政府は国債利子を支払う代わりに，金属の裏付けのない政府紙幣が回収されて金貨兌換の国立銀行券に代わるというメリットがあった（全国に各行別々の国立銀行券が流通することになる）。

ところが金価格が騰貴し，金貨が退蔵され政府紙幣が流通したため，金貨兌換の銀行券も流通せず，国立銀行は失敗に終わってしまった。そこで 1876 年に国立銀行条例が改正され，国立銀行券は政府紙幣に兌換することとなり，さらに兌換準備の割合も 4 分の 1 に引き下げられたため，銀行設立が有利になった結果，第百五十三国立銀行まで設立された。しかし政府紙幣が増発されたことに加えて，国立銀行券が発行されたことから，紙幣価値が下落し，中央銀行たる日本銀行が設立された。国立銀行条例は 1883 年に再び改正され，設立 20 年後に国立銀行が満期を迎えることになり（それまでに国立銀行券を消却），多くは発券をおこなわない銀行に改組された。国立銀行制度の導入に際し，横浜の外国銀行に勤めていたシャンド（A. A. Shand）が雇い入れられ，銀行制度，簿記などを伝習したほか，国立銀行の検査にあたった。

普通銀行　国立銀行の設立が締め切られた後，銀行券を発券せず，預金・貸出・為替などを営む銀行が増加していった。これらは 1893 年に銀行条例が施行されるまで法的根拠がなく，私立銀行とよばれていたが，やがて普通銀行とよばれるようになっていった。小規模な普通銀行が多数設立され，1901 年には 1,867 行に達したが，この年に銀行設立が制限されるようになったため，その後は銀行合同もあり減少していった。当初は預金が十分集まらず，自己資本比率が高かったが，徐々に預金銀行化し，自己資本比率が低下していった。また当初は単一の店舗しかもたない銀行が多かったが，徐々に支店設置が進んだことと銀行合同が盛んになったことから，一行当たりの店舗数が増加していった（図 12.2）。

一般に銀行は支店数が増加して大規模になれば事務コストが節約され（コンピュータが導入されると顕著になった），また貸出先の数・地域・産業などが増えることでリスクを分散できるというメリットがある一方で，統一的な運営

改正前

資　産		負債資本	
国　債	6	資本金	10
金　貨	4		
貸　出	6	銀行券	6

改正後

資　産		負債資本	
国　債	8	資本金	10
政府紙幣	2		
貸　出	8	銀行券	8

（出典）　寺西（1982，34 頁）をもとに作成

図 12.1　国立銀行の模式図

をするため地元の取引先や産業の情報に疎くなるとか，地元との縁が薄くなり貸出先が返済を怠ることに対する地域からの抑止力が弱くなるというデメリットも存在するが，多くの国で合同が行われてきており，日本もその例外ではなく，戦間期に政策的に奨励されるようになると銀行合同が飛躍的に増加した。

　　銀行業の規制と決済の効率化　　銀行条例が検討されていた当初，政府は銀行の

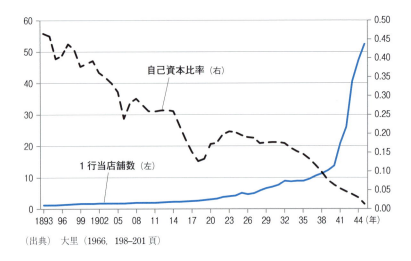

図12.2　普通銀行の指標

兼業・株式保有の禁止を含む厳しい規制をかけることを想定していたが，実現しなかった。それでも設立免許，貸借対照表の公告，営業報告書の大蔵大臣への提出義務が銀行条例に規定されており，さらに1つの取引先に対して払込資本金の10分の1を超える金額を貸し出してはならないとする大口融資規制が導入された。しかしこの大口融資規制は銀行家の反対運動を巻き起こし，1895年の銀行条例改正で撤廃されてしまった（粕谷，2000）。ところが1896年にはすでに，企業家が自らの事業のほかに銀行を設立し，銀行から資金を導入する「機関銀行」問題が指摘されるようになった（加藤，1957，144頁）。銀行の役員が自ら関係する事業に多額の貸出をおこなう機関銀行は，その融資が不良債権化すると銀行が一気に苦境に陥り，預金の払い戻しができなくなるが，戦間期に大きな問題となる。この問題は1895年の銀行条例改正によって種が蒔かれていたといえる[2]。

---

[2] 大口融資規制は実現が遅れ，1974年末に実施され，1980年3月までに達成するものとされた（後藤，1977，244頁）。

銀行が設立されても単独では効率的ではない。他行と資金のやり取りをすることで，モノやサービスの代金決済を効率化することができ，取引コストを下げることができる。このように銀行の共同行動が重要であるが，大蔵官僚から第一国立銀行の頭取となった渋沢栄一はこのことをよく認識しており，1877年に東京銀行集会所の前身である択善会を組織した。決済の効率化は同一都市内では，手形や小切手を集中決済する手形交換所の設置が重要であり，大阪交換所が1879年に，東京手形交換所が1887年に設置された。また遠隔地の他銀行と為替契約を結ぶことで遠隔地間の資金の移動も促進されていった（靏見，1991）。同一地域内の手形・小切手の決済や遠隔地間の資金決済に日本銀行が関与するとさらに効率的であるが，日本銀行が民間銀行と為替契約を結び，さらに支店を設置していくと，地方ごとの金利差が解消され，全国的金融市場が形成されていった（大貫，2006）。

特殊銀行の設立　日本銀行はベルギーの制度を参考に，日本銀行条例にもとづいて設立され，民間も出資する会社であったが，総裁の任命権を政府がもったほか，公定歩合の決定に政府の許可が必要であり，政府が業務を指示できるなど政府の権限が強かった。このほか特別立法によりさまざまな銀行が設立されたが，これらは特殊銀行とよばれ，特権が与えられるかわりに政府から特別の監督を受けたが，それぞれが受けた特権と政府の関わりには差があった（表12.1）。このように多様な特殊銀行が設立されたのは，政府がさまざまな国の事例を調査し，それを学んだことに起因すると考えられる。特殊銀行には日本銀行のほか，外国為替業務をおこなう横浜正金銀行，債券を発行し不動産担保などの長期貸出をおこなう日本勧業銀行・農工銀行（府県ごとに設立）・北海道拓殖銀行（北海道の拓殖をおこなう），やはり債券を発行し，外資導入・有価証券担保貸付・担保付社債信託などをおこなう日本興業銀行，植民地の発券銀行である台湾銀行と朝鮮銀行などがあった。

　横浜正金銀行はイギリス系の東洋為替銀行（香港上海銀行（Hongkong & Shanghai Banking Corp.）など）をモデルとしており，日本銀行から低利資金を受けられた。当初は日本の外国貿易のほとんどを外国商人が担い，その貿易金融のほとんどを外国銀行が担っていたが，第一次世界大戦の直前には，横浜正金銀行が貿易金融の半分ほどを担うまでに成長した。勧銀・農銀・拓銀・興銀

表 12.1　1913 年の特殊銀行と政府関係出資					
銀行名	資本金	株数	政府関係者	株数	比率（%）
日本銀行	60,000	300,000	内蔵頭	140,858	47.0
台湾銀行	10,000	100,000	大蔵省・内蔵頭	15,044	15.0
朝鮮銀行	10,000	100,000	朝鮮総督	30,000	30.0
横浜正金銀行	48,000	480,000	内蔵頭	121,400	25.3
日本勧業銀行	20,000	100,000	なし	0	0.0
北海道拓殖銀行	5,000	100,000	大蔵省	20,000	20.0
日本興業銀行	17,500	350,000	内蔵頭	10,100	2.9
大阪農工銀行	2,000	100,000	大阪府	3,393	3.4
土佐農工銀行	420	21,000	高知県	7,000	33.3

（出典）『銀行会社要録』18 版，1914 など
　（注）　農工銀行は府県出資が最も低い銀行と最も高い銀行を掲げた。資本金の単
　　　　　位は千円。内蔵頭（くらのかみ）とは，宮中の会計を管掌する宮内省内蔵
　　　　　寮（くらりょう）の長。

は大陸ヨーロッパの債券発行銀行をモデルとしており，債券発行という特権が
与えられた。政府は普通銀行を短期預金を預かり，短期貸出をおこなう商業銀
行として育成しようとしており，不動産担保の長期貸出や価格変動の激しい証
券担保金融は普通銀行になじまないとして，債券を発行する銀行を設立した。
台銀と鮮銀はフランスのインドシナ銀行に似ており，植民地での発券のほか，
開発金融や外国為替業務もおこない，海外に支店をもった。政府は銀行券・債
券の発行を普通銀行に禁止し，特殊銀行の独占業務としたが，不動産・証券担
保貸出や外国為替業務は規制せず，普通銀行との競合となった。

　特殊銀行に政府の監督権があるのは，設置目的に沿わせるためであるが，そ
の目的は曖昧で，民間株主の利害と反することもある。政府の要請で融資をお
こない，それが不良債権化する事例もあったが，持株比率に比して政府の発言
力が強かったから，企業統治上の問題がありえたことになる。政府の指示で興
銀がおこなった金山融資が 1913 年に不良債権化した際には，日本銀行・横浜
正金銀行に興銀への低利融資をおこなわせ，その利ざやで興銀に利益補填をお

こなわせており，一般株主や債券保有者への負担を回避しようとしていたが（積立金は取り崩し），負担のつけ回しともいえ，問題含みであることに変わりはなかった。

○ 証券業の発展

株式取引所の設立　企業規模が小さいうちは企業家や親類・友人などから資本を調達するしかなく，十分に資本が集まらないため借入金依存度が高いが，企業規模が大きくなると信用度が増し，広い範囲から資金が調達できるので，株式の発行が容易になり，自己資本比率が高くなった。戦前期の大企業は工場などの固定資産を株式による資金でまかない，在庫や販売にかかわる流動資産を銀行等からの借入や手形の発行でまかなうのが一般的であった（藤野・寺西，2000，第3章）。銀行はこうした会社の株式を担保に株主に対して貸出を行っており，こうして証券市場と資金市場が結びついていた。社債の発行が増加するのは明治末期からで，戦間期に発行が本格化した。

1878年に株式取引所条例にもとづき東京と大阪に株式取引所が設立されたが，当初は公債の売買が中心で，株式取引が中心となるのは，企業勃興により会社が多数設立された1880年代半ば以降である。取引所は株式会社として設立され，仲買人が顧客の株式の委託販売とともに自己勘定の売買をおこなうことが可能で，しかも先物取引である清算取引が行われ，株式取引所取引のほとんどが清算取引であったため，政府は取引所取引が投機的であると認識し（先物取引は現物市場より情報を円滑に価格に反映するので，必ずしもマイナスに捉える必要はない），取引所を会員組織に限定し，仲買人の自己勘定売買を禁止する取引所条例を1887年に制定した。ところが反対が強くて実現せず，1893年の取引所法により，株式会社・会員組織の選択が可能となり，仲買人の自己勘定売買も容認され，東京・大阪の株式取引所は株式会社組織となった（寺西，2011，471-490頁）。清算取引は株式取引所に集中されたが，現物取引は集中されなかったので，証券業者の店頭で現物の株式取引が盛んにおこなわれた。取引所の仲買人が取引所での清算取引を主たる業務とする傾向が強かったのに対し，取引所の場外で投資家との間で現物株の売買をおこなう証券

311

業者は現物商とよばれ，20世紀の初頭には公社債の売り捌きもおこなうようになっていった。場外の現物取引で形成される株価は，取引所で形成される株価と連動しており，両者の間に裁定関係があったことがわかる（片岡，2006）。

銀行の証券業務兼営　このように株式・社債の流通市場は仲買人や現物商によって担われていたが，株式・社債の発行市場に金融機関はどのようにかかわっていたのであろうか。銀行が証券業務なかでも発行業務を兼営する（多角化）するメリットとして，銀行取引でしか得られない顧客情報を証券の購入に利用できることに加えて，銀行活動で得られた情報を証券活動に使用することや銀行店舗を証券販売の拠点としても使用することなどから生じるコスト優位（範囲の経済）があげられる。一般にこうした情報は市場で取引できないから，情報をもっている銀行が多角化することになる。これに対して証券業務を兼営するデメリットとして，銀行預金者によりよい証券があるのにもかかわらず自行が購入した証券を推奨するなどの利益相反の可能性があることや証券価格の変動が激しいために，証券業務を兼営する銀行はリスクがより大きく，その結果破綻の可能性がより高く，信用危機を招きやすいことがあげられる。

多角化についてコストとベネフィットがあるが（信用不安の連鎖という金融に特有の要因があることに注意），大陸ヨーロッパは証券業務を兼営する銀行（ユニバーサル・バンク）が一般的で，イギリスは規制が明示的にあったわけではないが専門的で，アメリカは規制があったが，実態としては兼営がおこなわれていた。ところが世界大恐慌期のアメリカでは，コストがベネフィットより大きいとして1933年にグラス・スティーガル法が制定され，銀行と証券の分離がおこなわれたが，実証研究によると，兼営した銀行に利益相反が存在するとか破綻確率が高いといったことは確認されていない（Benston, 1994；Santos, 1998）。なお証券業務は投資銀行業務ともよばれ，発行業務のほか流通業務，さらにM&Aの仲介や富裕者に対する投資顧問などの業務も含まれるが，ここでは触れないこととする。

戦前日本では銀行の証券業務が規制されていなかったが，会社設立の際には発起人が投資家を勧誘し，また増資の際には株主に額面で株式を割り当てるのが一般的で，銀行や現物商が株式発行を企画したり，発行の相談を受けたり（オリジネーション）さらに株式を引き受け，発行リスクを負う（アンダーラ

イティング，引受）ことは一般的ではなかった。これに対して社債については，銀行・現物商による引受が，商法が整備されて社債発行が増加した明治末期以降広く見られたが，大銀行が有力会社の社債を，現物商がそれ以下の会社の社債を引き受ける傾向にあり，現物商は大銀行が引き受けた社債の売り捌き（セリング）もおこなった（二上，1990）。

12.2 戦間期の金融危機

◯ 金融危機の発生と銀行合同

昭和金融恐慌　第一次世界大戦が勃発すると当初は不況となったが，やがて金属や化学品の価格が高騰し，さらに交戦国からの輸出が減退し，アメリカが好景気になったことから，日本の輸出が増加し，日本経済はブームとなり，物価・株価・地価が上昇した。しかし 1920 年にはこれらが低下し，企業業績も悪化して不況となり，その結果，銀行貸出も不良債権化した。とくに大戦期のブームのなかで取引を拡大し，商品先物に手を染めていた企業とそれに融資を拡大していた銀行の受けた打撃は大きく，その最も有名な例が鈴木商店と台湾銀行であった。

1920 年代に入ると銀行取付がしばしば発生し，破綻する銀行も珍しくなくなり，金融市場の動揺を沈静化するために日本銀行が特別貸出を実施していった。さらに 1923 年には関東大震災が発生し，多くの銀行が被災して，京浜地区の金融は麻痺した。政府は支払猶予令（モラトリアム）をだして危機に対処するとともに，震災関連の手形を日本銀行が再割引し，それによって発生する損失を政府が補償する震災手形損失補償令を出し，金融の円滑化につとめた。

ところが震災手形の処理がなかなか進まず，しかも特定の企業と銀行に集中しているのではないか，との観測が市場に流布していった。震災手形を処理する法案審議中の 1927 年 3 月に，大蔵大臣が東京渡辺銀行が破綻したと誤って

答弁したために，銀行取付が発生した。この取付は日本銀行の非常貸出で収まり，震災手形の法律も成立したが，市場は台湾銀行と鈴木商店の関係に疑念を抱くようになり，市中銀行が台湾銀行から資金を引き揚げ始めた。政府は日本銀行に損失補償をしたうえで非常貸出をおこなわせる緊急勅令を出そうとしたが，枢密院がこれを否決し，内閣が総辞職した結果パニックとなり，未曽有の取付が発生した（昭和金融恐慌）。次いで成立した内閣の高橋是清蔵相は，支払猶予令を出すとともに，台湾銀行への日本銀行の特別融資の損失を補償する法律を成立させ，金融恐慌は沈静化した。預金の支払いに応じるために日本銀行は巨額の貸出を市中銀行に行ったが，経営が懸念される銀行から引き出された預金は，大銀行・郵便貯金・信託会社などに流入した[3]。大銀行に余裕資金が蓄積したが，日本銀行は国債を売却してマネーストックを縮小した。

銀行法の施行　　　破綻した銀行は債務超過になっており，重役から私財を提供させたが，それでも預金を全額払い戻すことができないケースが多かった。重役の関連会社に融資を集中させる機関銀行の弊害が大きかったのである。1927年には銀行法が成立したが，同法は銀行の担保付社債信託以外の兼営を禁止し，常務役員の兼職を制限し，銀行検査を強化したが，大口融資規制や預金保険は実施されず，また銀行の証券引受も引き続き認められた。さらに銀行法は銀行の最低資本金を定め，かつ大蔵省は最低資本金に満たない銀行の単独増資を原則として認めない方針であったので，小銀行は合同か廃業を強制されることとなった。猶予期間は5年間であったが，普通銀行数は1927年末の1,283から1932年末には538へと6割近く減少した。しかも大蔵省は同一地方に存在する銀行間の地方的合同を奨励しており，地方的合同が進展した（後藤，1968）。

---

3 信託とは委託者が金銭・不動産などの財産を受託者に委託し，受託者が運用をおこなって手数料を取得するとともに，委託者が指定する受益者（委託者自身でも良い）に運用成果を渡すというものである。金銭を委託するものは金銭信託となる。このうち金銭を貸し付けに運用するという指定はおこなうが，委託者別には運用せず，他の委託者と合同で運用するものがあり（指定金銭信託合同運用），かつ元本保証の特約と運用成果の配当率の予約を信託会社がおこない，それを守る傾向が強かったため，銀行定期預金と商品性が近似していた。そのため政府は，金銭信託を1口500円以上，期間2年以上に規制し，長期大口ということで銀行預金との棲み分けを図った（麻島，1969，320頁）。

○ 社債市場の発展と大銀行の引受活動

社債発行の活発化　不況となった 1920 年代には増資の勢いが鈍化し，半官半民の南満州鉄道をはじめとする鉄道会社や急速に成長した電力会社が社債を盛んに発行するようになった（志村，1969）。銀行以外の会社が発行する事業債発行額は，1915 年 4,899 万円，1920 年 1 億 5,116 万円であったが，1925 年には 5 億 5,399 万円へと増加し，1928 年には戦前ピークの 12 億 2,018 万円に達した。その後は世界恐慌の影響で減少し，1930 年には 1 億 9,270 万円となったが，低金利で借換債が増加したことから，1935 年には 8 億 4,957 万円に増加している。大企業が成立するとその信用が確立し，社債が発行しやすくなったといえる。

　これらの事業債は特殊銀行である日本興業銀行のほか，三井銀行，三菱銀行，第一銀行，住友銀行，安田銀行などの大銀行によって引き受けられていた（橘川，1983）。発行規模が大きくなると銀行はリスクを分散するため複数の銀行で引受シンジケートを組織したが，これは証券会社でも変わらなかった。社債は個人ではなく，不況下で資金運用先が見つけられず，安全な運用先を求める銀行などの金融機関によって主に消化されていた。

　現物商のなかには戦間期に公社債の売り捌きやさらに引受に注力する業者が現れ，証券会社を名乗る例も増えてきた（もともと証券は株式以外の公社債を意味するものであったが，株式も含むようになっていった）。そのような例として大阪野村銀行の公社債部門が 1925 年に独立した野村証券や兜町で株式の仲買業務を営みつつ公社債業務にも注力し，1926 年に株式会社化した山一証券などがある（二上，1990）。銀行が単独引受をしばしばおこなったのに対し，証券会社のほうが銀行よりシンジケートを組織しやすく，リスクに敏感であったが，発行会社の財務状況をコントロールしても銀行の引き受けた社債のほうが償還不能になる比率が低く，銀行の情報生産力が高かったことが実証されている（Konishi, 2002, 2005）。

外国為替の取扱　三井銀行・三菱銀行・住友銀行は第一次世界大戦中に外国為替取扱を本格化し，上海・ロンドン・ニューヨークという世界のマネーセンターに支店を設置していった。第一銀行・安田銀行とあわせて五大銀行としば

表 12.2　8大銀行の預金額，事業債引受額，外国為替取扱額（1928–1932 年平均）						
	預　金	事業債引受	外国為替	店舗数（1928 年末）		
	千　円	千　円	千　円	内　地	朝鮮台湾	外　国
住　　友	675,328	20,676	719,484	68	0	6
三　　井	653,256	63,411	2,690,138	18	0	6
安　　田	648,410	25,443	62,134	152	4	0
第　　一	640,565	17,451	54,095	55	2	0
三　　菱	607,008	27,561	1,832,038	16	0	3
三十四	403,910	9,416	27,132	97	3	0
山　　口	359,017	9,761	25,348	98	1	0
川崎第百	312,984	5,295	136,642	95	0	0

（出典）　Kasuya（2016，p.62）
（注）　1．預金は 1928–1932 年の年末残高の平均，事業債引受額は年間引受額の平均，
外国為替取扱額は買入外国為替・利付為替手形・売渡外国為替の年間取扱額の
合計の平均。店舗数は 1928 年末。
2．安田銀行は系列に正隆銀行があった。本店を大連に置き，満州・中国に 14
もの支店をもった。また住友銀行はアメリカに 3 つの現地法人があった。

しばいわれ，預金額でそれに続く大阪の三十四銀行や山口銀行の 1.5 倍の規模
をもっていたが（店舗数では少ない），社債引受額ではさらに格差が大きかっ
た。ところが外国為替の取扱額では，第一銀行と安田銀行も山口銀行や三十四
銀行とほぼ同じレベルで（外国為替に注力していたより規模の小さい川崎第百
銀行の取扱額が大きい），三井・三菱・住友銀行に大きく引き離されていた
（表 12.2）。これは 3 行のみが普通銀行で海外に店舗をもっていて，グローバル
なオペレーションをおこなっていたためである。ただし外国為替では外国銀行
や横浜正金銀行との競争が激しく，3 行の利益が傑出して高かったわけではな
い。

○ 外国為替管理と低金利政策

日本は 1897 年に金本位制に移行し，第一次世界大戦が勃発した後も金本位

制を維持していたが，アメリカが第一次世界大戦に参戦し，金輸出を禁止した1917 年に同じく禁止し，金本位制を停止した。終戦後アメリカは 1919 年に金本位制に復帰したが，日本の復帰は遅れ，円の価値はドルに対し減価した。イギリスが 1925 年に金本位制に復帰するなど国際金本位制は再建されていったが，このとき減価した円の価値を追認して金本位制に復帰するか（新平価解禁），もとのレートで復帰するか（旧平価解禁）で論争となった。現状より円高のレートで復帰すれば，デフレ圧力となるが，旧平価で発行した外債償還の問題もあり，日本は 1930 年 1 月に旧平価で金本位制に復帰した。しかしすでにアメリカの株価が暴落するなど世界大恐慌が始まっており，とくにイギリスが 1931 年 9 月に金本位制を離脱すると，円も金本位制を離脱するだろうとの予想が支配的となり，資本逃避が進み，ついに 1931 年 12 月に金輸出を禁止し，金本位制を離脱した。

　金本位制を離脱すると円の価値が下落したので，輸出に有利となった。蔵相の高橋是清は，資本逃避防止法，さらに外国為替管理法を実施し，資本移動に制約を加え始めた。その一方で満州事変や不況救済の事業費を賄うための国債を 1932 年から日本銀行引受で発行し始め，低金利政策を実施していった（高橋財政）。円安・財政支出・低金利により日本は世界恐慌からいち早く回復していった。日本銀行は引き受けた国債を市中銀行に売却していったが，軍部の軍事費増額の圧力が強まるなかで，国債市価の低下（金利上昇）による国債発行の抑制というメカニズムが，国債の市中売却の減少という間接的なものとなり，財政拡大の歯止めがききにくくなるという事態が進んでいった（伊藤，1989）。

12.3　戦時・戦後の金融再編成

◯ 戦時金融統制

　1936 年に 2.26 事件が発生し，高橋是清が殺害され，軍事支出への歯止めが

失われつつあったが，1937年に日中戦争が勃発すると，日本は戦時統制経済へと突入し，翌年には国家総動員法が発動された。金融機関は国債を低利で発行することと軍需産業に円滑に資金を供給することが求められ，臨時資金調整法をはじめとする統制法規により，銀行貸出や有価証券発行・会社設立に政府の許可が必要となったほか，統制を実施する業界団体として全国金融統制会が日本銀行をトップに設立された。証券発行が規制されていたこともあり，事業を拡大する企業は，銀行借入への依存度を上昇させていったが，軍需企業と取引の多い都市の大銀行は貸出を増加させた一方，取引の少ない地方の銀行は国債購入が増加していった。特殊銀行では日本興業銀行の発行する興業債券の発行限度が拡張され，国家保証が行われ，軍需企業への貸出を拡大していったが，さらに1942年に戦時金融金庫が設立され，リスクの大きい貸出をおこなう一方，株価を支えるために株式を購入していった。

　政府は1936年から一県一行主義を標榜し，銀行合同を進めていき，多くの県で一県一行が実現するとともに，1943年には三菱銀行が第百銀行を合併し，三井銀行と第一銀行が合同して帝国銀行が成立するなど大銀行同士の合同も行われた。その結果普通銀行数は，1935年末の466から1945年末の61へと減少した。一方，証券会社では，野村証券は当初株式を手掛けていなかったが株式業務も開始し，徐々に現物商が取引所で株式と債券を取り扱うようになり，取引所仲買人と現物商の区別がなくなっていき，証券業者の統合も進んでいった。

◯ 戦後の再編成

特殊銀行の整理・新設　　敗戦と戦後改革により金融システムも再編成を受けることとなった。金本位制を離脱した後，1942年の日本銀行法で法制上も管理通貨制度となったが，戦時立法で政府の権限が極めて強かったため，1949年に政策委員会が設置され，公定歩合を決定することとなった。戦前期の特殊銀行は整理の対象となり，横浜正金銀行・台湾銀行・朝鮮銀行は閉鎖機関となった。債券発行銀行も整理の対象となり，日本勧業銀行と北海道拓殖銀行は普通銀行となり預金銀行化していったが，日本興業銀行は普通銀行となって特例で債券発行が認められた後，長期信用銀行法にもとづいて債券を発行する銀

行となった。勧銀は農工銀行を，拓銀は道内の普通銀行を合併して店舗網を
もっており，預金を吸収する銀行として発展する見込みがあったが，興銀は店
舗網を欠いていたためである。同法によって日本長期信用銀行と朝鮮銀行の残
余財産をもとに成立した日本不動産銀行（のちに日本債券信用銀行と改称）と
あわせ3行が設立された。また外国為替銀行法が成立し，債券を発行できるこ
ととなったが，横浜正金銀行の残余財産をもとに設立された東京銀行が同法に
もとづく唯一の銀行となった。こうして戦前来の特殊銀行が整理される一方で，
新たに政府系金融機関が多数設立された。1947年には復興金融金庫が設立さ
れ，日本銀行引受で債券を発行し，石炭・鉄鋼などに資金を供給したが，イン
フレの要因となったため新規貸付を停止し，1951年設立の日本開発銀行へと
引き継がれた。このほか日本輸出入銀行，住宅金融公庫，中小企業金融公庫な
どが設立されている。

長短分離と銀証分離　　普通銀行は独占禁止政策の対象外となり，企業分割が
おこなわれなかったが，戦時の不良資産を整理する金融機関再建整備の過程で，
帝国銀行から第一銀行が分離し，のちに帝国銀行は三井銀行と改称した。中小
企業金融機関としては，相互金融をおこなっていた無尽と殖産会社が相互銀行
に，組合員以外の預金を受け入れていた市街地信用組合が信用金庫に，組合金
融をおこなっていた信用組合が信用協同組合となった（信用協同組合は信用組
合とよばれている）。また信託会社は信託業務を兼営する普通銀行となったが
（信託銀行），大蔵省は店舗を多数もち信託業務の比重の低い銀行から信託業務
を分離して，店舗数が限られ，信託業務の比重の高い信託銀行を設立していく
政策をとった（信託専業化）。戦後は金銭信託の一種である貸付信託が信託銀
行の主力商品となり，長期資金を調達して重要産業に貸付をおこなった。

　証券については，1943年に日本取引所法が制定され，株式取引所が特殊法
人となった。1948年に証券取引法が施行され，1949年に会員組織による証券
取引所が主要都市に設置された。取引所に株式取引が集中され，戦前期の主要
な取引であった清算取引が禁止されたが，資金もしくは株式を借り入れて売買
をおこなう信用取引が1951年から始められた。グラス・スティーガル法の影
響を受けて，証券取引法では銀行が社債や株式の引受業務をできないこととさ
れ，公共債の引受は認められたが，大蔵省の指導で窓口販売がおこなえないこ

ととされた。また証券会社は免許制ではなく，登録制とされ設立が容易と
なった。最後に投資信託は 1941 年から募集が始まっていたが，1951 年の証券
投資信託法により投資信託が再開された。

　このように長期金融機関（長期信用銀行と信託銀行）と短期金融機関（普通
銀行）の分離（長短分離）・銀行と証券業務の分離（銀証分離）がおこなわれ，
中小企業金融機関が存在するなど，戦後の金融制度は専門銀行制度として特徴
付けることができる（伊藤，1995）。

12.4　高度経済成長と金融

◯　高度経済成長と銀行・証券

　さまざまな規制　　1949 年に 1 ドル 360 円のレートで貿易が再開されたが，外
国為替及び外国貿易管理法および外資法により，外国との資金移動は規制され，
また臨時金利調整法により預金金利なども規制された。貸出金利は最優遇金利
が申し合わされ（短期プライムレート），公定歩合と連動するようになってい
くが，銀行が企業に貸出金の一部を自由には引き出せない預金として置かせる
（拘束性預金）ことで，実質的に企業が負担する金利は変動していたといわれ
ている（寺西，1982）[4]。

　普通銀行のなかには東京・大阪などの大都市に多くの店舗をもち，大企業と
の取引が多い都市銀行と地方に多くの店舗をもち，大企業との取引があまりな
い地方銀行があり，地方銀行は全国地方銀行協会に属した[5]。店舗の設置が規
制されていたこともあり都市銀行は資金が不足し，日本銀行から借入を受けた

---

4 例えば 100 万円を 10％の金利で融資し，そのうちの 30 万円を拘束性預金として 5％の金利
で預金させると，債務者は 70 万円の利用できる資金に，年間差引 8.5 万円（100×0.1−30×
0.05）の金利を支払うので，実効金利は 12.14％となる。拘束性預金が 20 万円に減少すると実
効金利は 11.25％に低下する。

5 都市銀行は常務・専務クラスの都銀懇話会を 1967 年当時の全 12 行で設け，1980 年には都銀
頭取会も発足させているが，いずれも法人格のない親睦会である（松沢，1985，129 頁）。

ほか，銀行間の貸借市場であるコール市場から資金を調達したが，コール市場に資金を出したのは，地方銀行や中小企業金融機関などであった。コール市場は 1955 年から日本銀行の金利指導がおこなわれなくなり，金利が伸縮的に変動した（堀内，1980，207 頁）。

　高度成長期には増資は額面による株主割当が一般的で，経営者にとっての資金コストが低くなかったのに加えて，経営者が乗っ取りを恐れたために，増資には消極的で，借入金を中心に資金を調達したので，大企業の自己資本比率は高度成長期を通じて低下した。社債発行も低金利政策により発行金利が低利に抑えられていたため消化が困難で，電力・ガス会社が発行の中心となり，銀行が主たる購入機関であった。購入者の銀行は売却すると損失が出るので売却せず，流通市場がほとんど存在しなかったから，社債は融資の変形といえた。長期信用銀行の発行する金融債は，利付金融債（長期）は，当初は政府資金を中心に消化されたが，金融機関が中心に消化するようになっていった。これに対し割引金融債（短期）は，個人消化がほとんどであった。事業債・利付金融債ともに個人消化が中心となるのは，1970 年代以降である（公社債引受協会，1980；志村，1986）。

　証券業の拡大と証券恐慌　　株式が株主割当で発行され，社債が銀行の融資の変形に近く，社債発行を受託する銀行の意向が強く働いたので[6]，証券会社にとっては，発行市場での引受能力はあまり大きな意味をもたず，割り当てられた株式を消化できない投資家から放出される株式の別の投資家への販売，投資家の株式売買の取り次ぎ，さらに投資信託の個人投資家への販売といった個人投資家向け販売業務が大きな意味をもった。こうした業務には全国的店舗網をもつ証券会社が有利で，戦前期に店舗網をもっていた野村証券，山一証券，大和証券，日興証券の大手四社が地位を高めた。販売力のある証券会社はそのために証券を発行する大企業との結びつきも強くなり，証券引受をおこなうことが多かったが，とくに主要な役割を果たす単独幹事証券・主幹事証券において 4 社の地位が高く，その後もそれを維持した（表 12.3）（首藤，1987；二上，

---

6 受託会社は担保の受託業務のほか，社債申込証の作成，社債募集の公告，払込金の徴収，社債原簿の作成・備置，社債登録，社債登録簿の作成・備置，元利金支払事務などの事務代行をおこなうが，融資と社債発行を通じ，企業財務のアドバイザーとなる（辰巳，1984，118 頁）。

表 12.3　全国上場会社の幹事証券の内訳（1982 年）

	幹事先数	単独幹事	主幹事・筆頭幹事
野　村	878	126	430
山　一	865	121	375
日　興	759	74	304
大　和	664	67	197
新日本	359	16	42
日本勧業角丸	296	12	26
和　光	226	11	15
大阪屋	111	4	5
三　洋	93	5	3
その他	535	5	4
合　計	4,786	441	1,401

（出典）　二上（1990，145 頁）
（注）　1. 幹事証券は，有価証券の募集・売出の際に発行者・所有者と引受会社
の間で締結される元引受契約を協議し，募集・売出する有価証券の引受・
販売等を行う。主幹事は幹事証券が複数ある場合にその中心的役割を果
たすもの。
2. 上場 1,768 社。外国企業や幹事の記載のない企業は除かれている。

1990)[7]。

　高度成長により株価が上昇し，証券会社の経営も拡大したが，1960 年代半
ばに株式価格が停滞し，証券会社の資金繰りが悪化し，ついに 1965 年に日本
銀行の特別融資が山一証券などに発動されるに至った（証券恐慌）[8]。同年には
日本証券保有組合による日本銀行資金にもとづく株式の買い支えも始まってお
り，1966 年から再開された国債発行による景気回復によって，事態はようや
く収拾された。証券取引法が改正され，証券会社も登録制から免許制に改めら

---

[7] 証券会社は投資信託を兼営し，自社が引き受けたり，所有した証券を投資信託に保有させた
りして，業務を拡大していったが，投資家の利益と相反することから，投資信託委託会社が
1959 年から 1961 年にかけて証券会社から分離された。投資信託の兼営も規模に応じて許可さ
れたので，分離までは大規模証券会社に有利となった。

れ，証券会社の経営の安定を図ることで，投資家を保護していくこととなった（なお山一証券はこのときの日本銀行特別融資を完済している）[9]。

○ 国債発行と企業金融の変化

　国債は銀行を中心とするシンジケート団によって引き受けられたが，銀行は窓口での販売ができなかったから，保有し続けることが前提となっていた。そのため市場で発行条件が決まるというよりは，より低利で発行したい大蔵省の意向が強く影響した。国債を保有し続けることは銀行にとって負担であったから，日本銀行は発行から1年経過した国債を全額買い上げた。そのため1970年代半ばまで国債価格は硬直的であった（高橋，1991，95頁）。ところが国債の増発によりこの仕組みは限界を迎え，1977年から発行後1年をへた国債の市中売却が可能となり，国債売買が増加し，発行条件が流通利回りに応じて変更されるようになっていった。1978年には一部の国債の公募入札が始まり，さらに日本銀行は国債を入札で買い入れるようになった。市場で決定される金利の役割が重要となったのである。

　高度成長は1973年で終焉を迎えるが，大企業の資金需要が鈍化し，内部留保などにより自己資本比率が上昇し始めた。それと同時に新しい資金調達方式が次々と生まれ，金融システムの変化を促していった。1966年に一定条件で株式に転換できる社債である転換社債の時価発行が，1969年には株式の時価発行が始まり，エクイティー・ファイナンスが盛んになっていった。事業債の発行もそれまで発行条件が低利に抑えられていたのが，1970年代後半にはかなり頻繁に発行条件が変更されるようになったが，これは国債の動きと連動していた。証券の発行条件が変化するのであるから，証券会社の企画・引受能力が重要になった。また証券会社が債券を売り戻し・買い戻し条件付きで売買す

---

8 証券会社は個人投資家に販売した割引金融債などの証券を品借料を払って借り入れ，それを担保にコール市場などから資金を調達し，さらに業務を拡大していった（運用預かり）。証券会社の経営が厳しいことが判明すると運用預かりの解約が急増し，証券会社の資金繰りが急速に悪化した。のちに運用預かりは廃止となったが，運用預かりも大蔵省の許可が必要で，規模に応じて許可されたので，廃止までは大規模証券会社に有利となった。

9 1998年に証券会社は再び登録制となり，株式売買の取引所への集中義務も撤廃された。

る現先市場が発達したが，現先売買は債券担保の資金貸借とほぼ同じといえる。ところがコール市場が銀行間のインターバンク市場であったのに対し，現先市場は金融機関だけでなく企業も参加できるオープン市場であり，金利が伸縮的に変化したために規制金利の預金より有利で，企業の余資運用市場として定着していった。

さらに金利以外の面では，大企業の資金需要の鈍化によって都市銀行が中小企業向け貸出を増加させ，さらに1年定期預金が最長であったのが，1973年までには2年定期を発行できるようになり，それにともない1年超の長期貸出の割合が上昇していった。こうして市場で決定される金利の役割が上昇するとともに，都市銀行を中心に証券業務，中小企業貸出，長期預金・貸出が拡充し，戦後に強化された金利規制と専門化の垣根が崩れ始めた。

◯ 変動為替相場制への移行と国際化の進展

外国貿易が再開されたときには，受取外貨のすべてを外国為替資金特別会計（当初は外国為替特別会計）に売却する全面集中制を取っていたが，1952年に外国為替銀行に外貨保有を認める持高集中制に改められた（のちに商社にも拡大）。こうして外国為替市場が再開されたが，為替レートの変動幅は1ドル＝360円を中心とする狭い幅に抑えられていた。ところが1971年にアメリカが金とドルとの交換を停止すると1ドル＝360円のレートは維持できず，円のみならず多くの通貨が変動相場制に移行し，ブレトン・ウッズ体制は崩壊した。その後新レートで固定相場に復帰することが試みられ，1ドル＝308円のレートが決定されたが（スミソニアン体制），結局1973年に変動相場制に移行し，今日に至っている。1972年には持高集中制が廃止され，東京にドルのコール市場が形成されるなど，国際化が進展した。

こうしたなかで東京銀行や都市銀行が外国銀行とコルレス契約のできる甲種外国為替公認銀行となり，外国為替取引をおこなうとともに，海外に支店や現地法人を開設していった。支店はまずロンドンやニューヨークといった国際金融センターに設置され，その後はヨーロッパ，アジア，アメリカ西岸などに設置され，貿易金融を中心におこなった。都市銀行はこうして外国為替業務を展

表 12.4　上中位都市銀行の業績（1970年度）

	預金残高	外国為替取扱高	受託社債残高	中小企業貸出比率	設備資金貸出比率	内国支店数	外国支店数
	十億円	十億円	十億円	%	%		
富　士	2,922	1,949	302	20.5	14.0	213	3
住　友	2,861	2,490	360	28.0	15.4	180	5
三　菱	2,783	1,731	289	23.3	14.0	183	4
三　和	2,700	1,481	341	27.8	13.8	206	4
東　海	1,996	1,116	84	25.0	10.8	203	2
第　一	1,896	1,025	315	25.0	10.8	151	2
三　井	1,869	1,432	330	21.8	9.7	145	6
勧　業	1,739	1,094	498	24.3	12.7	149	3

（出典）　Kasuya（2016, p.69）
　（注）　預金額により，富士・住友・三菱・三和を上位都市銀行，東海・第一・三井・日本
　　　　　勧業を中位都市銀行，それ以外を下位都市銀行とよぶことがあった。

開するとともに，証券業務では社債引受に関われないが，社債受託機関として
関与していた。戦前と同様の指標をみると，規制の効果か戦前期と比較して上
位銀行の業務が同質化していた（表 12.4）。海外業務ついては，支店ではなく，
現地法人が設立されるようになると新たな問題が発生した。現地法人は日系人
の多かったカリフォルニアでの個人むけ業務をおこなうリーテイル銀行のほか，
金融センターに大口取引をおこなうホールセール銀行が設立されたが，ヨー
ロッパでは銀証分離がおこなわれておらず，銀行の現地子会社は，現地の法制
度にもとづき証券業務をおこなうことが可能であった。こうして国内の銀証分
離原則と不整合が生じたため，1975 年に大蔵省の銀行局・証券局・国際金融
局による三局指導がおこなわれ，銀行の子会社が債券等の引受幹事となること
を認めるが，証券会社の子会社を優先することとなった。国債発行とともに国
際化もまた規制緩和に影響したのである（2 つのコクサイ化）。

12.5　金融自由化の進展と金融再編

◯　金融自由化の進展

　国債売買の増加や公募入札により市場によって国債価格が決定されるようになると，それにもとづいて利回りが算定され，金利が形成されることになり，規制金利を維持することは困難となり，1980年代から金融自由化が本格的に進展した。第一に1980年に外資法が廃止され，外国為替及び外国貿易管理法が改正され，対外取引が原則自由となり，海外との資金取引がより自由となった。1998年には外国為替及び外国貿易管理法が外国為替及び外国貿易法と改称され，事前許可・届出が原則不要となり，外国為替公認銀行制度も廃止され，銀行以外の人が自由に外貨を売買できるようになった。

　第二に銀行の国債業務が拡大され，1983年に窓口販売が，1984年にはディーリングが可能となった。また公募入札される国債の種類が次第に増加し，ついに2006年に国債引受シンジケート団がなくなったほか，国債先物取引などが解禁され，国債市場が整備されていった（鹿野，2006，262頁）。

　第三に銀行の提供する商品の自由化が進展した。現先市場が発達し，企業の余資運用手段として確立すると，銀行は対抗手段として自由金利の譲渡性預金を大口から発行し始め，1985年には大口定期預金の金利自由化が始まった。預金金利自由化が完了したのは，流動性預金金利が自由化された1994年である。また定期預金の期間は2年までとされていたが，1991年から長期化され，1995年に制限が撤廃された。貸出金利では1989年に短期プライムレートを公定歩合に連動することが廃止され，横並びから脱却した。

　第四に事業債であるが，国内では投資家保護のために担保付とされ，受託手数料などがかかり発行費用が高くなっていた。このため外国為替の自由化が進展すると発行費用が安い海外での債券発行が増加し，その対抗上，1985年から完全無担保の普通社債が発行され始めた。さらに一定の財務上の数値基準を満たさないと社債を発行できないルールとなっていたが，1996年に撤廃され，

格付機関の格付によって社債が発行されることとなった。また商法によって課されていた社債発行限度額を自己資本と結びつける制度もたびたび限度が拡大された後，1993 年に撤廃された（公社債引受協会，1996，第 1 章）。

銀行業の変化　このように自由化が進展すると，銀証分離・長短分離・中小企業金融機関といった専門銀行制度も見直されていった。まず中小企業金融機関では，相互銀行が 1989 年から普通銀行に転換しはじめ（相互銀行協会が改称した第二地方銀行協会に所属），1992 年に相互銀行法が廃止された。また長短分離では，銀行預金の期間制限が撤廃されたのに加えて，1999 年に普通銀行による社債の発行が解禁された（西村，2003）。

最後に銀証分離と信託専業化では，1992 年の金融制度改革法により，銀行・証券会社・信託銀行などが子会社を設けて，相互に参入することとされた。当初は銀行の証券子会社が株式業務をおこなえないなどの制限があったが，1999 年に制限が撤廃された（三局指導は 1993 年に廃止）。都市銀行や長期信用銀行は，高度成長期から系列証券会社もしくは親密証券会社をもっていたが（辰巳，1984），それらはリーテイル業務中心であり，新たにホールセール中心の証券会社を子会社として設立した。1994 年から 1996 年の間において，銀行系証券会社の国内普通社債の引受シェアは 9.7％から 35.2％へと急上昇している（松尾，1999，117 頁）。そして銀行系証券会社の業務制限が撤廃されると系列・親密証券会社と新規設立したホールセール証券会社を合併し，規模拡大と業務の総合化を進めていった。

アメリカでもヨーロッパの銀行への対抗の必要などからグラス・スティーガル法が徐々に緩和されつつあったが，1999 年のグラム・リーチ・ブライリー法により銀行と証券の分離が撤廃された。その一方でそれ以前から，利益相反を防ぎ，顧客の利益を守るためにディスクロージャー（情報開示）に関する規制や信用不安の発生を抑制するため銀行の自己資本を一定以上維持することを求める自己資本比率規制が世界的に導入・強化されている。

○ バブルの発生と崩壊

1980 年代後半に株価・地価が急上昇したが，銀行は大企業の銀行離れのな

か格好の貸出先として，不動産担保融資を直接もしくは預金を取り扱わない金融会社であるノンバンクを通じて拡大した。また大企業は株価上昇でえた低コストの資金を証券会社に運用を一任して，特定金銭信託で運用する（営業特金とよばれた）財テクもブームとなったが，このときには違法な利回り保証がおこなわれていたケースも少なくなかった[10]。

しかし株価が 1989 年末，地価が 1991 年にピークを迎え，その後は急速に下落していくと不動産担保融資は不良債権化し，営業特金も元本を割ることとなり，銀行や証券会社が苦境に陥ることとなった。とくに 1992 年末から日本でもバーゼル銀行監督委員会による自己資本比率規制が導入され，リスクのある資産の 8％の自己資本をもつこととされていたので（その後，強化された），不良債権処理をおこなって自己資本が減少して自己資本比率が規制値を下回ることは避けなければならなかった[11]。市場では日本の銀行の不良債権が巨額で，自己資本が不足するのではないかとの観測が強くなり，日本の銀行はとくに海外市場での資金調達が難しくなっていった。

預金者の動揺を鎮めるため政府は，1971 年に預金保険機構が設立され，一定金額までの預金が保護されることになっていたが，1996 年に預金全額を保護することとした。ところが 1997 年には北海道拓殖銀行と山一証券が破綻し，日本銀行の特別融資がおこなわれるなど，金融危機は現実のものとなった。ここで公的資金を投入して銀行の自己資本を充実し，金融システムを安定化させることもやむを得ないとの認識となり，1998 年に都市銀行など 21 行に 1 兆8,156 億円が投入された。しかしこれでは市場の不安は鎮まらず，1998 年に日本長期信用銀行・日本債券信用銀行が相次いで破綻し，公的管理に移された。そこでさらに大手 15 行に 8 兆 6,053 億円が投入され，金融危機は峠を越えたが，2003 年にはりそな銀行に 1 兆 9,600 億円が投入されている。預金全額保護の措置は 2005 年に全面的に撤廃され，ようやく金融システムは正常に戻った

---

10 特定金銭信託とは，委託者が運用方法を具体的に定め，信託会社はそれを実行するのみである。営業特金では運用方法を資金を拠出する企業ではなく，証券会社が定めていた。個別のファンドの運用成果によって利回りが決まるので，事前に利回りを保証するのは違法となる。
11 ただし海外に店舗をもたない銀行は，自己資本比率 4％の国内基準を選択できたので，海外から撤退し，国内基準を選択する銀行もあった。

（2010 年の日本振興銀行の破綻の際には，預金の一部が切り捨てられるペイオフが実施された）。

○ 金融再編

都市銀行の再編　各銀行は公的資金が投入されると効率化をめざして再編に乗り出した。証券会社も 1999 年に株式委託売買手数料の自由化が実施されて競争が激化したので，再編は不可避であった。すでに専門化政策も実質的に廃止されており，再編はそれぞれの業界内部だけにとどまらなかったが，1998 年から実施された日本版金融ビッグバンとよばれる規制緩和がそれを後押しした。その際には 1997 年の独占禁止法の改正によって認められた持株会社によってグループを形成することが多くなった。1970 年代から中下位の都市銀行の合併がおこなわれていたが，本格的な再編は 1990 年代に入っておこなわれた（図 12.3）。公的資金投入前の 1996 年に三菱銀行が東京銀行を合併して東京三菱銀行が誕生し，唯一の外国為替専門銀行が消滅した。破綻した日本長期信用銀行は新生銀行，日本債券信用銀行はあおぞら銀行と改称した上で，双方とも普通銀行に転換し，日本興業銀行は，富士銀行・第一勧業銀行とともにみずほフィナンシャルグループ内部でみずほ銀行とみずほコーポレート銀行を結成する際に合併されたので，長期信用銀行はすべて消滅した。都市銀行は再編の結果，三菱 UFJ 銀行，みずほ銀行（2013 年にみずほコーポレート銀行が旧みずほ銀行を合併，改称），三井住友銀行，りそな銀行（同じグループ内に埼玉りそな銀行をもつ）の 4 つに集約されている。これらの銀行は単独ではなく，持株会社の傘下にあり，同じグループ内に証券会社や信託銀行をもつ総合的な金融グループとなっている。

証券会社の再編　証券会社では大手四社のうち山一証券が破綻し，野村証券と大和証券は独立して存在しているが（それぞれ金融グループを形成），日興証券はアメリカのシティと提携したものの，リーマンショックの影響でシティが日本業務を縮小し，ホールセール部門の一部がシティグループ証券となり，法人部門の残りと個人向けビジネスが三井住友フィナンシャルグループに 2009 年に買収され，のちに SMBC 日興証券と改称した。このほかの都市銀行

図12.3 都市銀行の再編

銀行名	本店	預金	経過				預金
富士	東京	2,922			2002 みずほ		54,480
第一	東京	1,896	1971 第一勧業				
日本勧業	東京	1,739					
住友	大阪	2,861			2001 三井住友		66,417
三井	東京	1,869		1990 太陽神戸三井 (1992 さくら)			
太陽	東京	884	1973 太陽神戸				
神戸	神戸	1,141					
三菱	東京	2,783		1996 東京三菱	2006 三菱東京 UFJ		101,862
三和	大阪	2,700			2002 UFJ		
東海	名古屋	1,996					
大和	大阪	1,250		2003 りそな（埼玉りそな）			28,356
協和	東京	1,425	1991 協和埼玉 (1992 あさひ)				
埼玉	浦和	1,008					
北海道拓殖	札幌	858	1997 破綻				—

(出典) 各社社史および「全国銀行財務諸表分析」などから作成

(注)
1. 太陽銀行は1968年に日本相互銀行が普通銀行に転換。都市銀行となった。埼玉銀行は地方銀行から1969年に都市銀行となった。
2. 持株会社での統合は示していない。
3. 三菱東京UFJ銀行は2018年に三菱UFJ銀行と改称した。
4. 預金は1971年3月現在と2008年3月現在で、単位は十億円。りそなはりそなと埼玉りそなの合計。みずほはみずほコーポレート（19,599十億円）と合計していない。

表 12.5　引受ランキング（2010 年 3 月期）

ブックランナー名	金額（百万円）	案件数
新規公開株式（IPO）		
野村 G	320,337	7
みずほ FG	281,642	4
バンクオブアメリカ・メリルリンチ	101,351	1
ゴールドマン・サックス	73,382	1
三菱 UFJ FG	30,095	5
大和証券 G 本社	5,150	3
SBI H	520	1
サムスン証券	274	1
普通社債		
野村 G	2,598,288	136
みずほ FG	2,443,280	123
大和証券 G 本社	2,097,484	123
三菱 UFJ FG	1,616,804	73
三井住友 FG	855,234	29
モルガン・スタンレー	410,076	25
日興シティ G 証券	259,663	18
ゴールドマン・サックス	79,315	5
バンクオブアメリカ・メリルリンチ	44,993	4
バークレイズ・キャピタル	40,500	4

（出典）「証券総合ランキング」『金融ビジネス』263 号，2010 年夏，60 頁
（注）　1.　グループは G，フィナンシャル・グループは FG，ホールディングスは H と略記。
　　　　2.　ブックランナーとは株式などの売出幹事のこと。

グループは，銀行が合併するのに合わせて系列証券会社の合併を進めていき，三菱 UFJ モルガン・スタンレー証券とみずほ証券となった（前者はアメリカのモルガン・スタンレー（Morgan Stanley）と提携している）。野村・大和が高度成長期に形成した系列証券会社との合同に消極的なのに対し[12]，都市銀行系の証券 3 社は合同を重ねて規模を拡大している。株式・債券の引受ビジネスで

は，野村・大和に銀行系の3つの証券会社が迫っており，銀行と証券の兼営が大きな役割を果たすにいたっている（表12.5）。また近年では，オンライン専業のネット銀行やネット証券会社が設立され，取引を拡大しているが，既存の銀行・証券会社もネットでの取引をおこなってこれに対抗している。

地方銀行・中小企業金融機関の再編　地方銀行・第二地方銀行・信用金庫・信用組合も再編の渦中にある。1985年度末には地方銀行64，相互銀行69，信用金庫456，信用組合449が存在していたが，2017年には地方銀行64，第二地方銀行41，信用金庫264，信用組合151と，地方銀行の減少はないもののそのほかは大幅に減少している。さらに地方銀行・第二地方銀行のなかには持株会社によって経営を統合しているケースがかなりあり，2017年に双方合わせて105行あるが，このうち経営統合をおこなっているものを1と数えると銀行数・グループ数は90となり，再編が進んでいる。

　ビットコイン（bitcoin）のような仮想通貨（暗号資産）が現れ，決済コストを切り下げるのではと期待されたが，今のところ取引手段としての通貨としてよりは資産として取引される量が圧倒的に多い。またオンライン取引の発達により，銀行や証券会社の窓口に行かなくてもほとんどの銀行取引がおこなえるようになっており，店舗の意味が再検討されているが，さらにFintechの発展により資金の借り手と貸し手をインターネット上で直接結びつけるP2Pレンディングも発達しつつあり，銀行・証券会社そのものの意味も問い直されつつあり，こうした潮流に伝統的な金融機関がどのように対応するのか先が読めない状況である。

演習問題

12.1　日本の銀行は専門化しているといわれる時期があったが，業務の専門化がいつ起こり，いつ廃止されたのか，なぜ専門化と廃止がおこなわれたのかをまとめなさい。

12.2　銀行業務と証券業務とは何か，また両者の機能の違いは何か，考察しなさい。

---

12 高度成長期の4大証券の系列証券会社については辰巳（1985）が詳しい。野村証券は国際証券を系列化していたが，東京三菱銀行グループが買収した。

参　考　文　献

序　章

青木英孝（2017）『日本企業の戦略とガバナンス──「選択と集中」による多角化の実証分析』中央経済社。

安部悦生（2004）「経営史におけるチャンドラー理論の意義と問題点──チャンドラー・モデルはアウト・オブ・デイトか？」『経営論集』第 51 巻第 3 号，57-69 頁。

アンゾフ，H・I（1969）『企業戦略論』（広田寿亮訳）産業能率短期大学出版部。

伊丹敬之・一橋 MBA 戦略ワークショップ（2002）『企業戦略白書 I ──日本企業の戦略分析：2001』東洋経済新報社。

上野恭裕（1991）「日本企業の多角化戦略と経営成果」『六甲台論集』第 38 巻第 2 号，47-63頁。

上野恭裕（2001）「純粋持株会社解禁後の日本企業の組織構造」『大阪府立大学経済研究』第 47巻第 1 号，53-71 頁。

上野恭裕（2011）『戦略本社のマネジメント──多角化戦略と組織構造の再検討』白桃書房。

小野豊明（1979）『日本企業の組織戦略』マネジメント社。

加護野忠男（1993）「職能別事業部制と内部市場」『国民経済雑誌』第 167 巻第 2 号，35-52 頁。

加護野忠男・野中郁次郎・榊原清則・奥村昭博（1983）『日米企業の経営比較──戦略的環境適応の理論』日本経済新聞社。

下谷政弘（1998）『松下グループの歴史と構造──分権・統合の変遷史』有斐閣。

スミス，アダム（1959）『諸国民の富　第 1 巻』（大内兵衛ほか訳）岩波文庫。

ペンローズ，エディス（2010）『企業成長の理論』（日高千景訳）ダイヤモンド社。

ルメルト，R・P（1977）『多角化戦略と経済成果』（鳥羽欽一郎・山田正喜子・川辺信雄・熊沢孝訳）東洋経済新報社。

吉原英樹・佐久間昭光・伊丹敬之・加護野忠男（1981）『日本企業の多角化戦略──経営資源アプローチ』日本経済新聞社。

米川伸一（1973）『経営史学──生誕・現状・展望』東洋経済新報社。

Berger, Philip G. and Eli Ofek（1995）"Diversification's Effect on Firm Value", *Journal of Financial Economics*, Vol.37, No.1, pp.39-65.

Chandler, Alfred D. Jr.（1962）*Strategy and Structure: Chapters in the History of the Industrial Enterprise*, Cambridge, Mass.: MIT Press（『経営戦略と組織──米国企業の事業部制成立史』三菱経済研究所訳，実業之日本社，1967 年；『組織は戦略に従う』有賀裕子訳，ダイヤモンド社，2004 年）。

Chandler, Alfred D. Jr.（1977）*The Visible Hand: The Managerial Revolution in American Business*, Cambridge, Mass.: Belknap Press（『経営者の時代──アメリカ産業における近代企業の成立』上下，鳥羽欽一郎・小林袈裟治訳，東洋経済新報社，1979 年）。

Erdorf, Stefan, Thomas Hartmann-Wendels, Nicolas Heinrichs, and Michael Matz（2013）

"Corporate Diversification and Firm Value: A Survey of Recent Literature", *Financial Markets and Portfolio Management*, Vol.27, No.2, pp.187–215.

Lang, Larry H. P. and René M. Stulz（1994）"Tobin's q, Corporate Diversification, and Firm Performance", *Journal of Political Economy*, Vol.102, No.6, pp.1248–1280.

Lins, Karl and Henri Servaes（1999）"International Evidence on the Value of Corporate Diversification", *The Journal of Finance*, Vol.54, No.6, pp.2215–2239.

Markides, Constantinos C. and Peter J. Williamson（1994）"Related Diversification, Core Competences and Corporate Performance", *Strategic Management Journal*, Vol.15, Issue S2, pp.149–165.

Montgomery, Cynthia A.（1994）"Corporate Diversification", *Journal of Economic Perspectives*, Vol.8, No.3, pp.163–178.

Stigler, George J.（1951）"The Division of Labor Is Limited by the Extent of the Market", *The Journal of Political Economy*, Vol.59, No.3, pp.185–193.

Wernerfelt, Birger and Cynthia A. Montgomery（1988）"Tobin's q and the Importance of Focus in Firm Performance", *American Economic Review*, Vol.78, No.1, pp.246–250.

Williamson, Oliver E.（1985）*The Economic Institutions of Capitalism: Firms, Markets, Relational Contracting*, New York: The Free Press.

第1章

青木英孝（2002）「取締役会の改革とコーポレート・ガバナンス——執行役員制度導入の要因分析」『日本経営学会誌』第 8 巻，3-14 頁。

青木昌彦・ヒュー＝パトリック（1996）『日本のメインバンク・システム』（白鳥正喜監訳）東洋経済新報社。

蟻川靖浩・宮島英昭・小川亮（2017）「メガバンク成立後の企業・銀行間関係」宮島英昭編『企業統治と成長戦略』東洋経済新報社，63-96 頁。

池島真策（2012）「[商法五二五] 株主による取締役会議事録閲覧・謄写請求権について（福岡高決平成二一年六月一日）」『法学研究』第 85 巻第 8 号，23-30 頁。

石川晃弘・犬塚先編（1985）『企業内の意思決定——だれが影響力を持っているか』有斐閣。

岩原紳作（2009）「監査役制度の見直し」前田重行・神田秀樹・神作裕之編『前田庸先生喜寿記念　企業法の変遷』有斐閣，1-44 頁。

岡咲恕一（1950）『改正商法の概要について』経済団体連合会。

岡崎哲二（1993）「企業システム」岡崎哲二・奥野正寛編『シリーズ現代経済研究 6　現代日本経済システムの源流』日本経済新聞社，97-144 頁。

奥村昭博「日本の取締役会——国際比較の観点から」『中央公論経営問題』第 18 巻第 6 号，122-133 頁。

神田秀樹（2015）『会社法入門』新版，岩波新書。

企業研究会編（1956）『稟議制度合理化の実例』ダイヤモンド社。

北浦貴士（2014）『企業統治と会計行動——電力会社における利害調整メカニズムの歴史的展開』東京大学出版会。

久保克行（2010）『コーポレート・ガバナンス——経営者の交代と報酬はどうあるべきか』日本経済新聞出版社。

経済同友会（1958）『わが国大企業におけるトップ・マネジメントの構造と機能』経済同友会。

経済同友会（1961）『トップ・マネジメントの組織と機能——わが国企業における意思決定の実態（Ⅱ）』経済同友会。

近藤光男（2003）「会社法と日本型資本主義」宮本又郎・杉原薫・服部民夫・近藤光男・加護野忠男・猪木武徳・竹内洋『日本型資本主義——どうなる　どうする　戦略と組織と人材』有斐閣，123-160頁。

高村直助（1996）『会社の誕生』吉川弘文館。

武田晴人（1995）「大企業の構造と財閥」由井常彦・大東英祐編『日本経営史3　大企業時代の到来』岩波書店，79-115頁。

田中一弘（2001）「執行役員制導入によるトップ・マネジメントの変容」『国民経済雑誌』第184巻第4号，53-66頁。

田中亘（2016）『会社法』東京大学出版会。

田中亘（2017）「企業統治改革の現状と展望——取締役会改革を中心に」宮島英昭編『企業統治と成長戦略』東洋経済新報社，369-396頁。

谷口明丈（2005）「アメリカ巨大企業のコーポレート・ガバナンス（1899年–1999年）——取締役と執行役員の分析」『立命館経済学』第54巻第3号，52-73頁。

チャクチェクパイヨン，ヴィチャン（1981，1982）「明治初期の会社企業（1）（2）——81社の定款分析」『大阪大学経済学』第31巻第1号，98-113頁，第32巻第1号，66-87頁。

辻村宏和（1987）「『常務会制度』再検討の視座」『経営情報学部論集』第3巻第2号，29-49頁。

東洋紡績株式会社社史編集室（1986）『百年史　東洋紡　上』東洋紡績。

中林真幸（2015）「黎明期の企業統治と資本市場——東京株式取引所上場企業の財務と統治と株価」田中亘・中林真幸編『企業統治の法と経済——比較制度分析の視点で見るガバナンス』有斐閣，187-209頁。

中村尚史（2010）「日本における近代企業の形成」阿部武司・中村尚史編『講座・日本経営史2　産業革命と企業経営—— 1882〜1914』ミネルヴァ書房，117-170頁。

並木俊守（1980）『アメリカ会社法研究』中央経済社。

新山雄三（1999）『ドイツ監査役会制度の生成と意義』商事法務研究会。

新田敬祐（2008）「日本型取締役会の多元的進化——取締役会はいかに分化したか」宮島英昭編『企業統治分析のフロンティア』日本評論社，17-43頁。

日本統計協会編（1988）『日本長期統計総覧第4巻　事業所，企業，企業経営，賃金，物価，家計』日本統計協会。

ピント，アーサー・R・＝ダグラス・M・ブランソン（2010）『アメリカ会社法』（米田保晴監訳）レクシスネクシス・ジャパン。

三枝一雄（1992）『明治商法の成立と変遷』三省堂。

宮島英昭（1995）「専門経営者の制覇——日本型経営者企業の成立」山崎広明・橘川武郎編『日本経営史4　「日本的」経営の連続と断絶』岩波書店，75-124頁。

宮島英昭・新田敬祐（2007）「日本型取締役会の多元的進化——その決定要因とパフォーマンス効果」神田秀樹・財務省財務総合政策研究所編『企業統治の多様化と展望』きんざい，27-77頁。

宮本又郎・阿部武司（1995）「明治の資産家と会社制度」宮本又郎・阿部武司編『日本経営史2　経営革新と工業化』有斐閣，223-302頁。

森川英正（1996）『トップ・マネジメントの経営史——経営者企業と家族企業』有斐閣。

335

山田一郎（1968）「わが国のトップ・マネジメントの実態」『経済系　関東学院大学』第77号，34-45頁。

由井常彦（1979）「明治時代における重役組織の形成」『経営史学』第14巻第1号，1-27頁。

結城武延（2011）「企業統治における株主総会の役割——大阪紡績の事例」『経営史学』第46巻第3号，56-77頁。

結城武延（2012）「資本市場と企業統治——近代日本の綿紡績企業における成長戦略」『社会経済史学』第78巻第3号，71-88頁。

Berle, Adolf A., Jr. and Gardiner C. Means（1932）, *The Modern Corporation and Private Property*, New York: Macmillan（『近代株式会社と私有財産』北島忠男監訳，文雅堂銀行研究社，1957）。

第2章

浅野松次良編（1934）『日本紳士録付録　全国主要銀行会社職員録』交詢社。

安藤英義（2011）「商法・会社法会計の展開」安藤英義・古賀智敏・田中健二編『体系現代会計学第5巻　企業会計と法制度』中央経済社，3-50頁。

浦野雄幸（1967）「監査役に関するアンケート調査の集計とその分析」『商事法務研究』第422号，2-29頁。

遠藤博志・小宮山賢・逆瀬重郎・多賀谷充・橋本尚編（2015）『戦後企業会計史』中央経済社。

大矢知浩司（1971）『会計監査——アメリカにおける生成と発展』中央経済社。

岡下敏（1994）「わが国への簿記の導入とその定着」小林健吾編『日本会計制度成立史』東京経済情報出版，19-44頁。

片野一郎（1968）『日本財務諸表制度の展開』同文館出版。

北浦貴士（2014）『企業統治と会計行動——電力会社における利害調整メカニズムの歴史的展開』東京大学出版会。

久保田秀樹（2008）『「日本型」会計規制の変遷』中央経済社。

公社債引受協会編（1980）『日本公社債市場史』公社債引受協会。

小林啓孝（1995）「製品開発と原価企画」田中隆雄・小林啓孝編『原価企画戦略——競争優位に立つ原価管理』中央経済社，25-42頁。

齊藤直（2016）「戦間期における『変態増資』と株主——明治製糖による新明治製糖の設立・合併の事例を中心に」『経営史学』第51巻第3号，27-48頁。

ジャックソン，J. H.（1952）『コントローラー——職能と組織』（高宮晋・安江健一訳）ダイヤモンド社。

末永英男（2011）「税務会計の現状と課題」安藤英義・古賀智敏・田中建二編『体系現代会計学第5巻　企業会計と法制度』中央経済社，257-278頁。

高寺貞男（1974）『明治減価償却史の研究』未来社。

建部宏明（2003）『日本原価計算理論形成史研究』同文館出版。

田中雅康（1995）『原価企画の理論と実践』中央経済社。

谷武幸（1994）「原価企画の実証研究」谷武幸編『現代企業の管理システム』税務経理協会，153-176頁。

田原泰雅（2016）「日本におけるIFRS任意適用」『国際会計研究学会年報』2016年度第1・2合併号，125-133頁。

寺西重郎（1982）『日本の経済発展と金融』岩波書店。

豊島義一（2006）『長崎造船所原価計算生成史』同文館出版。

南條隆・粕谷誠（2009）「株式分割払込制度と企業金融，設備投資の関係について——1930年代初において株式追加払込が果たした役割を中心に」『金融研究』第28巻第1号，47-71頁。

長谷川弘之助（1960）「経理部課組織再編における日本的課題」『企業会計』第12巻第11号，38-44頁。

原征士（1989）『わが国職業的監査人制度発達史』白桃書房。

平田伊和男（1969）「イギリス会社法における会計監査役」『香川大学経済学部　研究年報』第8号，41-67頁。

藤野正三郎・寺西重郎（2000）『日本金融の数量分析』東洋経済新報社。

古川栄一編（1973）『実証分析　日本の企業成長』中央経済社。

万代勝信（1994）「ドイツ会計思考の導入——明治初期の会計制度を中心として」小林健吾編『日本会計制度成立史』東京経済情報出版，45-71頁。

水越潔（1983）「経営財務制度の変遷」明治大学企業経営研究会編『戦後企業経営の変遷と課題』勁草書房，137-178頁。

山下正喜（1995）『三菱造船所の原価計算——三菱近代化の基礎』創成社。

リトルトン，A. C.（1952）『リトルトン会計発達史』（片野一郎訳）同文館出版。

Bryant, Henry B. and Henry D. Stratton（1871）*Bryant and Stratton's Common School Book-Keeping; Embracing Single and Double Entry. Containing Sixteen Complete Sets of Books*, New York: Ivison, Blakeman, Taylor & Co.

Lewis, J. Slater（1896）*Commercial Organisation of Factories*, London: E. & F. N. Spon.

第3章

伊丹敬之・田中一弘・加藤俊彦・中野誠編（2007）『松下電器の経営改革』有斐閣。

宇田川勝（1984）『新興財閥』日本経済新聞社。

大塩武（1977）「日窒コンツェルンの成立と企業金融」『経済論集』第27号，61-127頁。

菊地浩之（2017）『三井・三菱・住友・芙蓉・三和・一勧——日本の六大企業集団』角川選書。

橘川武郎（1996）『日本の企業集団——財閥との連続と断絶』有斐閣。

小林正彬（1977）『日本の工業化と官業払下げ——政府と企業』東洋経済新報社。

公正取引委員会事務局編（1992）『日本の六大企業集団——その組織と行動』東洋経済新報社。

斎藤憲（1998）『稼ぐに追いつく貧乏なし——浅野総一郎と浅野財閥』東洋経済新報社。

下谷政弘（2008）『新興コンツェルンと財閥——理論と歴史』日本経済評論社。

春秋社編集部編（1951）『現代会計実務講座第7巻　税務会計』春秋社。

鈴木邦夫（1992）「財閥から企業集団・企業系列へ——1940年代後半における企業間結合の解体・再編過程」『土地制度史学』第135号，1-18頁。

住友銀行行史編纂委員会編（1979）『住友銀行八十年史』住友銀行。

武田晴人（1994）「独占資本と財閥解体」大石嘉一郎編『日本帝国主義史3　第二次大戦期』東京大学出版会，245-281頁。

三島康雄編（1981）『三菱財閥』日本経済新聞社。

三島康雄（1984）『阪神財閥——野村・山口・川崎』日本経済新聞社。

三井文庫編（2001）『三井事業史　本篇第三巻　下』三井文庫（鈴木邦夫執筆）。

宮島英昭（1992）「財閥解体」法政大学産業情報センター・橋本寿朗・武田晴人編『日本経済

の発展と企業集団』東京大学出版会，203-254 頁。

横田直和（2017）「企業結合規制における市場支配力と『協調的行動による競争の実質的制限』」『関西大学法学論集』第 66 巻第 5・6 号，1375-1409 頁。

Khanna, Tarun and Yishay Yafeh（2007）"Business Groups in Emerging Markets: Paragons or Parasites?" *Journal of Economic Literature*, Vol.45, No.2, pp.331-372.

Lincoln, James R. and Masahiro Shimotani（2010）"Business Networks in Postwar Japan: Whither the Keiretsu?" in *The Oxford Handbook of Business Groups* eds. Asli Ml Colpan, Takashi Hikino, and James R. Lincoln, Oxford, UK: Oxford University Press, pp.127-156.

Morck, Randall（2005）"How to Eliminate Pyramidal Business Groups: The Double Taxation of Intercorporate Dividends and Other Incisive Uses of Tax Policy", *Tax Policy & the Economy*, Vol.19, pp.135-179.

Morck, Randall, Daniel Wolfenzon, and Bernard Yeung（2005）"Corporate Governance, Economic Entrenchment, and Growth", *Journal of Economic Literature*, Vol.43, No.3, pp.655-720

Schneider, Ben R.（2010）"Business Groups and the State: The Politics of Expansion, Restructuring, and Collapse" in *The Oxford Handbook of Business Groups* eds. Asli Ml Colpan, Takashi Hikino, and James R. Lincoln, Oxford, UK: Oxford University Press, pp.650-669.

第 4 章

阿部武司（1989）『日本における産地綿織物業の展開』東京大学出版会。

阿部武司・平野恭平（2013）『繊維産業』日本経営史研究所。

大田康博（2007）『繊維産業の盛衰と産地中小企業——播州先染織物業における競争・協調』日本経済評論社。

川勝平太（1976）「明治前期における内外綿布の価格」『早稲田政治経済学雑誌』第 244・245 号，508-535 頁。

桑原哲也（2011）「在華紡の経営——内外綿の技術移転，労務管理，製品戦略，流通」富沢芳亜・久保亨・萩原充編『近代中国を生きた日系企業』大阪大学出版会，9-36 頁。

斎藤修・阿部武司（1987）「賃機から力織機工場へ——明治後期における綿織物業の場合」南亮進・清川雪彦編『日本の工業化と技術発展』東洋経済新報社，64-82 頁。

末永國紀（1984）「小名木川綿布会社への投資」丁吟史研究会編『変革期の商人資本——近江商人丁吟の研究』吉川弘文館，335-376 頁。

高橋啓（2013）「繊維産業政策の変遷——繊維工業から繊維・ファッション産業へ」『大原社会問題研究所雑誌』第 652 号，3-14 頁。

高村直助（1971）『日本紡績業史序説』上下巻，塙書房。

高村直助（1982）『近代日本綿業と中国』東京大学出版会。

中岡哲郎（2006）『日本近代技術の形成——〈伝統〉と〈近代〉のダイナミクス』朝日新聞社。

西川博史（1987）『日本帝国主義と綿業』ミネルヴァ書房。

日本化学繊維協会（1974）『日本化学繊維産業史』日本化学繊維協会。

平井東幸（1991）『繊維業界』教育社新書。

平野恭平（2007）「戦後の日本企業の技術選択と技術発展——東洋紡績の合成繊維への進出を中心として」『経営史学』第 42 巻第 3 号，35-67 頁。

宝利ひとみ（2015）「戦前日本における兼営織布の生産性と経営上の効果」『社会経済史学』第 80 巻第 4 号，507-526 頁。

マーシャル，アルフレッド（1985）『経済学原理』（永沢越郎訳）岩波ブックセンター信山社。

山崎広明（1975）『日本化繊産業発達史論』東京大学出版会。

山路直人（2014）『企業革新の研究——繊維産業の脱成熟化のプロセス』白桃書房。

米川伸一（1991）「綿紡績」米川伸一・下川浩一・山崎広明編『戦後日本経営史』第Ⅰ巻，東洋経済新報社，55-116頁。

渡辺純子（2010）『産業発展・衰退の経済史——「10大紡」の形成と産業調整』有斐閣。

第5章

麻生潤（1991）「造船不況と設備削減政策」『龍谷大学経済経営論集』第30巻第4号，43-56頁。

麻生潤（1994）「日本の海運・造船業と油送船市場」『経済論叢』第154巻第6号，527-546頁。

麻生潤（1996）「造船市場の変化と海運企業・造船企業の長期継続取引」『同志社商学』第47巻第6号，826-844頁。

麻生潤（1999）「1990年代の造船設備政策」『同志社商学』第50巻第3・4号，426-447頁。

石川島播磨重工業編（1992）『石川島播磨重工業社史』石川島播磨重工業。

糸園辰雄（1978）『日本の社外工制度』ミネルヴァ書房。

井上洋一郎（1990）『日本近代造船業の展開』ミネルヴァ書房。

金子栄一編（1964）『現代日本産業発達史　Ⅸ　造船』交詢社出版局。

上小城伸幸（2007a）「『非コア』事業部の戦略不全の要因に関する一考察——造船事業を自社の一部門に持つ日本の多角化企業を事例として」『商経学叢』第54巻第2号，141-153頁。

上小城伸幸（2007b）「日本の『大手』造船会社の業績格差に関する一考察——1989年以降の造船需要回復期における各社の製品戦略の違いに注目して」『商経学叢』第54巻第1号，113-125頁。

上小城伸幸（2012）「『経験効果』の再検討——日本の主要造船会社の製品戦略と収益性の関係の分析を通じて」『商経学叢』第58巻第3号，401-420頁。

教育社編（1980）『資料産業界会社全資料12　造船業界上位11社の経営比較』教育社。

鈴木淳（1996）『明治の機械工業——その生成と展開』ミネルヴァ書房。

祖父江利衛（2008）「1950年代後半～60年代前半における日本造船業の建造効率と国際競争——建造実績世界一と西欧水準建造効率達成の幻影」『歴史と経済』201号，1-18頁。

造船業長期ビジョン調査研究委員会編（1985）『造船業長期ビジョン調査研究報告書概要』日本造船振興財団。

高柳暁（1993）『戦後日本海運造船経営史7　海運・造船業の技術と経営』日本経済評論社。

逓信省管船局（1928）『主要造船工場設備概要』逓信省管船局。

寺谷武明（1979）『日本近代造船史序説』巌南堂書店。

寺谷武明（1993）『戦後日本海運造船経営史5　造船業の復興と発展——世界の王座へ』日本経済評論社。

中岡哲郎（2010）「産業技術史と社会経済史の接点について」『社会経済史学』第76巻第3号，3-25頁。

中西洋（2003）『日本近代化の基礎過程　下——長崎造船所とその労使関係：1855～1903年』東京大学出版会。

橋本寿朗（2004）『戦間期の産業発展と産業組織Ⅰ——戦間期の造船工業』（解題　武田晴人）東京大学出版会。

藤井浩明（2009）「造船業における雇用構成の規定要因――社外工比率上昇の要因について」
　　『社会政策』第1巻第2号，64-76頁。
溝田誠吾（1983）『造船業界』教育社。
溝田誠吾（1997）『造船重機械産業の企業システム――経営資源の継承性と展開』第2版，森山
　　書店。

第6章

浅沼萬里（1997）『日本の企業組織　革新的適応のメカニズム――長期取引関係のメカニズム』
　　東洋経済新報社。
安保哲夫編（1994）『日本的経営・生産システムとアメリカ――システムの国際移転とハイブ
　　リッド化』ミネルヴァ書房。
天谷章吾（1982）『日本自動車工業の史的展開』亜紀書房。
大島卓・山岡茂樹（1987）『産業の昭和社会史11　自動車』日本経済評論社。
川辺信雄（2011）『タイトヨタの経営史――海外子会社の自立と途上国産業の自立』有斐閣。
近能善範（2007）「日本自動車産業における関係的技能の高度化と先端技術開発協業の深化」
　　『一橋ビジネスレビュー』第55巻第1号，156-172頁。
近能善範（2017）「顧客との取引関係とサプライヤーの成果――日本の自動車部品産業の事例」
　　『一橋ビジネスレビュー』第65巻第1号，172-185頁。
自動車部品工業会編（1965）『日本の自動車部品工業』自動車ジャーナル社。
四宮正親（1998）『日本の自動車産業――企業者活動と競争力：1918-70』日本経済評論社。
出版文化社編（2009）『交通報国――安全自動車90年のあゆみ』安全自動車。
チャンドラー，アルフレッド・D（1970）『競争の戦略―― GMとフォード・栄光への足跡』
　　（内田忠夫・風間禎三郎訳）ダイヤモンド社。
西口敏宏（2000）『戦略的アウトソーシングの進化』東京大学出版会。
延岡健太郎（1999）「日本自動車産業における部品調達構造の変化」『国民経済雑誌』第180巻
　　第3号，57-69頁。
野村俊郎（2015）『トヨタの新興国車IMV ――そのイノベーション戦略と組織』文真堂。
藤本隆宏（1997）『生産システムの進化論――トヨタ自動車にみる組織能力と創発プロセス』有
　　斐閣。
古川澄明（2018）『自動車メガ・プラットフォーム戦略の進化――「ものづくり」競争環境の変
　　容』九州大学出版会。
丸川知雄・高山勇一・呉保寧・廖静南（2005）「自動車市場の動向と構造」丸川知雄・高山勇
　　一編『グローバル競争時代の中国自動車産業』新版，蒼蒼社，16-48頁。
山崎修嗣（2014）『日本の自動車サプライヤー・システム』法律文化社。
呂寅満（2011）『日本自動車工業史――小型車と大衆車による二つの道程』東京大学出版会。

第7章

相田洋（1991）『NHK　電子立国日本の自叙伝　上』日本放送出版協会。
相田洋・矢吹寿秀（1997）『NHKスペシャル　新・電子立国　第6巻　コンピューター地球
　　網』日本放送出版協会。
新井光吉（1996）『日・米の電子産業』白桃書房。
奥山幸祐（2008-2014）「半導体のはなし　第1回～第34回」*SEAJ Journal* に連載。

菊池慶彦（2007）「日本における電球産業の形成」『経営史学』第 42 巻第 1 号，27-57 頁。

菊池慶彦（2012）「日露戦後の電球産業の成長」『経営史学』第 47 巻第 2 号，27-57 頁。

久保恵一（2018）『東芝事件総決算——会計と監査から解明する不正の実相』日本経済新聞出版社。

小宮隆太郎・竹内宏・北原正夫（1973）「家庭電器」熊谷尚夫編『日本の産業組織 Ⅰ』中央公論社，15-82 頁。

佐久間昭光（1998）『イノベーションと市場構造——日本の先端技術産業』有斐閣。

清水洋（2016）『ジェネラル・パーパス・テクノロジーのイノベーション——半導体レーザーの技術進化の日米比較』有斐閣。

新宅純二郎・小川紘一・善本哲夫（2006）「光ディスク産業の競争と国際的協業モデル——擦り合わせ要素のカプセル化によるモジュラー化の進展」『赤門マネジメント・レビュー』第 5 巻第 2 号，35-66 頁。

セルージ，ポール・E（2008）『モダン・コンピューティングの歴史』（宇田理・高橋清美監訳）未来社。

高橋茂（1996）『コンピュータクロニクル』オーム社。

竹内宏（1973）『電気機械工業　新訂版』東洋経済新報社。

武田晴人編（2011）『日本の情報通信産業史——2 つの世界から 1 つの世界へ』有斐閣。

谷光太郎（1999）『半導体産業の系譜——巨大産業を築いた開拓者たち』日刊工業新聞社。

電気事業連合会編（2002）『電気事業 50 年の統計——平成 3 年度〜平成 12 年度』日本電気協会。

中島裕喜（2019）『日本の電子部品産業——国際競争優位を生み出したもの』名古屋大学出版会。

西田稔（1987）『日本の技術進歩と産業組織——習熟効果による寡占市場の分析』名古屋大学出版会。

西村成弘（2016）『国際特許管理の日本的展開——GE と東芝の提携による生成と発展』有斐閣。

日本オーディオ協会（1986）『オーディオ 50 年史』日本オーディオ協会。

長谷川信（1979）「1920 年代の電気機械市場」『社会経済史学』第 45 巻第 4 号，34-63 頁。

長谷川信（1980）「1920 年代の電気機械工業——発展要因とその特質」『歴史学研究』第 486 号，19-40 頁。

長谷川信（2007）「通信機ビジネスの勃興と沖牙太郎の企業者活動—— 1874 年〜1906 年」『青山経営論集』第 42 巻第 2 号，1-22 頁。

長谷川信（2008）「通信機ビジネスの勃興と沖牙太郎の企業者活動（続）—— 1874 年〜1906 年」『青山経営論集』第 42 巻第 4 号，1-31 頁。

原田益水（1996）『CD 技術のすべて—— CD-ROM，CD-I，フォト CD，CD-R の原理と応用』電波新聞社。

原田益水（2000）『ビデオ技術のすべて——磁気記録の原理から MPEG 等最新技術まで』電波新聞社。

日比種吉編（1956）『日本電機工業史』日本電機工業会。

平本厚（1994）『日本のテレビ産業——競争優位の構造』ミネルヴァ書房。

平本厚（2007）「日本における真空管産業の形成」『研究年報　経済学』第 68 巻第 2 号，1-16 頁。

平本厚（2010）『戦前日本のエレクトロニクス——ラジオ産業のダイナミクス』ミネルヴァ書房。

平本厚（2012）「真空管産業における独占体制の形成」『研究年報　経済学』第 72 巻第 3・4 号，1-22 頁。

富士通信機製造株式会社社史編集室編（1964）『社史』富士通信機製造。

山一証券（1956）『株式会社年鑑　昭和31年版』山一証券。

Chandler, Alfred D., Jr.（2001）*Inventing the Electronic Century: The Epic Story of the Consumer Electronics and Computer Industries*, New York: The Free Press.

第8章

姉川知史（2002）「日本の医薬品産業――その成功と失敗」『医療と社会』第12巻第2号，49-78頁。

アフタリオン，フレッド（1993）『国際化学産業史』（柳田博明監訳）日経サイエンス社。

荒井政治・内田星美・鳥羽欽一郎編（1981）『産業革命の技術』有斐閣。

飯島孝（1981）『日本の化学技術――企業史にみるその構造』工業調査会。

伊藤邦雄編（2010）『医薬品メーカー勝ち残りの競争戦略――激変する業界構造と競争ダイナミズム』日本経済新聞出版社。

岩井一成（1992）「日本における有機合成化学の歴史――製薬工業」『有機合成化学』第50巻第12号，1092-1097頁。

岩野昌夫（2011）『プラスチックの自動車部品への展開――ケーススタディから読み解く現状と近未来』日本工業出版。

内田星美（1966）『合成繊維工業』東洋経済新報社。

梅津浩平（2015）「医薬品創薬技術の系統化調査」国立科学博物館産業技術史資料情報センター編『国立科学博物館　技術の系統化調査報告　22集』国立科学博物館，79-216頁。

大塩武（1989）『日窒コンツェルンの研究』日本経済評論社。

カーバイド工業の歩み編纂委員会編（1968）『カーバイド工業の歩み』カーバイド工業会。

化学経済研究所編（1998）『日本の化学工業50年のあゆみ――日本化学工業協会創立50周年記念』日本化学工業協会。

鎌谷親善（1989）『日本近代化学工業の成立』朝倉書店。

橘川武郎（2012）『日本石油産業の競争力構築』名古屋大学出版会。

橘川武郎・平野創（2011）『化学産業の時代――日本はなぜ世界を追い抜けるのか』化学工業日報社。

キネーン，エイドリアン（2002）『デュポン――ブランディワイン川のほとりからミラクル・オブ・サイエンスへ』デュポン。

工藤章（1992）『イー・ゲー・ファルベンの対日戦略――戦間期日独企業関係史』東京大学出版会。

桑嶋健一・小田切宏之（2003）「医薬品産業」後藤晃・小田切宏之編『サイエンス型産業』NTT出版，352-403頁。

小山寿（1967）『日本プラスチック工業史』工業調査会。

佐々木聡（2016）『石鹸・洗剤産業』日本経営史研究所。

佐藤健太郎（2015）『世界史を変えた薬』講談社現代新書。

下谷政弘（1982）『日本化学工業史論――戦前化学企業の多角的展開についての研究』御茶の水書房。

石油化学工業協会編（2015）『石油化学ガイドブック』改訂5版，石油化学工業協会。

大東英祐（2014a）『化学工業Ⅰ　化学肥料』日本経営史研究所。

大東英祐（2014b）『化学工業Ⅱ　石油化学』日本経営史研究所。

中曽根弓夫（2007）「石鹸・合成洗剤の技術発展の系統化調査」国立科学博物館産業技術史資料情報センター編『国立科学博物館　技術の系統化調査報告　第9集』国立科学博物館，1–58頁。

中村忠一（1964）『現代日本産業とコンビナート』法律文化社。

長谷川古（1986）『産業の昭和社会史1　医薬品』日本経済評論社。

平野創（2016）『日本の石油化学産業——勃興・構造不況から再成長へ』名古屋大学出版会。

牧野功（2008）「肥料製造技術の系統化」国立科学博物館産業技術史資料情報センター編『国立科学博物館　技術の系統化調査報告　第12集』国立科学博物館，209–271頁。

矢毛石栄造編（1965）『日本タール工業史——芳香族生産の史的展開』日本タール協会。

安田武夫（1990）「エンプラの性能設計」『高分子』39巻2号，90–93頁。

渡辺徳二編（1968）『現代日本産業発達史13　化学工業　上』交詢社出版局。

渡辺徳二編（1973）『戦後日本化学工業史』化学工業日報社。

Chandler, Alfred D., Jr.（2005）*Shaping the Industrial Century: The Remarkable Story of the Evolution of the Modern Chemical and Pharmaceutical Industries*, Cambridge, Mass.: Harvard University Press.

第9章

井口典夫（1989）「公益事業の経営多角化問題に関する一考察」『運輸と経済』第49巻第4号，50–64頁。

橘川武郎・粕谷誠編（2007）『日本不動産業史——産業形成からポストバブル期まで』名古屋大学出版会。

京阪電気鉄道編（2011）『京阪百年のあゆみ』京阪電気鉄道。

京浜急行電鉄株式会社社史編集班（1980）『京浜急行八十年史』京浜急行電鉄。

国土交通省鉄道局監修（2016）『数字でみる鉄道　2016』一般財団法人運輸総合研究所。

小林一三（1990）『逸翁自叙伝』図書出版社。

正司健一（2001）『都市公共交通政策——民間供給と公的規制』千倉書房。

正司健一・Killeen, B. J.（2000）「大手私鉄の多角化戦略に関する一考察——多角化の程度と収益性の関係」『交通学研究』2000年研究年報，185–194頁。

竹内健蔵・根本敏則・山内弘隆編（2010）『交通市場と社会資本の経済学』有斐閣。

武知京三（1986）『都市近郊鉄道の史的展開』日本経済評論社。

為国孝敏・榛澤芳雄（1993）「玉川電気鉄道の変遷と東京西南部地域の変容との関連についての一考察」『土木史研究』第13号，221–231頁。

為国孝敏・榛澤芳雄（1996）「東武鉄道の成立過程と沿線地域との関連についての一考察」『土木史研究』第16号，547–555頁。

為国孝敏・松本崇・中川三朗（1997）「戦前における路面軌道から地方鉄道への転換と東京の拡大への影響に関する一考察」『土木史研究』第17号，487–493頁。

鉄道電化協会編（1978）『鉄道電化と電気鉄道のあゆみ——創立30周年記念』鉄道電化協会。

東京都交通局編（1971）『都営地下鉄建設史——1号線』東京都交通局。

中西健一（1979）『日本私有鉄道史研究——都市交通の発展とその構造』増補版，ミネルヴァ書房。

中村尚史（1998）『日本鉄道業の形成——1869〜1894年』日本経済評論社。

日本経営史研究所編（2005）『阪神電気鉄道百年史』阪神電気鉄道。

野田正穂（1992）「西武鉄道——私鉄間の競合・対立と地域独占の成立」青木栄一・老川慶喜・野田正穂編『民鉄経営の歴史と文化　東日本編』古今書院，133-155 頁。

野田正穂（1997）「郊外住宅地の開発と私鉄の役割」『鉄道史学』第 15 号，69-75 頁。

野田正穂・原田勝正・青木栄一・老川慶喜編（1986）『日本の鉄道——成立と展開』日本経済評論社。

藤井弥太郎編（1991）『鉄道業界』教育社。

松本和明（1999）「東京地下鉄道の経営と資金調達」『鉄道史学』第 17 号，79-95 頁。

松本和明（2010）「昭和 10 年代における東京地下鉄道・早川徳次と東京高速鉄道・五島慶太」『鉄道史学』第 27 号，23-25 頁。

三木理史（2010）『都市交通の成立』日本経済評論社。

宮本又郎・三木理史・竹屋誠・中村清（2009）『近畿日本鉄道　100 年のあゆみ—— 1910-2010』近畿日本鉄道。

Friedricks, William B.（1992）*Henry E. Huntington and the Creation of Southern California*, Columbus, Ohio: Ohio University Press.

Jackson, Alan A.（1986）*London's Metropolitan Railway*, New Abbot, UK: David & Charles.

Jackson, Kenneth T.（1985）*Crabgrass Frontier: The Suburbanization of the United States*, New York: Oxford University Press.

Mizutani, Fumitoshi（1994）*Japanese Urban Railways: A Private-Public Comparison*, Aldershot, UK: Avebury.

Warner, Sam B., Jr.（1978）*Streetcar Suburbs: The Process of Growth in Boston, 1870–1900*, Cambridge, Mass.: Harvard University Press, Second Edition.

第 10 章

石井寛治（2003）『日本流通史』有斐閣。

上山和雄（2005）『北米における総合商社の活動—— 1896〜1941 年の三井物産』日本経済評論社。

大木保男（1975）『総合商社と世界経済』東京大学出版会。

大島久幸（2010）「総合商社の展開」阿部武司・中村尚史編『講座・日本経営史 2　産業革命と企業経営　1882〜1914』ミネルヴァ書房，181-210 頁。

大森一宏・大島久幸・木山実編（2011）『総合商社の歴史』関西学院大学出版会。

岡崎哲二（2015）「戦前期の三菱商事と三井物産——売上高成長の比較分析」『三菱史料館論集』第 16 号，77-99 頁。

籠谷直人（2000）『アジア国際通商秩序と近代日本』名古屋大学出版会。

春日豊（2010）『帝国日本と財閥商社——恐慌・戦争下の三井物産』名古屋大学出版会。

桂芳男（1987）『関西系総合商社の原像——鈴木・日商岩井・伊藤忠商事・丸紅の経営史』啓文館。

北澤満（2014）「両大戦間期における三菱の石炭販売——『社炭元扱権返還』をめぐって」『三菱史料館論集』第 15 号，129-154 頁。

公正取引委員会事務局編（1955）『再編成過程にある貿易商社の基本動向』公正取引協会。

シュムペーター，ヨーゼフ（1977）『経済発展の理論　上』（塩野谷祐一ほか訳）岩波文庫。

島田克美（1990）『商社商権論』東洋経済新報社。

杉山伸也（1989）「国際環境と外国貿易」梅村又次・山本有造編『日本経済史 3　開港と維新』

岩波書店，173–221 頁。

鈴木邦夫（1981）「見込商売についての覚書——一八九〇年代後半～一九一〇年代の三井物産」『三井文庫論叢』第 15 号，1–88 頁。

鈴木邦夫（2014）「三井物産ニューヨーク事件とシアトル店の用船利益」『三井文庫論叢』第 48 号，67–126 頁。

田中彰（2012）『戦後日本の資源ビジネス——原料調達システムと総合商社の比較経営史』名古屋大学出版会。

田中隆之（2012）『総合商社の研究——その源流，成立，展開』東洋経済新報社。

栂井義雄（1979）「最初に出現した総合商社——三井物産」宮本又次・栂井義雄・三島康雄編『総合商社の経営史』東洋経済新報社，81–120 頁。

中川敬一郎（1967）「日本の工業化過程における『組織化された企業者活動』」『経営史学』第 2 巻第 3 号，8–37 頁。

日経ビジネス編（1983）『商社——冬の時代』日本経済新聞社。

政岡勝治（2006）『総合商社の非総合性研究』晃洋書房。

松元宏（1979）『三井財閥の研究』吉川弘文館。

美里泰伸（1984）『総合商社の崩壊』番町書房。

御園生等（1961）「総合商社は斜陽であるか」『エコノミスト』第 39 巻第 21 号（5 月 23 日号）6–20 頁。

三井文庫監修（2004a）『三井物産支店長会議議事録 6　明治四十年』丸善。

三井文庫監修（2004b）『三井物産支店長会議議事録 8　明治四十四年大正二年』丸善。

三井文庫監修（2004c）『三井物産支店長会議議事録 11　大正六年』丸善。

三菱商事編（2013）『新・現代総合商社論——三菱商事・ビジネスの創造と革新 2』早稲田大学出版部。

森川英正（1976）「総合商社の成立と論理」宮本又次・栂井義雄・三島康雄編『総合商社の経営史』東洋経済新報社，43–78 頁。

山﨑広明（1987）「日本商社史の論理」『社会科学研究』第 39 巻第 4 号，149–197 頁。

山澤逸平（1984）『日本の経済発展と国際分業』東洋経済新報社。

由井常彦・浅野俊光編（1989）『日本全国諸会社役員録　16　明治 45 年』柏書房。

米川伸一（1983）「総合商社形成の論理と実態——比較経営史からの一試論」『一橋論叢』第 90 巻第 3 号，319–343 頁。

第 11 章

芦田尚道（2005）「トヨタ・日産の戦後初期（1946～1947 年）における販売網形成——配給統制会社と系列ディーラーの関係を中心とした定量的分析」『産業学会年報』第 20 号，81–93 頁。

石原武政（1998）「新業態としての食品スーパーの確立——関西スーパーマーケットのこだわり」嶋口充輝・竹内弘高・片平秀貴・石井淳蔵編『マーケティング革新の時代④　営業・流通革新』有斐閣，143–169 頁。

石原武政・矢作敏行編（2004）『日本の流通 100 年』有斐閣。

折橋靖介（1985）『スーパー業界』教育社新書。

狩野弘一（1936）『日本百貨店総覧　昭和 12 年版』百貨店新聞社。

川辺信雄（2003）『セブンイレブンの経営史——日本型情報企業への挑戦』新版，有斐閣。

橘川武郎・高岡美佳（1997）「戦後日本の生活様式の変化と流通へのインパクト」『社会科学研究』第48巻第5号，111-151頁。

塩地洋・T. D. キーリー（1994）『自動車ディーラーの日米比較——「系列」を視座として』九州大学出版会。

信田洋二（2013）『セブン・イレブンの「物流」研究——国内最大の店舗網を結ぶ世界最強ロジスティクスのすべて』商業界。

商業界（1977）『日本スーパーマーケット名鑑　1978年版』商業界。

鈴木安昭（1980）『昭和初期の小売商問題——百貨店と中小商店の角逐』日本経済新聞社。

高柳美香（1994）『ショーウインドー物語』勁草書房。

田中陽（2012）『セブン-イレブン　終わりなき革新』日経ビジネス人文庫。

田村正紀（2014）『セブン-イレブンの足跡——持続成長メカニズムを探る』千倉書房。

日本経済新聞社（1985, 1995）『流通会社年鑑』1985年，1995年，日本経済新聞社。

日本経済新聞社（2005）『日経小売・卸売企業年鑑』2005年，日本経済新聞社。

西坂靖（2006）『三井越後屋奉公人の研究』東京大学出版会。

初田亨（1993）『百貨店の誕生——明治大正昭和の都市文化を演出した百貨店と勧工場の近代史』三省堂選書。

花咲一男編（1972）『江戸買物独案内』渡辺書店。

平本厚（2010）『戦前日本のエレクトロニクス——ラジオ産業のダイナミクス』ミネルヴァ書房。

藤岡里圭（2006）『百貨店の生成過程』有斐閣。

丸山雅祥（1992）『日本市場の競争構造——市場と取引』創文社。

矢作敏行（1991）「小売競争の進展と流通系列化——家電流通構造論」『経営志林』第27巻第4号，59-88頁。

矢作敏行（1994）『コンビニエンス・ストア・システムの革新性』日本経済新聞社。

第12章

麻島昭一（1969）『日本信託業発展史』有斐閣。

伊藤修（1995）『日本型金融の歴史的構造』東京大学出版会。

伊藤正直（1989）『日本の対外金融と金融政策——1914～1936』名古屋大学出版会。

大里勝馬編（1966）『明治以降本邦主要経済統計』日本銀行統計局。

大貫摩里（2006）「日本銀行のネットワークと金融市場の統合——日本銀行設立前後から20世紀初頭にかけて」『金融研究』第25巻第1号，183-214頁。

片岡豊（2006）『近代日本の社会と交通7　鉄道企業と証券市場』日本経済評論社。

粕谷誠（2000）「金融制度の形成と銀行条例・貯蓄銀行条例」伊藤正直・靎見誠良・浅井良夫編『金融危機と革新——歴史から現代へ』日本経済評論社，1-35頁。

粕谷誠（2009）「金融ビジネス」宮本又郎・粕谷誠編『講座・日本経営史1　経営史・江戸の経験　1600～1882』ミネルヴァ書房，243-277頁。

加藤俊彦（1957）『本邦銀行史論』東京大学出版会。

橘川武郎（1983）「戦間期の社債発行と7大金融系統——金融機関と産業企業との関係」『証券研究』第69号，89-143頁。

公社債引受協会編（1980）『日本公社債市場史』公社債引受協会。

公社債引受協会編（1996）『公社債市場の新展開』東洋経済新報社。

後藤新一（1968）『本邦銀行合同史』金融財政事情研究会。

後藤新一（1977）『普通銀行の理念と現実』東洋経済新報社。

鹿野嘉昭（2006）『日本の金融制度』第2版，東洋経済新報社。

志村嘉一（1969）『日本資本市場分析』東京大学出版会。

志村嘉一編（1986）『現代日本の公社債市場』東京大学出版会。

首藤恵（1987）『日本の証券業——組織と競争』東洋経済新報社。

高橋俊治（1991）『日本の公社債市場と金融システム——流動性の創造機構』東洋経済新報社。

辰巳憲一（1984）「銀行と証券会社との間の系列化」『東京経大学会誌』第136号，103–165頁。

辰巳憲一（1985）「わが国証券業の系列化——歴史的展望」『ファイナンス研究』第3号，39–59頁。

鷲見誠良（1991）『日本信用機構の確立——日本銀行と金融市場』有斐閣。

寺西重郎（1982）『日本の経済発展と金融』岩波書店。

寺西重郎（2011）『戦前期日本の金融システム』岩波書店。

二上季代司（1990）『日本の証券会社経営——歴史・現状・課題』東洋経済新報社。

西村閑也・鈴木俊夫・赤川元章編（2014）『国際銀行とアジア—— 1870～1913』慶應義塾大学出版会。

西村吉正（2003）『日本の金融制度改革』東洋経済新報社。

藤野正三郎・寺西重郎（2000）『日本金融の数量分析』東洋経済新報社。

堀内昭義（1980）『日本の金融政策——金融メカニズムの実証分析』東洋経済新報社。

松尾順介（1999）『日本の社債市場』東洋経済新報社。

松沢卓二（1985）『私の銀行昭和史』東洋経済新報社。

三上隆三（1975）『円の誕生——近代貨幣制度の成立』東洋経済新報社。

山本有造（1994）『両から円へ——幕末・明治前期貨幣問題研究』ミネルヴァ書房。

Benston, Gorge J.（1994）"Universal Banking", *Journal of Economic Perspectives*, Vol.8, No.3, pp.121–143.

Kasuya, Makoto（2016）"Avoiding Excessive Risks and Investing in Inimitable Competence in the International and Securities Businesses", in Michael Lescure ed., *Immortal Banks: Strategies, Structures and Performances of Major Banks*, Geneve: Librairie Droz, pp.49–70.

Konishi, Masaru（2002）"Bond Underwriting by Banks and Conflicts of Interest: Evidence from Japan during the Pre-War Period", *Journal of Banking & Finance*, Vol.26, No.4, pp.767–793.

Konishi, Masaru（2005）"Bond Underwriting Syndicates Organized by Commercial Banks: Evidence from Prewar Japan", *Journal of the Japanese and International Economies*, Vol.19, No.3, pp.303–321.

Santos, João A. C.（1998）"Commercial Banks in the Securities Business: A Review", *Journal of Financial Services Research*, Vol.14, No.1, pp.35–60.

索　引

固有名詞索引

アーノルド（H. Arnold）　*161*
アイ・エイチ・アイマリンユナイテッド　*130*
アイシン精機　*144*
愛知工業　*144*
愛知製鋼　*144*
アイテル（Itel）　*175*
アオキ　*293*
青山商事　*293*
赤阪鉄工所　*117*
赤のれん　*284*
アクゾ・ノーベル（Akzo Nobel）　*214*
曙ブレーキ工業　*146*
浅野〔企業グループ〕　*66, 69～71, 76*
浅野松次良　*51*
浅野セメント　*118*
浅野総一郎　*69, 118*
浅野造船所　*118, 119*　日本鋼管もみよ
浅野物産　*265*
旭化成〔旭化成工業〕　*96, 97, 105, 106, 108, 194,*
　　197, 200, 212, 214
旭硝子　*188*
旭絹織　*97, 194*
旭ベンベルグ絹糸　*73, 97, 194*
味の素　*73*
アステラス製薬　*213*
アストラ（Astra）　*214*
アストラゼネカ（AstraZeneca）　*214*
東信電気　*73*
安宅商会〔安宅産業〕　*254, 265, 267, 269, 272*
アップル（Apple）　*179*
アドランツ（Adtranz）　*182*
アフタリオン　*186*
安部幸兵衛商店　*263*
阿部武司　*23, 90*
アベンティス（Aventis）　*214*
アボット（Abbott）　*214*
尼崎製釘所　*266*
尼崎紡績　*94*
アマゾン（Amazon）　*301*

アマゾンジャパン　*300*
アムダール（Amdahl）　*175*
鮎川義介　*70, 75, 76*
アルカテル（Alcatel）　*182*
アルストム（Alstom）　*182*
安全自動車　*135*
安中電機製作所　*160, 162*
アンペックス（Ampex）　*173*
安立電気　*160*
井植歳男　*85, 168*
イオン　*275, 284, 294, 300*
イオングループ　*300*
池貝鉄工所　*117*
石川島自動車製作所　*135, 136, 138*
石川島造船所〔石川島重工業〕　*114, 117, 119,*
　　124, 126, 160　東京石川島造船所もみよ
石川島播磨重工業　*124, 125, 130, 131*
石川島平野造船所　*114*
いすゞ自動車　*138, 141, 143, 145, 147, 151, 152*
イズミヤ　*288*
伊勢丹　*275, 300*
伊勢電気鉄道　*236*
伊丹敬之　*9, 10*
出光興産　*210*
出光石油化学　*200*
いとう呉服店　*279*
伊藤忠商事　*254, 261, 263, 266～269, 272, 273,*
　　292
伊藤忠商店　*263*
伊藤忠丸紅鉄鋼　*273*
伊藤長兵衛商店　*263*
伊藤輸出店　*254, 261*
イトーヨーカ堂　*284, 289, 292, 300*
井上馨　*256*
今治造船　*119, 130, 131*
岩井〔企業グループ〕　*70, 71*
岩井勝次郎　*69*
岩井産業　*267, 269*
岩井商店　*254, 265, 267*

磐城炭礦社　*69*
岩崎弥太郎　*66*
岩崎弥之助　*66*
印刷局　*186, 187*
インテル（Intel）　*3, 176*
インドシナ銀行　*310*
インベンタ　*196*
ヴァルカン（Vulcan）鉄工所　*113*
ウィリス・オーバーランド（Willys-Overland）
　142
上野恭裕　*9, 14*
上山和雄　*261*
ウェルチ（J. Welch）　*182*
ウォルマート（Walmart）　*300, 301*
宇部興産　*214*
宇部セメント製造　*214*
宇部窒素工業　*214*
宇部鉄工所　*214*
浦賀船渠［浦賀重工業］　*114, 119, 124～126*
浦賀造船所　*113*
英国核燃料会社　*182*
営団地下鉄　*245*
エクソン（Exxon）　*4*
エクソン・モービル（ExxonMobil）　*4*
エジソン（T. Edison）　*159*
越後屋　*276, 277, 282*
エッチ・ツー・オー リテイリング　*300*
榎本武揚　*114*
エルピーダメモリ　*178*
エレクトロラックス（Electrolux）　*182*
遠州織機［エンシュウ］　*95*
緒明菊三郎　*114*
王子製紙　*60*
オーエム製作所　*108*
大川平三郎　*69*
大隈重信　*66*
大倉〔企業グループ〕　*71, 76*
大倉喜八郎　*69*
大倉組　*254, 256*
大倉商事　*265, 267*
大阪交換所　*309*
大阪合同紡績　*94*
大阪市営地下鉄　*230, 246*
大阪市高速電気軌道株式会社　*246*
大阪商船　*118*
大阪石油化学　*210*
大阪造船所　*130*
大阪鉄工所　*113, 114, 116, 118, 119*　日立造船も
　みよ

大阪鉄道　*236, 237*
大阪電気軌道　*226, 235, 236, 245*
大阪紡績　*22, 26, 29, 91, 94, 256*
大阪硫曹　*187*
大島造船所　*130, 131*
オースチン（Austin）　*140*
大塚ホールディングス　*212*
岡田屋　*284*
沖牙太郎　*158*
沖電気［沖電気工業］　*158, 159, 162, 165, 167,*
　175
沖ノ山炭鉱　*214*
オスカー・コーホン（Oscar Kohon）　*97*
小田急［百貨店］　*299*
小田原急行鉄道［小田急電鉄］　*226, 233, 236,*
　239
小名木川綿布　*93*
オペル（Opel）　*152*

花王　*108, 205, 206, 212*
鹿児島紡績所　*91, 92*
加州製鉄所　*113*
カネカ　*106, 197*
鐘淵化学工業　*100, 106, 197*
金子直吉　*69, 262*
鐘淵紡績［カネボウ］　*94, 100, 102, 105, 108*
兼松江商［兼松］　*269, 271, 272*
ガビロン（Gavilon）　*274*
神谷正太郎　*297*
カルプ（L. Culp）　*182*
カロ（N. Caro）　*189*
川越電気鉄道　*235*
川崎〔企業グループ〕　*66, 69～71, 126*
川崎汽船　*119*
川崎航空機工業　*122, 124*
川崎車両　*122, 124*
川崎重工業　*124, 126, 130～132*
川崎正蔵　*69, 114*
川崎製鉄　*122, 126, 129*
川崎造船所　*69, 71, 114, 116, 117, 119, 121, 122,*
　125　川崎重工業もみよ
川崎第百銀行　*316*
川西機械製作所　*161*
勧業銀行　*79*
関西急行鉄道　*236, 245*
関西急行電鉄　*236*
関西高速鉄道　*246*
関西スーパーマーケット　*286, 288*
関西鉄道　*221*

349

神田秀樹　21
神流川水力電気　235
神戸鉄工所　113
起亜　152
岸本商店　265, 266
北大阪急行電鉄　239
北大阪電気鉄道　235
北野祐次　286
喜多又蔵　97
紀ノ国屋　283
キヤノン　182
キャリコプリンターズ（Calico Printers'
　　Association）　203
九州鉄道　221
共同運輸　66
京都工商　135
京都電気鉄道　224
共立自動車製作所　135
共立電機電線　160
起立工商会社　253
キルビー（E. C. Kirby）　113
近畿日本鉄道　236, 237, 239〜241, 245
グッドリッチ（Goodrich）　197
久原〔企業グループ〕　69〜71
久原鉱業　69, 70, 118, 261
久原庄三郎　69
久原商事　70, 261, 263
久原房之助　69, 70, 118
グラース（N. S. B. Gras）　2
クライスラー（Chrysler）　135, 143, 147, 151, 152
クラシエ　108
倉敷紡績　97, 100, 104
倉敷レイヨン［倉敷絹織，クラレ］　97, 98, 101,
　　102, 105, 108, 194, 196
グラハム・ペイジ（Graham-Paige）社　138
呉羽化学工業［クレハ］　100, 102
呉羽化成　102
呉羽紡績　98, 100, 102, 105, 266
クロード式窒素工業　190
京王〔百貨店〕　299
京王帝都電鉄［京王電鉄］　236, 239, 240
京王電気軌道　226, 240, 245
経済同友会　32, 33
京成電気軌道［京成電鉄］　226, 229, 236, 240,
　　241, 245
京阪神急行電鉄［阪急電鉄］　236, 239, 241, 243,
　　245　阪神急行電鉄もみよ
京阪電気鉄道　226, 228, 232, 235, 236, 239, 240,
　　245

京浜急行電鉄　236, 239〜241
京浜地下鉄道　230
京浜電気鉄道　225, 226, 228〜230, 236, 240, 245
京葉エチレン　210
ケムストランド（Chemstrand）　197
ケンウッド　85
ケンタッキー・フライドチキン　249
広業商会　253
江商　254, 263, 267, 269
交通営団　240, 241
甲武鉄道　226
神戸川崎銀行　69
神戸製鋼所　69, 118, 119, 121, 122, 125
神戸発動機製造所［神戸発動機］　117, 131
高野山電気鉄道　236
ゴーン（C. Ghosn）　152
国産工業　165
コダック（Eastman Kodak）　212
コナカ　293
小西商店　254
小西六　254
小林一三　231, 232
小林富次郎商店　205

サークルKサンクス　291, 300
埼玉りそな銀行　329
サウスランド（Southland）　289
堺紡績所　91
阪鶴鉄道　227
相模鉄道　244
坂本製作所　163
さくら銀行　83
佐々木聡　204
佐世保重工業　126, 130
サノフィ（Sanofi）　214
佐野安船渠　127
サミットストア　273
サムスン　64
三共　195, 207
産業再生機構　108
三居沢カーバイド製造所　189
参宮急行電鉄　236
三興　266
三十四銀行　316
三泰紡織　95
山陽鉄道　221
三洋電機　85, 168, 180, 294
山陽特殊製鋼　35
三和〔企業グループ〕　79, 84

三和銀行　*79, 83*
シアーズ（Sears Roebuck）　*2, 4*
ジーメンス（Siemens）　*158, 163, 165, 182*
ジェイテクト　*144*
敷島紡績　*100*
資生堂　*206, 212*
シティ（Citigroup）　*329*
シティグループ証券　*329*
自動車工業　*136, 138*
自動車製造　*136*
芝浦製作所　*160, 162, 164*
渋沢栄一　*22, 69, 91, 114, 309*
紙幣寮　*187*
シボレー（Chevrolet）　*135*
シャープ［早川電機工業］　*162, 163, 168, 180,*
　294
シャイアー（Shire）　*213*
ジャスコ　*284, 293, 300*
ジャパンエンジンコーポレーション　*131*
ジャパンファーム　*273*
ジャパンマリンユナイテッド（JMU）　*130, 131*
シャンド（A. A. Shand）　*42, 43, 306*
上海紡織　*95*
上海紡績　*95*
十五銀行　*69, 71, 119*
住宅金融公庫　*319*
首都圏新都市鉄道　*243*
ジュピターテレコム　*271*
湘南電気鉄道　*229, 230*
昭和鉱業　*75*
昭和人絹　*98*
昭和製鋼所　*75*
昭和電工　*75, 200*
昭和肥料　*73, 75, 191*
昭和レーヨン　*97, 98*
白木屋　*276～279, 281*
信越化学工業　*210, 212*
新京阪鉄道　*235, 236*
新日鉄住金　*273*
新日本電気　*169*
新三菱重工業　*142*
鈴木〔企業グループ〕　*70, 71*
鈴木梅太郎　*207*
鈴木邦夫　*261*
鈴木自動車工業［スズキ］　*142, 143, 147, 148,*
　152, 153
鈴木商店　*69～71, 118, 190, 254, 262, 263, 313,*
　314
ストラットン（H. D. Stratton）　*42*

スミス（A. Smith）　*6*
住友〔企業グループ〕　*68, 70, 71, 73, 76, 79, 83*
住友化学工業［住友化学］　*195, 197, 200, 209,*
　212, 215, 269
住友機械工業　*124*
住友銀行　*71, 72, 76, 83, 315, 316*
住友金属工業　*269*
住友合資会社　*75, 76*
住友ゴム　*214*
住友重機械工業　*124, 126, 130, 131*
住友商事　*130, 267, 269, 271, 273*
住友信託　*71, 76*
住友生命　*76*
住友本社　*75, 76*
スワン（J. Swan）　*159*
精工舎　*254*
西武〔企業グループ〕　*299*
西武鉄道　*236, 239, 240*
西武百貨店　*284, 300*
西友　*284, 292, 300*
積水化学工業　*212, 214*
石油化学工業協会　*198, 211*
摂津電気鉄道　*225*
摂津紡績　*94*
ゼネカ（Zeneca）　*214*
ゼネラル　*168*
セブン・アンド・アイ　*299*
セブンイレブン　*275, 289～292*
セラニーズ（Celanese）　*214*
セルフハトヤ　*284*
双日　*272, 274*
造幣局（造幣寮）　*186, 187*
曹達製造所　*187*
そごう［十合］　*277, 299*
ソニー　*36, 169, 171～173, 178, 179*
祖父江利衛　*125*

第一勧業銀行　*79, 83, 84, 329*
第一銀行　*70, 79, 315, 316, 318, 319*
第一国立銀行　*43, 67, 309*
第一三共　*207, 213*
第一製薬　*207*
第一窒素工業　*190*
第一通商　*267*
第一物産　*267*
ダイエー　*275, 284, 292, 294, 295, 299, 300*
大王製紙　*100*
大建産業　*266*
大師電気鉄道　*224, 225*

351

ダイセル　194
大東英祐　188, 198
大同貿易　263, 266
大日本人造肥料　189
大日本住友製薬　207, 215
大日本製薬　207
大日本セルロイド　194
大日本紡績　94, 97, 98, 102, 105
ダイハツ工業［発動機製造］　82, 84, 117, 136, 142, 143, 146, 148, 150～152, 154
第百銀行　318
第百五十三国立銀行　22, 306
第百十九国立銀行　66
大丸　276, 277, 279, 284, 299, 300
ダイムラー（G. W. Daimler）　134
ダイムラー・クライスラー（Daimler Chrysler）　151
ダイムラー・ベンツ（Daimler-Benz）　134, 151, 182
大洋塩ビ　210
太陽神戸銀行　83
大和証券　321, 329, 331
ダイワボウ情報システム　106, 108
大和紡績　100, 106, 108
ダイワボウホールディングス　108
台湾銀行　263, 309, 310, 313, 314, 318
ダウ（Dow）　214
ダウ・ケミカル（Dow Chemical）　4
ダウデュポン（DowDuPont）　214
高久［タカキュー］　293
高島屋　277～280, 282, 284, 300
高島屋飯田　254, 268
高田商会　254, 259, 263
高橋是清　314, 317
択善会　309
武田薬品工業　207, 213
立川飛行機　142
ダット自動車製造　135, 136, 138
田中亘　21
田中製造所　160
田中久重　158～160
田辺製薬　207
田辺三菱製薬　207, 214
玉川電気鉄道　232
たま自動車　142
玉造船所　118
ヂーゼル自動車工業　138
筑豊炭田　256
チバ（Ciba）　196

チャクチェクパイヨン　23
チャンドラー（A. D. Chandler, Jr.）　2～4
中外製薬　214
中国国営造船会社　132
中国鉄道　221, 222
中小企業金融公庫　319
長津江水電　73, 192
朝鮮銀行　309, 310, 318, 319
朝鮮窒素肥料　73, 75, 192
朝鮮電業　75
堤清二　299
常石造船　119, 131
鶴見製鉄造船　118　浅野造船所, 日本鋼管もみよ
ディーゼルユナイテッド　131
帝国汽船造船部播磨工場　118
帝国銀行　318, 319
帝国人造絹糸［帝人］　97, 102, 104, 106, 194, 203, 214
帝都高速度交通営団　236, 237
帝都電鉄　236
鉄道建設公団　243
デュポン（Du Pont）　2, 4, 101, 102, 193, 195～197, 203, 211, 214
テレフンケン（Telefunken）　163, 182
デンカ　189
電気化学工業　189
電信機械製造所　158
デンソー　日本電装をみよ
ド・フォレスト（L. De Forest）　161
東亜電機製作所　165
東海銀行　83
東海飛行機　144
東急ストア　284
東急百貨店　284
東京石川島造船所　114, 118, 122, 135, 160　石川島造船所もみよ
東京海上保険　252
東京瓦斯電気工業　135, 136, 138
東京急行電鉄　236, 239, 240, 245
東京銀行　83, 319, 324, 329
東京銀行集会所　309
東京工業試験所　191
東京高速鉄道　230
東京市街鉄道　224
東京自動車工業　138
東京芝浦電気　東芝をみよ
東京証券取引所　39, 40
東京人造肥料　189

東京地下鉄株式会社　*245*
東京地下鉄道　*230*
東京通信工業　ソニーをみよ
東京手形交換所　*309*
東京鉄道　*224*
東京電気　*159, 161〜165*
東京電気鉄道　*224*
東京電気無線　*165*
東京電車鉄道　*224*
東京電灯　*73, 159*
東京馬車鉄道　*223, 224*
東京貿易　*267*
東京三菱銀行　*83, 329*
東京三菱銀行グループ　*332*
東京横浜電鉄　*228, 236*
東京渡辺銀行　*313*
東西交易　*267*
東芝［東京芝浦電気］　*146, 164〜167, 172, 175,*
　　178〜180, 182, 294
東芝メディカル　*180*
東芝メモリ　*180*
同伸会社　*253*
東通　*268*
東燃石油化学　*200*
東武〔百貨店〕　*299*
東武鉄道　*221, 222, 226, 229, 236, 240*
東邦レーヨン　*106*
東洋汽船　*118*
東洋高圧工業　*192, 200*
東洋工業　マツダをみよ
東洋電機製造　*164*
東洋バブコック　*165*
東洋紡績［東洋紡］　*60, 94, 97, 98, 104, 194, 197,*
　　263
東洋棉花　*263, 267, 269*
東洋レーヨン　東レをみよ
東横百貨店　*279*
東レ［東洋レーヨン］　*97, 102, 104, 106, 108,*
　　194, 195, 203, 214, 265
都営地下鉄　*240, 241, 245*
トーメン　*269, 272*
徳山曹達［トクヤマ］　*69, 188*
戸畑鋳物　*136, 165*
富岡製糸所　*256, 257*
豊田工機　*144*
豊田合成　*144*
豊田佐吉　*94*
トヨタ自動車［トヨタ自動車工業］　*57, 82, 84,*
　　85, 138, 140, 141, 143〜148, 150〜154, 296〜

298
トヨタ自動車販売　*82, 297*
豊田自動織機製作所［豊田自動織機］　*95, 138,*
　　144
トヨタ車体　*144*
豊田通商　*272*
トヨタ紡織　*144*
豊田紡織　*144*
トヨタホーム　*82*
ドンキホーテ　*300*

内外綿　*254*
中内㓛　*284, 299*
中川敬一郎　*260*
長崎製鉄所　*112*
長崎造船所　*66, 112, 113*
長崎屋　*284*
中島〔企業グループ〕　*76, 77*
中島知久平　*77*
中島飛行機　*77, 142*
長瀬商会　*205*
中曽根弓夫　*204*
中野友礼　*73*
中林真幸　*28*
中村尚史　*28*
名古屋鉄道　*244*
名古屋電気鉄道　*224*
灘神戸生協　*284*
七欧無線電機商会　*163*
名村造船所　*127, 130, 131*
奈良電気鉄道　*239*
成田鉄道　*221, 222*
南海鉄道　*221, 222, 226, 234, 236, 279*
南海電気鉄道　*236, 239*
南海ビルディング　*279*
西大阪高速鉄道　*246*
西日本鉄道　*244*
ニチイ　*284, 300*
ニチボー　*105*
日綿実業［日本綿花，ニチメン］　*95, 254, 258,*
　　263, 267, 269, 271, 272
日興証券　*321, 329*
日産化学工業　*189*
日産コンツェルン　日本産業（日産）コンツェル
　　ンをみよ
日産自動車　*75, 136, 138, 140〜143, 145〜148,*
　　151, 152, 154, 296, 297
日産ディーゼル　*151*
日商　*263, 265, 267, 269*

353

日商岩井　*254, 269, 272*

日清紡績［日清紡］　*94, 100, 104〜106, 108*

曹人絹パルプ　*73, 75*

日窒コンツェルン　日本窒素肥料（日窒）コンツェルンをみよ

日東電工　*212*

日東紡績　*98, 100, 105, 108*

日本開発銀行　*319*

日本興業銀行　*83, 309, 310, 315, 318, 319, 329*

日本コロムビア　*169*

日本債券信用銀行　*319, 328*

日本ゼオン　*197*

日本発条　*146*

日本放送協会　*162*

日本郵船　*22, 66, 68, 113, 116, 118, 252*

日本エクスラン工業　*197*

日本オイルシール　*146*

日本化成　*197*

日本勧業銀行　*309, 318, 319*

日本汽船　*118*

日本銀行　*22, 305, 306, 309, 310, 313, 314, 318〜320, 323, 328*

日本原子力発電東海発電所　*167*

日本建設産業　*267*

日本ケンタッキー・フライドチキン　*273*

日本鋼管　*118, 124〜126, 129*　浅野造船所もみよ

日本鉱業　*70, 75*

日本合成化学工業　*196*

日本合成ゴム　*203*

日本国有鉄道　*237*

日本昆布会社　*253*

日本産業　*70, 75, 118*

日本産業（日産）コンツェルン　*73, 76, 189*

日本商業　*263*

日本振興銀行　*329*

日本水素工業　*75*

日本製鉄　*265, 273*

日本舎密　*187*

日本石油　*60*

日本石油化学　*200*

日本ゼネラル・モータース（日本GM）　*135, 138*

日本染料製造　*195*

日本曹達　*73, 75*

日本曹達（日曹）コンツェルン　*73*

日本曹達工業　*69, 188*

日本窒素肥料　*73, 75, 97, 189, 190, 192, 194, 197*

日本窒素肥料（日窒）コンツェルン　*73, 192*

日本長期信用銀行　*319, 328*

日本鉄道　*22, 44, 221, 226*

日本デリカフーズ協同組合　*292*

日本電気　*159, 161〜165, 167, 169, 172, 175, 176*

日本電気工業　*73, 75*

日本電信電話株式会社（NTT）　*177*

日本電信電話公社　*166, 177*

日本電装　*82, 144, 146*

日本陶器　*254*

日本農産工業　*273*

日本ビクター　*85, 169, 173*

日本フォード　*135, 136, 138*

日本不動産銀行　日本債券信用銀行をみよ

日本ベンベルグ絹糸　*97, 192, 194*

日本ポリケム　*211*

日本無線［日本無線電信機製作所．日本無線電信電話］　*108, 160, 162, 163*

日本綿花　日綿実業をみよ

日本輸出入銀行　*319*

日本レイヨン　*97, 98, 105, 194, 196*

ニュージャージー・スタンダード石油（Standard Oil（New Jersey））　*2, 4*

農工銀行　*309, 319*

ノキア（Nokia）　*182*

野口遵　*73, 97, 189, 194*

野沢屋　*254*

延岡アンモニア絹糸　*97*

野村〔企業グループ〕　*70, 71, 76*

野村証券　*70, 315, 318, 321, 329, 331, 332*

野村徳七　*70*

ハーバー（F. Haber）　*190*

バーリ（A. A. Berle, Jr.）　*31*

バイアコム（Viacom）　*182*

バイエル（Bayer）　*194, 207, 214*

パイオニア　*169*

函館どつく　*130*

波止浜船渠　*114*

発動機製造　ダイハツ工業をみよ

服部時計店　*254*

パナソニック　松下電器産業をみよ

パナソニック電工　松下電工をみよ

バブコック・ウィルコックス（Babcock & Wilcox）　*165*

バブコック日立　*165*

早川金属工業研究所　シャープをみよ

早川電機工業　シャープをみよ

早川徳次　*162*

原合名会社　*254*

原富太郎　*257*

播磨造船所［播磨造船］　*114, 118, 119, 124〜126*
はるやま　*293*
阪堺電気軌道　*226*
阪急〔百貨店〕　*299*
阪急電鉄　京阪神急行電鉄をみよ
阪急阪神ホールディングス　*243*
阪急百貨店　*231, 279*
阪急マーケット　*279*
阪神〔百貨店〕　*299*
阪神急行電鉄［箕面有馬電気軌道］　*227〜229,*
　231, 232, 234, 236, 279　京阪神急行電鉄もみ
　よ
阪神電気鉄道　*225, 226, 228, 229, 232, 233, 236,*
　239, 242, 243, 245, 246
ハンター（E. H. Hunter）　*113*
半田綿行　*254*
範多竜太郎　*113, 118*
ハンチントン（H. E. Huntington）　*231, 235*
万有製薬　*214*
阪和電気軌道　*226*
日高川水力電気　*235*
日立化成　*85, 212*
日立鉱山修理工場　*160*
日立製作所　*69, 70, 75, 85, 118, 122, 124, 127,*
　146, 160, 165〜167, 169, 172, 175, 178, 294
日立造船　*85, 118, 122, 124, 125, 129〜131*　大阪
　鉄工所もみよ
日野自動車［日野重工業］　*82, 138, 141, 143,*
　145, 151, 152
ヒュンダイ（現代）　*64, 152*
兵庫商社　*21*
兵庫造船所　*113, 114*　川崎造船所もみよ
兵庫屋　*114*
平野恭平　*90*
平野創　*198*
平野富二　*114*
ファーストリテイリング　*294*
ファイアストン（Firestone）　*214*
ファミリーマート　*273, 275, 291, 292, 300*
フィアット（Fiat）　*152*
フィアット・クライスラー（Fiat Chrysler）　*152*
フィリップス（Philips）　*165, 178, 179*
フードリンク　*273*
フェアチャイルド（Fairchild）　*172*
フォード（Ford）　*134, 135, 143, 147, 151, 152,*
　296
フォルクスワーゲン（VW）　*150*
福音電機　*169*
福沢諭吉　*21, 42*

福地源一郎　*21*
藤岡市助　*159*
富士瓦斯紡績［富士紡績］　*94*
富士銀行　*79, 83, 329*　安田銀行もみよ
藤沢薬品　*213*
富士産業　*142*
富士重工業　*77, 142, 143, 147, 148, 151〜154*
不二商事　*267*
富士精密工業　*142*
富士ゼロックス　*212*
藤田伝三郎　*69*
富士通［富士通信機製造］　*165, 167, 172, 175*
富士電機［富士電機製造］　*163, 165, 166*
藤永田造船所　*114, 119*
富士フイルム［富士写真フイルム］　*194, 212,*
　214
藤屋　*282*
藤山常一　*189*
復興金融金庫　*319*
芙蓉〔企業グループ〕　*79, 84*
ブライアント（H. B. Bryant）　*42*
プラット（Platt）　*91, 97, 256*
フラネリー（J. Flannery）　*182*
フランク（A. Frank）　*189*
ブリヂストン　*214*
プリンス自動車工業　*142, 143, 145*
古市公威　*225*
古河〔企業グループ〕　*66, 70, 71, 76, 254*
古河銀行　*70*
古河合名会社　*261*
古河商事　*70, 261, 263*
フレミング（J. Fleming）　*161*
ヘキスト（Hoechst）　*194, 214*
ヘダ号　*112*
ペリー（M. C. Perry）　*112, 115*
ベル（A. G. Bell）　*158*
ベル研究所　*170*
ベンツ（K. F. Benz）　*134*
ペンローズ（E. E. T. Penrose）　*5*
ボアソナード（G. É. Boissonade de Fontarabie）
　24
ボイド商会（Boyd & Co.）　*113*
貿易商会　*253*
北海道拓殖銀行　*309, 318, 319, 328*
ボッシュ（C. Bosch）　*190*
程谷曹達　*187*
堀川　*288*
堀越商会　*254*
ボルボ（Volvo）　*151*

索
引

香港上海銀行（Hongkong & Shanghai Banking Corp.）　*309*
本田技研工業　*82, 142～144, 148, 152～154*
鴻海精密工業　*180*

マーガリン・ユニ（Margarine Unie）　*205*
マーシャル（A. Marshall）　*92*
マイカル　*300*
マイクロソフト（Microsoft）　*3, 176*
マイクロン・テクノロジ（Micron Technology）　*178*
牧野功　*188*
政岡勝治　*272*
益田孝　*256*
増田貿易　*263*
松方〔企業グループ〕　*69～71*
松方幸次郎　*69, 119*
松方正義　*69*
松坂屋　*276, 277, 279, 280, 284, 300*
松下幸之助　*84, 162, 168*
松下通信工業　*84*
松下電器産業〔松下電器製作所，パナソニック〕　*11, 84, 85, 162, 163, 165, 168, 169, 179, 180, 294*
松下電工〔パナソニック電工〕　*84*
松下電子工業　*165, 172*
松下無線　*163*
マツダ〔東洋工業〕　*136, 142, 143, 147, 148, 151～154*
松屋　*277～279*
マリンユナイテッド　*130*
マルエツ　*288*
マルキ号　*282*
マルコーニ（G. Marconi）　*160*
丸善石油化学　*200, 210*
丸紅　*266～269, 273, 274*
丸紅飯田　*268*
丸紅商店　*263, 266*
丸和フードセンター　*283*
満州重工業開発　*75*
満州投資証券　*75*
三池炭礦　*256*
ミーンズ（G. C. Means）　*31*
三重合同電気　*235*
三重電気鉄道　*239*
三重紡績　*94*
ミサワホーム　*84*
みずほ銀行　*83, 329*
みずほコーポレート銀行　*329*

みずほ証券　*331*
みずほフィナンシャルグループ　*83, 329*
三井〔企業グループ〕　*66～68, 70, 71, 73, 76, 79, 83, 160, 192, 254, 256, 260*
三井E&Sホールディングス　*131*　三井造船もみよ
三井化学　*192, 210～212*
三井化学工業　*192, 195, 200*
三井銀行　*66, 67, 71, 72, 83, 160, 315, 316, 318, 319*
三井鉱山　*71, 77, 190, 195, 259, 262*
三井合名会社　*71, 75, 76*
三井呉服店　*277, 278*　越後屋，三越もみよ
三井信託　*71*
三井住友銀行　*83, 329*
三井住友フィナンシャルグループ　*83, 329*
三井石油化学工業　*192, 200, 210*
三井造船　*118, 124, 130, 131, 132*　三井物産造船部もみよ
三井高利　*276*
三井東圧化学　*192, 200, 209, 210*
三井物産　*67, 71, 75～77, 95, 97, 118, 119, 131, 209, 254, 256～266, 269, 271*
三井物産造船部　*118, 121, 122, 125*　三井造船もみよ
三井本社　*76, 77*　三井合名会社もみよ
三越〔三越呉服店〕　*275, 277～280, 300*
三越伊勢丹ホールディングス　*275, 300*
三菱〔企業グループ〕　*66, 68, 70, 71, 73, 76, 79, 83, 113, 114, 152, 192, 254*
三菱UFJ銀行　*83, 329*
三菱UFJフィナンシャルグループ　*83*
三菱UFJモルガン・スタンレー証券　*331*
三菱ウェルファーマ　*210*
三菱化学　*210, 211*
三菱化成〔三菱化成工業〕　*197, 200, 210*
三菱銀行　*66, 71, 72, 83, 85, 315, 318, 329*
三菱ケミカル　*106, 196*
三菱ケミカルホールディングス　*210, 212, 214*
三菱鉱業　*71, 72, 262*
三菱航空機　*118*
三菱合資会社　*11, 72, 75, 76, 118, 261, 262*
三菱地所　*66*
三菱自動車工業　*122, 143, 147, 148, 151, 154*
三菱社〔三菱本社〕　*75-77*
三菱重工業　*77, 118, 122, 124～127, 130, 131, 136, 138, 141, 142, 166, 180, 262*
三菱樹脂　*210*

三菱商事　*72, 77, 209, 249, 261, 262, 264〜266, 269, 273, 274, 292*
三菱信託　*71*
三菱製鋼　*146*
三菱製鉄　*262*
三菱造船　*118, 119, 121, 122, 125, 136, 262*　三菱重工業もみよ
三菱造船電機製作所　三菱電機をみよ
三菱電機　*82, 118, 146, 163, 165, 166, 172, 175, 178, 262, 294*
三菱東京UFJ銀行　*83*
三菱内燃機製造　*118*
三菱長崎造船所［三菱造船所］　*48, 114, 116*
三菱日本重工業　*141*
三菱日立パワーシステムズ　*127*
三菱ふそうトラック・バス　*151*
三菱本社　三菱社をみよ
三菱ボンネル　*197*
三菱油化　*200, 209, 210*
三菱レイヨン　*106, 197, 210*
南満州鉄道　*75, 315*
箕面有馬電気軌道　阪神急行電鉄をみよ
宮本又郎　*23*
ミュアヘッド　*113*
武蔵水電　*235*
明治生命保険　*83*
明治安田生命保険　*83*
目黒蒲田電鉄　*227, 233*
メタルワン　*274*
メトロポリタン鉄道（Metropolitan Railway）　*232, 233*
メルク（Merck）　*214*
モービル（Mobil）　*4*
モールス（S. Morse）　*158*
持株会社整理委員会　*77*
森岡興業　*268*
森岡平右衛門商店　*265*
森川英正　*260*
森コンツェルン　*73, 75*
森永製菓　*282*
森矗昶　*73*
森村組　*253*
モルガン・スタンレー（Morgan Stanley）　*331*
モンサント（Monsanto）　*197, 214*
モンサント化成工業　*197*

八欧電機　*168*
八洲自動車　*135*
安田〔企業グループ〕　*67, 70, 71, 76*

安田銀行　*66, 67, 69, 315, 316*　富士銀行もみよ
安田生命保険　*83*
安田善次郎　*69*
八幡製鉄所　*265*
山一証券　*315, 321〜323, 328, 329*
山口銀行　*316*
山崎逸平　*260*
山田一郎　*33*
山中電機製作所　*162, 163*
山之内製薬　*213*
ヤマハ発動機　*142*
山辺丈夫　*26, 28, 91*
湯浅商店　*254*
結城武延　*28*
郵便汽船三菱会社　*66*
ユニー　*284, 300*
ユニクロ　*294*
ユニチカ　*105, 194*
ユニバーサル造船　*129, 130*
ユニバック（UNIVAC）　*175*
ユニリーバ（Unilever）　*205*
ゆめマート北九州　*283*
横須賀海軍工廠　*113, 114*
横須賀製鉄所　*42, 113*
横浜生糸　*262*
横浜機械鉄工　*113*
横浜正金銀行　*252, 263, 309, 310, 318, 319*
横浜製鉄所　*113, 114*
横浜船渠　*113, 118, 119, 121, 122*
横浜造船所　*118*　浅野造船所もみよ
吉原英樹　*9*
米川伸一　*260*

ライオン　*205, 206*
ライオン石鹸製造　*205*
楽天市場　*300*
ラングミューア（I. Langmuir）　*161*
リーバ・ブラザーズ（Lever Brothers）　*205*
理化学研究所　*73*
理研コンツェルン　*73*
理研真空工業　*165*
理研ピストンリング　*73*
りそな銀行　*329*
リバプール・アンド・マンチェスター鉄道（Liverpool and Manchester Railway）　*220*
硫酸製造会社　*186*
ルイス（J. S. Lewis）　*48*
ルーセント（Lucent）・テクノロジーズ　*182*
ルーツ（Rootes）　*141*

ルネサス・エレクトロニクス　*178*
ルネサス・テクノロジー　*178*
ルノー（Renault）　*141, 151, 152*
ルメルト（R. P. Rumelt）　*9*
レースラー（K. F. H. Roesler）　*24*
レノボ（Lenovo）　*3*
ローソン　*249, 273, 275, 291, 292*
ローヌ・プーラン（Rhône-Poulenc）　*214*
ロッシュ（Roche）　*214*
ロベルト　*294*
ロンドン株式取引所　*64*

和歌山水力電気　*235*

AEG（Allgemeine Elektricitäts-Gesellschaft）　*158, 163, 182*
AGC　*188*
AGREX　*273*
AT&T　*158, 161, 170, 182*
AT&T テクノロジーズ　*182*
BASF　*190, 194, 195, 214*
Burmeister & Wain（B&W）　*121, 122, 125, 132*
CBS　*182*
Chandler, A. D. Jr.　*158, 186*
Corteva　*4, 214*
DIC　*212*
Dick, Kerr & Co.　*164*
Dow　*4, 214*
DuPont de Nemours　*4, 214*
Fiat　*152*
GAP　*294*
GE（General Electric）　*158～161, 164～166, 171, 175, 182*
GM（General Motors）　*2, 4, 135, 143, 147, 151, 152, 296*
IBM（International Business Machines）　*3, 175, 176*
ICI（Imperial Chemical Industries）　*102, 203, 214*
IG Farben（イー・ゲー・ファルベン）　*190*
IGE（International General Electric）　*165*
IHI　*130, 131*

IHI 原動機　*131*
ISE（International Standard Electric）　*165*
J. フロント リテイリング　*300*
JFE スチール　*273*
JFE ホールディングス　*129, 130*
JNC　*189*
JR　*245～247*
JR 貨物　*245*
JR 九州　*245*
JR 四国　*245*
JR 東海　*245*
JR 西日本　*245, 246*
JR 東日本　*245*
JR 北海道　*245*
JSR　*203*
MAN　*121, 125, 132*
NEC エレクトロニクス　*178*
Netflix　*180*
P&G　*205*
PSA　*152*
RCA（Radio Corporation of America）　*161, 167, 171, 175, 182*
Sanofi　*214*
SEMT　*125, 132*
Siemens & Halske　*158, 182*
Siemens-Schuckert　*158, 182*
SMBC 日興証券　*329*
Straßenbahn Groß-Lichterfelde　*224*
SUBARU　*77, 142*
Sulzer　*121, 125, 132*
Swansea and Mumbles Railway　*223*
TI（Texas Instruments）　*172*
T 型フォード　*134*
UD トラックス　*151*
UFJ 銀行　*83*
VW（フォルクスワーゲン）　*152, 154*
Wärtsilä　*132*
WE（Western Electric）　*158, 159, 161, 167, 170, 182*
WH（Westinghouse）　*158, 163, 165, 166, 180, 182*

索引

事 項 索 引

あ　行

アクリル　*101, 197*
アセテート　*193*
アセンブラー　*144*
アルキルベンゼンスルホン酸塩　*205*
安定株主　*78*
アンモニア法　*187*
委員会等設置会社　*38*
委託販売　*299*
一県一行主義　*318*
一部事業部制　*11*
一手取扱権　*259*
一店一帳合　*294*
インターネット　*176*
インターバンク市場　*324*
売込商　*250*
売り持ち　*252*
運賃規制　*220*
運賃の公告　*222*
エクイティー・ファイナンス　*323*
エチレン　*200*
エレクトロニクス　*162*
円の誕生　*305*
鉛室法　*186*
エンジニアリング　*190*
エントレンチメント　*63*
遠洋航路補助法　*115*
オーガナイズ機能　*269*
大口融資規制　*308*
大手（造船）　*124*
大手四社（証券）　*321*
オープン市場　*324*
奥地買付　*257*
お雇い外国人　*186*
オンライン専業（銀行・証券）　*332*

か　行

カーバイド　*189*
海運会社の垂直統合　*118*
海外現地生産　*95, 131, 148*
会計監査人　*54*
外国為替及び外国貿易管理法　*320*
外国為替銀行法　*319*
外国為替公認銀行　*324*
外国為替資金特別会計　*324*
外国間取引　*257*

会社とは　*20-22*
会社機関　*20*
回収硫安　*192*
解体（三井物産・三菱商事）　*266*
開発輸入　*269*
外部経済性　*220*
買回り品　*276*
界面活性剤　*204*
買い持ち　*252*
化学肥料　*188-193*
過給器　*125*
架空電車線方式　*225*
格付　*327*
貸付信託　*319*
苛性ソーダ　*186*
仮説検証型発注　*290*
脚気　*207*
家電総合　*168*
家電量販店　*295*
株式会社とは　*20-21*
株式交換　*84*
株式担保金融　*46*
株式取引所　*311*
株主　*20*
株主総会　*20*
株主代表訴訟　*36*
貨幣法　*305*
貨物の引受義務　*222*
過燐酸石灰　*189*
カルテル　*62*
勧工場　*277*
監査基準　*53*
監査等委員会設置会社　*40*
監査役　*22*
完全子会社　*84*
監督　*19*
管理通貨制度　*318*
関連多角化　*5, 105*
機関銀行　*308*
企業会計原則　*53*
企業系列　*61*
企業集団　*61*
企業統治　*14, 19*
企業勃興　*22, 91*
軌道条例　*223*
軌道法　*230*
機能性化学品　*211*

規模の経済性　278
旧株　44
旧商法　24
許可主義　24
居留地　250
銀行条例　306
銀行取付　313
銀行法　314
銀証分離　320
金本位制　305
金融機能（商社）　269
金融自由化　326
金融仲介機関　303
金融ビッグバン　60, 329
クラウド・コンピューティング　180
グラス・スティーガル法　312
グラム・リーチ・ブライリー法　327
経営会議　34
経営者企業　2
計画造船　123
京成疑獄　229
計理士　49
経理部　56
系列　80-85
系列取引　15
系列融資　79
結核　208
ゲノム創薬　208
兼営織布　93
原価企画　57
原価計算　48
原価計算基準　53
減価償却　43
現金無掛値　276
現金正札付　276
現先市場　324
減損会計　60
現物商　312
現物取引　311
公営化（鉄道）　220
公開売出（株式）　45
航海奨励法　115
郊外店のチェーン店　293
合資会社　20
工場法　96
合成ゴム　185, 198, 203
合成繊維　90, 185
合成洗剤　205
合成染料　192, 194

抗生物質　208
合成硫安　190
拘束性預金　320
工程管理　124
公的資金の銀行への投入　328
構内請負　124
公認会計士　53
公募増資　45
公募入札（証券）　323
高密度ポリエチレン　203
合名会社　20
コーポレート・ガバナンス　19-40
コール市場　321
互換機　175
互換性部品　134
国債　304
国際会計基準　60
国有化（鉄道）　220
国立銀行　42, 305
国立銀行条例　22
五大汎用樹脂　203
五大紡　94
小幅織物　92
呉服店系百貨店　279
コングロマリット　5, 105
コングロマリット・ディスカウント　8
コンツェルン　70-75
コントローラー　56
コンビナート　199
コンピュータ　174-176

さ 行

在華紡　94, 253
財産目録　42
再生繊維　90, 96-100, 193
財テク　328
財閥　68-77
財閥解体　61, 76
財務諸表　42
座売り　277
サプライヤー　144
差別化　206
晒し粉　187
サルファ剤　207
三貨制度　304
産業集積　92
三局指導　325
三元触媒　144
産地　92

時価評価　59
時間の経済性　288
事業部制組織　2
事業持株会社　77
自己資本比率規制　327
資産特殊性　7
私設鉄道法　222
下請　145
執行役　38
執行役員　36
指定商　265
自動運転　154
自動車製造事業法　137
自動織機　95
シナジー　5
支払猶予令　313
四半期報告書　59
姉妹車　297
指名委員会等設置会社　40
社外工　124
社債格付　51
社長会　79
斜陽（商社）　271
習熟曲線効果　118
終身雇用　13
集積回路　170
重層化（サプライヤーの）　145
主幹事証券　321
授権資本制度　54
十大紡　100
樹脂　プラスチックをみよ
受託会社　46
受注生産　118
純粋持株会社　77
準則主義　24
商業銀行　310
商業簿記　47
商権　268
証券恐慌　322
証券取引法　53, 319
商工省標準自動車　136
承認図　145
商品回転率　283
常務会　33
昭和金融恐慌　314
職能制組織　2
職能別事業部制　12
ショッピングセンター　277
所有と支配の分離　31

白物家電　167
新貨条例　305
新株　44
真空管　161
人絹　97
新興コンツェルン　73
シンジケート（証券引受）　315
新商法　24
信託銀行　319
信用金庫　319
信用組合　319
信用取引　319
垂直的企業系列　80–82
垂直統合　2, 6, 73
スイッチング　161
水平的企業集団　79–80
ストック・ポート　118
ストレプトマイシン　208
スフ　98
スミソニアン体制　324
清算取引　311
生鮮三品　286
製品差別化　7
製法特許　190
税理士　50
整流　161
石炭化学工業　192
石灰窒素　189
石鹸　204–205
接触法（硫酸）　186
設備投資　259
セルフサービス　283
セルロイド　193
セロハン　193
洗剤　185
選択と集中　14, 85
前方統合　271
専門経営者　2
専門店ビル　277
専用軌道　224
専用船　125
総合商社　249, 257
総合スーパー　283–285
総合電機　167
相互銀行　319
相互乗り入れ　240
相互持合　79
増資　44
造船奨励法　115

索引

361

造船法　123
ソーダ灰　186
ソフトウェア　174
ソルベー法　187
損益計算書　42

た　行

ターミナル・デパート　279
ダイオード　169
第三軌条方式　230
貸借対照表　42
大衆車　135
大正財閥　70
貸与図　145
大量生産　134
ダウンサイジング　176
多角化戦略　2
高橋財政　317
宝塚（レジャー施設）　231
脱成熟　104
多能工　286
炭素繊維　106
担保付社債信託法　45
チェーンストア　281
チェボル　64
地方銀行　320
地方的合同　314
地方鉄道法　223
茶物家電　167
中間配当　59
中小企業金融機関　320
中手（造船）　126
長期信用銀行　56, 318–319
長期信用銀行法　318
長期的取引関係　144, 298
長短分離（銀行）　320
直輸出　250
直輸入　250
直輸率　250
陳列販売　277
追加払込　44
ディーゼル機関　119
ディーラー　296
定価による現金販売　276
ディスクロージャー　21
低密度ポリエチレン　203
手形交換所　309
デジタルIC　174
手数料商売　252

鉄道国有法　222
鉄道事業法　245
デパート　276–281
デパートメント・ストア宣言　278
デフォルト（債務不履行）　50
電解法　187
電気化学工業　189
電気自動車　154
電気蓄音機　163
電鉄系百貨店　279
天然繊維　90
電力供給　235
銅アンモニア法　96
投資銀行　312
投資信託　320
東洋為替銀行　309
特殊銀行　309
特定産業構造改善臨時措置法　209
特定不況産業安定臨時措置法　104, 127, 209
都市銀行　320
特許主義　22
ドミナント出店　291
トランジスタ　169–172
取締役　20
取引機能（商社）　269
取引コスト　6, 145
取引先企業との総合的かかわり（商社）　259
取引所法　311
トレジャラー　56
トンネリング　62

な　行

内部資本市場　5
内部統制報告書　59
ナイロン　101, 195
ナフサ　198
2000錘紡績　91
日本銀行引受（国債）　317
日本標準産業分類　9
尿素樹脂　196
熱可塑性樹脂　197
熱硬化性樹脂　196
ノックダウン生産　135
ノンバンク　328

は　行

バイオテクノロジー　208
ハイブリッド車　154
発行市場　312

発振　161
払込資本金　44
バリュー・チェーン　273
範囲の経済性　5, 278
半期報告書　59
半導体レーザー　177
非関連多角化　5, 101
引受（証券）　46, 313
引取商　250
ビスコース法　96
ビッグ・スリー　135
ビニロン　102, 196
百貨店　276-281
百貨店法　281
費用低減　220
ピラミッド型　62
広幅織物　92
フェノール樹脂　195
複式簿記　42
複数チャネル（自動車）　297
普通銀行　306
物質特許　190
部分払込（株式）　44
冬の時代（商社）　271
プライベート・ブランド　278
プラスチック　193-194, 196, 202-203, 211-212
プラットフォーム　150
フランチャイズ・チェーン　282
フルライン化　297
ブレトン・ウッズ体制　324
プログラム　174
ブロック建造法　123
分割払込（株式）　44
分割民営化（国鉄）　245
ペイオフ　329
併用軌道　224
ペニシリン　208
編集の経済性　288
変成硫安　190
変態増資　51
変動相場制　324
崩壊（商社）　271
法人格　21
訪問販売　298
ボパール　105, 196
ボランタリー・チェーン　282
ポリエステル　101, 203
ポリエチレン　202
ポリ塩化ビニル樹脂　197

ポリビニルアルコール　196
ポリプロピレン　203

ま　行

マザー工場　150
見込商売　252
見込生産　118
ミュール精紡機　91
民営鉄道（民鉄）　219
無額面株式　55
無限責任社員　20
メインバンク　33
メインフレーム（コンピュータ）　176
メカトロニクス　173
メラミン樹脂　196
モータリゼーション　139
モジュール　150
持株会社　70, 329
持分法適用会社　82
モノコック構造　140
最寄り品　276

や　行

有価証券報告書　53
有限責任社員　20
融資買鉱　269
ユニバーサル・バンク　312
預金通貨　303

ら　行

ラーメンからミサイルまで　271
リードタイム　286
利益相反　259, 312
力織機　92
リコール制度　143
リソース・ベース理論　5
リニアIC　174
リベート　294
硫安　190
硫酸　186
硫酸アンモニウム　190
流通市場（証券）　312
稟議制度　34
リング精紡機　91
ルブラン法　187
レーヨン　96-100, 193
レギュラー・チェーン　282
連結財務諸表　59
連続立体交差化事業　242

363

六大企業集団　*79*
路線免許　*220*
ロビーイング　*220, 225, 229*

わ　行

割当増資　*45*
ワンストップ・ショッピング　*278, 283*

欧　字

ABS（アルキルベンゼンスルホン酸塩）　*205*
ABS樹脂　*203*
CPU（central-proccessing unit）　*176*
EFI（electronic fuel injection）　*144*
IC（integrated circuit）　*170*

IFRS（International Financial Reporting
　　Standards）　*60*
MPU（micro-processing unit）　*176*
OS（operating system）　*176*
PAN（ポリアクリロニトリル）　*106*
POP（point of purchase）　*283*
POS（point of sales）　*290*
PVC（ポリ塩化ビニル樹脂）　*197*
SPA（specialty store retailer of private label
　　apparel）　*294*
TOB（take-over bid）　*64*
UE機関　*125*
VE（Value Engineering）　*57*

著者紹介

粕谷　誠（かすや　まこと）

1961 年　埼玉県に生まれる

1984 年　東京大学経済学部卒業

1989 年　同大学院経済学研究科第 2 種博士課程単位取得退学

1989 年　東京大学助手（社会科学研究所）

1992 年　名古屋大学講師（経済学部）

1993 年　名古屋大学助教授（経済学部）

1998 年　東京大学助教授（経済学研究科）

現　在　東京大学教授（経済学研究科）　博士（経済学）（東京大学）

主要著書

『豪商の明治 ── 三井家の家業再編過程の分析』（名古屋大学出版会，2002 年）

『ものづくり日本経営史 ── 江戸時代から現代まで』（名古屋大学出版会，2012 年）

ライブラリ 経営学コア・テキスト=14
コア・テキスト経営史

2019 年 12 月 25 日 ©　　　　　初 版 発 行

著 者　粕 谷　　誠　　　　発行者　森 平 敏 孝
　　　　　　　　　　　　　　印刷者　小宮山恒敏

【発行】　　　　　株式会社　新世社
〒151-0051　東京都渋谷区千駄ヶ谷1丁目3番25号
編集☎(03)5474-8818(代)　　サイエンスビル

【発売】　　　　　株式会社　サイエンス社
〒151-0051　東京都渋谷区千駄ヶ谷1丁目3番25号
営業☎(03)5474-8500(代)　　振替　00170-7-2387
FAX☎(03)5474-8900

印刷・製本　小宮山印刷工業(株)
《検印省略》

本書の内容を無断で複写複製することは、著作者および
出版者の権利を侵害することがありますので、その場合
にはあらかじめ小社あて許諾をお求め下さい。

ISBN978-4-88384-303-9
PRINTED IN JAPAN

サイエンス社・新世社のホームページのご案内
https://www.saiensu.co.jp
ご意見・ご要望は
shin@saiensu.co.jp　まで.